中国社会科学院创新工程学术出版资助项目

西藏哲学社会科学学人丛书

学习 思考 实践

——索林文集

索 林 ◎ 著

中国社会科学出版社

图书在版编目(CIP)数据

学习 思考 实践:索林文集 / 索林著 .—北京:中国社会科学出版社,
2017.10
ISBN 978-7-5203-1683-5

Ⅰ.①学… Ⅱ.①索… Ⅲ.①社会科学-文集 Ⅳ.①C53

中国版本图书馆 CIP 数据核字(2017)第 314230 号

出 版 人　赵剑英
责任编辑　任　明
责任校对　韩天炜
责任印制　李寡寡

出　　　版　中国社会科学出版社
社　　　址　北京鼓楼西大街甲 158 号
邮　　　编　100720
网　　　址　http://www.csspw.cn
发 行 部　010-84083685
门 市 部　010-84029450
经　　　销　新华书店及其他书店

印刷装订　北京君升印刷有限公司
版　　　次　2017 年 10 月第 1 版
印　　　次　2017 年 10 月第 1 次印刷

开　　　本　710×1000　1/16
印　　　张　23
插　　　页　2
字　　　数　375 千字
定　　　价　90.00 元

出 版 前 言

　　本书收集了我从 1993 年以来发表的论文、文章以及 2005 年以来涉及所从事工作领域具有代表性的一些体会、讲稿、讲话、报告、情况汇报、工作思路等 38 篇。这些文稿既反映了西藏发展的脚步，又体现了本人成长的历程，既有对实践提出的现实问题的思考，也有学习的体会、感悟和对工作任务的回应。乘西藏自治区社会科学院成立 30 周年之机，把这些文稿结集成册作为献礼丛书之一感到无比荣幸，更是一种回顾反思和总结。

　　本书收集的文稿大致分为三类，第一类为论文和文章，第二类为一些培训班上的讲稿，第三类为体会、讲话和报告等。除个别文字上的订正和讲稿、讲话和报告的少量内容有删减外，所有文稿都保持了原貌。在论文、文章的编排上按荣获全国性、全区性表彰及时间上从近到远相结合的原则进行了排列，荣获全国精神文明建设"五个一工程"第六届"入选作品奖"的论文作为了开篇。曾以"轩文"为笔名由本人撰写发表的两篇文章，此次也收集到本书中。讲稿、讲话和报告等则按时间顺序进行了编排。

索　林

2015 年 3 月 31 日

目　　录

第一部分

第一部分

西藏现代化与主体素质的提高

实现西藏社会主义现代化既是全体西藏人民的共同心愿，也是今后一个相当长的历史时期内全体西藏人民为之奋斗的宏伟目标。目前西藏正处在从封闭式经济向开放式经济，从计划的供给型经济向社会主义市场经济的转变时期。在党中央的领导下，西藏人民正在为尽快改变西藏落后状况，实现现代化，缩小与全国的差距，跟上全国现代化的步伐而努力奋斗。

现代化是一项复杂的系统工程。人作为社会历史的主体，当然也是社会现代化历史进程的主体，是这一历史进程的承担者和实现者，因此，主体素质如何，直接影响着社会现代化进程的状况。这样，提高西藏人民的主体素质不仅是一个复杂的理论问题，而且是一个重大的社会现实问题。本文主要就社会现代化历史进程中现代化与人的关系，主体素质的基本内容，现阶段西藏地区的主体素质状况以及如何提高主体素质等问题作一些初步的探讨。

一 社会现代化与人的现代化关系的一般理论

（一）人与社会的统一

现实的社会是由一个个具体的、活生生的人组成的人的社会，而现实的人又是由社会映现并决定的社会的人，离开社会的孤立的人是不存在的。一个与世隔绝、离群索居的单个人，即使能活着，也只是纯粹的生物个体，不具有人之为"人"的本质，人的社会本质"在其现实性上，它是一切社会关系的总和"，① 也就是说，人之所以为人是由其社会性决定

---

① 《马克思恩格斯选集》第 1 卷，第 18、222—223 页。

的。因而现实的社会是人的社会，人又是社会的人，二者是统一的。马克思指出："社会，即联合起来的单个人"，"社会本身，即处于社会关系中的人本身。"① 这就说明，人的社会与社会的人具有内在的、直接的统一性，社会"活的有机体"是人的社会（社会客体）和社会的人（社会主体）的辩证统一，是社会客体和社会主体相互作用、相互制约、相互促进的有机系统。所以，人的发展与社会的发展也是辩证的统一，社会的发展内在地运行着人的发展，人的发展外在地表现为社会的发展。人作为主体，以自身的需要为内在的动因，不断对社会客体进行改造，即主体客体化，同时社会客体又对主体产生作用，客体的发展变化引起主体的发展变化，即客体主体化，用马克思的话说，"人创造环境，同样环境也创造人"，"正像社会本身生产作为人的人一样，人也生产社会"②。社会客体与社会主体的这种相互作用，实际上是一个双向建构的统一过程，决定社会发展的力量并不在人的活动之外，而是在人的活动之中。因此，现代化不仅是社会现代化的问题，而且还有人的现代化问题。

（二）人的现代化是社会现代化的内在要求

现代化反映的是以"现代"这一时间为存在形式，以社会及其主体的巨大变化为其丰富内容的社会有机体发展的动态进程，是社会的现代化与人的现代化的统一。社会现代化是人的实践结果。人是现代化的主体，是人发挥自己的实践能力，对社会客体进行改造，创造新的客体形态，使之现代化，所以，现代化的过程是主体客体化的过程。这是从主体对客体的能动作用方面讲的。另外，从客体对主体的规定作用上看，现代化的过程也是客体主体化的过程。因为在现代化过程中客体又对主体发生作用，改变主体自身，在新的活动中产生新的思想、新的能力，从而促进主体素质的提高和活动方式的更新，使之现代化。由此可见，社会现代化与人的现代化是同一历史过程中不可分割的两个侧面，二者是统一的。当然，这种统一并不等于没有矛盾，社会客体和社会主体各自有着不能为对方所完全包含的自身特点。正因为如此，在现实社会中虽然从总的趋势来看，人的现代化与社会的现代化是一致的。但是，在实现现代化的过程中，这两个方面不是机械地完全步调一致向前发展的，而是会呈现出冲突和不一

① 《马克思恩格斯全集》第 46 卷下册，第 20、222 页；第 3 卷，42 页；第 42 卷，第 121 页；第 2 卷，第 118 页；第 3 卷，第 42 页。

② 同上。

致。这种冲突或不一致在落后国家和地区追求现代化的过程中，主要表现为人的现代化跟不上社会现代化的客观要求，从而构成对经济社会发展的严重障碍。许多致力于实现现代化的发展中国家，起初都热衷于引进先进的技术设备，引进他国的管理方法和制度，经历了长久的现代化阵痛之后，开始认识到，具有高素质的人才能赋予现代化的制度和科学的管理方法以真正的生命力。

与现代化的先行国家不同，落后国家和地区的社会现代化可以学习、借鉴和吸收先进的科学技术、管理方式以及其他现代化的文明成果，以此推动社会现代化的进程。然而这一切要靠人这一主体去实现。因此，人的现代化应先行一步。在现代科技日新月异发展的今天，人的现代化才是现代化的真正"内生力量"。日本教育家福泽谕吉在探讨日本走向现代化的途径时指出：吸收欧洲文明，必须先其难者而后其易者，首先变革人心，然后改革政令，最后达到有形的物质。按照这个顺序虽然有困难，但没有真正的障碍，可以顺利达到目的。① 美国研究现代化的学者阿列克斯·英格尔斯说，"那些先进的现代制度要获得成功，取得预期的效果，必须依赖运用它们的人的现代人格、现代品质。无论哪个国家，只有它的人民从心理、态度和行为上，都能与各种现代形式的经济发展同步前进，相互配合，这个国家的现代化才真正能够得以实现"②。近几年来"解放思想""人的素质"等问题受到前所未有的瞩目。随着改革开放的深入和社会主义市场经济体制的逐步建立，西藏的经济社会正处于转型时期，虽然这种转型还处于起始阶段，但它意味着揭开了西藏社会走向现代化历史进程的新篇章。提高承担这一历史重任的主体素质，不仅是这一历史进程的客观要求，而且是这一历史进程得以顺利进行的先决条件和方式。

（三）现代化主体的一般特征

现代社会的发展要求主体有哪些基本素质呢？根据历史唯物主义对人的阐释，即人是自然存在物和社会存在物的统一体，人具有自然属性和社会属性（人的本质在其现实性上，它是一切社会关系的总和），一定的社会关系形成人的一定个性（正是个性把不同的个人区别开来）相联系，主体的素质大致包括如下五个方面：与自然属性相关的生理素质；与社会

---

① 转引自袁贵仁《人的素质论》，中国青年出版社 1993 年版，第 151 页。
② 转引自殷陆君编译《人的现代化》，四川人民出版社 1985 年版，第 5—7 页。

属性相关的科学文化素质和思想道德素质；与个性相关的精神素质和社会心理素质。我们对现代主体的一般素质或特征的讨论，就结合这五个方面的基本素质进行。

1. 生理素质。人是有生命的活的有机体。生理素质是指人的身体生理机能的发育状况、运转能力以及对环境的适应能力。它是主体所应有的基本素质，既是生命存在的形式，又是其他素质的载体，因而，现代主体首先必须具有建设现代化的社会所要求的良好生理素质以及与此相关的较强的科学保健意识。

2. 科学文化素质。科学文化素质主要是指主体所具有的文化知识、科学技术知识、生产经验和劳动技能等。它是主体素质的核心。现代主体应具有较高的科学文化素质，并具有接受终身教育的强烈愿望，这是现代主体的一个显著特征。与科学文化素质相联系，现代主体应具有较强的科技意识、求实精神、开拓精神和科学的思维方式。

3. 思想道德素质。通常我们说到一个人的素质时，往往着重指的是其思想意识和道德品质。它主要包括主体的思想政治观念、价值观念和道德品质，是主体素质的灵魂。因此，现代主体应具有科学的世界观和人生观，以及反映这一科学世界观和人生观的理想信念、政治立场、价值观念和道德品质，正视现实，面向未来。

4. 精神素质。这里的精神素质主要是指主体从事活动的积极进取的精神及在此基础上产生的好学精神、创新精神、求实精神、宽容精神和守职尽责的负责精神等。主体的精神素质对其活动有着强烈的影响，并关系到活动和效果，是现代主体不可缺少的素质特征，它体现现代主体的主体意识和主人翁精神。

5. 社会心理素质。它主要包括理智、情感、意志三个方面的内容。主体的活动及行为方式受社会心理支配，社会心理状态影响着主体活动的社会效果，并制约着主体自身的发展。因而，具有积极健康的心理素质，又是现代主体素质特征的重要方面。

二　西藏社会的巨大变化与主体素质的提高

西藏社会通过 20 世纪 50 年代末 60 年代初的历史性变革和跨越，同全国各民族一道进入了现代意义的历史发展新阶段，揭开了建设社会主义的新篇章。从此社会停滞被发展所取代。党的十一届三中全会以来，西藏的社会经济文化更是得到了蓬勃发展，人民的生活水平有了显著的提高。与这种社会的巨变相应，主体的素质也得到了明显的提高。

（一）西藏社会的巨大变化

众所周知，变革前的西藏社会处于政教合一的封建农奴制社会，这一社会的特点正如列宁所指出的，是"世世代代的停滞，劳动者的闭塞无知，劳动生产率很低"①。经过历史性的变革和跨越，政治权力归还于人民，封建农奴制赖以生存的封建庄园制经济转变为新型的社会主义经济，农奴成了社会的主人，获得了人本身应有的尊严和价值。从而使社会生产力从沉重的桎梏中获得解放，经济社会发生了巨大的变化。

首先，劳动者挣脱了严酷的束缚，从而大大激发了他们的生产积极性，社会生产力得到了解放和迅速发展。农业机械在民主改革前几乎没有。到1992年农业机械总动力已有57.2万瓦特，农民家庭平均每百户拥有汽车2.75辆，大中型拖拉机0.43台，小型和手扶拖拉机7.93台，机动脱粒机3.47台，② 生产工具的进步加上科学技术的推广和应用，使西藏经济获得了长足的发展。特别是随着改革开放的推进，中央为西藏的发展制定了一系列特殊政策，使西藏的经济社会发生了更为令人欣喜的变化。1992年全区农牧业总产值达22.45亿元，比1952年增长了4.6倍。工业总产值达4.97亿元，是1959年的5.1倍（1952年工业总产值无）。③经济发展取得可喜成就的同时，经济结构也发生了巨大的变化，结束了过去基本上是游牧农耕一统天下的局面，取而代之的是过去从未有过的分工分业明显的经济结构。从非农业人口的变化中就可以反映出经济结构的这一变化，1992年西藏非农业人口达30.83万人，是1952年的44倍。在不断进步着的经济结构中，不仅现代产业部门在不断扩张，而且农牧业本身内部结构也有了大的改变，尤其是逐渐得到科学技术的改造，正朝着产业现代化方向迈进。值得提出的是，以工业为代表的，包括现代交通、邮电、建筑等现代产业，是西藏解放后才诞生的。到目前为止，全区已建立

---

① 《列宁全集》第20卷，第297页。
② 《西藏经济社会发展简明史稿》，西藏人民出版社1994年版。
③ 同上。

了中小型企业 272 个，工业产品 60 多种。① 更为重要的是，随着现代化工业的发展，代表现代生产力的产业工人队伍已初具规模，到 1992 年达到 4.93 万人。

其次，教育、卫生、科技等取得了巨大的发展。就教育而言，1951 年西藏和平解放前夕，据有关方面不完全统计，有政府官办 20 多所学校，私塾约 95 个，在校生约 3000 人，此外还有一些寺院教育，然而无论官办、私塾还是寺院教育，都是带有浓厚宗教色彩的传统教育。西藏的现代教育是从 1952 年拉萨小学的建立和 1956 年拉萨中学的建立开始起步的。经过四十多年的不懈努力，特别是十一届三中全会后，随着教育在经济社会发展中的战略地位的确立，西藏教育事业获得了前所未有的发展，教育面貌发生了根本的变化。现在全区有 4 所高等学校、15 所中等专业学校、69 所普通中学、3090 所小学和 32 所幼儿园。除幼儿园外各级各类学校在校生 1994 年达 268024 人；专任教师达 12564 人。另外在内地 17 个省市办有西藏班和西藏中学。教育经费 1994 年已达到 2.85 亿元，其中教育基建费达 1800 元。②

从西藏的卫生事业来看，和平解放前西藏只有三所官办藏医机构和少量私人诊所，从业人员不到 100 人，加上民间藏医不足 400 人，西医在当时的西藏完全是空白。和平解放后西藏的卫生事业由小到大，很快改变了西藏人民过去缺医少药的状况。西藏人民享受着免费医疗。到 1994 年全区已有 1152 个卫生机构，医院床位 5200 多张，医务人员达 10424 人。平均每千人拥有病床 2.3 张，医生 2.1 人，分别相当和高于全国平均数，现在医疗卫生网遍布全区。高原肺水肿、高山昏迷、慢性高原病等的抢救和治疗方面，一直处于国内外领先地位。③

西藏的现代科技事业也是在一片空白的基础上起步的，先后建立了农业、畜牧业、交通、电力、建筑、地质、水利、气象、卫生、藏医院、教育、社会科学等专门科研机构。目前西藏已有 17 个独立的科研机构，各类科技专业人员有 2.69 万人，其中藏族科技人员占 50% 以上，先后共有 347 项科技成果获奖，其中 21 项获得国家级奖励。

---

① 《西藏经济社会发展简明史稿》，西藏人民出版社 1994 年版。

② 西藏教委：《统计资料》，1994 年。

③ 西藏自治区卫生厅：《统计资料》，1994 年。

最后，人民群众的生活明显得到改善。随着经济社会的发展和党的富民政策的贯彻落实，人民群众的生活水平普遍有了显著的提高。1993 年全区农牧民人均收入达 515 元，农牧民的饮食结构、居住条件等也发生了明显的变化，对耐用消费品的需求量也不断增加。城镇居民 1990 年平均每人可用于生活费的货币收入已达 1683.81 元。据 1990 年抽样调查，城镇每百户居民拥有彩电 88 台、收录机 84 台、洗衣机 42 台，电冰箱 24 台、照相机 26 架。此外，各项文化设施的建设，使西藏人民的精神、文化生活也越来越丰富充实。

从以上简要的论述中不难看出，西藏社会在党的领导和全国人民的大力支援下，经过广大干部和人民群众的艰苦奋斗所发生的巨大变化，这种变化使我们深切地感受到西藏社会走向现代化的强健步伐。

（二）主体素质的提高

正如前面已谈到的，社会客体和社会主体之间是一种双向建构的过程，"人创造环境，同样环境也创造人"[①]。西藏社会的巨大变化也使主体自身得到了发展。

首先，生理素质得到了显著的提高，据卫生部门介绍，解放前的西藏，传染病的流行非常严重，是当时西藏人口不能增长的重要原因之一。和平解放后，控制和消灭对西藏人民生理健康危害最烈的传染病，成了西藏发展医疗卫生事业的首要任务。经过艰苦努力，到 1964 年消灭了天花，随后逐渐使其他传染病也基本得到控制，1993 年同 1985 年相比，各种传染病发病率下降 96.8%，死亡率下降到 97.4%。旧西藏，产妇的死亡率和儿童发育不良及早夭现象也是非常严重的，现如今孕产妇的死亡率已由民主改革初期的万分之五百下降到万分之七十，婴儿死亡率由民主改革初期的 430‰，下降到 91.8‰，城市儿童发育在身高、体重、营养等指标接近全国平均水平。此外，地方病的治疗也得到积极开展，先后治疗了 30 多万人。西藏的人均寿命从解放前的 36 岁提高到如今的 64—65 岁。[②] 与此同时，人们的自我保健意识得到大大加强，卫生观念和常识得到增强，表现在由过去的有病求佛转变为有病求医，医疗卫生的服务要求越来越高，对饮食和生存环境的卫生状况越来越重视。

---

① 《马克思恩格斯全集》第 46 卷下册，第 20、222 页；第 42 卷，第 121 页；第 2 卷，第 118 页；第 3 卷，第 42 页。

② 西藏自治区卫生厅：《统计资料》，1994 年。

　　其次，科学文化素质有了较大的提高。随着西藏教育事业的发展和社会对人才需求量的不断扩大，使人们对科学文化知识的需求大大增强，从过去需要动员或要求把子女送进学校，转变为家长积极主动送子女到学校就读，适龄儿童入学率由解放前的不足 2%，提高到 1994 年的 67%。旧西藏总人口为 100 万人左右，其中文盲就占 95% 左右。现据第四次人口普查表明，总人口为 219 万多，其中具有大学（含大专）文化程度的 12610 人，占总人口的 0.57%，具有高中（含中专）文化程度的 46590 人，占总人口的 2.12%，具有小学文化程度的 408384 人，占总人口的 18.59%。① 周岁以上的文盲、半文盲已降到 44.43%。

　　再次，思想、价值和道德观念上的一些陈腐的东西开始受到冲击。随着社会经济的发展尤其是改革开放的不断推进和商品经济的注入，解放思想比过去任何时候都受人瞩目，一些陈腐的观念开始逐渐被适应市场经济的新观念所取代。比如轻蔑商人，从商被看成是奸人之所为的无商不奸、无商不恶等观念已受到很大冲击，1993 年底，全自治区个体工商户和私营企业 41800 余户，从业人员近 7 万人。值得一提的是，在这一行列中日渐增多的农牧区个体工商户，他们逐渐冲破满足于自给自足的状况，活跃在城乡之间，既沟通着商品信息，又推动着农牧区商品经济观念的形成。传统的凭良心交换方式逐渐被遵循价值规律的交换方式取代。又比如，只图温饱、易于满足、安于现状等价值观念以及重佛教出世道德、淡泊现实人世的道德观念等，也开始受到不同程度的冲击，现实生活的需求层次逐渐提高，追求目标不断现实化，绝大多数人为富裕而努力。

　　最后，自主意识逐渐唤醒，社会改革的心理承受力不断增强。封建农奴制的旧西藏，农奴只是"会说话的工具"，其生死存亡掌握在农奴主的手中，人身依附于农奴主，一切由农奴主来安排，农奴自身只有唯命是从，加之宗教的深远影响，听命于桑吉（佛），从不怀疑，从不违背。人们习惯于或者说不敢用自己的头脑去做事，从而使自身个性的发展受到压制，形成了"拉索拉索"（是是）或"呀呀呀"（好好好）的盲目服从或俯首听命的精神状态，自主意识完全被排斥。随着主人地位的确立，特别是改革开放的推进，商品经济的注入以及实行"土地归户使用，自主经营，长期不变"和"牲畜归户，私有私养，自主经营，长期不变"的政

---

　　① 《人的现代化》，四川人民出版社 1985 年版，第 5—7 页。

策，为自主意识的唤醒创造了客观条件。面对商品经济的大潮和自身的需求，生产什么、怎样经营、效益如何、能否生存等，关系到切身利益的问题，第一次要由自己去思考，自己去做主，这就促使了自主意识的唤醒，盲从的听命意识开始转变。改革开放的步步深入，社会日新月异的变化发展，也同样冲击着人们的求稳惧变、恪守平均的传统心理，社会改革的心理承受力逐渐得到增强。

由此可见，西藏社会的巨大变化也使主体自身的素质得到了提高，而主体素质的提高又为西藏社会的进一步繁荣和发展奠定了基础。

（三）西藏现代化进程的要求与主体素质的"距离差"

辩证唯物主义告诉我们，对待任何事物都应采取辩证的方法。西藏社会和主体素质同过去相比，毫无疑问，如前所述发生了巨大变化。但同时也必须清醒地看到，由于西藏社会是从政教合一的封建农奴制社会直接跨越到社会主义社会的，因而起点很低，加之地理环境等各种因素，同全国兄弟省区相比仍然很落后，社会生产力水平仍然很低，自给自足的传统农牧业经济和供给型经济仍然在经济中占主导地位，科学、文化、教育事业仍然还落后。主体素质虽然有了很大的提高，但与现代化进程的要求相比仍具有较大的"距离差"。这主要表现在以下几个方面。

1. 科学文化素质整体水平不高。西藏的国民教育虽然有了很大的发展，但同全国相比，同现代化要求相比，仍然较落后，文盲半文盲比重仍然很高。据第四次人口普查表明，全区总人口中，15 岁及 15 岁以上的文盲半文盲率仍占 69.34%，居全国各省区之首。每 10 万人拥有的大学、高中、初中及小学文化程度的人数，在全国各省区中西藏最低，大学文化程度的 574 人（此项人数最少的贵州省也有 777 人）；高中文化程度的 2122 人（此项人数最少的也是贵州省，有 3927 人）；初中文化程度的 3850 人（此项人数最少的是云南省，有 13795 人）；小学文化程度的 18597 人（其他各省区都至少为 22000 人）。更为严重的是，据资料显示，由于人口增长过快，文盲率仍有上升的趋势。尤其是广大农牧区，这种趋势更为突出。主体的科技意识匮乏，科学技术难以推广和普及，科技进步在经济增值中的比重仅为 17%。这种科学文化素质的准备不足，严重地制约着西藏现代化的进程。

2. 法制意识淡薄，思想观念滞后。由于科学文化素质的准备不足以及受传统经济、文化的影响，人们的法制意识淡薄，一些人的思想观念仍然滞后。就法制意识而言，仅就对待婚姻的情况，就能看出一般，《婚姻法》虽早已颁布，然而农牧区的部分群众仍重婚姻形式，轻法律，认为只要举行婚礼，就算确定夫妻关系，不考虑或很少考虑"结婚证"这一法律的认可。一部分地区仍然存在着一夫多妻和一妻多夫的婚姻关系。就思想观念来说，等、靠、要的依赖思想，求稳不求变的小农思想，不求有功、但求无过的保守思想等没能根本上得到改变，仍然不同程度地左右着一些人，思想观念的滞后又使人习惯于照搬照抄或自觉不自觉地模仿和追随别人，或恪守经验，推崇经验和宗教道德为本，缺乏科学的思维方式。这种思想观念的滞后和法制意识的淡薄与现代化进程的要求相去甚远。

3. 价值观念上的差距。一方面，落后的传统价值观念依然在较大范围内存在。如注重宗教、注重来世，把辛辛苦苦积攒的钱、物送进寺庙或用于其他布施，把现实社会生活中的祸福，看成是前世因的结果，人只能顺从，不能有为，相反要去受苦，赎前生罪、种来世善因的轻现实人生的价值观念。又比如，歧视某些职业和从事这一职业的人（铁匠、渔民等）以及被歧视者也对自身所谓卑贱地位认可的封建等级价值观念，等等。另一方面，随着改革开放和商品经济的发展，拜金主义、利己主义和享乐主义的价值观念受到一些人的推崇。贪污腐败自不必说，是其典型的表现。一些公职人员的先私后公、以私带公（即名为公、实为私，在私得到最大满足的前提下顺便为公的行为）以及一些人为钱、为私不择手段的行为，都是这种价值观念的反映。以上两个方面的价值观的共同点是对异己的崇拜，排斥、抹杀或轻贱主体自身，因而与现代的要求是完全相反的。

4. 主体意识比较薄弱。主体具有较强的主体意识，是其充分发挥积极性、主动性和创造性的前提。只有当他充分意识和感觉到自己具有主体性时，他才会认识到自己的价值，从而为实现自己的价值而努力，当他能独立自主地进行选择和判断，主宰自己的活动时，他才能充分发挥自己的积极性、主动性和创造性。西藏由于历史的原因和受自给自足的自然经济、供给型经济以及佛教文化等的影响，人们的主体意识显得比较薄弱，桑吉（佛）说了算和领导说了算的听命意识（不求实、不求真）或随波逐流的现象没能彻底改观，一些人的依赖性仍然较强。以上讨论的几个素质方面的不足也同样表现出了这种主体意识的久缺。正因主体意识的薄弱，使一些人缺乏自立和自主意识、缺乏成就动机和独创个性意识，更重要的是缺乏主人翁的精神，从而抑制发挥其积极的主体性。显然这种主体意识的薄弱与现代化的要求是不相适应的。

三　进一步提高主体素质的意义和途径

解决主体素质与现代化进程的要求不相适应的矛盾就是要造就具有较高素质的新人，即主体的现代化。为此必须结合西藏地区主体素质状况，进一步提高认识，从战略高度把这一现实问题纳入建设现代化的整体思路中，认真加以解决。

（一）　提高主体素质是西藏现代化进程的关键

实施科教兴国战略，发展生产力，促进社会主义现代化的建设，是走向现代化的中国面对现实做出的重要抉择。为此江泽民在全国科技大会的讲话中指出："在全国形成实施科教兴国战略的热潮，进一步解放和发展科技生产力，积极促进经济建设转入依靠科技进步和提高劳动者素质的轨道。"[①] 把经济建设真正转移到依靠科技进步和提高劳动者素质的轨道上来，是直接发展生产力和促进社会主义现代化的重大转移。我们知道生产力是社会发展的动力，而生产力的发展在今天主要就是依靠科学技术和首要的生产力——劳动者的素质，离开了科学技术及与此相应的劳动者素质，就不可能有现代的生产力。同样，就现代化本身来说，其显著特征就是科学技术在生产过程中的广泛应用，离开科学技术，不要说现代化，就是"现代"二字也难以称得上，正如江泽民所指出的"没有强大的科技实力，就没有社会主义的现代化"。然而科学技术的掌握、发展、应用一刻也离不开人这一主体。因而主体的素质若跟不上现代科技的步调，那么必然形成主体与技术的脱节，只要这种脱节不消除，技术设备再先进也难以发挥巨大的作用。所以，提高主体素质是现代化进程得以顺利进行的关键。正如智利学者萨拉扎·班迪指出的：落后"不仅仅是一堆能勾勒出社会经济图画的统计指数，也是一种心理状态"。[②] 前一种落后是看得见

---

① 《江泽民文选》，人民出版社，第 426 页。
② 《邓小平文选》第 2 卷，第 220—221 页。

的物质表层的落后，而后一种落后才是真正的深层落后，是落后的实质。改变落后不仅是物质表层，更根本的是主体素质的转变，是主体的潜能发挥到一个以往任何时期都无法比拟的高度。西藏有中央的关怀，全国人民的支援，这是西藏现代化进程的一大优势，随着伟大祖国的不断强大，西藏可以直接移植、学习、借鉴作为现代化标志的先进技术工艺、管理方式、运行机制等，推进西藏现代化的进程，实现跨越式发展，然而缺乏赋予这些现代化标志的物质表层以真实生命力的主体素质，现代化的进程必然是坎坷的。因为无论是移植，还是学习、借鉴，都是通过主体有意识的活动来实现的，必须得到主体的理解和配合。正如邓小平同志所指出的："道理很简单，任何事情都是人干的，没有大批的人才，我们的事业就不能成功。"[①] 所以提高主体素质是推进西藏现代化进程的关键，是这一进程顺利进行的根本保证，当然也是这一进程自身的伟大目标之一。

（二）进一步提高主体素质的途径

主体素质是由多种要素组成的整体，影响主体素质的原因又是多方面的，因而提高主体素质不是一朝一夕的事，而是一项复杂而艰巨的系统工程，它需要全社会和每个人的共同努力。

1. 在建立社会主义市场经济的过程中，创造提高主体素质的机制。西藏目前正处于从封闭式经济向开放式经济转变，从供给型经济向市场经济转变，经济体制上处于与全国接轨的时期。这种转型时期，无疑具有划时代的重要意义，它必将引起整个社会的大变化。如果说转型前的经济是讲"服从"，转型后的经济则是讲竞争，由此也就不难想到，这个变化会是多么广泛而又深刻的。它对主体自我意识的树立、思想观念的转变以及主体的民主、自由、平等意识等的提高，将起巨大的推动作用。社会主义市场经济为主体素质的提高提供了良好的土壤。但是，诚如光有土壤，没有培育不能使麦种很好地生长一样，主体素质的提高不可能是自然而然的。为此，必须建立适宜于这一土壤，并促进主体素质提高的机制。一是要建立压力和动力有机结合的机制，以压力的方式鞭策人，以动力的方式鼓励人，具体地说：（1）实行公平竞争，排除一切不公平的重资力、重稳当和靠关系、靠人情等人为因素，使人真正依据自己的能力去竞争，从而促使主体必须注重自身素质的提高，而不是

① 《邓小平文选》第 2 卷，第 220—221 页。

把精力用在拉关系、走后门上，培养主体的积极进取精神。（2）实行目标化管理，使主体必须承担一定的社会责任，消除谁都有责任，又谁都不负责任的状况。通过压担子，使主体感到不注重自身素质的提高不行。（3）真正贯彻"各尽所能，按劳分配"原则，使主体依据能力和贡献领取报酬，消除平均主义和社会分配不公现象。同时，真正尊重主体的主人翁地位，让其活动享有必要的独立自主权，使其充分发挥自己的积极性，实现自己的价值，从而感到提高自身素质的意义。二是建立有效开发和配置人力资源的机制，使人才得到合理流动，充分发挥人才的潜能，消除目前西藏地区存在的生产单位缺乏各类人才，而各行政管理机关却集中大量学非所用、用非所长的人才浪费现象。三是建立开放式的选人机制，消除目前封闭式的机制，面向社会公开考试，严格考核，选优汰劣，使人才通过竞争脱颖而出。

2. 强化制度文明建设。制度作为一种行为规范，是对主体活动的一种约束力量。不同的制度所培养的行为主体大不一样，因而强化制度文明建设，对提高主体素质有着积极的作用。如果说市场经济为主体素质的提高提供了良好的土壤，那么制度文明建设是主体素质得以提高的最佳气候。为此，首先，要强化各层次的民主制度建设，培养主体的民主意识、参与意识、平等意识，使其真正成为历史活动的剧作者。尤其要注意企业职工对企业生产经营的参与权，农牧民群众对乡、村生产和建设的参与权，使主人翁的作用真正得以发挥。其次，要强化法制建设。一方面要进一步完善和健全各项法规，另一方面从目前看也是更重要的方面，是要普级法律知识，强有力地推行各项法规，通过普级和推行，培育和增强主体的法治意识，从而自觉规范自己的行为。最后，完善和制定各项硬性规章制度，领导带头采取硬性措施，对不实行者实行硬性教育，从而达到规范主体行为的目的，使主体朝着提高自身素质的方向发展。

3. 以"四有"新人为目标，加强思想道德建设。首先，结合现时代确立正确的价值观以引导主体。这种价值观在主体与客体的关系上，应坚持主体性的积极发挥，反对主体变成物的奴隶，丧失自身的独立性；在个人和集体的关系上，应坚持集体主义，反对自私自利的个人利己主义；在创造和索取的关系上，应坚持为人民服务和艰苦奋斗，反对享乐主义。其次，在积极扬弃传统道德的同时，建立反映社会主义市场经济的新道德观念，以矫正主体的道德观念。这里应注意的是片面性，即以过去所宣传的道德观念来否定反映市场经济的道德观念或以市场经济的道德观念来完全否定反映社会主义本质的道德观念的片面性。坚持"三个是否有利于"的标准。最后，坚持科学世界观和人生观的教育，使主体正视现实，面对未来，树立现实科学的理想和奋斗目标。

4. 实施科教兴国战略，大力发展教育和科技事业。实施科教兴国战略，把经济建设转移到依靠科技进步和提高劳动者素质的轨道上来，是我国顺利实现现代化目标的正确抉择。没有科学技术的进步，也就无所谓社会主义的现代化，因而大力发展科技事业是实现现代化的必由之路。而科技事业的发展有赖于教育事业，教育是科学技术的基础。从而也是现代化的基础。这不仅是普及科学知识，传播科学思想的主渠道，更为重要的是提高主体素质最具规模、最有效的手段。这是因为教育本身是一个完整的系统，包括各个方面（德、智、体、美等）、各个层次（幼儿教育、基础教育、高等教育、职业教育、成人教育、干部教育等）和各个领域（家庭教育、学校教育、岗位教育、社会教育等）。针对西藏地区情况，在落实教育优先发展的战略地位时，需转变如下几个观念或认识：第一，需转变注重应试教育，轻职业教育（除中等专业学校外）、成人教育的观念。发展职业中学或高中等不仅能使未能升学的学生接受继续教育，为就业创造良好条件，而且更重要的是，它是同生产相结合的，因而能够提供急需的专业技术人员。而发展成人教育有利于在职人员的深造和知识、技术的更新，以不断适应发展的社会。据了解，全区目前只有三所职业中学，而且这三所也规模很小，处于起步阶段。成人教育学校（包括职工学校）还是空白，成人教育主要依靠普通高校举办成人班进行，加之脱离不开工作岗位或单位经费不足等各种客观原因，使成人接受继续教育的机会很少。如1994年只有488人进入普通高校成人班。第二，需转变重学校教育，轻岗位教育、社会教育（主要是工作单位的教育）的观念。岗位教育和社会教育对提高主体素质也非常重要。不仅能提高主体的技能，而且可以提高个人和社会的效能感，扩大人际交往，激发主体创新和探索的兴趣，增强集体意识和法律意识，促进合作和行为合理化等。第三，需要实现由在计划体制下形成的教育观念和教育内容，向适合于社会主义市场经济的教育观念和教育内容的转变。总之，发展教育不能仅仅满足于基础教育、学校教育，还要面向更广大的人群；不能仅仅满足于教书育人，还要面对经济建设，促进科技发展，提高全民族的素质。

科技意识是现代主体必须具备的素质特征，为此在促进科学进步的同时，针对西藏地区实际应着眼于培养主体的科技意识。根据农牧区文盲率高的现状，不仅要注重普及科学知识，更重要的是进行科技示范，通过示范使农牧民理解科技，切身感受科技带来的好处，从而使农牧民提高对科技的需求，自觉培养科技意识。

5. 提高干部素质，发挥带头作用。毛泽东指出"政治路线确定之后，干部就是决定的因素"。① 西藏的现代化事业依赖于西藏的干部带领广大群众去奋斗，现代化进程能否顺利，在很大程度上取决于西藏干部的现代化。因而，提高干部素质，使其发挥骨干或带头作用，对于西藏的现代化事业来说尤为重要。此外，提高主体素质，榜样的力量是无穷的，而社会最大的榜样是干部层，是干部的言行。干部的素质如何，对群众具有不可忽视的影响，为此领导干部要严于律己、带头自觉提高自身的素质，特别是要真正树立领导者是公仆，人民是主人的价值观，舍弃封建的"父母官"的价值观。后一种价值观表面看似不成问题，但就其实质而言，是英雄史观基础上的封建恩赐价值观。在对待群众上，其逻辑是我是"父母官"，群众需依靠我（颠倒群众和领导的关系），我对群众有恩，群众必须给我以回报（颠倒谁为谁的关系）；在对待权力上，必然导致享有某种特权的特殊感，从而滥用职权。它与领导者是公仆，人民群众是主人的观念完全相悖。

当然，西藏的社会现代化与人的现代化是一个互动的长过程，为此需要有一个近期的与长远的规划，就主体自身而言，也应根据社会现代化进程的要求，自觉主动提高自身素质，使自己逐渐现代化。

综上所述人是现代化的主体，首要的生产力。因而主体的现代化是社会现代化的内在要求，为此，必须提高主体素质，使之现代化，这是西藏现代化得以顺利进行的先决条件和方式，也是现代化过程本身的伟大目标之一。恩格斯指出："用整个社会力量来共同经营生产和由此而引起的生产的新发展，也需要一种全新的人，并将创造出这种新人来。……根据共产主义原则组织起来的社会，将使自己的成员能够全面地发挥他们各方面

① 《毛泽东选集》第2卷，第526页。

的才能。"① 可以深信，运用社会主义制度的力量，通过各方面的不懈努力，西藏地区主体素质将达到新的水平，现代化的物质文明和精神文明必将在雪域高原放出异彩。

（原载《西藏研究》1996 年第 4 期）

---

① 《马克思恩格斯选集》第 1 卷，第 18、222—223 页。

高举旗帜　继往开来　团结奋进
在新的历史条件下夺取中国特色
社会主义新胜利

——浅谈学习十八大报告的体会

　　党的十八大是在我国进入全面建设小康社会决定性阶段的历史背景下召开的一次十分重要的大会。认真聆听和学习胡锦涛同志的报告，心潮澎湃、热血沸腾、备受鼓舞，深感凝聚着全党集体智慧、闪耀着马克思主义真理光芒的报告，把坚持和发展中国特色社会主义作为贯穿始终的红线，以一系列新思想、新论断、新部署和新要求，在全面总结成就经验的基础上，系统阐述了坚持和发展中国特色社会主义的一系列重大理论和实践问题，在科学分析机遇挑战的基础上，描绘部署了新的历史条件下推进中国特色社会主义的蓝图任务，为党和国家事业进一步发展指明了方向，是新形势下我们党团结带领全国各族人民夺取中国特色社会主义新胜利的政治宣言和行动指南，是马克思主义纲领性文献。

一　中国特色社会主义是当代中国
进步发展的根本方向

　　报告开宗明义指出，大会的主题是：高举中国特色社会主义伟大旗帜，以邓小平理论、"三个代表"重要思想、科学发展观为指导，解放思想，改革开放，凝聚力量，攻坚克难，坚定不移沿着中国特色社会主义道路前进，为全面建成小康社会而奋斗。这个主题简洁而又郑重地向党内外、国内外宣示，我们党将举什么旗、走什么路、以什么样的精神状态、朝着什么样的目标继续前进，这样四个关系党和国家事业、中国前途命运的重大问题。我们要高举的旗帜是中国特色社会主义伟大旗帜，我们要走的道路是中国特色社会主义道路，我们要以解放思想、改革开放、凝聚力量、攻坚克难的精神推动中国特色社会主义发展，朝着党的十六大提出党的十七大丰富新要求的目标一以贯之地继续奋斗，全面建成小康社会。

报告鲜明地指出，道路关乎党的命脉，关乎国家前途、民族命运、人民幸福。我们党成立 90 多年来，坚持马克思主义基本原理同中国实际相结合，独立自主走自己的路，以毛泽东同志、邓小平同志、江泽民同志为核心的三代中央领导集体和以胡锦涛同志为总书记的党中央团结带领全国各族人民历经千辛万苦、感天动地的持续接力探索，开创和发展了中国特色社会主义，从根本上改变了中国人民和中华民族的前途命运，中华民族不可阻挡地走上了伟大复兴之路。改革开放以来的飞速发展和光辉实践，特别是党的十六大以来取得的一系列新的历史性成就、国家面貌发生的新的历史性变化，充分证明中国特色社会主义是引领中国发展进步唯一正确的道路，除此没有其他路径可以取代。中国特色社会主义既坚持了科学社会主义基本原则，又根据时代条件赋予其鲜明的中国特色，从理论和实践结合上，系统回答了在中国这样人口多底子薄的东方大国建设什么样的社会主义、怎样建设社会主义这个根本问题，使我们国家快速发展起来，使我国人民生活水平快速提高起来。报告掷地有声地指出全党要坚定道路自信、理论自信、制度自信，既不走封闭僵化的老路，也不走改旗易帜的邪路。坚定不移沿着中国特色社会主义方向前进，不动摇、不懈怠、不折腾，这是历史的选择、人民的选择，是中华民族伟大复兴的必由之路。

报告深刻揭示中国特色社会主义科学内涵，作出新的理论概括。指出中国特色社会主义道路是实现途径，中国特色社会主义理论体系是行动指南，中国特色社会主义制度是根本保证，三者统一于中国特色社会主义伟大实践，这是党领导人民在建设社会主义长期实践中形成的最鲜明的特色。强调在新的历史条件下夺取中国特色社会主义新胜利，必须牢牢把握八个基本要求，即：必须坚持人民主体地位，必须坚持解放和发展社会生产力，必须坚持推进改革开放，必须坚持维护社会公平正义，必须坚持走共同富裕道路，必须坚持促进社会和谐，必须坚持和平发展，必须坚持党的领导。八个基本要求具有强烈现实针对性、长远指导性，作为全党全国各族人民的共同信念，必将指引未来中国特色社会主义不断取得新的更大胜利。

坚持中国特色社会主义根本方向，在西藏就是要坚持中国共产党领导，坚持社会主义制度，坚持民族区域自治制度，认真贯彻落实党的治藏方略，贯彻落实中央明确的"一个中心""两件大事""四个确保"，坚定不移地走有中国特色、西藏特点的发展路子，不断巩固发展西藏科学发展、和谐稳定、民族团结、民生改善的良好局面，努力建设团结民主富裕文明和谐的社会主义新西藏。

二　科学发展观是推进中国特色社会主义必须长期坚持的指导思想

报告最大的理论亮点和历史贡献是进一步明确了科学发展观的历史地位，实现了党的指导思想的又一次与时俱进。指出，科学发展观是中国特色社会主义理论体系最新成果，是中国共产党集体智慧的结晶，是指导党和国家全部工作的强大思想武器。科学发展观同马克思列宁主义、毛泽东思想、邓小平理论、"三个代表"重要思想一道，是我们党必须长期坚持的指导思想。强调，总结十年奋斗历程，最重要的就是形成和贯彻了科学发展观，并深入阐释和进一步丰富了理论内涵。科学发展观作为我们党理论创新的最新成果，集中体现了马克思主义关于发展的世界观和方法论，对新形势下实现什么样的发展、怎样发展等重大问题作出了新的科学回答，开辟了当代中国马克思主义发展新境界。

报告深刻阐明了贯彻落实科学发展观对坚持和发展中国特色社会主义的重大现实意义和深远历史意义，要求必须把科学发展观贯彻到我国现代化建设全过程，体现到党的建设各个方面。科学发展观来源于坚持和发展中国特色社会主义伟大实践，必然也要回到推进中国特色社会主义伟大事业中，指导实践深入向前发展，并在实践中不断得到丰富和发展。这就要求我们牢牢把握解放思想、实事求是、与时俱进、求真务实这个科学发展观最鲜明的精神实质，自觉用科学发展观武装头脑、指导实践、推动工作，奋力开拓中国特色社会主义更为广阔的发展前景。

要更加自觉地推动经济社会发展，这是贯彻落实科学发展观的第一要义，在西藏就是要把中央关于加快西藏发展的决策部署同西藏实际紧密结合起来，转变发展观念，创新发展模式，提高发展质量，充分发挥自身优势和潜力，使跨越式发展建立在科学发展基础之上。必须更加自觉地把以人为本作为贯彻落实科学发展观的核心立场，始终把实现好、维护好、发展好最大广大人民根本利益作为我们一切工作的出发点和落脚点，确保区党委政府推出的一系列民生政策举措落到实处，使各族人民共享改革发展成果，促进人的全面发展。更加自觉地把全面协调可持续作为深入贯彻落实科学发展观的基本要求，更加自觉地把统筹兼顾作为深入贯彻落实科学发展观的根本方法，统筹城乡发展、区域发展、经济社会发展、人与自然和谐发展。

三　初级阶段是坚持和发展中国特色社会主义客观基础

报告指出，建设中国特色社会主义总依据是社会主义初级阶段。强调我们必须清醒地认识到，我国仍处于并将长期处于社会主义初级阶段的基本国情没有变，人民日益增长的物质文化需要同落后的社会生产之间的矛盾这一社会主要矛盾没有变，我国是世界最大发展中国家的国际地位没有变。马克思主义认为，人们不能自由地选择自己的生产力，而是在前人创造的历史基础上推进社会发展。基本国情、主要矛盾、国际地位是我们推进中国特色社会主义的客观历史基础，任何情况下都必须牢牢把握，立足社会主义初级阶段这个最大实际，推进中国特色社会主义各项事业向前发展。在西藏就是要立足基本区情，紧紧抓住社会主要矛盾和特殊矛盾，牢固树立发展是解决西藏所有问题基础的思想，不断推进西藏在科学发展的轨道上实现跨越式发展；牢固树立稳定是硬任务的思想，谋长久之策，行固本之举，不断推动社会局势由持续稳定到长治久安。

四　"五位一体"是中国特色社会主义战略新布局

报告指出，建设中国特色社会主义总布局是五位一体，总任务是实现社会主义现代化和中华民族伟大复兴。提出了在中国共产党成立 100 年时全面建成小康社会，在新中国成立 100 年时建成富强民主文明和谐的社会主义现代化国家，并从五个方面充实完善了全面建成小康社会的目标要求。重申"两个百年目标"是夺取中国特色社会主义新胜利的两座里程碑，全面小康社会从"建设"到"建成"一字之变实现质的飞跃，在接近全面建成小康目标的重要时刻，给人以看得见、摸得着、感受得到的信心信念。实现奋斗目标，报告要求全面落实经济建设、政治建设、文化建设、社会建设、生态文明建设五位一体总布局，促进现代化建设各方面相协调，促进生产关系与生产力、上层建筑与经济基础相协调，不断开拓生产发展、生活富裕、生态良好的文明发展道路。

"五位一体"的战略新布局，体现了与时俱进的理论创新，表明了我们党对建设中国特色社会主义规律的认识到实践达到了新的水平。从党的十二届六中全会提出以经济建设为中心，坚定不移地进行经济体制改革，坚定不移地进行政治体制改革，坚定不移地加强精神文明建设"三位一体"的总体布局，到党的十六届六中全会提出构建社会主义和谐社会的重大任务，总体布局中增加社会建设，拓展为"四位一体"，再到今天党的十八大把生态文明建设放在突出地位，纳入总体布局，拓展为"五位一体"，走可持续发展道路，这是科学发展观的本质要求和升华之举，极大地丰富和拓展了中国特色社会主义内涵。"五位一体"相互联系、相互协调、相互促进、相辅相成，在推进中国特色社会主义伟大事业中有机统一，在实现当代人利益的同时，给自然留下更多修复空间，给农业留下更多良田，给子孙后代留下天蓝、地绿、水净的美好家园。

我们要紧盯到 2020 年西藏农牧民人均纯收入接近全国平均水平，与全国一道实现全面建设小康社会的奋斗目标，牢牢把握经济社会跨越式和长治久安的主题，继续着力推进跨越式发展，按照"提升一产、壮大二产、做强三产"的思路，不断夯实建设社会主义新西藏的物质基础；继续着力保障和改善民生，解决好人民群众最关心最直接最现实的利益问题，使各族群众切实感受到党和政府关怀与温暖；继续着力加强生态保护，走生产发展、生活富裕、生态良好的文明发展道路，保护好西藏的一草一木、山山水水；继续着力维护社会和谐稳定，加强和创新社会管理，深入开展反分裂斗争，确保西藏全面稳定、持续稳定、长治久安；继续着力弘扬"老西藏"精神，高举爱国主义和民族团结的旗帜，倡导爱国、团结、和谐、发展、文明的核心价值观，弘扬艰苦奋斗、求真务实的优良作风，谱写雪域高原新的壮丽篇章，实现经济增长、生活宽裕、生态良好、社会稳定、文明进步的统一，使西藏成为重要的国家安全屏障、重要的生态安全屏障、重要的战略资源储备基地、重要的高原特色农产品基地、重要的中华民族特色文化保护地、重要的世界旅游目的地。

五　党的建设是推进中国特色社会主义的根本保证

办好中国的事情，关键在党。报告指出，形势的发展、事业的拓展、人民的期待都要求我们以改革创新精神全面推进党的建设新的伟大工程，全面提高党的建设科学化水平。围绕建设什么样的党、怎样建设党的重大问题，面对新形势下我们党肩负的全面建设小康社会、推进社会主义现代化、实现中华民族伟大复兴的重任，报告深刻分析了面临的"四大考验"和"四大危险"，提出全党要增强紧迫感和责任感，牢牢把握加强党的执政能力建设、先进性和纯洁性建设这条主线，全面加强党的思想建设、组织建设、作风建设、反腐倡廉建设、制度建设，增强自我净化、自我完善、自我革新、自我提高能力，建设学习型、服务型、创新型马克思主义执政党，确保党始终成为中国特色社会主义事业的坚强领导核心。一条主线、"五位一体"的布局、"三位一体"的建设目标和"四大能力"建设，勾勒出我们党在新时期全面推进自身建设清晰的"路线图"，指明了目标方向。

报告从八个方面全面部署了以改革创新精神全面推进党的建设新的伟大工程。"抓好思想理论建设这个根本"，"抓好党性教育这个核心"，"抓好道德建设这个基础"，"以人为本、执政为民是检验党一切执政活动的最高标准"，"党内民主是党的生命"，"关键在于建设一支政治坚定、能力过硬、作风优良、奋发有为的执政骨干队伍"，"广开进贤之路、广纳天下英才，是保证党和人民事业发展的根本之举"，"做到干部清正、政府清廉、政治清明"，增强忧患意识、创新意识、宗旨意识、使命意识。这一系列新的论述新的观点，充分彰显了我们党永葆政治本色的坚定决心，充分体现了我们党加强执政能力建设、先进性建设和纯洁性建设的高度政治自觉。报告谆谆告诫：全党必须牢记只有植根人民、造福人民，党才能始终立于不败之地；只有居安思危、勇于进取，党才能始终走在时代前列。

　　我们要坚持党要管党、从严治党，着眼于创建学习型党组织，切实加强党的思想理论建设；着眼于贯彻民主集中制原则，切实加强各级领导班子建设；着眼于落实德才兼备、以德为先的用人标准，切实加强干部队伍建设；着眼于巩固党在西藏的执政基础，深入开展创先争优强基础惠民生活动；着眼于实施人才兴藏战略，切实加强人才队伍建设；着眼于构建惩治和预防腐败体系，切实加强党风廉政建设，不断提高党的建设科学化水平。

（原载《西藏日报》2012 年 11 月 20 日第六版）

坚持中国特色社会主义文化发展道路
推动西藏新闻出版繁荣发展

　　文化繁荣是国家强盛和民族复兴的先导。党的十八大报告对文化改革发展给予了充分肯定，从中国特色社会主义"五位一体"布局的战略高度，进一步明确了全面建成小康社会的文化建设和文化改革发展的奋斗目标，就坚持走中国特色社会主义文化发展道路、建设社会主义文化强国进行了新的阐述、作出了新的部署，更加全面深刻地回答了新的历史条件下我国文化改革发展走什么路、朝着什么样的目标迈进这个带有方向性、根本性的问题，为推动社会主义文化大发展大繁荣指明了方向。新闻出版战线要紧紧围绕坚持中国特色社会主义文化发展道路、扎实推进社会主义文化强国建设的战略任务和战略目标，认真深入学习，全面准确领会，紧密结合区党委政府关于推动西藏地区文化建设的部署要求，以高度的文化自觉和文化自信，推动西藏新闻出版繁荣发展。

　　坚持中国特色社会主义文化发展道路，推动西藏新闻出版繁荣发展，要以科学发展为主题。党的十八大最大的理论亮点和历史贡献是进一步明确了科学发展观的历史地位，把科学发展观同马克思列宁主义、毛泽东思想、邓小平理论、"三个代表"重要思想一道确立为我们党必须长期坚持的指导思想。新闻出版战线要以高度的政治自觉，认真学习领会科学发展观的理论内涵和精神实质，深刻认识贯彻落实科学发展观的重大现实意义和深远历史意义，牢牢把握推动西藏地区由文化资源大区向文化发展强区战略转变的奋斗目标，坚持以科学发展观为指导，解放思想、实事求是、与时俱进、求真务实，把科学发展作为主题贯穿到繁荣发展新闻出版事业全过程，体现到新闻出版、版权管理、"扫黄打非"工作各个方面，坚定不移走有中国特色、西藏特点的文化发展路子。

　　以科学发展为主题，就是要把科学发展的理念贯彻到工作的各个方面，更加自觉地坚持发展是硬道理的战略思想，把繁荣发展作为第一要义，遵循社会主义精神文明建设规律和社会主义市场经济规律，不断解放和发展文化生产力，大力推动新闻出版事业和产业繁荣发展。更加自觉地坚持以人为本，解决好新闻出版发展为了谁、依靠谁的问题，把满足各族人民精神文化需求作为根本目标，把人民群众满意作为最高标准，构建覆盖城乡的新闻出版公共服务体系，推出更好、更多、更丰富的新闻出版产品，保障人民群众基本文化权益，丰富人民群众精神文化生活。更加自觉地坚持全面协调可持续的基本要求，着力解决不平衡不协调不可持续的问题，抓住发展机遇，转变发展方式，优化企业、产品、消费结构和所有制结构，推进新闻出版与科技融合，用先进技术改造传统生产方式和基础设施，走可持续发展道路。更加自觉地坚持统筹兼顾的根本方法，正确认识和处理改革发展中的各种重大关系，统筹社会效益与经济效益、加快发展与强化监管、公益性事业与经营性产业、公有制为主体与多种所有制共同发展等关系，破解发展难题，提高发展质量，增强新闻出版整体实力和竞争力。

坚持中国特色社会主义文化发展道路，推动西藏新闻出版繁荣发展，要以强魂为根本任务。十八大报告指出，社会主义核心价值体系是兴国之魂，决定着中国特色社会主义发展方向。强调用社会主义核心价值体系引领社会思潮、凝聚社会共识。新闻出版战线要牢牢把握文化之魂、兴国之魂，以弘扬社会主义先进文化为己任，切实把建设社会主义核心价值体系作为根本任务，正确处理"魂"与"体"的关系，把社会主义核心价值体系这个"魂"，通过丰富多彩的图书、报刊、音像电子产品等承载文化精神价值的物质基础和传播形态的"体"来建设和传播，最大限度地推动形成统一指导思想、共同理想信念、强大精神动力、基本道德规范，壮大社会主流思想舆论。

以社会主义核心价值体系建设为根本任务，就是要牢牢把握意识形态工作的主导权，坚持新闻出版的正确导向，以中国特色社会主义理论体系为指导，把马克思主义立场观点方法贯穿到推动新闻出版繁荣发展的全过程，体现到新闻出版产品创作生产传播的各环节，坚持社会主义先进文化前进方向不动摇。特别是在事关政治方向和根本原则，事关维护祖国统一和民族团结、反对分裂等大是大非问题上，立场要十分坚定、旗帜要十分鲜明。要更加注重主题出版和宣传，精心策划组织推出宣传普及邓小平理论、"三个代表"重要思想、科学发展观的出版物，推动马克思主义中国化时代化大众化，坚定各族干部群众的理想信念；推出宣传普及爱国主义、集体主义、社会主义和民族团结的出版物，弘扬"老西藏"精神，丰富人民精神世界，增强人民精神力量；推出宣传普及以爱国、团结、和谐、发展、文明为主题的核心价值观的出版物，倡导富强、民主、文明、和谐，倡导自由、平等、公正、法治，倡导爱国、敬业、诚信、友善。要更加注重为大局鼓与呼，围绕重要会议、重大决策部署、党委政府中心工作，精心策划主题出版，认真抓好舆论宣传，当前要抓好党的十八大文件及辅导读物的出版发行，抓好党的十八大精神的宣传阐释解读，全力营造学习十八大、宣传十八大、贯彻十八大的浓厚氛围。

坚持中国特色社会主义文化发展道路，推动西藏新闻出版繁荣发展，要以改革创新为动力。十八大报告为进一步深化改革吹响了新的号角，奏响了新时期深化改革的最强音。新闻出版战线要顺应改革发展的新形势新要求，认真贯彻党的十八大关于文化改革的目标任务要求，按照区党委政府推进新闻出版体制机制改革的部署，坚定改革信心，把改革创新摆在突出位置，解决好动力活力问题，破解好发展难点重点，以改革创新的实际行动回馈伟大时代。

以改革创新为动力，就是要把改革创新精神贯穿到新闻出版繁荣发展全过程，积极稳妥推进体制机制改革，按照自治区文化体制改革和文化产业发展工作领导小组批准的《西藏自治区新闻出版局关于新闻出版体制改革工作方案》《西藏自治区新华书店转企改制工作实施方案》和《组建西藏人民出版总社暨国家藏文出版基地实施方案》，稳妥有序推进自治区新华书店转企改制，积极组建西藏人民出版总社，着力打造公益性服务主体、经营性市场主体，确保新闻出版领域改革迈出实质性步伐。要加快推进新闻出版与科技融合，继续发展书报刊等纸介质传统出版产业，以西藏新华印刷厂等国有骨干企业的技术改造和设备更新为重点，走绿色环保低碳的印刷产业发展之路，探索发展数字出版、数字印刷、数字发行等新型业态。要推进对内对外开放，引导抓好西藏出版文化产业园建设，吸引实力强、潜力大、信誉好的出版发行企业入园兴业，推动形成以公有制为主体多种所有制共同发展的产业格局。组织参加各类大型图书展销活动，培育发展版权贸易，以周边国家为重点实施新闻出版产品"走出去"战略，有效挤压达赖集团反动宣传空间，向世界介绍真实发展变化的社会主义新西藏。

坚持中国特色社会主义文化发展道路，推动西藏新闻出版繁荣发展，要以重大项目为载体。项目作为发展的重要载体和基础，在推进文化繁荣发展中起着至关重要的作用。新闻出版战线要按照党的十八大报告加强重大文化项目建设的要求，牢固树立抓项目就是抓产业、助发展，抓项目就是抓事业、促繁荣，抓项目就是抓后劲、管长远的理念，以项目建设为载体，从新闻出版发展最急需、最迫切的领域入手，精心谋划项目，积极跑办项目，加快建设项目，严格管理项目，提高项目建设水平，以重大项目的建设带动新闻出版繁荣发展。

以重大项目为载体，就是要依托国家出版基金、少数民族文字出版专项资金，加强选题策划，扶持原创精品，着力打造一批体现西藏特色、弘扬时代精神、深受市场欢迎、可传之久远的精品，遴选推荐一批能够纳入中国出版政府奖、"五个一工程"奖的力作。要认真实施国家少数民族新闻出版东风工程，集中精力抓好西藏地区新闻出版"十二五"发展规划确定的重点项目的实施，全面完成国家藏文出版基地、县级新华书店、党报党刊采编信息化、出版社编辑信息化、藏文互联网出版监管系统等重点项目，同时不断研究提出新项目，建立新闻出版项目库，及时做好项目申报落实工作，保持项目建设的连续性。要狠抓对口援藏项目的落实，按照全国新闻出版系统对口援藏工作会议的部署，加大与对口援藏省市的衔接汇报和联系协调力度，主动联系、主动对接、主动汇报，加快实施已签订协议项目，及时启动实施一批新的对口援藏项目，不断扩大援藏成果，夯实基层新闻出版发展基础。

坚持中国特色社会主义文化发展道路，推动西藏新闻出版繁荣发展，要以为民惠民为着力点。十八大报告指出，文化是民族的血脉，是人民的精神家园。强调让人民享有健康丰富的精神文化生活，为人民提供更好更多精神食粮，加快推进重大文化惠民工程，开展全民阅读活动，完善公共文化服务体系。新闻出版战线要坚持以人为本、人民至上，自觉贯彻党的群众路线，牢记为人民服务的根本宗旨，以满足人民群众精神文化需求为出发点和落脚点，更好地保障人民群众的基本文化权益，丰富发展人民群众精神文化生活。

以为民惠民为着力点，就是要始终坚持为了人民、依靠人民、服务人民，坚持为人民服务、为社会主义服务的方向，坚持百花齐放、百家争鸣的方针，坚持贴近实际、贴近生活、贴近群众的原则，以强烈的社会责任感，深入人民群众火热的实践，激发人民群众精神文化创造活力，从人民群众生产生活中凝练题材和选题，推出更好更多人民群众满意的新闻出版精品力作。要把握新形势下人民群众对精神文化产品的新要求新期待，实施藏文类重点主题出版工程，增强以藏语文类为重点的新闻出版产品生产供给能力，满足人民群众多层次、多方面、多样化的精神文化需要。要实施好重点文化惠民工程，完善新闻出版公共服务网络，巩固扩大农家书屋和寺庙书屋建设成果，探索实施卫星数字农家书屋建设，深入开展全民阅读活动，推动各族人民思想道德和科学文化素质提高。要加大抢救濒临失传的藏文古籍整理出版力度，大力扶持民间文艺、藏医藏药、天文历算、唐卡绘画、民族手工等传统文化和人口较少民族文化遗产的出版工作，传承弘扬民族传统文化中的积极有益成分，赋予时代内涵，为建设重要的中华民族特色文化保护地作出积极贡献。

坚持中国特色社会主义文化发展道路，推动西藏新闻出版繁荣发展，要以维护安全为重大责任。党的十八大报告强调高度警惕和坚决防范敌对势力的分裂、渗透、颠覆活动，就加强网络社会管理、开展"扫黄打非"等进行了专门部署。新闻出版战线要牢牢把握维护稳定第一责任，以维护意识形态和文化安全、服务西藏和谐稳定为己任，始终绷紧反分裂反渗透斗争这根弦，清醒认识和把握意识形态领域斗争形势，强化科学管理，深入开展"扫黄打非"斗争，筑牢反分裂反渗透的坚固屏障。

以维护安全为重大责任，就是要坚持一手抓繁荣发展、一手抓科学管理，严格执行《著作权法》《出版管理条例》等法律法规和规章制度，推动行政审批制度改革，严格重大选题备案和书号实名申领，严厉打击侵权盗版行为，着力规范新闻采编秩序，规范印刷发行市场行为。要加强阵地管理，充分发挥新闻出版阵地在传播科学理论、弘扬先进文化、倡导高尚精神、崇尚科学文明中的重要作用，绝不给错误思想言论提供传播渠道和空间。要大力实施"扫黄打非·珠峰工程"，把打击"藏独"反动出版物及宣传品作为首要任务，坚决查缴封堵政治性非法出版物和有害信息，做到严禁境外流入、严禁境内出版、严禁地下印制、严禁非法邮运、严禁市场销售、严禁网上传播、严禁媒体炒作。要始终保持高压态势，强化日常监管，有针对性地开展集中整治和专项行动，加大明察暗访和巡查密度，做到无缝隙全覆盖，大力整治利用互联网、手机媒体传播淫秽色情及低俗信息，全面净化网络环境，确保意识形态和文化领域的绝对安全。

（原载《西藏日报》2012年11月28日第六版）

旧西藏封建农奴制度的反动本质

　　20 世纪 50 年代末 60 年代初西藏社会制度经过历史性的变革和跨越，埋葬了人类史上最为反动、黑暗、残酷、落后的封建农奴制度，翻身解放了的西藏人民当家做主，开辟了建设社会主义的历史新纪元。在党中央的领导和全国人民的无私援助下，西藏各族人民经过 40 年的奋斗，社会主义现代化建设的各项事业取得了举世瞩目的成就，欣欣向荣的世界屋脊正以高昂的姿态阔步迈向 21 世纪。然而，达赖集团却拼命地宣扬要"恢复西藏固有的传统文化、宗教和道德"，"恢复西藏几千年来形成的传统宗教文化历史"。简言之，就是要恢复已经被埋葬的封建农奴制度。达赖所念念不忘的封建农奴制度到底是一种什么样的社会制度，本文试图从经济基础和政治制度两个方面，分析旧西藏封建农奴制度的反动本质，揭露达赖集团分裂倒退的险恶用心。

一　封建农奴制度是严重阻碍西藏经济社会发展的腐朽制度

　　旧西藏僧侣贵族专政、政教合一的封建农奴制度是建立在农奴主对生产资料和农奴人身占有基础之上的。旧西藏的全部耕地、牧场、森林、山川、河流、河滩以及大部分牲畜都由官家、贵族、寺庙上层僧侣占有，他们被称为"西藏的三大领主"。三大领主及其代理人构成西藏农奴主阶级，约占人口的 5%。据 17 世纪清朝初年统计，"当时西藏约有实耕地 300 万克（旧西藏地方的面积单位，1 克约 1 亩），其中 30.9% 为封建地方政府占有，29.6% 为贵族占有，39.5% 为寺院和上层僧侣占有"①。随后的历史进程中，三大领主高度集中占有和垄断以土地为主的生产资料的事实不但没有丝毫的改变，而且更加得到强化，使占西藏人口90%的农奴从根本上丧失了赖以生存的物质条件，处于被剥削、被奴役的地位，靠耕种份地维持生计。西藏的农奴分为"差巴"和"堆穷"，差巴是领种份地（差地）而支差的人。堆穷意为小户，有的是外来的烟火户，有的是种内差地的"朗差"，西藏人口中还有大约5%的奴隶，藏语称为"朗生"，也就是家内奴仆。"差巴""堆穷""朗生"和游民等几个阶层构成西藏的农奴阶级。

三大领主凭借他们占有全部生产资料，通过超经济的强制占有农奴人身。旧西藏噶厦地方政府规定，农奴只能固定在所属领主的庄园土地上，不得擅自离开，绝对禁止逃亡。"人不无主、地不无差"这一流行于旧西藏的话，就是三大领主强制占有农奴人身，使农奴世世代代依附领主，作为土地的附属物束缚在差地上的真实写照。三大领主占有农奴人身，使其牢牢地束缚在土地上，凡是人力和畜力能种地的，一律得种差地，并支乌拉差役，而农奴一旦丧失劳动能力，就收回牲畜、农具、差地，使农奴降之为奴隶。不仅如此，三大领主还把农奴当作私有财产随意支配，用于赌博、抵债、赠送、转让和买卖。1943年，大贵族车门·罗布旺杰把100名农奴卖给止贡地区噶珠康萨的僧官洛桑楚成，每个农奴的价钱是藏银60两，另外，他还把400名农奴给功德林寺，抵3000品藏银债。农奴的婚姻必须取得领主的同意，不同领主的农奴婚嫁要缴纳"赎身费"。农奴生小孩就要抱到领主那里缴纳出生税，登记入册，注定为领主终身当牛做马。农奴若被迫流落外地去谋生，要向原属领主交"人役税"，持已交人役税的证明，才不至于被当逃亡户处理。这种实质上完全占有农奴人身的超经济强制，使农奴除了终身劳作外，没有任何人身自由，更谈不上人的尊严。"生命虽由父母所生，身体却为官家占有。纵有生命和身体，却没有作主的权利。"② 这是农奴对三大领主强制占有自己人身的悲怆吟唱。在这里农奴完全被异化为旧西藏封建农奴制度的纯粹生产工具，农奴的价值在三大领主眼中也仅仅是一个"会说话的工具"。

旧西藏封建农奴制度经济的运作正是以三大领主占有全部生产资料和

---

① 《当代中国的西藏》（上），当代中国出版社1984年版，第88页。
② 《西藏自治区概况》，西藏人民出版社1984年版，第350页。

通过超经济的强制占有农奴人身为基础，对广大农奴采取非人的压榨和剥削来进行的。这种剥削又主要通过乌拉差役和高利贷盘剥来进行的。乌拉差役是西藏封建农奴制度下，三大领主对农奴进行残酷剥削的主要形式。西藏的乌拉差役是个包括徭役、赋税、地租等在内的含义十分广泛的差税总称，其名目之繁多，给农奴的负担之沉重，使农奴成年累月地辛勤劳动，却难以维持生计，有载入册籍的各种永久性乌拉差役，有临时加派的各种乌拉差役，形式上可分为内差和外差。内差是农奴向所属贵族或上层僧侣和寺庙及其代理人所支应的各种劳役和实物差役。领主土地的经营方式是把土地划分为两个部分，其中大部分肥沃的土地作为领主自营地，小部分贫瘠的土地作为份地，以给领主支应各种差役为条件，分租给农奴耕种，耕种份地的农奴每年要自带农具、口粮等在领主代理人的监督和鞭打下，在领主自营地上为领主从积肥、播种、除草、浇水，到收割、打场、入仓，提供无偿的劳役，这便是内差中的所谓"长年差"，除此之外领主还根据自己的需要，随时给农奴摊派各种临时差役，主要有：修整领主住宅，为领主搬运粮食、牛粪、捻毛线、背水、砍柴、拾牛粪、炒青稞、磨糌粑、鞣皮张、榨油、做口袋等劳役。另外还要给领主交纳马草、酥油、粮食等实物差。只要领主生活、生产需要，领主亦派差役，农奴要支付多少差役，没有什么明文规定，由领主说了算。这样农奴每年要以三分之二甚至四分之三的时间，为领主提供无偿劳役，在自己的份地上劳动时间非常少，实际上农奴的很多份地因没有劳动时间而荒芜了。长年差加上临时摊派的各种差役，农奴所要承受的剥削是极其沉重的。据统计，白朗宗白利寺庄园、贵族彭许的彭中庄园和江孜宗自居寺庄园，其剥削率分别为78%、68.9%和77.7%，墨竹工卡十个庄园平均剥削率甚至高达80.56%。

外差是给旧西藏噶厦地方政府支的差役，这种差役是由噶厦地方政府将一部分"差岗"地作为向噶厦支应差役的土地分给寺庙、贵族，由寺庙、贵族负担一定的差税义务，而寺庙、贵族又将这一部分"差役"地分租给农奴耕种，由农奴向噶厦支应差役。耕种"差岗"地，农奴就要无偿提供人力、畜力运送持有噶厦马牌的官员、僧侣、商旅、藏兵等一切人员和物资，无偿地为他们提供食宿，无偿地为噶厦和寺庙修建工程服徭役，缴纳噶厦所需的青稞、酥油、鸡蛋等一切实物及银圆、藏银等货币。不仅如此，噶厦地方政府下的基巧、宗等各级政府的官员也给农奴派外差，噶厦只要求按规定完成上交噶厦的实物和劳役，概不过问下级官员实际给农奴摊派多少外差，以致各种乌拉差役名目繁杂，农奴负担沉重。如墨竹工卡宗向农奴支派的主要实物差就有菜油差、燃料差、牲畜税、鸡蛋税、草税、水税、山税、扫帚差、皮绳差、降神差、红土差、花盆差、念经费、酥油罐差，等等。

农奴为了活命，既种有内差地因而要为领主支应内差，同时又种有外差地因而要给噶厦支应外差，使农奴的负担极其沉重。就属于十四世达赖的摄政大扎的达隆绛庄园可看出一斑，达隆绛庄园共有土地 1445 克，全劳动力和半劳动力计 81 个，全年共支内差 11826 天，外差 9440 天，内外差共计 21266 天，折合劳动量为 67.3 人全年服劳役，这就是说 83%的农奴全年无偿地为农奴主支差服役。另外，据统计，札囊宗贵族朗色林庄园和拉孜宗贵族杜素庄园的农奴，支应内外差被剥削率分别达到 73.6%和74%。惊人的剥削，沉重的乌拉差役，使人无法形容农奴要承受的痛苦，维持肉体生存时刻受到严重的威胁。

三大领主用乌拉差役吸干了农奴的血还不够，进一步用放高利贷来敲骨吸髓。首恶便是上层僧侣和寺庙，人称"西藏大小寺庙没有不放债的"。寺庙是最大的债主，约占放债总额的五分之四。以哲蚌寺、色拉寺、甘丹寺为例，据 1959 年的调查，三大寺庙的粮食高利贷达 45451644斤，年收利息 798728 斤粮食；放的钱债达 57105895 两藏银，年收利息1402380 两藏银，高利贷的利息占三大寺收入的 25%—30%①。

西藏的三大领主同时也是西藏的三大债主，农奴的普遍欠债是与三大领主普遍放债同时并存的。噶厦设有好几个放债机构，"朱颇列空""拉恰列空""则恰列空""特不加列空"等。历代达赖喇嘛也设有专管自己放债的"孜布"和"孜穷"两个机构。据 1950 年达赖的这两个机构有关账簿的不完全记载，共放高利贷藏银 3038581 两，年收利息 303858 两。

贵族放债的利息一般占贵族家庭收入的 15%—20%。日喀则贵族索朗旺杰全年土地收入为 2853 克，放高利贷 15000 克，每年收入利息粮食3000 克，利息超过土地的收入。由此可见，贵族通过放高利贷攫取农奴的劳动财富。

农奴欠三大领主的很多高利贷是还不起、还不清，利滚利、还不完的"子孙债"。这种债农奴们甚至根本不知道是从何时借的，最初借了多少，

---

① 《中国藏学》1991 年第 4 期。

已经还了多少，只知自己现在仍欠很多债。据朗塘、卡则、林周、旁多等拉萨以北四个宗的调查，各宗负债一般占户口总数的 90% 左右。这些负债户中负债 10000 克粮食以上的 12 户，5000 克以上的 14 户，1000 克以上的 159 户，500 克以上的 106 户，100 克以上的 266 户。这些农奴的债务，都是上辈遗留下来的"子孙债"，有的已经有 120 多年的历史，是代代还也还不清的阎王债。墨竹工卡农奴次仁贡布，他的祖父曾向色拉寺借了 50 克粮食，还利息还了 18 年，他父亲接着又还利息还了 40 年，他接过父亲又还了 19 年，总共还了 3000 多克粮食，可是领主说他还欠债粮 10 万克。子孙债是三大领主剥削农奴的无底洞，是吸干血后的敲骨吸髓。

农奴所欠的债务还有"连保债""代还债"等。农奴还不起债，领主就强迫农奴用份地来抵债。为了生存下去，农奴又将被领主拿去顶债的份地租回来耕种。这样，一份差地既要给领主支应劳役地租，同时又要交实物地租以顶债息。残酷至极的双重剥削，使农奴再怎么当牛做马，也无法维持生计了。

沉重的乌拉差役加上敲骨吸髓的高利贷盘剥，旧西藏的封建农奴制度把广大农奴剥削得一无所有，农奴中流传着这样的话："能带走的只是自己的身影，能留下的只有自己的脚印。"农奴终身辛劳却没有最起码的生存权利，发展生产的积极性完全丧失，社会生产力直接遭到破坏，加之农奴主攫取的农奴的劳动财富，用于他们穷奢极欲的生活、官员薪饷、供养寺庙以及名目繁多的宗教仪式，无人关心经济社会发展所需之投资，甚至连简单再生产也成为大问题，扩大再生产更是无从谈起。正是旧西藏封建农奴制度对广大农奴的残酷盘剥和社会生产力的破坏，导致整个西藏经济的衰败、萎缩、凋敝和人口减少。全国政协副主席阿沛·阿旺晋美回忆："记得四十年代，我同一些知心朋友曾多次交谈过西藏旧社会的危机，大家均认为照老样子下去，用不了多久，农奴死光了，贵族也活不成，整个社会就得毁灭。因此，民主改革不仅解放了农奴，解放了生产力，同时也拯救了整个西藏。"[1]

旧西藏封建农奴制度严重阻碍着西藏经济社会的发展与进步，埋葬这一腐朽制度是西藏广大人民的迫切愿望，是西藏社会历史发展的必然。

---

[1] 《庆祝西藏和平解放四十周年文献汇编》，西藏人民出版社，第 81 页。

二　僧侣贵族专政的政教合一制度
是扼杀人权的政治制度

建立在旧西藏封建农奴制经济基础之上，并为其服务的旧西藏封建农奴制上层建筑的核心是政教合一制度。体现这一制度的旧西藏噶厦地方政府，是上层僧侣和贵族联合压迫、剥削广大农奴的专政工具。旧西藏噶厦地方政府及其所属机构，各基巧（相当于现在的"地区"建制）和宗（相当于现在的"县"）供职的官员，都是由上层僧侣和贵族联合组成的，达赖喇嘛便是总代表。

列宁指出："所有一切压迫阶级，为了维护自己的统治，都需要有两种社会职能，一种是刽子手的职能，另一种是牧师的职能。"① 旧西藏的上层僧侣和贵族联合专政的政教合一就是集这两种职能于一身的统治工具，宗教与政权在这里得到紧密的结合。三大领主既用藏军、法庭、监狱等专政工具来压迫广大农奴，又通过教权来压迫广大农奴。旧西藏的寺庙不仅成为三大领主使农奴就范的统治工具，而且本身直接压迫和剥削着农奴，使农奴受到双重的压迫。口口声声宣扬"普度众生""慈悲为怀"的寺庙上层僧侣，在这里一方面在观念上禁锢广大农奴的思想，使农奴安于现状，忍受压迫和剥削。另一方面，凭借政教合一获得政治上、经济上的种种特权，赤裸裸的压迫、奴役广大农奴，不遗余力地吸食农奴的血汗乃至生命。从甘丹寺赤降拉让的暴行就可以看出一般，从108名苦主的控诉和从1200名的群众调查的材料看，就有541人被打，其中165人被打伤致残，121人坐过监狱，89人被流放过，538人被逼当奴隶，1025人被逼逃亡在外，265户的亲人被活活打死或用其他手段残害致死，有72人被拆散婚姻，有484名妇女被强奸或轮奸。从19个庄园的不完全调查看，在几年间，支乌拉差役路上因伤、病、累、残或事故而死47人，被打死7人，逃离出去无法生活因病困而死的19人，支不起乌拉差役而逃跑的294人。散发着血腥气的这些数字就是寺庙上层僧侣以"佛"的名义，在政教合一制度下，对"苦难众生的超度"。

---

① 《列宁全集》第21卷，第208页。

　　政、教相结合，体现统治阶级意志，通行数百年的《十三法典》和《十六法典》，是政教合一制度的"镇山之宝"，是三大领主维护其利益和森严的社会等级，更有效地压迫广大农奴，随心所欲地践踏广大农奴人权的重要工具。"法典"第七条把人严格地划分为三等九级"人分上中下三等，每一等人又分上中下三级。此上中下三等，系就其血统贵贱、职位高低而定"。上等人是为数极少的大贵族、大活佛和高级官员；中等人是一般僧俗官员、下级军官，以及三大领主所豢养的爪牙；下等人是占西藏总人口95%被压迫被剥削的农奴和奴隶。人与人之间这种法律上的明确不平等等级，实质上就是西藏封建农奴制社会森严等级的制度化。在制度化的森严等级壁垒之下，统治者和被统治者之间，剥削者和被剥削者之间，不仅在经济、政治地位上的不平等更加强化，而且在日常生活的每一个细节上，甚至在说话时的一个名词一个动词上都要分出双方地位的贵贱尊卑，从而置广大农奴和奴隶于非人的境地，永远在压迫和奴役之下活命。在这里界限是如此清楚和不可逾越，95%的农奴和奴隶是没有任何人权的人。

　　西藏档案馆内至今保存着一份《不准收留铁匠后裔的报告》：1953年，堆龙德庆县一个铁匠的后裔在十四世达赖身边做事。当达赖发现他是铁匠的后代后立即将其赶走，并命令凡是出身金、银、铁匠、屠夫等家庭的人均被视为下等下级人，不能在政府里做事，不能和其他家庭通婚。在"法典"明确规定之下的森严等级制度中，金、银、铁匠、屠夫等同乞丐视为最低贱的人。西藏妇女也被"法典"列为这一等级的人之中，尤其是处于社会底层的贫苦妇女更是如此。"法典"关于杀人赔偿命价律中规定："人有等级之分，因此命价也有高低。"上等上级的人如王子、大活佛，其命价为与尸体等重的黄金；而下等下级的人如妇女、屠夫、猎户、匠人等，其命价为草绳一根。在关于处置犯罪人家属的条文中称："绝嗣之家，其妻室有父归父，无父归其兄弟近亲。"或者"无父，则将其女人与另一半牲畜、库物给其兄弟近亲中之一人"。某人"若从牦牛身下救人，被救者则以女儿偿之，无女则给妹，无女、无妹则给银200两"。可见，在森严等级制度下西藏妇女地位的低下，可以与牲畜并列，作为财产的一部分定其归属，可以当作礼品赠予他人。妇女同屠夫、猎户、匠人等，在森严等级制度下受着整个社会的歧视与奴役，实际上是排斥在正常社会生活之外的"非人"，人权的概念与他们没有任何联系。

　　三大领主的利益在"法典"中毫无例外是神圣不可侵犯的。农奴如果"触犯"了三大领主的利益，法典规定："按其情节不同挖其眼睛，削其腿肉，割舌，截手，推坠悬岩，抛入水中，或杀戮之，惩戒将来，以免效尤"，而广大农奴和奴隶的权利"法典"则没有丝毫保障，遭到迫害的农奴和奴隶甚至连喊一声"冤枉"都是非法的。法典规定："向王宫喊冤，不合体统，应逮捕鞭击之"，"不受主人约束者逮捕之，侦探主人要事者逮捕之；百姓碰撞官长者逮捕之。"① 还规定：凡仆人反抗主人，而使主人受伤较重的，要砍掉仆人手或脚，如主人打伤仆人，延医治疗即可，如打伤活佛，则犯了重罪，要挖眼、剁脚、断手或处以各种各样的死刑。正是这些骇人听闻的规定，使三大领主随心所欲地对农奴和奴隶实行各种残暴。

　　"法典"实际上只不过是一个纲领性规定，远远不能说明三大领主对农奴和奴隶的残暴。寺庙可以根据法典制定详细的"寺规"，贵族可以根据法典在自己的庄园制定详细的"家法"，寺庙和贵族可以自备刑具，私设公堂，刑罚农奴和奴隶，甚至可以将农奴和奴隶处死。三大领主要践踏农奴和奴隶，想制定什么就制定什么，想怎么做就怎么做。已故十世班禅大师1988年4月接受《民族团结》记者采访时曾深有感触地说："1959年民主改革以前，西藏处在政教合一、僧侣和贵族专政的封建农奴社会。其黑暗、残酷的程度，恐怕比中世纪欧洲的农奴制度有过之而无不及。""那时候，僧俗领主都有监狱或私牢。当时刑罚非常野蛮残酷。像剜目、割鼻、断手、剁脚、抽筋、投水等。在西藏最大的寺庙之一甘丹寺就有许多手铐、脚镣、棍棒和用来剜目、抽筋等残酷的刑具。"② 不仅如此，只要三大领主需要，哪怕是达赖自己的祝寿需要就会践踏农奴和奴隶。西藏自治区档案馆保存着的20世纪50年代初致热不典头目的信件就可以看出这一点，信件写道："为达赖喇嘛念经祝寿，下密院全体人员需念忿怒十五施食回遮法。为切实完成此次佛事，需于当日抛食，急需湿肠一副，头颅两个，多种血，人皮一整张，望立即送来。"这种对人身血淋淋的戕害，竟然被一些人认为是"人权"，是"美妙的制度"，其仇视人民的反动本质昭然若揭。

---

① 《西藏自治区概况》，西藏人民出版社1984年版，第335页。
② 转引自沈开运等《透视达赖》下，西藏人民出版社，第701页。

　　邓小平同志指出：“什么是人权？首先一条，是多少人的人权？是少数人的人权，是多数人的人权，全国人民的人权？”① 近年来达赖集团四处奔走，呼吁恢复西藏的“人权”，高谈所谓的“西藏人权”问题。直面西藏政教合一制度的历史，不难看出达赖集团要恢复的是谁的人权，打着“人权”旗号的实质就是要把西藏从祖国大家庭中分裂出去，恢复他们失去的昔日特权。对于广大农奴和奴隶来说，政教合一的制度是扼杀自己人权的野蛮制度，是残酷压迫自己的黑暗制度。

　　政教合一的制度使广大农奴必须承受无限度的残酷压迫和剥削，忍受难以忍受的痛苦，致使一部分农奴为了寻求出路和寄托，不得不到寺庙，加入僧侣队伍，然而在寺庙里他们的地位并没有也不可能有丝毫的改变，所不同的是变成了穿着袈裟的农奴，从事着寺庙里的各种劳役。加之旧西藏噶厦地方政府的强迫，如明文规定“家有三男，必有一人去支僧差”，导致西藏社会僧尼成群的畸形社会现象，民主改革前，西藏约 120 万人口中就有僧尼 12 万人，占整个人口的 10%。由于僧尼除宗教活动之外，根据宗教戒律的规定，既不从事生产活动，又不进行人口自身的生产，使奄奄一息的旧西藏封建农奴制经济不堪重负，人口锐减，生产力退化。

　　不仅如此，三大领主为了维护自身的经济利益和政治统治，强行采取文化专制主义，凡与三大领主的利益或观念相违背的任何新思想、新文化以及科学技术等，均被视为异端邪说，加以排斥。文化专制主义使三大领主的经济利益、政治统治得到强化，从而使奄奄一息的上层僧侣和贵族联合专政的政教合一制度延续至 20 世纪。然而它严重扼杀科学技术，使西藏社会在民主改革前仍然处在沿用吐蕃时期的手工工具从事生产劳动，生产效率低下的停滞状态；它严重扼杀理性精神，使西藏社会在民主改革前盛行愚昧与迷信；它扼杀文化的生命力，使文化事业陷入萎靡、凋零的境地。总之，文化专制主义拒绝西藏社会的任何进步，是奴役广大农奴和奴隶的精神枷锁。摧毁这一枷锁是西藏广大人民走向文明的必由之路。

　　事实证明，僧侣贵族专政的政教合一制度是扼杀西藏广大人民群众人权的野蛮制度，是西藏经济社会发展的反动力量，埋葬这一反动、残酷、黑暗的社会制度是西藏广大人民群众的必然选择。

　　综上所述，西藏封建农奴制度对于达赖集团而言，是“美妙”“快

---

① 《邓小平文选》第 3 卷，第 125 页。

乐"之天堂，所以要极力呼吁恢复之。然而对百万农奴而言，封建农奴制度是他们经济上遭剥削，政治上遭压迫，精神上遭奴役之反动、黑暗、残酷、落后的人间地狱。正因如此，当历史之车轮进入 20 世纪 50 年代时，百万农奴在中国共产党的领导下，以不可阻挡的勇猛之势，彻底埋葬了比欧洲之中世纪有过之而无不及的西藏封建农奴制度，选择了自己当家做主的社会主义制度，开辟了建设社会主义的历史新纪元。

（原载《西藏日报》1999 年 4 月 22 日汉文版第一版、4 月 25 日藏文版第一版，以及《西藏研究》1999 年第 3 期）

西藏社会制度的跨越与主体选择

如果不是从纯粹思维出发，而是从最顽强的事实出发，那么就不难看出，现实的历史过程总是在一般趋势的确定性中包含着非确定性。历史发展总体的确定性是通过非确定的历史事件实现的，必然性是通过偶然性实现的，客观决定性是通过主体选择实现的。历史是追求着自己目的的人的活动，社会历史发展中的主体选择是一种普遍的现象。西藏社会制度的跨越，便是主体在既定的历史条件下所做选择的必然结果。

一　解放前的西藏社会

众所周知，解放前的西藏社会处于政教合一的封建农奴制阶段。它的经济基础是封建庄园制；它的上层建筑是僧侣和贵族专政的政教合一制；它的基本阶级是农奴主阶级（包括贵族、寺庙、官家以及他们的代理人，约占人口总数的5%）和农奴阶级（包括"差巴"、"朗生"、游民等阶层，约占总人口的95%）。

列宁说："农奴制的特点是：世世代代的停滞，劳动者的闭塞无知，劳动生产率很低。"[1] 西藏的封建农奴制充分体现了这一特点。自公元13世纪农奴制在西藏形成到民主改革前，西藏的社会分工仍是农业和牧业的分工，手工业基本上属于家庭副业。西藏经济占绝对优势的是自然经济，商业占很小的比例，产品交换主要采取以物易物的方式。农业停留在手撒种、"二牛抬杠"等耕作方式上；牧业停留在原始的自然放牧上，逐水草而居。农奴制社会本身也停滞在以劳役地租为主的阶段上，劳役地租占

---

① 《列宁全集》第 20 卷，第 297 页。

60%以上，实物和货币地租合计不足40%。之所以如此，是因为政教合一的封建农奴制成为阻碍生产力发展的沉重桎梏。

首先，历史的主体——首要的生产力——农奴，遭受着农奴主的残酷压榨，农奴在领主自营地从事劳动的一切成果不仅全部归领主所有，而且耕种差地所得收获的70%左右也要作为地租，拱手交给领主。沉重的乌拉差役和高利贷盘剥，使农奴终年劳苦却无法维持常人最低的生活水平。

其次，占有西藏全部生产资料的农奴主所攫取绝大部分劳动财富，用于他们穷奢极欲的生活、官员薪饷、供养寺庙以及名目繁多的宗教仪式，而社会生产和再生产所需投资无人关心。

最后，政教合一的封建农奴制度下的神权至上观念，使宗教和寺院成为阻碍社会生产力发展的保守势力的代表，宗教的需求和利益才算是至上的。

由此可见，政教合一的封建农奴制已严重阻碍着西藏社会生产力的发展，变革这种制度已是大势所趋。西藏社会必定要变革，这是历史发展的必然，是一般趋势的确定性。而这一确定性是怎样同社会主义相联系的呢？

二　统一还是分裂——两种西藏之命运的选择

如前所述，西藏社会历史的主体是农奴阶级。由于西藏社会的黑暗，农奴的生活处于水深火热之中，直接遭受着政教合一的封建农奴制的摧残。

在这种情况下，农奴和农奴主的对抗也就自然成为西藏社会的基本矛盾。一方面，农奴主凭借他们把持的生产资料和上层建筑来束缚、压榨农奴；另一方面，农奴为了生存不得不以暴动、消极怠工、破坏生产、逃亡等形式反抗农奴主的统治。与此同时，近代历史上，西藏还遭受着帝国主义列强的侵略，帝国主义势力侵略西藏的目的，绝不是要触动封建农奴制度，相反的是要使西藏逐步殖民化，沦为帝国主义的附庸。帝国主义与西藏民族的矛盾也就不可避免地构成西藏社会的主要矛盾。

时代向西藏人民提出了反帝反封建的历史任务。在西藏，这一历史任务由于历史的原因和帝国主义的政治分化、挑拨离间、培植西藏上层中的亲帝分子等原因，首先或者说主要地表现为拥护统一还是企图分裂这一涉及西藏两种命运的斗争，是继续维护封建农奴制并使之殖民化，还是使西藏回到祖国大家庭中，进而摆脱帝国主义势力影响的斗争。

历史的主体——西藏人民及爱国进步人士在这场斗争中清醒地认识到，西藏自古以来就是中国不可分割的一部分，于是选择了符合民族利益和历史发展趋势的后一种道路：反对分裂，维护祖国统一。之所以选择这一道路，是因为：首先，西藏人民具有不畏强暴、英勇抗击帝国主义入侵的爱国主义传统。早在17世纪初西方侵略势力进入西藏时，西藏僧俗人民就进行了坚决反对，到了近现代更是写下了许多可歌可泣的英雄篇章。其次，帝国主义一方面进行赤裸裸的武装侵略，屠杀西藏人民，大肆进行掠夺，如英国侵略军胁迫西藏地方当局与之签订非法的"拉萨条约"；另一方面为了达到自己罪恶的目的，挑拨离间，制造分裂，培植亲帝分子，极力维持摧残西藏人民的反动上层集团的统治，同上层反动分子相互勾结，残酷迫害爱国进步人士，使西藏人民遭受更加深重的灾难。最后，这时西藏社会所处的历史时代是中国人民在中国共产党领导下反对帝国主义、封建主义和官僚资本主义的革命时代。革命的时代激励和鼓舞着西藏人民和进步人士，共同的历史任务又必然把他们的斗争周这一革命汇合起来，成为这一革命的重要组成部分，并引导着西藏人民去完成这一革命所要完成的历史任务。

随着新民主主义革命的胜利发展，西藏的两种命运之间的斗争，也趋于尖锐和激烈，但选择的结果，正如后来的历史事实那样——西藏和平解放，西藏回到祖国大家庭的怀抱。这是历史的大势所趋。

三　两种制度、两种道路的选择

《中央人民政府和西藏地方政府关于和平解放西藏办法的协议》的签订和人民解放军进军西藏，使西藏永远摆脱了帝国主义的侵略和羁绊，实现了西藏人民从黑暗和痛苦中走向光明和幸福的第一步。这是西藏人民和上层爱国进步人士选择的结果，它为西藏人民进一步做出具有深刻历史意义的选择奠定了基础。然而，它又仅仅是完成了时代提出的历史任务的第一步，西藏社会深层的矛盾，即阶级矛盾没有也不可能立刻得到解决。所以，围绕着执行协议与破坏协议，展开了尖锐、复杂、激烈的分裂与反分裂的斗争。西藏上层反动集团，以分裂为目的，搞了种种破坏协议、阻挠西藏社会改革的阴谋活动，他们的逻辑是只有维持封建农奴制，才能保全自身利益。而要维持封建农奴制，就必须搞分裂，破坏协议。因此，他们逆历史潮流而动，视西藏人民为敌。在这样的历史条件下，西藏人民必然自己做出选择，要么继续当农奴，要么推翻封建农奴制，做社会的主人。

人民自己的命运最终要由自己来决定。"胜利了的无产阶级不能强迫任何异族人民接受任何替他们造福的办法。"① "不能由外部的力量去发动少数民族内部的所谓阶级斗争，不应由外部的力量去制造阶级斗争，不能由外力去搞什么改革。所有少数民族内部的改革，都要由少数民族内部的力量来进行。"② "就是出于最好愿望的帮助，在没有得到西藏民众和上层乐意接受的时候，也不能发生积极作用。所以说，就是帮助，也不能强加于人。"③ 正是基于内因是变化的根据，外因是变化的条件这一事物矛盾运动的法则，《关于和平解放西藏办法的协议》明确规定，"有关西藏的各项改革事宜，中央不加强迫。西藏地方政府应自动进行改革，人民提出改革要求时，得采取与西藏领导人员协商的方法解决之"。这里的前提是"人民提出改革要求时"。毛泽东在谈到西藏社会制度的改革何时进行时，也明确指示："要待西藏大多数人民群众和领袖人物认为可行的时候，才能作出决定。"④

现实的历史过程总是在一般趋势的确定性中包含着历史事件的非确定性。西藏封建农奴制社会本身存在的内部衰亡的客观必然性和西藏人民及上层爱国进步人士对两种西藏之命运选择的结果，使西藏社会的变革具有了总体趋势的确定性。然而，西藏上层反动集团是不会自动退出历史舞台的，他们自恃有帝国主义的支持，抱着封建农奴制不放，公然于1959年3月在拉萨发动了全面的武装叛乱，企图拖住历史的脚步，阻挠社会变革的到来。但是，事情的结果与发动叛乱者的目的却相反，它促使渴望获得解放的西藏人民面对两种制度、两条道路，做出了坚定不移的选择。他们积极、踊跃地投身到平息叛乱的斗争和民主改革的革命运动当中，彻底砸

---

① 《马克思恩格斯全集》第35卷，第363页。

② 《邓小平论统一战线》，第73页。

③ 李维汉：《统一战线问题与民族问题》，第180页。

④ 《毛泽东选集》第5卷，第386—387页。

碎了封建农奴制的枷锁，胜利地完成了反封建的历史任务，进而跨越到了社会主义社会。

如果说处于农奴地位的西藏人民，在1951年西藏和平解放时还不能自觉地做出这一选择，那么当西藏上层反动集团发动武装叛乱时，人民群众已具备做出这种选择的阶级觉悟和历史条件。首先，变革西藏社会的历史任务，当时已突出地摆到了西藏人民的面前，它既是巩固历史性的选择所取得的成果的需要，又是西藏人民必须完成的历史任务。其次，自1951年解放军进军西藏到平息叛乱、民主改革，西藏人民经历了8年激烈复杂的斗争，反复的观察和对比，使他们对自身所处的地位有了自觉的认识，获得翻身解放的愿望更加强烈。同时，由于进藏部队和干部身体力行，一心一意为藏族人民谋利益，使广大翻身农奴对中国共产党不仅有了感性的认识，而且也有了深厚的感情。因而，要求变革的觉悟得到全面的提高。同时，在党的重视和培养下，成长起来了一批具有一定共产主义觉悟的本民族共产党员和干部队伍。藏族干部占当时干部队伍总数的30%左右，是1952年的13倍。他们为西藏人民的选择、为平叛改革创造了十分有利的条件。还有，中国共产党通过帮助群众、发动群众，严格贯彻执行十七条协议，并忠实地代表西藏人民的利益，为西藏人民最终做出决定性的选择指明了方向。全国各族人民为西藏人民获得解放，给予了从物质到精神全方位的帮助和支持，使西藏人民有了坚强的后盾。

四　结　语

20世纪50年代末60年代初，在西藏高原发生的这一惊天动地的社会跨越，是历史主体——西藏人民和上层爱国进步人士在特定历史条件下进行的伟大选择的结果。它的伟大就在于顺应了历史发展的必然趋势和民族解放、社会发展的客观要求。它给西藏社会的政治、经济、文化等各方面都带来了巨大而深刻的变化。首先，通过这一选择，被异化为"农奴主的会说话的工具"的农奴，成了社会的主人，获得了应有的尊严和价值。其次，通过这一选择，被异化为超自然神意的政治权力归还于人民，神权转变为人民的权力，使人民获得了当家作主、管理自身事务的权力。最后，通过这一选择，社会生产力获得了空前的解放和发展，特别是党的十一届三中全会以来，西藏的社会经济得到了蓬勃发展，人民生活水平普遍有了显著的提高，这些都是举世公认的事实。

西藏社会制度的跨越说明，经济因素作为必然的东西，它规定着历史发展的一般趋势。因此，"如果有人在这里加以歪曲，说经济因素是唯一决定性的因素，那末他就把这个命题变成毫无内容的、抽象的、荒诞无稽的空话"。① 要辩证地描述某个历史时期，必须对政治、宗教、意志、传统等参与交互作用的各种因素给予应有的重视。在由于这些交互作用影响而形成的特定历史条件下，主体的选择对于社会的变革和跨越，具有重要的意义。当然，这里并不是说经济因素不重要，相反，由于是跨越，发展生产力的任务就更加突出。与此密切相关的就是人的塑造，也就是说，发展生产力和人的塑造是跨越后的社会在很长的时间内需要花大力气、经过不懈努力去完成的任务。我们坚信，在社会主义市场经济建设大潮中的西藏，随着第三次西藏工作座谈会精神的贯彻落实，在人民业已选择的发展道路上，必将有新的飞跃、新的突破。

（原载《中国藏学》1995 年专号）

---

① 《马克思恩格斯选集》第 4 卷，第 477 页。

为确保经济社会跨越式发展和长治久安而奋斗

—— 学习张庆黎书记在自治区第七次党代会上的报告

　　自治区第七次党代会，是西藏地区"十一五"规划顺利起步，全区各族人民奋力推进全面建设小康社会的新形势下召开的十分重要的会议，对于进一步开创西藏发展稳定工作新局面具有重大而深远的意义。张庆黎书记在大会上所作的以《以科学发展观统领各项工作，为确保经济社会跨越式发展和长治久安而奋斗》为标题的报告（以下简称报告），站在加快全面建设小康社会步伐、构建社会主义和谐社会的更高历史起点上，科学总结了过去五年的主要工作和基本经验，全面分析了西藏地区面临的大好形势和宝贵机遇，明确提出了今后工作的指导思想、目标任务和政策措施，对西藏地区经济建设、政治建设、社会建设、文化建设和党的建设作出了全面部署，是全区各级党组织团结和带领各族人民建设小康西藏、平安西藏、和谐西藏，确保经济社会跨越式发展和长治久安的行动纲领。

一　主题鲜明　贯穿始终

　　报告鲜明地提出，自治区第七次党代会的主题是，高举邓小平理论和"三个代表"重要思想伟大旗帜，以科学发展观统领经济社会发展全局，深入贯彻落实党的十六大、十六届六中全会精神和中央关于新时期西藏工作的指导思想和方针政策，继往开来，与时俱进，坚持求真务实，矢志艰苦奋斗，不断开拓创新，为确保西藏经济社会跨越式发展和长治久安而奋斗。

　　报告的全部内容都是围绕这一主题展开的。报告高举邓小平理论和

"三个代表"重要思想的伟大旗帜,以科学发展观统领经济社会发展全局为贯穿全篇的主线,充分体现党的十六大关于全面建设小康社会和党的十六届六中全会关于构建社会主义和谐社会的精神,充分体现党中央关于新时期西藏工作的指导思想和方针政策。从西藏发展稳定面临的艰巨任务,着力强调坚持求真务实,矢志艰苦奋斗,不断开拓创新的光荣传统和时代精神。清楚地指明,区党委团结带领全区各族人民不懈奋斗的目标,就是中央确定的西藏经济社会跨越式发展和长治久安。学习领会报告精神,必须把握好这一鲜明的主题。它表明了区党委的坚定决心,反映了全区各族人民的共同意愿,体现了西藏发展稳定的客观要求,对于广大党员和各族人民统一思想,凝聚力量,同心同德,进一步开创西藏发展稳定工作新局面具有十分重要的意义。

二　历程波澜壮阔　经验弥足珍贵

自治区第六次党代会以来的五年,奋斗历程波澜壮阔。自治区党委团结带领全区各族人民,坚持以邓小平理论和"三个代表"重要思想为指导,认真贯彻落实党的十六大、中央第四次西藏工作座谈会和2005年中央政治局专题研究新世纪新阶段西藏发展稳定工作会议精神,树立和落实科学发展观,解放思想、锐意进取,艰苦奋斗、埋头苦干,各项工作取得了显著成就,谱写了无愧于伟大时代的壮丽篇章。报告从八个方面总结了这五年来的成就。"十五"计划圆满完成,经济总量迈上新台阶;基础设施建设步伐加快,取得突破性进展;改革得到深化,开放进一步扩大;大力实施科教兴藏战略,社会事业全面进步;深入开展反分裂斗争,保持了社会局势17年的基本稳定;党的统战和民族、宗教政策得到进一步落实,民族团结进步事业呈现新的局面;深入开展思想政治教育和法制教育,社会主义精神文明和法治建设得到加强;党的建设不断加强,各级党组织的创造力、凝聚力、战斗力进一步提高。报告强调,"这五年成为经济发展最快、社会稳定形势最好、党建工作力度最大、人民群众得到实惠最多的五年"。最快、最好、最大、最多,这"四个最"概括了五年历史跨越的辉煌,生动而实实在在地体现了西藏进入历史上发展和稳定的最好时期。学习报告,我们要深切体会这"四个最"包含的深刻历史发展内涵,进一步增强开创西藏发展稳定工作新局面的信心，充分认识这"四个最"，是党中央英明决策、正确领导的结果，是全国特别是对口援藏省市、中央部委和企业大力支援、鼎力扶持的结果，是全区各级党组织团结带领各族人民艰苦奋斗、顽强拼搏的结果，是驻藏人民解放军、武警部队充分发挥坚强柱石作用、军警民携手共建的结果。

成绩来之不易，经验弥足珍贵。报告紧密联系"一个转折点、两个里程碑"的光辉历程和自治区第六次党代会以来五年的成功实践，深刻地总结了区党委带领全区各族人民推进西藏发展稳定的三条基本经验。一是坚定不移地抓发展是确保西藏地区各族人民安居乐业的根本；二是坚定不移地抓稳定是确保国家安全和西藏长治久安的前提；三是坚定不移地抓党的建设是西藏发展稳定的保证。根本、前提、保证，涵盖了坚持党的领导这个关键和西藏最基本、最重要的发展和稳定两件大事，内容丰富，思想深刻，是区党委科学总结实践经验的重要成果，是西藏工作规律认识的进一步升华。把握好这三条基本经验，充分认识这些经验对于西藏的发展和稳定具有的长远指导意义，在实践中自觉地坚持和贯彻是我们学习领会报告精神的重要内容。而这三条基本经验，正如报告所强调，归结到一点，"就是要坚持新时期西藏工作指导思想不动摇，这是西藏各族人民在实践中得出的最重要的结论，也是今后稳定西藏、发展西藏、确保西藏长治久安必须遵循的根本原则"。①

三 形势更加有利 机遇挑战并存

"今后五年，是西藏地区奋力追赶全国发展步伐、确保实现跨越式发展和社会长治久安的重要时期。"报告的这一重要论断，凸显"十一五"西藏发展稳定任务的艰巨性和抓紧抓好各项工作的重要性。报告科学分析了"重要时期"面临的形势和有利条件：以胡锦涛同志为总书记的党中央提出了科学发展观、加强党的执政能力建设和先进性建设、构建社会主义和谐社会等一系列重大战略思想，并针对西藏实际，进一步丰富完善了西藏工作的指导思想、发展战略、奋斗目标和政策措施，为我们继续前进

---

① 《西藏日报》2006 年 10 月 30 日。

指明了方向。报告指出，西部大开发战略的深入实施，中央关心支持、全国无私支援的力度不断加大，青藏铁路胜利通车，为西藏跨越式发展提供了前所未有的宝贵机遇。"一个转折点、两个里程碑"的光辉实践，大大丰富了西藏工作的经验，为今后发展奠定了坚实的思想基础和物质基础。各族群众盼发展、思稳定、追求幸福美好生活的愿望更加强烈，实现跨越式发展具有广泛的群众基础和强大动力。社会局势正在从基本稳定走向长治久安，使跨越式发展具备了良好的社会环境。中央指明了前进方向，历史提供了宝贵机遇，发展奠定了思想和物质基础，人民群众的广泛拥护和主体性的积极发挥，社会局势保持长期稳定创造的良好发展环境。"天时、地利、人和"，报告展示了前所未有的大好形势和有利条件。同时，立足西藏基本区情和发展的阶段性特征，报告从发展、稳定和党的建设三个方面，清醒客观地分析了存在的问题，强调了面临的艰巨而繁重的任务，指明在前进中还要应对各种困难、风险和挑战。正确认识形势，是我们做好工作最基本、最重要的前提，是在已有基础上开创新局面的前提。学习报告我们要认清更加有利的形势和面临的挑战，进一步增强历史使命感和责任感，十分珍惜大好形势和宝贵机遇，埋头苦干、锐意进取。

新突破、新局面、新提高、新气象。面对前所未有的有利条件和光荣而艰巨的任务，报告提出，"我们一定要紧紧抓住宝贵机遇，奋力开拓前进，切实做到改革开放有新突破，发展稳定有新局面，人民生活有新提高，城乡面貌有新气象"的总要求。这"四个新"，体现了确保实现经济社会跨越式发展和长治久安的内在要求，反映了各族人民的根本利益，赋予了共产党人新时代的神圣职责。学习报告我们要把握好这"四个新"的总要求，使其贯穿到我们的各项工作之中，体现在我们工作的各个方面。

四　目标任务令人鼓舞　美好蓝图催人奋进

确保经济社会的跨越式发展和长治久安，必须有正确的指导思想。报告明确提出，"我们的指导思想是：以邓小平理论和'三个代表'重要思想为指导，坚持中国共产党的领导、坚持社会主义制度、坚持民族区域自治制度，树立和落实科学发展观，以经济建设为中心，紧紧抓住发展和稳定两件大事，确保西藏经济社会实现跨越式发展，确保国家安全和西藏长治久安，确保西藏各族人民生活水平不断提高"。中央确定的这一指导思想，是科学总结西藏发展稳定历史特别是改革开放以来党的治藏方略宝贵经验基础上提出来的，是被实践充分证明了的正确的指导思想。没有正确的理论作指导，就会失去正确的方向，邓小平理论和"三个代表"重要思想，是我们必须长期坚持的指导思想。坚持中国共产党的领导、坚持社会主义制度、坚持民族区域自治制度，这"三个坚持"是我们在实践中得出的最重要结论，也是我们发展西藏、稳定西藏必须遵循的最根本的原则。科学发展观作为我们党从新世纪新阶段党和国家事业发展全局出发提出的重大战略思想，是我们实现经济社会又快又好发展，加快推进全面建设小康社会步伐的根本指针。以经济建设为中心，紧紧抓住发展和稳定两件大事，体现了坚持和贯彻党的基本路线，指明了西藏工作的大局。"三个确保"则是我们的实践目标，也是衡量我们工作的标准。学习报告必须认真领会和把握这一指导思想的深刻内涵，在各项工作中自觉坚持和切实贯彻这一指导思想，做到在任何时候任何情况下都不能有丝毫的动摇。

报告确定的主要目标任务，描绘了奋进的宏伟蓝图。经济社会保持跨越式发展的态势，生产总值年均增长12%以上；基础设施建设取得重大进展，社会事业全面发展，各族群众生活有较大改善，力争到2010年全区人均生产总值与农牧民人均收入进入全国中等行列；反分裂斗争的机制进一步健全和完善，工作基础全面夯实，社会局势更加稳定；和谐西藏建设全面推进，各族群众的思想道德素质、科学文化素质和健康素质进一步提高，精神文明建设和民主法制建设取得明显进展。这四个方面的主要目标任务，与中央关于进一步做好西藏发展稳定工作意见的目标任务相衔接；深入贯彻党的十六届六中全会精神，把建设和谐西藏摆在更加重要的地位，覆盖了经济、政治、文化和社会建设，表达了各族人民追求美好生活的意愿，体现了立足当前、着眼长远和量力而行、尽力而为的科学态度，是建设小康西藏、平安西藏、和谐西藏的一幅宏伟蓝图。

"完成上述目标任务，将使西藏的社会生产力、经济总量和各族人民生活水平再上一个新的大台阶，社会主义政治建设、文化建设与和谐社会建设取得新的重大进展。"具有强烈感召力的目标任务，加之报告展示的美好前景，必将进一步凝聚人心，鼓舞斗志，对建设团结、民主、富裕、文明、和谐的社会主义新西藏产生巨大而深远的影响。学习领会报告精神，我们必须充分认识报告描绘的蓝图，是各族人民利益之所在，是稳定西藏、发展西藏、繁荣西藏之所在，把思想统一到主要目标任务上来，把力量凝聚到实现雄伟蓝图上来。

五　着力群众利益　多项措施并举

实现宏伟蓝图，报告用了很大篇幅，从确保实现经济社会跨越式发展、深入开展反分裂斗争、做好统战民族宗教工作、加强社会主义精神文明和民主法制建设、把党的建设提高到新水平等五个方面，对西藏地区经济建设、政治建设、文化建设、社会建设和党的建设作出了重大部署，提出了一系列政策措施，处处体现着"坚持以人为本，立足当前，从解决人民群众最关心、最直接、最现实的实际问题人手""让各族群众安居乐业"的价值取向，贯穿着科学发展观的精髓。学习领会报告精神，我们要认真把握五个方面的重大部署，特别是要把握好报告提出的新观点、新举措。

科学发展观的第一要义是发展。"我们必须坚持以科学发展观统领经济社会发展全局，抓住发展机遇、创新发展模式、破解发展难题、提高发展质量，积极实施'一产上水平、二产抓重点、三产大发展'的经济发展战略，以改革为动力，以结构调整为主线，扎实推进新农村建设，加快基础设施建设步伐，加强生态环境保护与建设，不断开创西藏地区改革开放和社会主义现代化建设事业新局面。"报告以科学发展观为根本指针，勾画了紧密联系西藏地区实际的清晰的发展思路。

"以思想的大解放实现改革的新突破，以发展的新思路实现经济的大发展。""加快发展的生机与活力源于思想的解放，不冲破思维'瓶颈'，实现加快发展、跨越式发展就是一句空话。""坚决冲破一切妨碍发展的思想观念，坚决改变一切束缚发展的做法规定，坚决革除一切影响发展的体制弊端。"改革开放以来的实践充分说明，没有思想上的解放、观念上的更新，就不可能有今天西藏经济快速发展和社会全面进步的好局面。报告阐明了解放思想的极端重要性，深刻揭示了解放思想与推进改革、实现加快发展的内在联系，用"三个坚决"指明了解放思想必须解决的问题，实现以思想大解放推动改革的大突破、经济的大发展。发展必须依靠改革，这是十一届三中全会以来的基本经验。报告对农牧区改革、国企改革、行政管理体制改革等进行了全面部署，明确提出要打破所有制界限，大力发展非公有制经济和混合所有制经济。在扩大开放方面报告指明，随着青藏铁路建成通车和林芝机场通航，以及中印乃堆拉山口边贸通道开通，西藏地区正面临大开放、大开发、大发展的宝贵机遇。报告以抓好这一机遇为着力点，对提升开放水平作出了具体部署。

"针对产业发展的现状，我们提出了'一产上水平、二产抓重点、三产大发展'的经济发展战略……"一产上水平就是要坚持以市场引导生产，以科技提升质量，以龙头带动农户，以规模提高效益，以服务支持发展，促进一产从广种薄收向优质高效转变，从原始饲养向现代经营转变，从自然经济向市场经济转变，全面提高农牧业综合生产能力，确保粮食特别是青稞安全，加大结构调整力度，切实加快农牧民增收。二产抓重点就是要依托优势资源，瞄准市场需求，集中做大做强有特色、有前景的优势矿产业、高原绿色食品业和藏医藏药业，加快资源优势向经济优势转化步伐。三产大发展就是以旅游业为龙头，狠抓传统服务业的改造和现代服务业的拓展，使三产成为带动跨越式发展的强势产业。报告对经济发展战略的这一系统诠释，为实施好经济发展战略厘清了思路，使经济发展战略更具指导性和操作性。"安居"就是让各族群众住上安全适用的房，吃上干净卫生的水，治好折磨人的病，走上宽敞平坦的路，用上方便充足的电，听到党中央的声音。"乐业"就是多栽"摇钱树"，广开致富路，确保农牧民持续稳定增收。报告紧密结合社会主义新农村建设的总体要求，对"安居乐业"赋予了全新的时代内涵，高度概括了改善农牧民生产生活条件、增加农牧民收入这个西藏地区经济社会发展的首要任务，使新农村建设以更加通俗直观的形式深入人心，必将有力地调动广大农牧民群众投身社会主义新农村建设的热情。

"坚持适当超前、先行建设，突出重点、务求突破，下决心解决基础设施薄弱对西藏地区经济社会发展的'瓶颈'制约问题。"适当超前、先行建设，就是要着眼于今后五年、十五年的发展目标，统筹规划，加快建设。突出重点、务求突破，就是要集中力量加快交通能源建设步伐，努力构建综合交通体系和综合能源体系。报告从西藏长远发展来勾画加快基础设施建设步伐的蓝图和前景。

"大力发展以教育、卫生、科技为重点的社会事业。"报告把关乎人民群众切身利益、与人民群众生活息息相关的教育卫生科技等作为社会事业发展的重点。强调"使劳动者人人有知识、个个有技能"。"努力为各族群众提供安全、有效、方便、廉价的公共卫生和基本医疗服务。""要采取综合措施,力争五年内完成80%以上现有的白内障患者复明手术,基本解决大骨节病区群众搬迁问题……""切实抓好食品、药品质量监督检查,确保人民生活安全。"这让人们看到了更加注重民生的社会事业发展政策取向。

"西藏是国家的重要生态屏障,保护好生态环境,关系各族人民的根本利益,关系中华民族的长远发展。我们一定要增强忧患意识和责任意识,以对国家、对人民、对子孙后代高度负责的精神,把生态环境保护与建设摆上更加突出的战略位置……"统筹人与自然和谐发展,是构建社会主义和谐社会的重要任务,也是贯彻落实科学发展观的内在要求。报告从国家生态安全屏障的高度,强调要把生态环境保护与建设摆在更加突出的战略位置,"真正保护好雪域高原这片碧水蓝天"。

中央关心、全国支援的重大战略决策,充分体现了社会主义制度的优越性,为西藏的发展和稳定注入了强劲的活力,经济社会步入跨越式发展轨道,党的号召力、祖国的向心力、中华民族的凝聚力空前增强。报告强调,"中央始终把支持西藏加快发展、赶上全国前进步伐作为一项根本性的方针,在西藏实行一系列优惠政策,并举全国之力支援西藏,这是我们在参与西部大开发、推进跨越式发展独有的优势"。"独有的优势",我们要倍加珍惜,使其发挥更大实效,以跨越式发展和长治久安的实际,报答中央的关怀和全国各族人民的深情厚谊。"坚持援藏工作重心下移,把重点转向农牧区,实惠送给农牧民……"这进一步明确了援藏工作的取向和工作重点。

特殊的社会历史原因,使西藏长期处于反分裂斗争的前沿,保持社会局势稳定和实现长治久安的任务繁重而艰巨。报告从贯彻中央反分裂斗争方针、防范和打击各种分裂破坏活动、深入持久地揭批达赖集团、加强社会治安综合治理和建设平安西藏四个方面,提出了富有针对性的政策措施。"紧紧抓住达赖政治上的反动性、宗教上的虚伪性和手法上的欺骗性的要害,多层次、多形式、多角度地揭批达赖集团分裂祖国的罪行,揭露达赖集团分裂祖国、搞'西藏独立'的反动本质，在理论上彻底把他批倒，用事实把他戳穿，用民心把他打垮。"报告对在思想意识形态领域把反分裂斗争不断引向深入提出了明确要求。

"以民族、宗教工作为重点，以反对分裂、维护祖国统一和民族团结为目标，努力建设坚持以人为本、具有强大凝聚力的统一战线。""坚持各民族共同团结奋斗、共同繁荣发展，加强民族团结，推动民族互助，促进民族和谐，使汉族离不开少数民族、少数民族离不开汉族、各少数民族之间也相互离不开的思想更加深入人心，促进各族人民和睦相处、和衷共济、和谐发展。""全面贯彻党的宗教信仰自由政策，坚持独立自主自办的原则，依法管理宗教事务，积极引导宗教与社会主义社会相适应，不断加强信教群众同不信教群众、信仰不同宗教群众的团结，充分发挥宗教在促进社会和谐方面的积极作用。"报告指明了统一战线工作的方针，勾画了民族宗教工作在和谐社会建设中的目标任务，为统战、民族、宗教工作紧扣建设小康西藏、平安西藏、和谐西藏发挥积极作用指明了方向。

创造各族群众安居乐业、和睦相处的良好环境。报告指出，要按照民主法治、公平正义、诚信友爱、充满活力、安定有序、人与自然和谐相处这一建设和谐社会的总体要求，抓好宣传思想工作，建设和谐文化，打牢思想基础，加强法制建设，激发创造活力，全面推进社会主义物质文明、政治文明和精神文明建设协调发展。为此，从加强和改进宣传思想工作、建设社会主义核心价值体系，健全社会主义民主制度、进一步加强法制建设，调动一切积极因素、不断为西藏地区的繁荣进步增添力量三个方面，对建设和谐西藏提出了明确要求，作出了具体部署。强调"依靠全区各族人民的共同奋斗，共建和谐新西藏，形成促进和谐人人有责、和谐社会人人共享的生动局面"。

坚持和完善党的领导，加强和改进党的建设，是做好西藏一切工作的根本保证。这是在实践中得出的重要结论，也是保证西藏工作沿着正确方向前进的根本原则。报告指出，"要紧密结合实现西藏经济社会跨越式发展和长治久安的实际，突出永葆先进性这个主题，坚定不移地推进新时期党的建设新的伟大工程，使我们党始终成为西藏各族人民的主心骨，始终成为西藏改革开放和社会主义现代化建设事业的坚强领导核心"。主题、主心骨、领导核心，明确了在西藏推进党的建设新的伟大工程必须牢牢把握的主线和目标任务。并从党的思想理论建设、组织建设、作风建设、制度建设和党风廉政建设等方面提出了明确要求，作出了全面部署。

报告主题鲜明，内涵丰富，思想深刻，论述精辟，体现了解放思想与实事求是、总结过去与规划未来、突出重点与兼顾全面相结合的特点，思想性、实践性、指导性很强，必将有力地引导和激励全区各族人民更加满怀信心地为建设团结、民主、富裕、文明、和谐的社会主义新西藏而奋斗！

（原载《西藏日报》2006 年 12 月 6 日第六版）

情系西藏人民　心系西藏发展

——纪念邓小平同志诞辰 100 周年

今年是伟大的马克思主义者，伟大的无产阶级革命家、政治家、军事家、外交家，我国社会主义改革开放和现代化建设的总设计师，邓小平同志诞辰 100 周年。邓小平同志作为中央第一代领导集体的重要成员和第二代领导集体的核心，他直接参加领导了进军西藏、和平解放、平息叛乱和民主改革，为西藏百万农奴的翻身解放，为西藏社会的变革和进步，倾注了大量心血；他始终十分关心西藏的发展和人民生活水平的提高，作出了一系列重要指示，发表了《立足民族平等，加快西藏发展》的著名谈话，强调"我们帮助少数民族地区发展的政策是坚定不移的"。[①] 明确提出"关键是看怎样对西藏人民有利，怎样才能使西藏很快发展起来，在中国四个现代化建设中走进前列"。[②] 从而有力地指导了西藏的改革开放和现代化建设。今天，我们缅怀邓小平同志的丰功伟绩，倍感邓小平同志对西藏各族人民的无尽关怀，倍感邓小平同志加快西藏发展和促进西藏稳定思想的弥足珍贵。

一　深切的关怀

（一）历史使伟人邓小平同西藏这片高天厚土的历史巨变结下了不解之缘。随着新民主主义革命的胜利发展，进军西藏，驱逐帝国主义势力，解放西藏人民，完成祖国大陆的完全解放，已是摆在中国共产党人面前的

---

① 《邓小平文选》第 3 卷，第 246 页。
② 同上书，第 247 页。

光荣历史使命和神圣职责。当时，在西藏，广大人民群众和上层爱国人士迫切希望中央人民政府尽快解放西藏，要求"速发义师，解放西藏"，以救西藏人民群众于水深火热之中。另外，亲帝分裂势力与帝国主义加紧勾结，竭力破坏西藏同祖国的关系，策划"西藏独立"，猖狂进行分裂活动。爱国进步与分裂倒退之间的斗争十分尖锐。为维护祖国领土的完整和国家的安全，尽早地把西藏人民从苦难中解放出来，毛泽东主席审时度势，发出了"进军西藏宜早不宜迟"的指示，并于1950年1月2日，从莫斯科致电党中央并彭德怀、邓小平、刘伯承、贺龙，作出了进军西藏经营西藏的战略决策。历史把当时担任西南局第一书记的邓小平同志推上了进军西藏、解放西藏人民的前台。从此，西藏人民的幸福和安宁，时时牵动着伟人邓小平的心，西藏发展进步的每一个重要历史阶段，都留下了伟人邓小平那无尽的关怀和深情的眷恋。

（二）站在解放西藏历史前沿的邓小平同志，高瞻远瞩，揭开了和平解放西藏的历史画卷。鉴于西藏特殊的历史、地理、民族、宗教等多方面的实际情况，党中央、毛泽东主席在作出进军西藏决策的同时，确定了和平解放西藏的方针。为坚定地贯彻党中央、毛泽东主席关于和平解放西藏的既定方针，切实避免西藏人民遭受战争之苦，把西藏人民和爱国人士团结到反帝爱国的旗帜下，使西藏早日获得和平解放。邓小平同志在做好军事准备工作的同时，更多地思考着怎样实现西藏的和平解放。他在认真分析当时的国内外形势，以及西藏历史和现状的基础上，亲自主持拟订了《西南局关于解放西藏的方针、政策向中央的请示》，以一个卓越的政治家的眼光和胆识，明确提出了加强政治争取工作，西藏现行各种制度暂维原状，有关西藏改革问题将来根据西藏人民的意志协商解决等关于和平解放西藏的重要思想。在此基础上，根据中央指示，他又亲自起草了同西藏地方当局谈判的十大政策，进一步丰富和完善了和平解放西藏的思想，为西藏的和平解放，特别是后来《十七条协议》的签订，打下了坚实的思想政治基础。面对西藏地方当局完全关闭和平解放的大门、顽固对抗的复杂局势，邓小平同志同刘伯承、贺龙等同志一起下达了《昌都战役的基本命令》，一举解放昌都，打开了和平解放西藏的大门。1951年3月27日，以阿沛·阿旺晋美为首席代表的西藏地方政府和谈代表团前往北京，在途经重庆时，邓小平同志适时向他们讲述中央人民政府争取和平解放西藏的十大政策，坦诚相告"我们共产党要做的一切，都是为中国广大人民着想的，我们对西藏和平解放的主张，为的是西藏繁荣、稳定、昌盛"。勉励他们为西藏人民新的事业作出贡献。1951 年 5 月 23 日，中央人民政府和西藏地方政府达成了关于和平解放西藏办法的《十七条协议》。

邓小平同志关于和平解放西藏思想的实质是，政治争取、和平解放、暂维原状，它深深凝聚着邓小平同志为了西藏人民、西藏稳定发展的伟大情怀和杰出智慧，充分体现了马克思主义、毛泽东思想解决民族问题的基本精神，是对马克思主义民族理论的丰富和伟大创造。《十七条协议》的签订以及西藏获得和平解放，则是这一思想的生动实践，创造了经营西藏的特殊模式，从而有力地粉碎了帝国主义和亲帝分裂分子的挑拨离间及分裂祖国的图谋，维护了祖国统一、实现了中华民族的大团结，完成了西藏历史的伟大转折，彻底改变了西藏历史发展的前途和命运，开辟了西藏民族解放和发展的广阔道路。

（三）面对风云变幻的邓小平同志，洞察国内外形势，坚定地执行稳定西藏的大决策，及时拨正西藏工作的航向，以宽广坦荡的胸怀，着眼长远，指导西藏社会的历史性巨变。邓小平同志认为，"改革是需要的，不搞改革，少数民族的贫困就不能消灭，不消灭贫困，就不能消灭落后，但是这个改革必须等到少数民族内部的条件具备了以后才能进行"。《十七条协议》签订后不久，他就通过支援司令部政委胥光义，向张国华传达了进藏工作的指示，明确提出一切问题的处理必须是稳步前进。"当前的首要任务应大力开展统战工作，组织精干的文工团队，广泛宣传和平协议。派下去的干部，除宣传协议，团结与争取上层分子外，更重要的是设想研究情况"，要做艰苦细致的教育工作。1952 年邓小平同志调京担任中央领导工作，尽管他日理万机，工作繁忙，依然关心和指导着西藏的工作。1957 年 3 月 8 日，中央书记处专门讨论西藏工作，邓小平同志到会作重要讲话，他说西藏至少 6 年不实行民主改革的方针，是毛主席提出的，经过政治局常委多次讨论才决定的。不改革的主要原因是西藏现在不具备改革的条件，即使实行了改革，经济建设等一系列工作也跟不上，多用钱也办不了好事。同时，就国际关系来说，暂不改革，也有利于争取若干年的和平环境，从事建设。

然而，亲帝分裂分子为维持自身特权，视西藏人民为敌，自恃有帝国主义做靠山，坚持分裂倒退的立场，把中央为通过和平方式逐步实现西藏社会制度改革的努力，当作软弱可欺，公然于 1959 年 3 月 10 日撕毁《十七条协议》，全面发动了武装叛乱，企图拖住历史的脚步，永保西藏的封建农奴制度。党中央、毛泽东主席及时提出"边平叛边改革"的方针。1959 年 4 月，邓小平同志指示西藏工委尽快研究西藏的基本情况和民主改革中的有关政策问题，并遵照毛泽东主席的指示，着重研究提出了平叛后实行民主改革的路线方针政策。依靠劳动人民，团结一切可以团结的力量，有步骤有分别地消灭封建的农奴制度。

坚定地执行稳定西藏的大决策，着眼长远，稳中求进，赢得的是政治上的主动，亲帝分裂分子的反动本质得以充分暴露，西藏人民更加认清了分裂分子的真面目，而且经过激烈斗争锤炼反复观察对比的西藏人民，对自身所处的地位有了自觉的认识，对党有了深厚的感情，要求变革的觉悟得到全面提高。正因如此，当原西藏地方政府撕毁和平协议、发动全面武装叛乱时，西藏人民坚定地跟着中国共产党，以不可阻挡的勇猛之势，在短短的两年中，彻底埋葬了政教合一的封建农奴制度，西藏实现了历史上最广泛、最深刻的社会变革，开辟了西藏人民在中国共产党领导下走社会主义道路的历史新纪元。

（四）邓小平同志始终深切地关心着"怎样才能使西藏很快发展起来"。早在 1950 年，邓小平同志在西南地区少数民族工作会议上就指出，"要在少数民族地区研究出另外一套政策，诚心诚意地为少数民族服务"。这种服务就是"我们帮助少数民族发展经济"。在他亲自主持起草的同西藏地方当局谈判的十大政策中，明确提出"发展西藏民族的语言文字和学校教育"，"发展西藏的农牧工商业，改善人民生活"。在民主改革全面胜利的新形势下，为使农牧民群众充分享受到民主改革带来的成果，邓小平同志指出，西藏的经济发展和农牧民的休养生息"一个是粮食政策，一个是贸易政策"。[①]"总之，政策要放在农民富，农民家里有存粮，牛羊多点，房子修点，基础放在农民富上。""农富是放在一家一家上。要一家一家算，叫农户富起来。"[②]这一时期，邓小平同志十分关注西藏的农牧业发展，指示西藏地区要重点抓好农牧业生产，同时指示内地各省、市、自治区和各兄弟民族对西藏的生产建设给予有力的支援，并进一步研

---

① 《西藏工作文献选编》，中央文献出版社 2005 年版，第 243 页。

② 同上书，第 243—244 页。

究提出了相关政策。使西藏工作得到健康发展，稳步前进，为西藏自治区的成立打下了坚实的政治、经济基础。

党的十一届三中全会以后，邓小平同志作为党中央的领导核心，更加关注西藏的发展，引导西藏同全国同步进入改革开放和社会主义现代化建设的新时期。为了加快西藏经济发展，尽快改善人民群众的生产生活，使西藏尽快走进改革开放和社会主义现代化的行列，在邓小平同志的高度重视和关怀下，中央制定了一系列行之有效的宽松的优惠政策和特殊的扶持措施，"土地归户使用，自主经营，长期不变"，"牲畜归户，私有私养，自主经营，长期不变"，免征农牧业税，按照西藏提出的要求，由国家投资、全国九省市援建43项当时迫切需要的中小型工程，在内地各省市开办西藏中学，等等。邓小平同志十分关心修筑青藏铁路，解决西藏交通困难的问题，他在多方了解情况后指示说，"还是走青藏线吧"。关切之情溢于言表。1987年6月29日，他在会见美国总统卡特时指出，"拿西藏来说，中央决定，其他省市要分工负责帮助西藏搞一些建设项目，而且要作为一个长期的任务。西藏具有很大的开发潜力"。"如果这些地区开发起来，前景是很好的。"并殷切期望西藏"在中国四个现代化建设中走进前列"。进入20世纪90年代，从中央领导岗位上退下来的邓小平同志，仍然关心着西藏的发展大业、关心着西藏人民的生活。1992年初，在视察武汉、深圳、珠海、上海等地时，他在深圳"锦绣中华"微缩景区的"布达拉宫"前驻足良久，感慨地对陪同人员说，"这辈子我是去不了西藏了，就在这座'布达拉宫'前照张相，权作纪念吧"。虽说是一张纪念照，却饱含了邓小平同志对西藏的深情眷恋和对西藏发展的关切之情。邓小平同志的深切关怀，给予了西藏各族人民以巨大的鼓舞，西藏各族人民在党的领导下，解放思想、更新观念，推进改革、实施开放，经济社会发展取得了巨大成就，为西藏进入历史上发展和稳定最好的时期，奠定了坚实的基础。

（五）面对维护国家主权和统一，反对分裂的斗争，邓小平同志旗帜鲜明地反对国外势力干涉中国内政、怂恿支持境内外分裂主义分子分裂西藏的阴谋活动，始终从战略高度分析西藏工作，从西藏人民的根本利益出发，指导西藏的稳定工作。针对昌都解放后，以美国为首的国际反华势力公然干涉中国内政，把中国行使自己的主权诬称为"侵略"，危害中国主权与统一的行为，邓小平同志非常气愤，在他与刘伯承、贺龙同志共同签署的《进军西藏布告》中明确提出，"我中央人民政府毛泽东主席和人民解放军朱德总司令，深切关怀西藏人民长期遭受英美帝国主义及蒋介石反动政府的压迫，特令本军开入西藏，帮助西藏人民永远解脱此种压迫。我西藏全体僧俗人民，应即团结一致，给人民解放军以充分的援助，以便驱逐帝国主义势力，实现西藏民族区域自治"。西藏和平解放后，面对西藏亲帝分裂分子拒不执行协议，与帝国主义勾结签订密约，成立伪人民会议，叫喊"西藏独立"的汹汹气焰，他在1957年3月的中央书记处会议上指出，西藏统治集团同外国订密约，"我"不承认，没有效力。区别西藏上层的左、中、右（以什么为标准?）以反帝爱国为标准。1959年3月，人民解放军奉命平息叛乱，国际反华势力特别是以美国为首的西方国家企图借联合国之名干涉中国内政，破坏中国主权和统一。对于这一历史重大事件，邓小平同志作为中央总书记始终关注着事态的发展，并参与制定与帝国主义、分裂主义斗争的策略。针对达赖集团煽动、策划拉萨骚乱，美国参议院通过所谓"西藏问题"修正案，为分裂分子撑腰打气，粗暴干涉中国内政的挑衅，邓小平同志义正词严地指出，"达赖喇嘛和少数美国国会参议员给我们制造这点麻烦，不但影响不了我们的大好形势，相反却表现了那些少数美国国会议员的无知和狂妄，充分暴露了他们的本质"。"有人想把西藏从中国大家庭中分裂出去，把西藏拿出去，我看他们没有这个本事。"邓小平同志这种大无畏的革命家气魄，不仅坚定地捍卫了国家的主权和统一，而且极大地鼓舞了西藏各族人民反对分裂的决心和信心。

邓小平同志始终高举反对分裂，维护国家主权和统一的旗帜。随着国际形势发生重大变化，东欧剧变，苏联解体，以美国为首的西方反华势力把西藏作为"西化""分化"中国的突破口。达赖作为西方反华势力的忠实工具，对邓小平同志及中央人民政府的真诚挽救置若罔闻，内蹿外跳，到处散布"西藏独立"，策划制造骚乱事端，变本加厉地进行分裂祖国的活动。面对反分裂斗争的严峻形势，面对国内外敌对势力大肆攻击中央在西藏实施的各项政策，邓小平同志在会见卡特时发表了《立足民族平等，加快西藏发展》的著名谈话，明确指出"中华人民共和国没有民族歧视，我们对西藏的政策是真正立足于民族平等"。"如果以在西藏有多少汉人来判断中国的民族政策和西藏问题，不会得出正确的结论。关键是看怎样对西藏人民有利，怎样才能使西藏很快发展起来，在中国四个现代化建设中走进前列。"这些重要论述不仅有力地指导了西藏的反分裂斗争，而且有力地指导了坚持以经济建设为中心，排除达赖集团和西方反华势力的干扰破坏，加快改革开放步伐，推进经济社会发展。针对西方敌对势力支持达赖集团的分裂活动，邓小平同志还郑重地宣布："西藏是中国领土的一部分，中国对西藏的主权不容否定，西藏独立不行，半独立不行，变相独立也不行，"表明中国人民和中央人民政府决不会屈服于霸权主义的压力，决不会与分裂势力讨论有损于国家主权和统一的问题。

邓小平同志维护国家主权和统一，反对民族分裂的鲜明立场和重要思想，为维护国家安全和统一，挫败西方反华势力"分化""西化"中国的图谋，深入开展反分裂斗争指明了方向。以邓小平同志重要思想为指引，中央第三次西藏工作座谈会，强调西藏工作在全国工作大局中的重要战略地位，明确了我们同达赖集团斗争的性质及方针、政策，在政治上举起了公开揭批达赖的旗帜。西藏的反分裂斗争由被动应急转为主动治理，广大干部群众进一步认清了达赖披着宗教外衣，打着民族旗号，充当西方反华势力工具，分裂祖国、破坏西藏稳定、干扰西藏发展的真实面目，西藏社会局势日益稳定，为集中精力加快发展创造了良好的社会环境。

（六）"在西藏工作要处处为群众着想"，邓小平同志情系西藏人民，处处为西藏人民的幸福和安宁着想。早在和平解放西藏前夕的1950年，邓小平同志与刘伯承、贺龙连续签署进军西藏布告，反复强调进藏部队要做到，"保护西藏全体僧俗人民的生命财产，保障西藏人民之宗教信仰自由，保护一切喇嘛寺庙，帮助西藏人民发展教育和农牧、工、商各业，改善人民生活"，同时，在进藏部队中普遍深入地开展党的民族政策、统战政策和西藏民风、民俗的学习教育活动，指示进藏部队的官兵要"纪律严明，忠实执行中央人民政府的各项政策，尊重西藏人民的宗教信仰和风俗习惯；说话和气，买卖公平，不妄取民间一针一线；借用家具，均经物主同意，如有损毁，均按市价赔偿；雇用人畜差役，均付相当代价"。并郑重宣布："人民解放军为中国各族人民的军队，全心全意为人民服务。"《十七条协议》签订后，各路进藏部队根据中央对西藏的各项政策和邓小平同志对进藏部队的要求，制定了《进军守则》《入城纪律》《藏族人民的风俗禁忌》等规定，模范执行党的民族政策、宗教政策，尊重藏族人民风俗习惯，一举一动都为西藏人民着想，严守纪律、秋毫无犯，"靠政策走路，靠政策吃饭"，受到了西藏广大僧俗群众的热烈欢迎，誉称进藏部队为"毛主席派来的菩萨兵"。

邓小平同志体恤西藏人民的疾苦，他坚定地执行毛泽东主席"进军西藏，不吃地方"的方针，为减轻西藏人民的负担，指示张国华、谭冠三同志进驻拉萨、日喀则后立即开展农业生产，甘孜至拉萨沿线部队亦可生产与筑路并重。民主改革后，为使西藏人民尽快过上好日子，他指示杨静仁同志，"在西藏工作要处处为群众着想，统购粮食的限度，要根据习惯和条件逐步来，要休养生息，民主改革后让农民的生活天天向上。选干部要选真正给群众办事的"。1978 年刚出来工作的邓小平同志，面对整个国家问题成堆的复杂情况，还时刻关心西藏人民的生活水平，他关切地询问当时西藏军区的负责同志，西藏群众生活好吗？他们吃的茶叶够不够？粮食够不够吃？邓小平同志高度重视培养民族干部，关心爱护民族干部。他在主持西南地区工作时，多次要求进藏干部遇事多和少数民族干部商量，共同把西藏的各项事情办好。在研究准备成立西藏自治区的问题时，邓小平同志指示，西藏各级机关应吸收藏族干部参加工作，派去的汉族干部要精，去做培养藏族干部的工作，做团结工作。邓小平同志与西藏人民心连心，也体现在他对藏族上层人士的真诚团结和关怀上。昌都解放后，小平同志指示时任西康省藏族自治区政府主席的天宝，要他争取藏族上层人士，广泛联系群众，组织起政权机构。1951 年 3 月下旬，以阿沛·阿旺晋美为首的西藏地方政府和谈代表团进京谈判途经重庆时，邓小平同志坦诚相见，使他们打消了顾虑，以舒畅的心情踏上进京的征程。几十年来，邓小平同志始终情系西藏人民，把人民的利益看得高于一切，赢得了包括西藏人民在内的全中国人民的衷心爱戴和敬仰。

二　科学的指南

（七）"把马克思主义的普遍真理同我国的具体实际结合起来，走自己的路，建设有中国特色的社会主义"，这是邓小平同志为我们指明的前进方向。党的十一届三中全会后，作为我们党第二代领导集体核心的邓小平同志，不仅领导我们党和国家从"文化大革命"的灾难中走了出来，而且重新确立了解放思想、实事求是的思想路线，在领导我国改革开放和社会主义现代化建设的伟大实践中形成了以经济建设为中心，坚持四项基本原则、坚持改革开放的基本路线，成功地开辟了建设中国特色社会主义的新道路。在新的历史时期，邓小平同志坚持马克思主义基本原理同新的实际和时代特征结合起来，集中全党全国人民的智慧，进行了艰辛的锲而不舍的理论探索，创立了邓小平理论。有了邓小平理论这面伟大旗帜，我国得以战胜各种困难，经受住各种风险，从拨乱反正到全面改革，从农村改革到城市改革，从经济体制改革到全面改革，从在沿海兴办经济特区到形成全方位对外开放格局，社会主义物质文明、政治文明、精神文明建设取得了前所未有的巨大成就，人民生活水平得到显著提高，国家面貌发生了深刻变化，中国特色社会主义事业显示出蓬勃的生机和活力。也正是有了邓小平理论这面伟大旗帜的引领，西藏这片高天厚土在改革开放的大潮中再次焕发出春的生机，同全国一道走上了社会主义现代化建设的历史新时期。

（八）邓小平理论抓住"什么是社会主义、怎样建设社会主义"这个首要的基本的理论问题，科学地揭示出"社会主义的本质，是解放生产力，发展生产力，消灭剥削，消除两极分化，最终达到共同富裕"。系统地回答了中国社会主义的发展道路、发展阶段、根本任务、发展动力、外部条件、政治保证、战略步骤、党的领导和依靠力量以及祖国统一等一系列基本问题，用新的思想、观点，继承和发展了马克思列宁主义、毛泽东思想。邓小平同志以马克思主义者的科学态度，号召全党"解放思想，实事求是"，指出"一个党，一个国家，一个民族，如果一切从本本出发，思想僵化，迷信盛行，那它就不能前进，它的生机就停止了，就要亡党亡国"。他根据我国的基本国情作出了我国处在社会主义初级阶段的科学判断，要求"一切都要从这个实际出发，根据这个实际来制订规划"。认为离开这个实际，"超越阶段采取一些'左'的办法，这样是搞不成社会主义的"。他强调，马克思主义最注重发展生产力，社会主义的根本任务是发展生产力，贫穷不是社会主义，社会主义要消灭贫穷。指出"中国解决所有问题的关键是要靠自己的发展"。"发展才是硬道理"，"抓住时机，发展自己，关键是发展经济"。在发展生产力中，他非常重视科学技术的地位和作用，提出"科学技术是第一生产力"这一新的命题，指出"中国的发展，离不开科学技术"，实现现代化"关键是科学技术"。发展科学技术，不抓教育不行。教育是一个民族最根本的事业。他高瞻远瞩，为我国制定了分"三步走"的发展战略，并为实现这一战略提出了以重点带全局、"台阶式"发展以及允许和鼓励一部分地区、一部分人先富起来逐步达到共同富裕等重要思想。为扫除发展生产力的体制障碍，他指出"要发展生产力，经济体制改革是必由之路"，并进而提出"改革是中国的第二次革命"。他突破传统思想观念，把社会主义与市场经济联系起来，指出计划和市场都是手段，不是社会主义和资本主义的本质区别，强调"计划不等于社会主义，资本主义也有计划；市场不等于资本主义，社会主义也有市场"。"判断的标准，应该主要看是否有利于发展社会主义社会的生产力，是否有利于增强社会主义国家的综合国力，是否有利于提高人民的生活水平。"在推进经济体制改革的同时，他提出不改革政治体制，就会阻碍经济体制改革，阻碍生产力的发展，强调要从制度方面解决问题，健全社会主义民主和法制，指出"没有民主就没有社会主义"，"为了保障人民民主，必须加强法制"。他把对外开放作为我国的一项基本国策，指出"对外开放具有重要意义，任何一个国家要发展，孤立起来，闭关自守是不可能的"，强调中国的发展离不开世界，要大胆吸收和借鉴人类社会的一切文明成果。他把社会主义精神文明建设摆在重要战略地位，强调物质文明和精神文明都搞好，才是有中国特色的社会主义，指出"我们要在大幅度提高社会生产力的同时，改革和完善社会主义的经济制度和政治制度，发展高度的社会主义民主和完备的社会主义法制。我们要在建设高度物质文明的同时，提高全民族的科学文化水平，发展高尚的丰富多彩的文化生活，建设高度的社会主义精神文明"。要"两手抓，两手都要硬"。针对20世纪80年代末的政治风波，他强调"四项基本原则"这个立国之本的同时，特别指出，中国的问题，压倒一切的是需要稳定，没有稳定的环境，什么都搞不成，已经取得的成果也会失掉。他始终把党的建设作为关键，强调中国问题的关键在于党，指出"要聚精会神地抓党的建设"，"把我们党建设成为有战斗力的马克思主义政党，成为领导全国人民进行社会主义物质文明和精神文明建设的坚强核心"。邓小平理论的这些重要思想，为我们党形成新时期西藏工作指导方针，领导西藏人民实现区党委书记郭金龙后来概括的"一个转折点，两个里程碑"的光辉历程，提供了强大的思想理论武器。

　　（九）立足民族平等，促进民族团结，实现各民族共同繁荣发展，是邓小平理论的重要内容。早在1950年，邓小平同志担任西南局第一书记时，就非常重视少数民族工作，他指出"少数民族问题，在西南来说是很重要的"。"单就国防问题考虑，也应该把少数民族工作摆在很高的位置。"他针对历史上封建统治者实行民族歧视和压迫所造成的民族隔阂，强调"我们要做长期的工作，达到消除这种隔阂的目的"。要让少数民族相信，"在政治上，中国境内各民族是真正平等的；在经济上，他们的生活会得到改善；在文化上，也会得到提高"。党的十一届三中全会后，他反复强调"我们的民族政策是正确的，是真正的民族平等"。"中国采取的不是民族共和国联邦的制度，而是民族区域自治制度。我们认为这个制度比较好，适合中国的情况。"并结合新的时代特征，提出了新时期民族工作的中心是搞好经济建设、加快发展、实现共同繁荣等一系列新思想、新观点。他指出"我国各兄弟民族经过民主改革和社会主义改造，早已陆续走上社会主义道路，结成了社会主义的团结友爱、互助合作的新型民族关系"。"在实现四个现代化进程中各民族的社会主义一致性将更加发展，各民族的大团结将更加巩固。"他给广西壮族自治区成立 30 周年的题词是："加快现代化建设，促进各民族共同繁荣。"他认为，实行民族区域自治，不把经济搞上去，那个自治就是空的。在集中体现新时期邓小平同志关于民族平等、团结、加快发展思想和西藏工作的重要文献，《立足民族平等，加快西藏发展》中他掷地有声地指出，"中华人民共和国没有民族歧视，我们对西藏的政策是真正立足于民族平等"。强调"我们帮助少数民族地区发展的政策是坚定不移的"。"我们的政策是着眼于把这些地区发展起来。"并明确提出了以发展为核心、以各族人民的根本利益为落脚点的"两个怎样"，这一判断中国民族政策和西藏工作的科学论断。邓小平同志的这些重要思想，成为新时期引导各民族走向共同繁荣发展的根本指针，为做好西藏工作指明了方向，对西藏在改革开放的历史条件下，维护祖国统一，加强民族团结，促进社会稳定，加快经济发展都产生了重大而深远的指导意义。

（十）以江泽民同志为核心的党的第三代中央领导集体，正是高举邓小平理论伟大旗帜，团结带领全党全国各族人民积极而稳妥地推进中国特色社会主义伟大事业中，引领西藏各族人民经历了"一个转折点，两个里程碑"的光辉历程。以江泽民同志为核心的党的第三代中央领导集体，在以马克思主义的巨大政治勇气和理论勇气推进理论创新，创立"三个代表"重要思想的历史进程中，继承和发扬以毛泽东、邓小平同志为核心的中央第一代、第二代领导集体，深切关怀西藏各族人民、高度重视西藏工作的光荣传统，以邓小平理论为指导，按照"三个代表"重要思想的要求，在分析国际国内形势变化，总结西藏工作经验教训的基础上，深刻阐述了西藏工作的重要战略地位，明确提出了"决不能让西藏从祖国分裂出去，也决不能让西藏长期处于落后状态"这个做好西藏工作的纲，确定了胡锦涛同志主持西藏工作时提出的"一个中心，两件大事，三个确保"为新时期西藏工作指导方针，把加快西藏发展作为一项根本方针，采取了一系列优惠政策和重大措施，作出了全国支援西藏的战略决策，进一步明确了对达赖集团斗争的方针、政策和策略，并在政治上举起了公开揭批达赖的旗帜，根据 21 世纪初西藏工作面临的形势，提出了"一加强、两促进"的历史任务，从而形成了以西藏工作指导方针为核心的新时期党的治藏方略。新时期党的治藏方略涵盖经济政治文化，改革发展稳定，民族宗教统战等各个方面，充分体现了西藏各族人民思稳定、谋发展、求文明、盼富裕的共同意愿，反映了我们党对西藏工作规律的科学把握，是我们党在西藏高举邓小平理论伟大旗帜，贯彻"三个代表"重要思想的光辉实践和成功典范，西藏也由此而迎来了历史上的最好时期。

三　辉煌的成就

（十一）直面旧西藏政教合一的封建农奴制度残酷压迫和剥削广大农奴和奴隶的历史，面对政通人和、百业俱兴、经济发展、社会进步、民族团结、局势稳定、边防巩固、人民安居乐业之今日西藏，回顾、重温邓小平同志情系西藏人民，心系西藏发展，为进军西藏、和平解放、平息叛乱、民主改革、社会主义建设事业倾注的心血和精力，深刻体会在改革开放大决策和邓小平理论、"三个代表"重要思想指引下，西藏经济社会面貌发生的翻天覆地的变化，西藏人民感受最深的是，毛泽东、邓小平、江泽民三代中央领导集体和胡锦涛同志为总书记的党中央对西藏工作的高度重视，对西藏各族人民的深切关怀，体会最深的就是，没有中国共产党，就没有人民当家作主的社会主义新西藏，没有改革开放的大决策，就没有西藏今天欣欣向荣的大好局面。

（十二）实行民族区域自治，贯彻党的民族宗教政策，西藏人民充分享有当家作主的权利。众所周知，直到 20 世纪上半叶，西藏仍处于政教合一、僧侣贵族专政，以农奴主占有生产资料和农奴人身为基础的封建农奴制社会。西藏人民遭受着残酷的剥削和压迫，没有任何政治的、经济的、文化的权利，连他们的人身也不属于自己。"生命虽由父母所生，身体却为官家占有。纵有生命和身体，却没有作主的权利。"这便是当时西藏人民的悲怆吟唱。和平解放，实现了西藏社会发展历史进程的划时代转折，开辟了西藏人民从黑暗、落后、专制、贫穷、封闭走向光明、进步、民主、富裕、开放的历史新纪元；民主改革，实现了西藏社会制度的历史性跨越，彻底埋葬了压榨西藏人民数百年的封建农奴制度，世世代代被剥夺了一切的农奴和奴隶翻身获得解放，从此成为国家的主人；自治区的成立，民族区域自治制度的实行，宣告西藏正式建立了人民民主的政权，西藏人民从此享有了平等管理国家事务和本地区、本民族事务的权利，与全国人民一道走上社会主义的发展道路。

人民代表制度是我国的根本政治制度，是人民行使当家作主、行使民主权利的根本保障和有效形式。自1965年西藏自治区成立以来，历届西藏自治区人民代表大会中，藏族和其他少数民族代表均占80%左右，仅2002年，在选举出的人大代表中，藏族和其他少数民族代表所占的比例，自治区和地市两级达80%以上，县、乡（镇）两级达90%以上；自治区成立以来，人大及其常委会先后制定地方性法规和单行条例220件，内容涉及政治、经济、文化、教育、环境保护、卫生等方面，为维护西藏人民的特殊权益，促进西藏各项事业的发展，提供了重要的法律保证；现今，自治区、地（市）、县三级国家机关组成人员中藏族和其他少数民族干部占77.97%，藏族和其他少数民族干部成为西藏地区干部的主体，充分体现了西藏人民当家作主的权利。

社会主义民族关系得到进一步巩固和发展，党的宗教政策得到广大信教群众和爱国僧尼的衷心拥护。高举爱国、团结、进步的伟大旗帜，坚持民族平等和民族团结，坚持"三个离不开"，加强党的民族政策的宣传教育，大力表彰和推广民族团结进步的先进典型，坚定不移地发展平等、团结、互助的社会主义民族关系，藏汉民族间、各民族间的团结空前加强，开创了各民族团结互助、共同繁荣发展的大好局面。全面正确地贯彻党的宗教政策，广大信教群众的宗教信仰自由得到充分尊重和保护，正常宗教活动的开展得到切实保障。目前，全区共有1700多处宗教活动场所，住寺僧尼约4.6万人，信教群众的宗教需求得到充分满足。同时，结合西藏地区实际，深入开展寺庙爱国主义教育和建立正常秩序工作，依法加强对宗教事务的管理，积极引导宗教与社会主义社会相适应，牢牢把握切实落实区党委书记郭金龙明确提出的"划清正常宗教活动和利用宗教从事分裂活动的界限，划清群众有宗教信仰的自由和党员不得信仰宗教的界限，各级党政组织和广大党员干部要尽到引导群众崇尚科学文明、追求社会进步的责任"。即"划清两个界限，尽到一个责任"的政策原则和工作要求，有力地保护了信教群众合法权益，得到了社会各界的一致拥护。针对国际反华势力和达赖集团打着"民族""宗教"的旗号，从事分裂祖国的现实，高举爱国主义旗帜，不断加强以爱国主义为核心的思想政治教育，公开揭批达赖集团祸国、祸藏、祸教的反动本质，扎实有效地开展反分裂斗争，使广大人民群众认清了达赖政治上的反动性和宗教上的虚伪性，深切体会到"民族团结、社会稳定是各族人民之福，民族分裂、社会动乱是各族人民之祸"的道理，明确了根本的政治是非和重大的政策界限，形成了维护祖国统一、民族团结的强大社会舆论和良好社会环境，社会局势更加稳定，为跨越式发展奠定了坚实的基础。

（十三）社会生产力获得空前解放和发展，跨越式发展呈现出良好态势。经过民主改革和社会主义建设，极大地解放和发展了生产力，经济建设得到长足发展，人民生活水平显著提高。党的十一届三中全会以来，特别是十三届四中全会以来，西藏经历"一个转折点，两个里程碑"的光辉历程，赢得了经济快速发展、社会局势日益稳定、人民生活水平大幅度提高，各族人民安居乐业的大好局面。国民生产总值从 1965 年的 3.27 亿元增长到 2003 年的 184.59 亿元；人均 GDP 由 1965 年的 241 元增长到 2003 年的 6874 元。西藏迎来了历史上发展最快最好的时期。

现代工业从无到有，建立起包括 20 多个门类、富有西藏地方特色的现代工业体系，工业在国民经济中的地位和作用日益突出。现代商业、旅游、邮电、饮食服务、文化娱乐、IT 等在旧西藏闻所未闻的新兴产业迅猛发展。旧西藏没有一条公路，如今已形成以国道和 14 条省道为主干的公路运输网络。公路通车里程达到了 4.13 多万公里。青藏铁路已于 2001 年开工建设，将于 2007 年建成通车，西藏就要结束没有铁路的历史。西藏邮电通信事业实现了跨越式发展，2003 年底，全区电话普及率达 22 部/百人；固定及移动电话总户数达到 60.17 万户。旅游业作为特色产业发展迅猛，2003 年，全区接待国内外旅游者 92.86 万人次，旅游业总收入占西藏生产总值（GDP）的 5.6%。

西藏的发展，离不开中央的关怀和全国各族人民的无私援助。现代西藏的发展史就是一部与全国各族人民同呼吸、共命运、求发展的历史。和平解放初期，进藏人民解放军和一些专业技术人员就积极投身西藏的革命和建设事业。以后，又有大量的内地干部、科技人员、教师、医生、文学艺术工作者和技术工人响应党的号召，奔赴西藏，为西藏各项事业的发展做出了巨大贡献。进入改革开放新时期，中央先后召开四次西藏工作座谈会，进一步对西藏的发展在资金、技术和人才上给予特殊的支持，做出"中央关心、全国支援"的重大战略决策。1984—1994 年，国家投资、全国 9 省市援建西藏 43 项工程，总投资达 4.8 亿元。1994—2001 年，中央又直接投资建设了 62 项工程，总投资达 48.6 亿元，15 个对口支援省和中央各部委无偿援建 716 个项目，资金投入达 31.6 亿元。2001 年中央第四次西藏工作座谈会决定在国家第十个五年计划期间由中央政府投资 312 亿元，建设 117 个项目，并给予财政补助 379 亿元。全国各地支援西藏建设项目 71 个，资金投入 10.62 亿元。据统计，西藏自治区成立以来的近 40 年间，西藏财政支出共计 875.86 亿元，其中的 94.9% 来自中央补贴。近 10 年来，共计选派各级援藏干部 2000 多人，援助资金及物资 101.66 亿元（不含中央同期的 117 个援建项目的资金）。中央关心、全国支援，充分体现了社会主义制度的优越性，充分展示了西藏各族人民的在社会主义大家庭中走向共同富裕的美好前景，西藏经济在 20 世纪末连续 10 年实现两位数增长速度的基础上，进入 21 世纪又连续三年实现了 12.6% 的年均增长速度，呈现出跨越式发展的强劲势头。

（十四）社会主义精神文明建设蓬勃发展，各项社会事业日益繁荣进步，社会面貌发生了根本变化。深入开展党的基本理论、基本路线、基本纲领、基本经验和新时期西藏工作指导方针教育，巩固和加强了代表先进文化前进方向的马克思主义在意识形态领域的指导地位。结合实际牢牢抓住区党委书记郭金龙提出的西藏工作的"三个重大关键问题"，即始终代表先进生产力的发展要求，不断开辟西藏发展生产力的前进道路；始终代表先进文化的前进方向，不断推进全社会的文明进步；始终代表最广大人民的根本利益，维护祖国统一，巩固民族团结，坚决反对分裂，确保社会稳定。着力加强用邓小平理论和"三个代表"重要思想武装全体党员、教育干部群众的工作，使邓小平理论和"三个代表"重要思想深入人心，成为全区各族人民建设团结、富裕、文明的社会主义新西藏的共同思想基础和强大精神支柱。大力开展以爱国主义为核心的思想道德建设，唱响共产党好、社会主义好、改革开放好、民族团结好的主旋律，广泛深入开展精神文明创建活动和讲文明、树新风活动，提倡科学精神，倡导现代文明的生产生活方式，各族干部群众的思想道德素质和科学文化素质明显提高，精神面貌焕然一新。爱国主义、集体主义、社会主义深入民心，中华民族的凝聚力不断增强，社会主义思想文化阵地日益巩固，人民群众的精神需求日益丰富。

教育、科技、文化、卫生、体育事业蒸蒸日上。旧西藏，寺院垄断教育，广大农奴被剥夺了受教育的权利，适龄儿童入学率不到2%，文盲率高达95%。和平解放以来，党和政府非常重视发展民族教育事业，到2003年底，西藏共有各级各类学校1011所，在校学生达45.34万多人，适龄儿童入学率达到91.8%，文盲率降至30%以下。1985年以来，中央政府在内地21个省市建立了西藏班（校），为西藏培养了大中专毕业生近万人。现已建立起幼儿教育、中小学教育、中等专业技术教育、高等教育、成人教育、电视教育等具有西藏地方特色和民族特点的现代教育体系。全区各类专业技术人员37266人，其中藏族和其他少数民族占70%以上。全区卫生机构发展到1305个，床位6216张，卫生技术人员8287人，每千人口拥有的病床和卫生技术人员高于全国平均水平。人民的健康保障显著提高。婴儿死亡率由1959年前的43%下降到3.1%；人口平均寿命从35.5岁提高到了现在的67岁。西藏人口由1951年的114.09万人，增加到现在的270.17万人。其中藏族人口从1964年的120.87万人增加到2003年的250.72万人，占总人口的92%以上。独具西藏特色的藏医藏药事业也得到蓬勃发展。全区具有现代化的田径、足球、射击、网球、赛马、射箭、灯光球场等体育设施基本完善。

广播电视迅速发展，西藏广播和电视的人口覆盖率分别达到84.44%和83.05%，广播电视的迅速发展，开阔了人们视界，城乡人民的文化生活日益丰富多彩。西藏人民在长期的历史发展中创造了灿烂的文化，是中华民族文化宝库的重要组成部分。党和政府历来重视传统文化艺术的保护和继承，重视藏语言文字工作的使用。自治区的法规、文件、标志以及报纸、广播、电视都使用汉藏两种文字。为满足广大人民群众日益增长的精神文化需求，自治区狠抓文化艺术的继承和发展，建有专业歌舞、藏戏艺术表演等团体，为人民的精神需求提供食粮。全区公开发行的各类报刊已达 52 种，其中藏文报刊 20 多种。全区共有各类文物景点 1700 余处，其中全国重点文物保护单位 8 处，国家级历史文化名城 3 座，布达拉宫、大昭寺等已被联合国教科文组织列入世界文化遗产。

　　西藏取得的辉煌成就，展示了邓小平理论和"三个代表"重要思想作为时代精神精华的巨大力量；展示了党中央对西藏工作的高度重视和对西藏各族人民的巨大关怀；展示了改革开放和新时期西藏工作指导方针的无比正确。今天我们纪念邓小平同志诞辰 100 周年，就是要更加坚定不移地高举邓小平理论和"三个代表"重要思想的伟大旗帜，牢固树立认真落实科学发展观，在以胡锦涛同志为总书记的党中央正确领导下，坚持新时期西藏工作指导方针，为实现"一加强、两促进"历史任务和全面建设小康社会宏伟目标而努力奋斗。

（原载《西藏日报》2004 年 8 月 30 日第一版）

以科学发展观为指导
大力推进西藏地区的跨越式发展

区党委书记郭金龙，在区党委理论学习中心组（扩大）学习会上的讲话中，紧密结合西藏地区实际，提出树立和落实科学发展观，更加全面地贯彻党的十六大和十六届三中全会精神，更加全面地把握新时期西藏工作指导方针，更加全面地推进经济社会跨越式发展，深刻揭示了科学发展观与新时期西藏工作指导方针、跨越式发展在内涵和本质要求上的一致性，阐明了树立和落实科学发展观对推进西藏地区各项工作的重要指导意义。

一　准确把握科学发展观的理论内涵和基本要求

郭金龙书记在讲话中指出，树立和落实科学发展观，"对于推进西藏地区的各项工作具有十分重要的指导意义"。西藏正处在经济社会跨越式发展的关键时期，科学发展观为我们进一步把握中央确定的治藏方略，坚持新时期西藏工作指导方针不动摇，切实保持跨越式发展的良好态势，不断总结实践经验，解决面临的问题和矛盾，丰富跨越式发展内涵，完善跨越式发展思路，更新跨越式发展方式，避免走弯路或少走弯路，更加全面地推进经济社会跨越式发展，提供了强大的思想武器。我们一定要把思想真正统一到科学发展观上来，坚定自觉地运用科学发展观来指导西藏发展，为实现"一加强、两促进"的历史任务而努力奋斗。

科学发展观的基本要义是：坚持以人为本，全面、协调、可持续地发展。坚持以人为本，是科学发展观的本质和核心，就是要以实现人的全面发展为目标，从人民群众的根本利益出发谋发展、促发展，不断满足人民群众日益增长的物质文化需要，切实保障人民群众的经济、政治和文化权益，让发展的成果惠及全体人民。全面发展，是科学发展观的重要目的，就是要以经济建设为中心，全面推进经济、政治、文化建设，实现经济发展和社会全面进步。协调发展，是科学发展观的基本原则，就是要统筹城乡发展、统筹区域发展、统筹经济社会发展、统筹人与自然和谐发展、统筹国内发展和对外开放，推进生产力和生产关系、经济基础和上层建筑相协调，推进经济、政治、文化建设的各个环节、各个方面相协调。可持续发展，是科学发展观的重要体现，就是要促进人与自然的和谐，实现经济发展和人口、资源、环境相协调，坚持走生产发展、生活富裕、生态良好的文明发展道路，保证一代接一代地永续发展。

我们党提出的科学发展观的基本要求，主要有以下几个方面：

（1）坚持以经济建设为中心，聚精会神搞建设，一心一意谋发展。科学发展观，是用来指导发展的，不能离开发展这个主题。发展首先是经济发展，经济发展是各方面发展的基础。只有坚持以经济建设为中心，不断增强综合国力，才能抓好发展这个党执政兴国的第一要务、为全面协调发展打下坚实的物质基础。只有坚持以经济建设为中心，不断增强综合国力，才能更好地解决前进道路上的矛盾和问题，胜利实现全面建设小康社会和社会主义现代化的宏伟目标。坚持以经济建设为中心，必须以高度的历史责任感和紧迫感，抓住机遇加快经济发展，保持较快的发展速度。在优化结构、提高质量和效益的基础上，转变经济增长方式，调整经济结构，实现速度、结构、质量、效益的统一。

（2）坚持经济社会协调发展，在经济发展的基础上，推动社会全面进步和人的全面发展，促进社会主义物质文明、政治文明、精神文明协调发展。经济发展、政治发展、文化发展和人的全面发展是相互联系、相互影响的，没有政治发展、文化发展和人的全面发展的不断推进，单纯追求经济发展，不仅经济发展难以持续，而且最终经济发展也难以搞上去。要坚持抓好经济建设这个中心，同时又要切实防止片面性和单打一，全面推进社会主义物质文明、政治文明、精神文明建设，防止出现因发展不平衡而制约发展的局面。

（3）坚持城乡协调发展，站在经济社会全面发展的高度研究和解决"三农"问题，实行以城带乡、以工促农、城乡互动、协调发展。农业是国民经济的基础，没有8亿农民的小康，就不可能实现全面的小康；没有农村的现代化，就不可能有全国的现代化。全面建设小康社会，重点在农村，难点也在农村。农业基础薄弱，农村发展滞后，农民收入增长缓慢，已经成为我国经济社会发展中亟待解决的突出问题。统筹城乡发展，必须更加注重农村发展。

（4）坚持区域协调发展，继续发挥各个地区的优势和积极性，实现共同发展。坚持推进西部大开发，振兴东北地区等老工业基地，促进中部地区崛起，鼓励东部地区加快发展，形成东中西互动、优势互补、相互促进、共同发展的新局面。

（5）坚持可持续发展，高度重视资源和生态环境问题，不断保护和增强发展的可持续性。统筹人与自然和谐发展，处理好经济建设、人口增长与资源利用、生态环境保护的关系，推动整个社会走上生产发展、生活富裕、生态良好的文明发展道路，实现自然生态系统和社会经济系统的良性循环，为子孙后代留下充足的发展条件和发展空间。

（6）坚持改革开放，统筹国内发展和对外开放，统筹推进各方面的改革，使各方面的改革相互促进。坚持社会主义市场经济的改革方向，注重制度创新和体制创新，尊重群众的首创精神，充分发挥中央和地方两个积极性，正确处理改革发展稳定的关系，协调好改革进程中的各种利益关系，努力实现宏观经济改革与微观经济改革相协调、经济领域改革和社会领域改革相协调、城市改革和农村改革相协调、经济体制改革和政治体制改革相协调。适应经济全球化深入发展和我国加入世贸组织的新形势，在更大范围、更广领域和更高层次上参与国际经济技术合作和竞争，提高对外开放水平。

（7）坚持以人为本，把人民的利益作为一切工作的出发点和落脚点，一切为了人民，一切依靠人民，不断满足人们多方面需求和促进人的全面发展。在经济发展的基础上，不断提高人民群众物质文化生活水平和健康水平，尊重和保障人权，包括公民的政治、经济、文化权利，不断提高人们的思想道德素质、科学文化素质和健康素质，创造人们平等发展、充分发挥聪明才智的社会环境。

二　用科学发展观不断深化对跨越式发展的认识

郭金龙书记在讲话中指出："我们要实现的跨越式发展，涵盖了经济社会的各个方面，立足于人民生活水平的提高和各民族的共同繁荣进步，强调了把握特色、推进开放、增强活力、追求先进的要求，突出了思路创新、体制创新、科技创新，兼顾了当前发展和长远发展。这在内涵和本质要求上与科学发展观也是完全一致的。"强调，"树立和落实科学发展观，就是要在实现跨越式发展的进程中不断总结实践经验，丰富跨越式发展的内涵，避免走弯路或者少走弯路，画更新、更美的画，更好地完成'一加强、两促进'的历史任务"。① 这就不仅揭示了科学发展观与实施跨越式发展的一致性，而且对我们以科学的发展观为指导，深化对跨越式发展的认识，有着很强的现实指导意义，同时也进一步提出了以科学发展观为指导，在实践中不断丰富跨越式发展内涵的新要求。

（1）跨越式发展，首先是以经济建设为中心的跨越式发展。科学发展观强调，发展首先是要发展经济，经济发展是社会发展的前提和基础。同样跨越式发展，首要的、第一位的是实现经济的跨越式发展。没有经济的跨越式发展，也就无所谓跨越式发展，更谈不上经济社会的跨越式发展。只有经济的跨越式发展，才能为社会全面进步和人的全面发展提供物质基础。因此，坚持以经济建设为中心，在任何时候任何情况下都不能有丝毫动摇，紧紧扭住经济建设这个中心不放松，推进西藏社会生产力的跨越式发展，这是坚持新时期西藏工作指导方针的核心，也是解决当前社会主要矛盾，实现西藏经济社会跨越式发展的根本所在。

（2）跨越式发展，是经济社会的全面跨越式发展。全面发展、协调发展，是科学发展观的重要内容，强调既要坚持以经济建设为中心，又要防止片面性和单打一，统筹经济社会发展，推进经济、政治、文化、社会的全面发展，推进经济、政治、文化建设的各个环节、各个方面相协调。经济的、生产力的跨越式发展，是实现跨越式发展的根本内容，但不是唯一内容，相反"涵盖了经济社会的各个方面"。这就要求正确认识和处理经济、政治、文化发展的辩证关系，正确认识和处理目的和手段的辩证关系，在抓好经济建设这个中心的同时，高度重视、切实抓好教育、科技、文化、卫生、体育等社会事业的发展，推进物质文明、政治文明、精神文明的协调发展，实现经济社会的全面跨越式发展。

---

① 中共西藏自治区委员会宣传部编：《以科学的发展观为指导　推进西藏经济社会跨越式发展》，西藏人民出版社，第36页。

（3）跨越式发展，是以提高各族人民群众物质文化生活水平和实现各民族共同繁荣进步为价值取向的跨越式发展。以人为本，是科学发展观的本质要求，强调把人民的利益作为一切工作的出发点和落脚点，不断满足人们的多方面需求和实现人的全面发展。推进跨越式发展的根本目的，是更好地为西藏各族人民谋利益，使西藏跟上全国的发展步伐，进而"在中国四个现代化建设中走进前列"，实现各民族的共同繁荣进步。这就要求推进跨越式发展的各项工作，都要着眼于造福西藏各族人民，着眼于维护祖国统一、促进民族团结和民族进步，推进跨越式发展的各项措施，都必须把出发点和落脚点放在实现好、维护好、发展好西藏各族人民的利益上，把各族人民的智慧和力量凝聚到跨越式发展上，充分发挥人民群众创造历史的主体作用，在跨越式发展的实践中不断提高各族人民的物质文化生活水平。

（4）跨越式发展，是兼顾当前发展和长远发展，走可持续发展道路的跨越式发展。坚持可持续发展，是科学发展观的又一重要内容，强调走生产发展、生活富裕、生态良好的文明发展道路。高度重视资源的利用和生态环境的保护，兼顾当前发展和长远发展，在积极实现跨越式发展的过程中，促进人与自然的和谐发展，为西藏的未来发展奠定坚实基础、创造良好条件，既是跨越式发展本身的内在要求，也是跨越式发展的重要目标。随着西藏经济社会步入快速发展轨道，对资源、环境的依赖程度越来越高，资源的开发和保护问题，生态环境的建设和保护问题日益凸显，特别是西藏生态环境本身的脆弱性所决定，必须是可持续发展的跨越式发展。这就要求用联系的观点、系统的观点，在遵循经济发展规律的同时，高度重视和尊重社会发展规律和自然规律，正确认识和处理当前利益和长远利益的辩证关系，发展和环境的辩证关系，科学规划，合理开发，努力实现人口、资源、环境和经济社会的协调发展，避免走以牺牲资源和环境为代价的发展模式，为子孙后代留下充足的发展条件和发展空间。

（5）跨越式发展，是把握特色、推进开放、增强活力、追求先进为基本要求，以思路创新、体制创新、科技创新为动力的跨越式发展。坚持改革开放，推进各方面改革相互促进，统筹国内发展和对外开放，提高对外开放水平，是落实科学发展观的基本要求。统筹国内外开放，统筹各项改革，在扩大开放中，不断解放思想、更新观念，追求先进、创新思路，发展特色经济，壮大经济实力，提高竞争能力，在深化改革中，解决制约发展的体制性障碍，推进体制创新、科技创新，增强活力，不断完善社会主义市场经济体制，提高社会生产力水平。这既是跨越式发展的重要内容，也是实施跨越式发展的基本要求。在推进跨越式发展的各项工作中，准确把握认真落实基本要求，正确认识和处理改革、发展和稳定的辩证关系，坚持改革开放，更加注重把握特色、追求先进、不断创新，就能更快更好地推进跨越式发展。

三　更加全面地推进经济社会的跨越式发展

郭金龙书记在讲话中强调："西藏地区正处在跨越式发展的关键时期，乘势而上，就会事半功倍；主动推进，就有更大突破。反之，稍有懈怠，就会滑坡，就会被动，我们历史上有过这样的教训。"党的十三届四中全会以来，西藏经历"一个转折点、两个里程碑"，迎来了历史上经济社会发展最快最好的时期，为进一步推进跨越式发展，完成"一加强、两促进"历史任务，奠定了良好基础。科学发展观的提出，为我们乘势而上，主动推进，更加全面地实现经济社会的跨越式发展指明了方向。

（一）坚持以经济建设为中心，确保跨越式发展的良好势头

以科学发展观为指导，推进跨越式发展，必须以经济建设为中心，坚持12%以上的发展速度不动摇，确保支撑跨越式发展的必要速度和良好势头。郭金龙书记在讲话中指出，"保持12%以上的发展速度不仅是必需的，经过努力也是能够实现的。对此我们必须坚定不移"。实现12%以上的发展速度和人均 GDP 进入西部地区前列，是中央为西藏地区确定的"十五"奋斗目标。中央第四次西藏工作座谈会以来，西藏地区连续三年实现了年均增长 12.6% 的发展速度，人均 GDP 在西部的排位也上升到去年的第五位，各项事业全面发展，人民群众的物质文化生活水平有了明显提高，社会局势更加稳定，跨越式发展呈现出可喜的势头。保持跨越式发展的这一良好势头，必须坚定不移地坚持以经济建设为中心不动摇，紧紧抓住大有可为的重要战略机遇期，充分利用社会局势更加稳定，西部大开发力度更大，援藏工作向纵深发展，投资吸引力更强，自治区成立 40 周年等有利条件，采取一切可行的办法和措施，调动一切积极因素，乘势而上，全力以赴，确保12%以上的发展速度，加快推进跨越式发展。

（二）坚持"两条腿"走路，增强自我发展能力

郭金龙书记在讲话中强调："我们要以科学发展观为指导，进一步完善我们的发展思路和发展方式。随着投资需求越来越大，仅靠国家投资这'一条腿'支撑经济增长是难以为继的。"指出"要'两条腿'走路，发展才能协调，才有后劲"。① 坚持以经济建设为中心，保持较快的发展速度，根本的就是要不断增强自我发展能力。正确认识和处理"离不开"和"不依赖"的辩证关系，在发展思路和发展方式上，切实用好用足中央政策，积极争取国家投资，为发展奠定基础、创造条件、提升发展能力的同时，高度重视、充分挖掘自身优势和发展潜能，深化改革，扩大开放，改善投资软环境，广泛吸引民间投资，大力发展非公有制经济，大力发展体现高原特色的产业，积极培育新的经济增长点，不断增强自我发展能力。

（三）坚持"三个文明"一起抓，推进经济社会全面发展

郭金龙书记在讲话中指出："按照科学发展观的要求推进跨越式发展，根本目的是要服务广大人民群众，提高整个社会文明进步的水平。"必须看到，随着物质生活水平的提高，人民群众对就业、社会保障、教育、卫生、精神文化等社会事业发展提出新的要求，正确认识切实把握以经济建设为中心和全面发展辩证关系，经济、政治、文化的辩证关系，物质文明、政治文明、精神文明的辩证关系，以经济建设为基础，紧紧抓住经济建设这个中心，不断借鉴和总结成功经验，大力发展社会主义民主政治，加强社会主义法制建设，大力发展教育、科技、文化、卫生、体育等社会事业，倡导科学文明的新思想、新观念和先进的生产生活方式，切实做好就业、社会保障工作，积极主动地化解各种社会矛盾，保持社会稳定，促进社会和谐，推进物质文明、政治文明、精神文明的协调发展，满足人民群众日益增长的对现代文明的向往和追求。

（四）坚持城乡协调发展，切实解决好"三农"问题

郭金龙书记在讲话中指出："树立和落实科学发展观，落实'五个统筹'，核心是统筹城乡发展，关键是解决好'三农'问题。"强调"没有农牧区的跨越式发展，就没有全区的跨越式发展"。以千方百计增加农牧

---

① 中共西藏自治区委员会宣传部编：《以科学的发展观为指导　推进西藏经济社会跨越式发展》，西藏人民出版社，第37页。

民收入为中心，西藏地区把"三农"工作作为各项工作的重中之重，给予了高度重视，采取了一系列有效的措施，经过多年的努力和积累，农牧民增收的步伐加快，农牧区面貌发生了深刻的变化。但是，由于特殊的自然和历史原因，农牧区社会发育滞后，生产要素分散，基础建设落后，农牧民收入偏低等现状还没有得到根本的改变，西藏地区的城乡差距在全国仍属最高。只有加快农牧区发展步伐，实现城乡协调发展，才能真正实现西藏的跨越式发展。加快农牧区发展，一是要推进农牧区经济结构调整，千方百计增加农牧民群众收入；二是要推进农牧业产业化经营，发展特色农牧业；三是加强农牧区的基础设施建设，着力改善农牧民生产生活条件；四是要以"谋跨越、奔小康"主题教育和小康示范建设工程为切入点，积极推进农牧区小康建设；五是要以农牧区精神文明建设为重点，加快农牧区社会发展。

（五）坚持可持续发展，促进人与自然和谐发展

以科学发展观为指导，必须坚持可持续发展，努力实现人口、资源、环境和经济社会的协调发展。面对西藏脆弱的生态环境，发展更不能以牺牲环境甚至生态系统的失衡或崩溃为代价，坚决破除单纯片面追求经济发展的传统发展模式，注重经济增长方式的转变和质量的提高，注重提高和强化全民的环保意识，加大对水土流失、草场沙化、退化和荒漠化的治理，加强重要生态功能区、重点资源开发区和生态良好区的保护，加强自然保护区的建设和管理，加强建设项目的环境影响评价和环境监理，促进人与自然的和谐发展，走生产发展、生活富裕、生态良好的文明发展道路。

（原载《西藏日报》2004 年 7 月 24 日第二版）

实践"三个代表" 永葆党的先进性

马克思主义的纲领性文献——江泽民总书记的"七一"重要讲话，以我们党成立前后两个 80 年的鲜明对比，全面回顾总结了我们党 80 年的光辉历程和基本经验，围绕新的历史条件下建设一个什么样的党和怎样建设党这个基本问题，更加系统、更加全面、更加深入地阐述了"三个代表"重要思想的科学内涵及辩证关系，深刻回答了在充满希望和挑战的 21 世纪加强和改进执政党建设的重大理论和现实问题，强调"三个代表"是我们党的立党之本、执政之基、力量之源，是我们党始终站在时代前列，保持先进性的根本体现和根本要求。

"三个代表"重要思想，既与马克思主义建党学说一脉相承，又是在新的历史条件下对马克思主义建党学说的丰富和发展；既是我们党 80 年历史经验的科学总结，又是根据新的情况和新的实践对党的性质、宗旨、根本任务的新概括，为党的性质赋予了鲜明的时代意义，为党的宗旨赋予了鲜明的时代内涵，为党的任务赋予了鲜明的时代特征，从经济、文化、政治三个方面科学地阐明了党的先进性的本质和内涵。只要我们党始终代表中国先进生产力的发展要求，代表中国先进文化的前进方向，代表中国最广大人民的根本利益，我们党就能永远站在时代前列，始终保持先进性，就能永远得到全国各族人民的衷心拥护，始终成为全国人民的"主心骨"和建设有中国特色社会主义伟大事业的坚强领导核心。

科学的思想、理论只有付诸实践，才能转化为改造世界的巨大物质力量。认真学习、深刻领会"三个代表"重要思想的科学内涵和伟大意义，从历史发展规律和时代进步要求的高度，自觉实践"三个代表"重要思想，是我们党永葆自身先进性的根本。

生产力是最活跃、最革命的因素，是社会发展的最终决定力量。实践"三个代表"，就是要我们敏锐地把握中国社会生产力的发展趋势和要求，坚持以经济建设为中心，坚持科学技术是第一生产力，把是否符合生产力的发展要求作为检验我们工作的标准，通过制定和实施正确的路线、方针和政策，不断深化改革，扩大开放，大力推进科技进步和创新，全面提高劳动者的素质，充分发挥劳动者的积极性、主动性和创造性，促进生产力的解放和发展。中央第四次西藏工作座谈会在总结第三次西藏工作座谈会以来西藏工作的成绩和经验基础上，全面分析21世纪初西藏工作面临的形势和任务，制定了进一步做好西藏工作的指导思想、主要任务和根本措施，充分体现了不断推动西藏社会生产力的解放和发展要求。坚决落实第四次西藏工作座谈会精神，紧紧抓住实施西部大开发战略和西藏局势基本稳定的良好机遇，通过思路创新、体制创新、科技创新，促进西藏经济从加快发展到跨越式发展，是实践"三个代表"重要思想在西藏的具体体现。

先进文化反映的是时代进步的要求，是推动社会进步的精神动力。实践"三个代表"就是要牢牢把握中国先进文化的发展趋势和要求，坚持以马克思列宁主义、毛泽东思想、邓小平理论为指导，坚持为人民服务、为社会主义服务和百花齐放、百家争鸣的方针，通过制定和实施体现文化发展规律的政策措施，发展有中国特色社会主义文化，建设社会主义精神文明，促进全民族思想道德素质和科学文化素质的不断提高，为经济发展和社会进步提供精神动力和智力支持。西藏由于长期面临着达赖集团的干扰、破坏、渗透，我们同达赖集团斗争的主战场在精神领域；另外，西藏是在封建农奴制的基础上进行社会主义建设的，消除封建农奴制残余，破除迷信愚昧、陈规陋习和宗教消极影响的任务非常艰巨。所以，树立马克思主义文化观，突出"治乱治愚"，坚持破立结合，立足建设团结、富裕、文明的社会主义新西藏，遵循文化发展规律，坚持"扬弃"的科学态度，正确处理传统文化和现代文化、本土文化和外来文化的关系，吸收人类社会一切文明成果，不断推进有中国特色社会主义文化建设，为西藏社会主义现代化建设提供精神动力和智力支持，是西藏社会主义文化建设的重要使命，是实践"三个代表"重要思想的内在要求。

人民群众是历史的创造者，是先进生产力和先进文化的创造主体，实践"三个代表"重要思想，就是要时刻牢记人民群众的根本利益，坚持把人民群众的根本利益作为出发点和归宿，坚持把人民群众"拥护不拥护""赞成不赞成""高兴不高兴""答应不答应"作为制定各项方针政策的出发点和归宿，全心全意为人民服务，把最广大人民的利益维护好、实现好、发展好。在西藏，坚决反对分裂，维护祖国统一，加强民族团结，巩固和发展社会主义民族关系，带领广大人民群众坚定不移地走有中国特色社会主义道路，体现着最广大人民群众和整个中华民族的根本利益，是实践"三个代表"重要思想的根本要求。

实践"三个代表"重要思想，关键是要按照"三个代表"重要思想的要求全面深入地加强和改进党的建设，进一步解决提高党的执政能力和领导水平、提高拒腐防变和抵御风险两大历史课题的应对能力，把西藏各级党组织建设成为用邓小平理论武装起来、与党中央保持高度一致、全心全意为各族群众服务、能够经受住各种风浪考验、带领全区人民实现西藏跨越式发展和长治久安的坚强核心和战斗堡垒。

（原载《西藏日报》2001 年 7 月 14 日第三版）

高举爱国主义旗帜　坚决维护祖国统一

　　在凯歌声中走过 50 年光辉历程的人民共和国，伴随着世纪的钟声，即将迎来一个令整个中华民族为之振奋的日子，被掠走 400 多年的澳门，将重回祖国的怀抱。这是继香港回归祖国之后中华民族的又一盛事，澳门将迎来"一国两制，澳人治澳"的历史新纪元，祖国又迈出了统一大业的重要一步。此刻放眼祖国欣欣向荣、繁荣祥和的景象，追忆近代中国遭受西方列强侵略的历史，由衷感到，要在中国共产党领导下，更高地举起爱国主义的伟大旗帜，维护祖国统一，坚决反对分裂倒退！

一

　　纵观中国历史，国家统一始终是历史发展的主流，爱国主义从来就是鼓舞和激励中华儿女团结奋斗的旗帜。各族人民共同缔造统一的国家，组成了相互依存、同甘共苦、和睦相处、多元一体的中华民族，爱国主义便是各族人民共同的精神支柱。近代中国由于国力的衰弱和统治阶级的腐败无能，西方列强纷纷把侵略魔爪伸向中国，特别是 1840 年鸦片战争以后，中国一步步沦为半殖民地半封建社会，领土和主权遭到严重破坏，列强仗着坚船利炮，通过强加给中国人民的一个个不平等条约，侵占我锦绣山河，香港是如此，澳门也是如此！就是地处祖国西南边疆的西藏，在列强瓜分中国的狂潮中也遭受入侵。所谓"西藏独立"，就是帝国主义侵略西藏，企图分割西藏的产物。虽然近代中国在列强的侵入下沦为半殖民地半封建社会，中华民族遭受了深重的灾难，然而列强先进的洋枪洋炮从来没有也不可能摧毁各族人民维护国家统一和振兴中华的爱国精神。正是以这一精神为动力，中华儿女写下了波澜壮阔的维护统一、反抗侵略、救国图存的光辉历史篇章。从三元里抗英到义和团运动，从甲午战争到辛亥革命，反帝爱国斗争从来没有间断过，无数仁人志士抛头颅洒热血，前赴后继，表现出巨大的爱国精神。作为中华民族一员的西藏人民在抵御外来侵略、维护祖国统一的斗争中，同样表现出热爱祖国临危不惧的民族气概，特别是在 1888 年和 1904 年两次抗英斗争，以及后来的维护祖国统一、反对帝国主义的挑拨离间、反对分裂的斗争中，写下了许多可歌可泣的英雄篇章。正是西藏人民维护祖国统一、反对分裂的斗争，使帝国主义和亲帝分裂分子分裂祖国的图谋屡遭失败。

社会主义新中国的诞生，宣告近代以来列强瓜分中国的历史一去不复返，旧中国那种任人欺侮、任人宰割的局面一去不复返。全国各族人民在中国共产党的领导下站起来，以前所未有的爱国热情开始了建设社会主义祖国的历史征程。弹指一挥间，50 年的艰苦创业，使祖国的面貌发生了翻天覆地的变化，一个满目疮痍、一穷二白的半殖民地半封建国家，一跃而成为繁荣昌盛的社会主义国家。多少代中华儿女强国富民的梦变为现实，中国共产党人为之奋斗的理想变成现实，中国人民正以豪迈的气概阔步奔向 21 世纪。随着祖国的富强和地位的不断上升，在成功收回香港之后，澳门又将顺利回归，百年国耻得到彻底洗雪，实现祖国的完全统一已是不可阻挡的历史潮流。然而，达赖、李登辉之流从其反动的本性出发，迎合国际反华势力"西化""分化"中国的图谋，相互勾结，沆瀣一气，同流合污，逆历史潮流而动，顽固坚持分裂祖国的反动立场，企图开历史倒车。伟大的革命先行者孙中山先生曾指出："世界潮流，浩浩荡荡，顺之者昌，逆之者亡。"祖国统一体现的是中华民族的根本利益，是中华儿女为之不懈奋斗的理想，祖国统一的历史潮流谁也不能阻挡，达赖、李登辉之流的倒行逆施，必然被历史的潮流所抛弃，必然受到中华儿女的唾弃。

爱国主义这一凝聚中华民族之伟大旗帜，曾激励无数中华儿女胸怀尽忠报国之心，维护祖国统一，探求振兴中华之路。今天，爱国主义更是我们维护祖国统一和民族团结，建设富强、民主、文明的社会主义现代化强国的巨大精神动力，它使中华民族更具凝聚力和生命力，永远激励中华儿女自强不息，奋发图强。

二

列宁指出："爱国主义就是千百年来巩固起来的对自己祖国的一种最深厚的感情。"作为对自己祖国的最深厚感情，爱国主义是伟大的凝聚力和向心力，是推动各民族向前发展的巨大精神力量。我们要继承和发扬爱国主义的光荣传统，并使之与时代特征相结合，把热爱祖国与热爱社会主义制度有机统一于建设有中国特色社会主义的伟大实践中。这不仅是因为社会主义制度是鸦片战争以后，无数先烈在探求救国道路失败后的唯一正确选择，符合国家和中华民族的根本利益，是历史的必然，而且"只有社会主义才能够发展中国"。新中国成立 50 年的历史充分说明，社会主义在建设和发展中国的历史中，彻底改变了中国贫穷落后的面貌，彻底改变了中国在世界上的形象，是中国走向现代化强国的必由之路。在今天的中国，离开社会主义的爱国主义，便是无源之水，脱离实际的空谈，甚至会走向爱国主义的反面。与社会主义相联系，爱国主义的另一个时代特征就是热爱中国共产党。中国近代以来的政治舞台上，没有一个政党能像中国共产党这样，对中华民族的独立和祖国的富强作出如此伟大的贡献。历史以无可辩驳的事实证明，没有中国共产党，就没有社会主义的新中国；没有中国共产党，就没有祖国的兴旺发达。热爱祖国，热爱社会主义，热爱中国共产党有机地结合，融为一体，鲜明地体现了爱国主义的具体内涵和时代特征。

国际反华势力从未放弃对我国的"西化""分化"战略，一方面，进行意识形态和文化渗透，竭力把自己的价值观念强加于人；另一方面，打着所谓"民主""自由""人权"等各种旗号，攻击我们的社会主义制度，丑化中国共产党的领导，企图从根本上消灭社会主义中国，否定中国共产党的领导，遏制中国的发展。国际反华势力还利用达赖，以所谓"西藏问题"为突破口，企图达到"分化""西化"中国的罪恶目的。而充当国际反华势力忠实工具的达赖，更是为了恢复其封建农奴主的特权，极力攻击和诬蔑党的民族、宗教和一系列有利于西藏社会进步和政局稳定的政策，千方百计地进行祸藏乱教的活动，破坏西藏经济建设和安定团结的政治局面，企图推翻人民当家作主的社会主义政权，把西藏从社会主义祖国大家庭中分裂出去。

中国共产党领导西藏人民驱逐了帝国主义势力，推翻了人类史上最为反动、黑暗、残酷、落后的封建农奴制度，开辟了建设社会主义的历史新纪元，百万农奴从此获得了彻底的翻身解放，成为国家的主人。自和平解放西藏，特别是民主改革40年来，在党中央的领导和全国人民的无私援助下，在社会主义祖国大家庭中，西藏不仅实现了社会历史的跨越，而且实现了经济社会等各项事业的繁荣发展，社会面貌发生了翻天覆地的变化。昔日贫困落后封闭停滞的旧西藏，已变成生机勃勃、欣欣向荣的社会主义新西藏；昔日做牛做马、饥寒交迫的农奴和奴隶，获得了广泛的人权，享有了当家作主的权力。事实充分证明，西藏只有在中国共产党的领导下，在祖国大家庭里，走社会主义道路，才能繁荣昌盛，才有光明的前途和美好的未来。

西藏的安全关系到国家的安全，西藏的发展关系到国家的发展，西藏的稳定关系到国家的稳定。我们要把热爱祖国、热爱社会主义、热爱中国共产党有机地统一起来，不断提高爱国主义的层次和水平，更高地举起爱国主义的伟大旗帜，树立邓小平同志提出的"以热爱祖国，贡献全部力量建设社会主义祖国为最大光荣，以损害社会主义祖国利益、尊严和荣誉为最大耻辱"的正确荣辱观，坚定地维护经过长期奋斗而得来的祖国的独立自主的权利，为建设有中国特色社会主义的伟大事业而努力奋斗。

三

爱国主义既集中反映了人们对个人和祖国关系的理性认识，又寄托了人们对祖国的崇高感情，既是一种高度的思想觉悟，又是一种自觉的具体行动。在西藏，高举爱国主义旗帜，实践爱国主义思想，首先要坚定地维护祖国统一，深入揭批达赖集团分裂祖国的罪恶行径，这是西藏客观存在的长期、尖锐而复杂的反分裂斗争的必然要求。达赖自1959年武装叛乱失败，叛逃国外至今，一贯坚持其分裂祖国的反动立场，同国际反华势力、"台独"势力和流亡国外的反动分子相互勾结，一方面打着所谓"民族""宗教""人权"等各种旗号，造谣诽谤，大肆攻击和诬蔑人民政府，散布什么中国政府"侵犯西藏人权""毁灭西藏民族传统文化、宗教"

"大量移民"、实行"民族灭绝政策"等谎言，蓄意挑拨民族关系，欺骗国际舆论，企图使"西藏问题"国际化。另一方面，利用一切可以利用的机会在境内外搞分裂破坏活动，干扰破坏西藏社会的发展和政局稳定。事实充分证明，达赖是图谋西藏独立的分裂主义政治集团的总头子，是国际反华势力的忠实工具，是在西藏制造社会动乱的总根源，是阻挠藏传佛教建立正常秩序的最大障碍。我们同达赖集团的斗争，是现阶段西藏阶级斗争的集中表现；是一百多年来中华民族同帝国主义侵略势力分裂中国的图谋进行斗争的继续，是广大人民群众同封建农奴主复辟势力你死我活的阶级斗争。这场斗争事关党、国家和民族的根本利益，没有任何调和的余地；统一与分裂在西藏始终是最大的政治分野，对此我们必须要有清醒的认识。陈奎元同志指出，面对达赖分裂主义集团，没有政治敏锐性、鉴别力，不善于识别敌对势力各种花招，看不穿敌对势力在民族宗教外衣掩盖下的阴险的分裂主义图谋，就难于坚持国家和人民的根本利益。我们要增强政治敏锐性和政治鉴别力，坚定立场，旗帜鲜明地揭批达赖集团的反动本质，坚定不移地维护祖国统一。

与维护祖国统一反对分裂紧密相连，在西藏，高举爱国主义旗帜，实践爱国主义思想，就要自觉维护民族团结，克服狭隘民族主义观念。江泽民总书记指出："我国向来是一个统一的多民族国家，在漫长的历史发展中，经过长期的锤炼，形成了具有强大内聚力的中华民族。把我国各民族维系于一个统一大家庭中而又世代相承的纽带，主要有三个：一是国家的长期统一；二是各民族相依共存的经济文化纽带；三是近代以来各民族在抵御外来侵略和长期革命斗争中结成的休戚与共关系。"社会主义新中国的诞生，开创了我国民族关系史上的新纪元，各民族间真正实现了民族平等，形成了前所未有的民族大团结。我们要珍惜各民族间的这种团结，始终不渝地坚持"两个离不开"的思想，进一步巩固和发展平等、团结、互助、合作的社会主义新型民族关系，促进各民族的共同繁荣。

反对分裂，维护祖国统一和民族团结，保持安定团结的政治局面，巩固和完善人民当家作主的社会主义制度，最根本的是要发展。落后挨打，这是近代以来中国历史反复证明的真理，解决中国所有问题的关键要靠自己的发展。因而在今天，高举爱国主义旗帜，实践爱国主义思想，就必须始终坚持以经济建设为中心，牢固树立"发展才是硬道理"的思想。抓住发展和稳定两件大事，正确处理这两件大事的辩证关系，以各条战线的优异成绩使伟大祖国更加繁荣、富强，使西藏在祖国现代化建设中走进前列。

澳门顺利回归，宣告帝国主义在中国领土上的殖民统治彻底结束。在邓小平理论的指导下，爱国主义的伟大旗帜更加激励中华民族维护祖国的统一、独立和尊严，更加激励中华民族最终完成台湾与祖国大陆的统一，实现伟大祖国的完全统一。一个富强民主文明的社会主义现代化中国必将屹立于世界的东方。

（原载《西藏日报》1999 年 12 月 18 日第四版）

社会主义市场经济条件下
培养提高干部队伍素质的对策

西藏和平解放以来，尤其是改革开放以来，一支政治上坚定、政策水平较高、文化知识较丰富、专业技能较强、身体素质较好的干部队伍已经形成。同时我们也应看到，在建立社会主义市场经济体制的过程中，干部培养工作还存在着两个不适应，即与西藏经济的快速发展不相适应，与建立社会主义市场经济体制不相适应。

在西藏能否顺利实现建立社会主义市场经济体制的目标，关键在干部队伍。因此，努力造就高素质的干部队伍，是关系西藏建立社会主义市场经济体制成败和西藏安危的重大问题。干部素质的提高是一项系统工程。我们要认真总结经验，正视目前干部队伍中的问题，按照市场经济的客观规律，变"等、靠、要"为不等不靠要自强，变"要我提高"为"我要提高"，变"要我学习"为"我要学习"，坚持前瞻性和超前性，采取切实有效的措施，加大力度，加快进度，以适应全区建立社会主义市场经济体制的需要。现提出如下对策建议。

一 解决认识问题：提高认识，增强培养
高素质干部队伍的紧迫感

我们党的历史和西藏的革命和建设实践充分说明，要完成时代赋予的历史任务，必须有一支适应时代和实践要求，毫不动摇地贯彻执行党的理论和路线的高素质干部队伍。中央第三次西藏工作座谈会明确指出："西藏经济体制改革要围绕建立社会主义市场经济体制的总目标，总体上与全国框架一致，体制衔接。"从现在起到21世纪的前15年，是西藏经济体

制和经济增长方式实现转变的关键时期。处于社会主义初级阶段低层次，又长期面临达赖集团干扰破坏的西藏，要实现上述转变，建立比较完善的社会主义市场经济，具有低起点、高要求的特点。任务艰巨，时不我待，社会主义市场经济强烈呼唤提高领导者和实践者自身素质。因此，要像重视经济建设那样，重视干部素质的提高，特别要重视藏族干部和其他民族干部素质的提高，特别要加强中青年干部和企业管理干部的培训。

1. 建立社会主义市场经济的实践迫切要求提高干部队伍的素质

首先，处于社会主义初级阶段低层次的西藏，用较短的时间建立与全国框架一致、体制衔接的社会主义市场经济，困难更多、任务更艰巨。这就要求西藏地区干部队伍要具有战略眼光，强烈的开放意识、商品意识、竞争意识，充分发挥建立在理性认识基础上的主观能动性，善于学习、吸收和借鉴发达地区和国家之先进经验，并善于和西藏实际相结合，开拓进取，创造性地开展工作，使西藏的优势充分发挥出来，使劣势不断转化为优势。而能否做到这些，直接对干部队伍的素质状况，提出了挑战，这是一方面。另一方面，西藏能否建立比较完善的社会主义市场经济，在今天取决于能否积极参与日趋激烈的竞争，迎接并适应知识经济和经济趋于国际化的潮流，而这又取决于能否培养一支高素质的干部队伍。

其次，处于达赖集团和西方敌对势力进行"西化""分化"前沿阵地的西藏，在建立社会主义市场经济的过程中，分裂与反分裂这一复杂而尖锐的斗争会不同程度地影响和干扰西藏乃至全国的改革、稳定和发展。这就要求西藏地区干部队伍，在建立社会主义市场经济的过程中，切实担负起反对分裂、维护祖国统一和国家安全的重任，处理好发展与稳定的辩证关系，保证社会主义市场经济的顺利建立和西藏社会的长治久安。它不但要求西藏地区干部队伍具有较强的驾驭市场经济的能力，而且要具有较高的政治思想素质，善于从政治上判断形势，分析问题，作出决策，始终保持政治上的清醒和坚定。提高干部队伍的素质是西藏地区客观存在着的分裂与反分裂斗争的迫切需要。

最后，正在建立的社会主义市场经济以更科学合理和更有效的经济运行机制，为西藏经济的快速发展和社会进步提供了切合现实的途径。实践证明，发展社会主义市场经济有利于解放和发展生产力，增强综合国力，提高人民的生活水平，也有利于增强干部的自主意识、竞争意识、效率意识、民主法制意识和开拓创新精神。同时，也必须看到，市场自身的弱点和消极方面使唯利是图、货币至上、权钱交易、个人主义等消极现象有了滋长的土壤。这就要求干部队伍，不仅自己要严守政治纪律，正确处理利益关系问题，而且要敢于坚持原则，善于分析和解决各种利益关系引发的矛盾，驾驭全局。能否做到这些，关键在于干部队伍的素质。所以，越是建立和发展社会主义市场经济，越要提高干部队伍的素质。

2. 西藏地区干部队伍的现实状况迫切要求提高干部队伍的素质

随着改革开放实践的不断深化，特别是社会主义市场经济的逐步确立及干部培训的不懈努力，西藏地区干部队伍的素质有了显著的变化，并在不断提高。但也不能否认，西藏仍存在差距和问题，其原因正如热地同志所指出的，"从主观上看，也主要来自领导班子和干部队伍中"。对西藏而言，实现宏伟目标，加快建立社会主义市场经济，既存在很多有利条件，更面临严峻挑战。当前最严峻的挑战是，西藏地区干部队伍素质与加快建立社会主义市场经济的要求不相适应的问题，概括起来主要表现在三方面：一是现实的区情和建立社会主义市场经济的实践迫切要求干部，特别是领导干部具有较强的理论思维能力与干部队伍理论素质的距离差；二是社会主义市场经济要求干部具备与此相应的市场经济基本理论、基本知识和较高的科学文化素质与干部队伍整体文化结构的距离差；三是社会主义市场经济的实践要求具有高素质的企业经营管理人才与西藏地区企业经营管理领导者状况的距离差。

江泽民总书记在十五大报告中指出："按照革命化、年轻化、知识化、专业化方针，建设一支适应社会主义现代化建设需要的高素质干部队伍，是我们的事业取得成功的关键。"时代和实践迫切要求培养和提高干部队伍的素质。我们要从高举邓小平理论伟大旗帜和坚持党的基本路线一百年不动摇的高度，从把建设有中国特色的社会主义事业全面推向 21 世纪的高度，从保证社会主义市场经济顺利建立的高度，来认识干部队伍素质的提高，增强干部队伍素质提高的紧迫性。

二　明确首要前提：加强理论教育，以科学理论武装干部

没有理论上的清醒和坚定，就不会有政治上的清醒和坚定，理论上的

成熟是政治上成熟的基础。加强理论教育根本的是坚定不移地以马克思列宁主义、毛泽东思想，特别是以邓小平理论武装干部。从西藏地区干部队伍的理论素质状况出发，在提高对理论学习的紧迫性、自觉性、自主性的基础上，当前需进一步加强理论教育的力度，尤其要抓好制度建设，提高培训质量。为此，应着重采取以下措施：

一是统一认识，切实落实"建立健全理论学习的领导责任制"。首先，各级干部特别是担任党政一把手的领导干部，要进一步统一认识，把理论学习和教育摆到重要议事日程上，率先垂范，亲自抓干部的理论教育。其次，为使理论武装干部落到实处，达到预期目的，保证各级领导干部真抓理论教育，在认真落实"建立健全理论学习的领导责任制"上下功夫，不仅要明确责任，而且要提出落实责任的方法和措施，使理论教育深入、扎实、持久地开展下去。

二是在加强对县以上党政领导干部理论培训的同时，要加大对企业干部、中青年干部、区直单位和地直单位的科级干部、党外人士的理论培训的力度。应制订规划，采取区、地分级培训和党校、培训中心、大专院校干训部分别培训的办法，力争在三至五年内，将企业负责人、地县后备干部、县以上干部及党外人士轮训一遍。同时，要通过地市委党校、行政学校，与有关部门联系，对乡村干部、寺庙民管会主要干部、个体劳动者协会主要干部进行理论培训。

三是突出重点，强化理论教育的针对性。要注重理论教育的实效，提高运用理论解决实际问题的能力。要使理论学习和教育的内容与各自工作的领域紧密相连，与各自所承担的职务要求紧密相连，做到有的放矢。在此基础上突出重点，坚持以现任县以上领导干部为重点，强化对担当跨世纪重任的中青年干部的理论教育，强化对企业经营管理干部的理论教育。

四是坚持马克思主义学风，结合思想实际，不断锤炼干部的党性。首先，要继续深入开展以讲学习、讲政治、讲正气为主要内容的党性党风教育，把这一教育同民主评议干部、开展党性分析，贯彻执行《中共中央关于加强党同人民群众联系的决定》及干部廉洁自律等有机地结合，使教育不断深入、扎实。其次，在思想作风建设中，根据西藏地区实际，突出艰苦奋斗的优良传统和老西藏精神的教育，使其成为干部克服困难，经受考验的精神动力。最后，进一步提高各级组工干部的理论素养，不断探讨新形势下做好思想政治工作的方法，充分发挥我们党的思想政治教育优势。

五是强化管理，严格考核，激发干部理论学习的内在动力。首先，要强化对干部理论学习和教育的指导、监督和检查，针对不同的对象制订学习计划，提出必读书目和具体的学习要求，监督落实情况，检查理论学习和教育结果，切实引导干部的理论教育。其次，要严肃执行制度，以健全党委（党组）中心组理论学习制度为重点，坚持和完善个人自学制度、集体学习制度等，并使制度的执行与理论学习的领导责任制，有机地结合起来，加强督促检查，使干部的理论学习变成硬任务。最后，建立考察、考试制度，严格考核，通过采取笔试、面试、撰写论文等多种形式，对干部的理论学习进行量化。考核的形式依对象的不同要有所区分，切忌一刀切或单一化。依考核的结果给予表彰或批评，特别是要把考核的结果作为干部升迁或职位转换的重要依据，使利益和考核检查挂钩，改变"学与不学一个样，学好学坏一个样"的现象，激发干部理论学习的内在动力。

三　夯实基础：改善文化结构，进一步提高干部队伍的科学文化素质

理论素质的提高有赖于干部的科学文化素质，科学文化素质的提高是干部其他素质提高的前提或基础。我国改革开放以来的实践证明，能否抓住机遇，实现经济社会的快速发展与干部的科学文化素质高低是紧密相连的。西藏干部队伍的科学文化素质同兄弟省区和兄弟民族地区相比，还有较大的距离，继续提高西藏干部队伍的科学文化素质迫在眉睫。为使西藏干部队伍的科学文化素质进一步提高，改善干部队伍的文化结构，要着重采取如下措施：

1. 继续抓好干部学历教育和后续教育，提高干部队伍整体文化知识水平

一是根据西藏地区干部队伍文化程度偏低、专业结构不合理的现状，利用党校、干校和区内外高等院校等培训机构，继续对党政机关干部开展大、中专学历教育，特别要加大对企业领导干部的学历教育，进一步改善干部队伍的文化结构。同时，这种学历教育要与改善干部队伍的专业结构和干部队伍结构有机地结合起来，以培养西藏特需的专业人才为重点。对

没有经过中学教育阶段的干部，采取办实用技术培训班的办法，有针对性地进行后续教育。

二是积极从资金、设备、环境等方面创造条件，鼓励干部利用业余时间通过函授、自学考试等途径获取学历文凭。实践证明，函授教育、自学考试等是投入小，又不影响工作，切合西藏实际的提高干部队伍科学文化素质的有效途径。因而，要在保证质量的前提下，从西藏地区实际出发，进一步拓展专业领域，有步骤地放宽非文化程度要求的各种条件限制，扩大招生面，录取经过考试合格的、不同层次和类别的干部（包括非党干部、以工代干等），为加快提高西藏地区干部队伍的科学文化素质和专业能力，充分发挥作用。

三是各级组织人事部门要在深入调查的基础上，通过与干部所在单位签订"干部学历上台阶责任书"等形式，切实推动西藏地区干部队伍科学文化素质的提高。

四是着眼于长远，从现在开始要注重通过委托培养，积极支持年轻干部报考在职研究生或进修研究生课程等多种方式，培养适应长远发展需要的高层次学历的领导人才。

2. 以现代科技文化知识充实干部，提高干部的专业能力，改善干部队伍的专业结构

一是要抓住各省对口支援的大好机遇，积极推进智力援助，促成经济援助与智力援助并举的局面，通过请进来介绍现代科技文化知识和技能、派出去到对口省市高等院校进修、深造等方式，促进西藏地区干部更新知识，提高专业能力，不断改善专业结构。

二是依托西藏地区各大专院校和中等专业学校，根据市场经济的需要，确定培训内容和形式，多办短班、专门知识学习班，补充知识，更新知识，提高干部的专业知识水平。提倡、鼓励干部在职自学活动。通过在规定时间内必须获得合格证书以及登记制等多种形式，推动干部的业余继续教育及在职自学活动。与此同时，要积极拓宽培训渠道，将具有一定学历的技术干部、专业干部配置到行政领域和企业经营管理领域，改善西藏地区行政干部和企业经营管理队伍的文化结构和专业结构，提高适应社会主义市场经济的能力。

三是在即将进行的机构改革中，要通过分流、加强培训，促进干部队伍专业结构、各条战线的干部结构的进一步改善。

四 抓住薄弱环节：加大企业经营管理
干部和科技干部培训的力度

西藏地区企业经营管理干部和科技干部的培训仍是个薄弱环节。因此，加大这两支队伍的培养和素质提高工作的力度，是西藏地区建立社会主义市场经济体制的需要，是加快西藏地区经济发展的需要。为此，应采取相应的措施：

1. 提高加大这两支队伍培训力度重要性的认识。企业是现代国民经济的细胞，市场经济的主体，企业的活力和效益，相当程度上决定了国民经济发展的速度和质量。企业的兴衰和成败取决于企业经营管理干部的素质。科技干部是"科技是第一生产力"的最活跃因素，是科技含量的贡献者和科技知识的传播者，他们的素质如何，是科技能否尽快形成生产力的关键。西藏地区市场经济不发达，科技落后，两支队伍素质关系到西藏地区能否尽快地、顺利地建立比较完善的社会主义市场经济体制。因此，各级领导要高度重视企业经营管理干部和科技干部的培训工作。

2. 认真落实《西藏自治区企业领导干部培训"九五"规划》提出的任务。在继续有计划地选送一批符合条件、有培养前途的企业青年干部到有关院校进行学历为主的培训和选送国有骨干企业领导干部到国家经贸委指定的四川省经干院培训的同时，要把重点放在利用区内办学力量，组织各主管部门所属干部学校或职工学校及自治区党校和各地市委党校，对企业经营管理干部进行培训。这样，5 年内可以实现企业领导干部普遍轮训一次的目标。

对科技干部的培训，重点应放在专业知识的更新上，由主管部门和单位制定规划，通过去内地相关学校、科研部门进修、考察，参加学术会议，提高专业技术水平。理论培训，可按专业技术职称参加相应的培训班学习。同时，要采取多种措施，学习别的地区和别的国家的先进经验。

3. 采取措施，帮助困难企业解决部分经费不足的问题。为了既能培训企业干部，又可减轻企业负担，应以区内办班为主，将企业干部的培训纳入各有关单位的培训计划和自治区党校、各地市委党校的主体班次。这样可大大减少路费、学费等费用的开支。

五　建立健全培训体系：强化基础建设，完善培训网络，深化改革，进一步提高培训质量和效益

要搞好培训，必须从基础抓起，要有好的教材、好的师资和好的基地。

一是要下大力量抓好教材建设。教材建设滞后与加大干部培训力度、提高培训质量的矛盾，是西藏地区干部培训事业面临的一个突出问题，它直接影响和制约着西藏地区干部培训事业的发展。集中优势力量，下大力量尽快组织编写适合西藏实际、面向西藏广大干部的教材，是西藏地区干部培训事业迈出新台阶的迫切需要。这里需特别指出的是，要编写面向广大基层干部的藏文通俗邓小平理论、市场经济基础知识、法律知识、科技知识等方面教材。

二是要强化师资队伍建设。培养高素质的干部队伍，首先要有高素质的师资队伍，加强师资队伍建设，是提高干部培训质量的关键。西藏地区培训机构（包括党校、干部培训中心）师资队伍量少、质弱、学科结构不合理等是个老大难问题，目前仍然比较突出，直接影响着干部培训质量的提高。故建立一支适应干部培训需要，学科结构合理，有一批能进行"双语"教学，老中青相结合的高素质师资队伍，仍是一个紧迫的问题。在调配教师的同时，帮助解决教师职称指标、安居工程等，以稳定现有教师队伍，是当务之急。与此同时，在有条件的地区和学校，可试行开展远程教学。

三是要加强基地建设，进一步改善办学条件。从目前作为西藏地区主要的培训干部基地，自治区党校和七个地市党校而言，虽然在基地建设方面已经取得了可喜的成就，但仍不能适应西藏地区干部培训事业发展的需要，尤其是现代化的教学设施方面严重滞后。应采取紧急措施予以解决。

四是规范各系统、各部门的干部培训中心，深化改革，进一步提高培训质量和效益。由组织部门牵头，按照分级管理，分工负责，分类指导的原则，加强宏观管理，充分利用培训资源、教师资源，扩大培训规模。以党校为龙头，充分调动各干部培训中心的业务培训积极性，进一步完善培

训网络，使有限的财力和人才资源得到有效利用，推动干部培训形成合力。鉴于西藏地区没有社会主义学院，应尽早成立专门的培训机构。在未建立前，培训任务可由自治区、地区行政学院（校）负责。

六　坚持有效途径：在建立社会主义市场经济的生动实践中锻炼干部，提高干部队伍的领导水平和工作能力

实践出真知、实践出人才，在实践中锻炼干部，是我们党培养干部的一条根本途径。江泽民总书记指出："干部如果不到实践中去经过一番扎实的磨炼，是不可能担任改革和建设的重任的。"在实践中锻炼干部方面，这些年西藏进行了卓有成效的有效探索。根据调查中了解的情况，为了进一步推动实践中锻炼干部，增强这项工作的自觉性和针对性，当前应着重从以下几个方面进一步加强工作力度。

一是要进一步提高在实践中锻炼干部的重要性的认识，要像有的地区已经做的那样，对西藏地区在这些年里实践中锻炼干部的情况进行认真的总结，在此基础上提出具有普遍指导意义的意见，明确原则、形式和方法，使之不断规范化。

二是干部挂职锻炼要进一步扩大规划、强化目的性和针对性。要从长远出发，多派一些，并依据不同的培养目的，将培养对象选派到不同的地方进行锻炼。尽可能做到挂实职，改变目前挂虚职为主的状况，使挂职锻炼真正达到锻炼干部，推动工作之目的。与此同时，创造条件逐渐开展上下交流挂职，跨地区、跨部门、跨单位的轮岗锻炼等挂职锻炼的形式，使干部在不同的实践领域和层次中得到锻炼。

三是积极创造条件，进一步加强中青年干部的培养，在关键岗位上给他们压担子。通过有意识地把中青年干部放到一定层次的关键岗位工作，给他们压担子，为中青年干部的健康成长创造条件，使干部在短时期内全面提高能力，从而缩短干部的成长过程。

四是实施对实践锻炼的跟踪管理、监督和检查，从而推动实践锻炼的规范化，提高实践锻炼的实效。与此同时，要根据干部成长规律，在落实青年干部到基层锻炼的各项制度上加大力度，积极引导青年干部到艰苦和

困难的地方接受锻炼，尊重实践、尊重群众，走同实践结合、同群众结合的道路。

七　把好选拔任用干部的闸门：按照社会主义市场经济的基本特征，深化干部人事制度改革，确保和提高干部队伍的素质

建立社会主义市场经济，必然要对人事制度进行改革。干部人事制度作为一个相对独立的浩大系统，其改革必然要涉及相互关联的各个要素，有其复杂性和艰巨性。这里仅从确保和提高干部队伍素质的角度，提出如下建议：

一是彻底改革现行的大、中专生毕业之后直接分配的制度，积极全面推行公开、平等的竞争性考试录用制度，把好入口关。在这里应注意的是，以往的经验说明，不能把文凭与能力画等号，考试录用干部需要重视学历，但不唯文凭，尽可能地在考试内容、方法等方面体现出能力本位，唯有这样才能真正达到考试录用之目的。

二是进一步完善考察干部政绩的内容和方法。首先，要科学确定考察政绩的内容。不仅要反映工作任务和各项指标的完成情况，还要反映出党的基本理论、路线和方针、政策的贯彻执行情况；不仅要反映物质文明的建设成果，还要反映精神文明、党的建设、廉政建设、思想政治工作等情况；不仅要反映眼前的、局部的利益，更要反映长远的、全局的利益；不仅要反映共性的内容，还要反映不同类别、层次干部所履行的不同职责的个性特点。其次，与考察政绩的内容相一致，要进一步完善考察政绩的方法，使方法不断科学化。

三是积极探索，建立能上能下的用人机制。为使优秀人才脱颖而出，鞭策和鼓励干部朝着提高自身素质的方向努力，必须通过竞争上岗，强化考核，民意测验，民主评议等多种形式，建立起能上能下的用人机制，改变能上不能下、能进不能出、能官不能民的状况，使干部真正树立"有为才有位"的思想观念，不断提高自身素质。

四是与能上能下的机制相配套，积极拓宽出口渠道，使干部队伍不断吐故纳新、新陈代谢，从而推动干部队伍整体素质的不断提高。

八　规范培训作：加强制度建设，强化激励和约束机制

就加强干部的理论学习，规范干部培训等方面的制度建设而言，西藏地区有关部门采取了必要的措施，并结合西藏实际制定了一些重要的制度，如党委（党组）中心组学习制度，干部调训制度，干部培训与使用相结合的制度等，使干部的学习、培训等逐步走向制度化。然而从现实需要和现有制度落实情况来分析，制度建设的任务仍然相当艰巨。

1. 要进一步完善和建立健全各项制度

制度建设的第一位任务，自然是要完善和建立健全符合实际的各项制度，使干部学习、培训等有章可循。为此：

一是要加强领导，围绕培养高素质的干部队伍，把完善和制定各项制度作为重要任务，推进西藏地区干部学习、培训等的制度化建设。

二是抓住重点，搞好干部学习、培训的制度化建设。就干部的日常学习制度而言，把完善中心组理论学习制度作为重点，建立健全干部在职自学制度，干部学习考核制度，干部出境出国学习、考察制度，干部日常学习督促检查制度，干部学习考核与使用相结合制度等。并结合落实建立健全理论学习的领导责任制，积极探索和建立岗位培训制度。从制度上规定领导者培养人的义务和责任，一级抓一级，使培养人和用人得到有机结合。通过岗位培训，一方面培养干部岗位所需的伦理道德和基本能力，使其更有效地开展工作；另一方面发现人才，培养担当重任的接班人。

就干部的培训制度而言，以明确干部参加培训的权利和义务，强化激励机制和约束机制为目标，把干部的培训考核和使用相结合的制度（重点应在考试和使用的结合）作为重点，进一步完善和建立健全点名调训制度、督促检查制度、培训管理制度、培训考核（包括培训期间的纪律考核）制度、教学质量评估制度等，逐步建立起比较完善的培训制度体系。

2. 常抓不懈，在落实制度上下功夫

落实制度也是制度建设的重要环节。制度定下来了之后各级领导要带头认真贯彻执行，使制度落到实处。与此同时，要制定与各项制度相配套的措施和办法，保证制度得到落实，促进制度不断完善。

九　建设好摇篮工程：深化西藏地区基础教育的改革，为建立社会主义市场经济输送高质量的后备干部

这里所说的基础教育，是指包括西藏地区的中小学教育和高等教育。基础教育肩负着提高全民素质的历史重任，又是培养、输送干部的摇篮。由于历史的原因，西藏地区现代教育起步晚，基础教育还比较薄弱，培养出来的学生无论从思想政治素质，还是文化知识水平，与内地培养出来的学生比，都有较大的差距，大中专生的专业与西藏实际需要脱节的问题越加突出，分配面临困难。这就给我们提出了培养干部和提高干部素质要从青少年时期抓起的新课题。为适应西藏建立社会主义市场经济体制的需要，要深化教育体制的改革，改应试教育为素质教育。一是要继续办好内地西藏班，不断完善管理办法。二是中小学教育要进一步提高教学质量，中等教育应以职业教育为主，高等院校的专业设置以应用专业为主，调整现有专业设置结构。三是逐步提高高考、中专录取分数线。

十　资金保障：加大资金投入，提高资金的使用效益

根据西藏地区建立社会主义市场经济体制的目标，要提高干部素质，关键在加快培养。而加快培养，当前必须加大理论培训的力度，加大文化补习的力度，加大赴经济发达地区学习、考察的力度。要做到这"三个加大"，增加资金投入是重要条件。在目前，应在提高各级领导对培养干部重要性认识的基础上，按照"开源节流"的原则，抓好以下措施：

一是要切实按照自治区党委组织部和财政厅的有关通知，把干部培训经费列入财政计划，保证各级党校（行政院校）的正常经费，并要随着西藏地区经济发展逐年提高。

二是要抓住对口援藏的机遇，将智力援藏作为一项援藏内容，争取援藏单位的资金投入。

三是制定优惠政策，激发干部学习的自觉性、自主性，鼓励干部报考

自学考试、函授考试、自费上学，这既符合市场经济的规律，又可缓解单位资金投入的困难。

四是充分利用现有教师资源、场地资源，采取联合办学的方式，提高办学效益，降低收费标准。

五是进一步拓宽培训经费渠道，争取中央和有关部门以及各社会团体、企业的支持。

（原载《西藏党校》1999 年第 4 期）

市场经济与培养高素质的公务员队伍

建立社会主义市场经济体制，是我国经济体制改革的目标。随着改革的不断深化和经济的发展，西藏正处于从计划经济体制向社会主义经济体制转变、经济增长方式从粗放型向集约型转变的过程中。展望21世纪，西藏的目标是2015年建成比较完善的社会主义经市场经济体制，到21世纪中叶基本实现现代化。能否有效地推进经济体制和经济增长方式的转变，顺利实现目标，除客观的因素之外，主要有或具有决定意义的就是承担者和实践者的主体因素，特别是对经济发展相对落后的西藏来说，关键是公务员队伍的素质状况。搞市场经济近百年且市场经济较发达的日本，对公务员素质的提高和人才培养的高度重视，给我们以启示和深思。

一

日本作为一个自然资源贫乏，且山地多、平原少的岛国，在第二次世界大战后为什么得以迅速发展，进入发达国家的行列？最主要的在于国民素质的提高和人才的培养。自明治维新开始确立教育立国及后来实施的九年义务教育，使日本国民素质的提高和人才培养事业取得了可喜的成就，整个社会形成了重视教育和人才的传统。这就使日本的市场经济有了内生的源泉（丰富的人才资源），而市场经济的发展和完善又进一步推动了人才资源的开发及有效利用，从而使日本的劣势不断转化为优势。从研修过程中接触到的情况看，市场经济发达的日本，面对经济的国际化、知识经济的挑战以及严峻的本国经济，为保证公务员队伍的素质与新形势相适应，不断探索提高公务员队伍素质及培养人才的措施，值得我们认真借鉴和学习。笔者从这一角度出发，概括性地谈谈研修过程中了解到的有关确保和提高公务员素质及人才培养方面的做法。

（一）实行公开、平等的竞争性考试录用制度

确保公务员队伍的高素质日本从公务员的录用开始着手偏重学历和注重能力，为公务员的竞争考试录用提供了良好的客观环境及条件。竞争性考试录用是通过不特定人数之间进行公开、平等的竞争选拔考试来录用公务员，大致可分为三类：考生依据自己的学历和文化程度，选择报考类型，一般情况下第一类和第二类以研究生院的毕业生和大学毕业生为招考对象，而第三类是以高中毕业生为招考对象的。考试类型的不同决定了考生录用之后的职种、培养方向及升迁等的差异。就其程序而言，首先要通过以选择题的形式进行书面考试，接着要通过论文答辩形式的面试，然后要通过以问答题的形式进行的书面考试，最后还要以集体讨论的形式进行的面试。经过两次书面考试和两次面试，成绩合格者才有资格被录用为公务员。这就不仅从学历上，而且从实际能力上保证了录用公务员的高素质。

（二）依据公务员法制定公务员研修章程

从录用后的岗前研修开始，有计划、全方位地实施公务员研修，以此提高公务员队伍的素质。具体地说，一是依据对公务员素质的要求和人才培养的需求，制订公务员研修推进计划。为确保计划的实施，每年还制订年度研修计划。二是针对不同对象和各个级别实施不同的研修内容，注重岗位的变更与研修内容的统一。需要指出的是，对新录用的公务员以心理准备、伦理道德、行政、工作进展方法等为主要内容的岗前研修和新任行政职务的以职位所需能力为主要内容的初任研修，作为研修之重点加以实施。三是以岗位研修为重点，采取立体式研修。公务员的研修主要有自主研修、岗位研修、部局研修和研修所研修，这四种研修既相对独立，又相互配合，内容交错。在四种研修中岗位研修是日本企业等各领域广泛采用，并认为是投入最低，效果突出，便于把握研修要求，对能力开发非常重要的一种研修。它是以各岗位上的管理监督者为指导者和执行者，根据下级职员各自特点和岗位的资格条件，制定培养计划，通过具体的工作，使下级职员掌握岗位所需的知识和技能，提高职务执行能力。自主研修是公务员个人以提高自己的能力和开发新的能力为目标进行的自我学习，其方式主要由个人学习、小组学习、函授讲座等。部局研修主要是与各部局有关联的职务实施的研修，即专业研修。研修所研修主要是从长远的观点出发，有计划地培养人才，采取离开工作岗位，系统地集中实施研修。就其种类而言，主要有以培养和提高各级别公务员所需基本能力为目的的各级别研修，以培养和提高专业能力为目的专业研修，以实务性知识、技能的学习为目的的特别研修和派遣到国内主要大学和海外学习的派遣研修。四是与研修形式相结合，实行 ON—OFF—SD 和教学配合的研修方法。为使研修达到预期的目的，采取岗位研修、岗位外研修（部局、研修所研修）和自主研修相配合，通过岗位外的研修，强化自主研修的能力，促进岗位上的研修取得相乘效果的方法和通过上级职员对下级职员的讲话、传帮带等来促使彼此相互启发，共同提高的方法。立足建立研修计划的探讨、调整体制，以大阪府为例，有大阪府人才培育计划推进委员会、人才培育计划小组及人才培育计划推进负责人联络会议。

此外，与提高公务员素质、培养人才紧密相关的还有对研修指导者和负责人的研修、公务员的职位转换、人事交流等。

二

市场经济的逐步确立，对公务员队伍的素质提出了与以往不同的更高要求。就西藏公务员队伍的素质而言，不容否认，随着改革开放实践的不断深化及对公务员培训的不懈努力，公务员队伍的素质与过去相比有显著的提高，然而与市场经济的要求相比，其知识结构、专业能力、思想观念等各方面仍然存在着不小的差距。如何尽快培养与市场经济的要求相适应的高素质公务员队伍，仍然是一个较为紧迫的课题。日本在这方面的不少做法，对西藏地区建立高素质公务员队伍有着积极的借鉴意义。

（1）在公务员的录用方面，要彻底改革现行的大、中专生毕业之后直接分配的制度，积极全面推行已开始实施的公务员考试录用制度。日本实行公开、平等的竞争性录用制度的成功经验充分说明，考试录用公务员是确保新录用公务员的高素质和推进公务员队伍高素质的有效途径。我们已经积累了一些考试录用公务员的经验，加之随着教育事业的迅速发展，每年都有大批大、中专生毕业，可以说全面推行考试录用的客观条件已基本具备。现在的任务就是在总结经验的基础上进一步完善。在这里需要注意的是，以往的经验说明，不能把文凭与能力画等号，考试录用公务员不能仅注重文凭，具有一定的文凭是报考公务员的基本条件，要更加重视能力，尽可能地在考试内容、方法等方面体现出能力本位。唯有这样才能真正达到考试录用之目的。

（2）建立对新录用公务员的岗前集中培训制度，强化对新任行政职务公务员的初任培训。这在日本公务员的研修中是作为重点研修实施的。从西藏目前的情况看，对新录用公务员的岗前集中培训，可以说基本上没有给予足够的重视。大、中专生毕业分配之后，就直接上岗工作，对公务员应具有的伦理道德、基本能力、开展工作的方法等缺乏应有的了解，因而工作头一年常常表现出不适应感，很难有效地开展工作。对新录用公务员实施岗前集中一段时间培训，不仅有利于对岗位的适应性，而且是培养高素质公务员队伍的必要环节。

就新任行政职务的初任培训来说，虽有制度，但实施得不怎么理想，需要强化组织调训和计划性，但更重要的是需要认真研究各职位必须具备的基本能力和应掌握的知识，如同日本的培训，做到内容上的针对性，这样才能调动培训者的积极性，使其真正掌握岗位所需的知识和技能。

（3）切实改变培养人和用人相互脱节的现象，认真开展岗位培训，积极引导和支持个人自修。在西藏地区虽然也强调工作岗位上培养的重要性，但缺乏制度上实施的保障，故实际效果不明显。日本在这方面的成功做法，值得我们认真吸取和借鉴，从制度上明确领导者不仅要用人，而且要培养人，认真开展岗位培训，使用人和培养人有机结合。通过岗位培训，一方面培养公务员岗位所需的基本能力，使其更有效地开展工作；另一方面发现人才，培养接班人。在开展岗位培训的同时，要注意积极引导和支持个人自修。随着社会对人的素质要求不断提高，越来越多的人通过自修来不断充实自己。近几年西藏地区参加函授自修人数不断增长的趋势，充分说明了这一点。为此在积极鼓励的同时，要注意对学什么、怎么学加以积极的引导，并尽可能地从资金、设备、环境等方面给予有力的支持。

（4）从长远的观点出发，公务员的培养要着眼于知识经济和经济国际化的趋势。在研修过程中，对正在到来的知识经济和经济国际化的趋势，有了进一步的感受。虽然西藏目前还处于向市场经济转变的过程中，但要适应这一潮流，也唯有这样才能保持较快的发展。所以对公务员的培养要着眼于知识经济和经济的国际化，使公务员具备知识经济所要求的基本能力和国际交流能力。

（原载《西藏党校》1998 年第 4 期）

继承遗志　促进社会全面进步

——学习《邓小平论社会主义精神文明建设》

邓小平同志关于社会主义精神文明建设的思想，作为建设有中国特色社会主义理论的重要组成部分，是对精神文明建设实践的规律性认识，是指导我们进行精神文明建设的根本指针。我们要系统学习，深刻领会邓小平同志关于社会主义精神文明建设的思想，认真贯彻党的十四届六中全会精神，促进社会全面进步，努力把我国建设成为富强、民主、文明的社会主义现代化国家。

一　精神文明建设在建设有中国特色社会主义事业中的战略地位

邓小平同志在继承马克思主义经典作家关于文明和社会主义不可分割的思想基础上，科学地把文明区分为物质文明和精神文明，指出："我们要建设的社会主义国家，不但要有高度的物质文明，而且要有高度的精神文明。"我们为社会主义而奋斗，不仅是因为社会主义有条件比资本主义更快地发展生产力，而且因为只有社会主义才能清除资本主义和其他剥削制度所必然产生的种种贪婪、腐败和不公正现象。强调两个文明都搞好，才是有中国特色社会主义。邓小平同志还进一步联系我国的现实情况，从物质文明和精神文明的辩证关系上阐明了精神文明建设的战略地位，指出："经济建设这一年我们搞得相当有成绩，形势喜人，这是我们国家的成功。但风气如果坏下去，经济搞成功又有什么意义？会在另一方面变质，反过来影响整个经济变质，发展下去会形成贪污、盗窃、贿赂横行的世界。"因此，告诫我们，搞社会主义现代化必须一手抓物质文明建设，一手抓精神文明建设，"两手抓、两手都要硬"。

不难看出，邓小平同志深刻地指明了物质文明和精神文明同为社会主义社会所必需。建设有中国特色社会主义不能没有精神文明，社会主义精神文明建设，是建设有中国特色社会主义事业中的重要组成部分，是我国社会主义现代化建设的重要目标和重要保证。

二　精神文明建设的基本方针原则

社会主义精神文明建设作为建设有中国特色社会主义事业的重要组成部分，必须坚持马列主义、毛泽东思想，解放思想、实事求是，坚持"一个中心、两个基本点"的基本路线。邓小平同志还进一步根据社会主义精神文明建设的自身特点，提出了如下基本方针、原则：

用教育和法律两个手段解决问题。实行开放政策，资产阶级的一些坏东西必然乘虚而入，封建主义的一些残渣也借机泛起，影响我们的人民。邓小平同志指出："要说有风险，这是最大的风险。我们用法律和教育这两个手段来解决这个问题。"对于资产阶级自由思潮，他强调"我们不能让步"。在旗帜鲜明地坚持四项基本原则、反对资产阶级自由化的同时，他指出，由于这一斗争将贯穿于整个现代化建设的过程中，是长期的事，因而"不可能搞运动，只能靠经常性的说服教育，必要时采取一些行政手段和法律手段"。在强调不搞围攻、不搞运动、不搞任何"大批判"的同时，他还特别指出："不做思想工作，不搞批评和自我批评一定不行。批评的武器一定不能丢。"

继承民族和党的优良传统，吸收和借鉴人类文明成果。我们搞的是有中国特色的社会主义，中华民族的优良传统和道德，必须批判地继承，建党以来所形成的优良传统，更不能丢。"我们一定要宣传、恢复和发扬延安精神，解放初期的精神，以及六十年代初期克服困难的精神。"即独立自主、自力更生、艰苦奋斗、兢兢业业的精神。邓小平同志还指出："社会主义要赢得与资本主义相比较的优势，就必须大胆吸收和借鉴人类社会创造的一切文明成果。"要向资本主义发达国家学习先进的科学技术、经营管理方法以及其他一切对我们有益的知识和文化。"但是，"属于文化领域的东西，一定要用马克思主义对它们的思想内容和表现方法进行分析、鉴别和批判"。

尊重知识、尊重人才。这是邓小平同志关于精神文明建设的一个重要指导思想。知识是力量之源，人才是创业之本。邓小平同志历来十分重视知识，重视人才，不仅深刻地批判了"文化大革命"中贬弃知识分子的错误，明确提出，要反对不尊重知识分子的错误思想。一定要在党内造成尊重知识、尊重人才的空气。而且进一步强调，"善于发现人才，团结人才，使用人才，是领导者成熟的主要标志之一"。根据唯物辩证法的质量统一观，邓小平同志在强调人才难得要珍视人才的同时，指出还要造就大批人才，"只有有了成批的杰出人才，才能带动我们整个中华民族科学文化水平的提高"。

三　精神文明建设的主要内容

邓小平同志指出："所谓精神文明，不但是指教育、科学、文化（这是完全必要的），而且是指共产主义的思想、理想、信念、道德、纪律、革命的立场和原则，人与人的同志式关系等等。""国际主义、爱国主义都属于精神文明的范畴。"这就给我们揭示社会主义精神文明建设的丰富内涵，指明了精神文明建设的方向和任务。

（一）社会主义思想建设

学习和研究马克思主义理论，用科学的理论武装头脑，是思想建设领域的首要任务。为此，邓小平同志从我们党的性质、经验教训、面临的现实任务以及提高我们工作中的原则性、系统性、预见性和创造性等方面透彻地说明了学习和研究马克思主义理论的必要性和重要性。要求全党同志一定要善于学习，善于重新学习。并多次强调要把马克思主义的基本原则和基本方法同我国的具体实践结合起来，实事求是是马克思主义的精髓，是毛泽东思想的精髓，要提倡和坚持实事求是。

社会主义、共产主义的理想信念，是我们党、我们国家和人民的强大精神支柱。邓小平同志指出："共产主义的理想是我们的精神支柱，多少人牺牲就是为了实现这个理想。"并根据他革命生涯的丰富经验指出，要搞好革命和建设事业，最重要的是人的团结，要团结就要有共同的理想和坚定的信念。强调要教育人民树立社会主义、共产主义的理想信念，尤其"要特别教育我们的下一代下两代，一定要树立共产主义的远大理想。一定不能让我们的青少年作资本主义腐朽思想的俘虏，那绝对不行"。他还要求共产党员必须具备革命和拼命精神，严守纪律和自我牺牲精神，大公无私和先人后己精神，压倒一切敌人、压倒一切困难的精神，坚持革命乐观主义，排除万难去争取胜利的精神，并热切期望"以身作则地把这些精神推广到全体人员、全体青少年中间去，使之成为中华人民共和国的精神文明的主要支柱，为世界上一切要求革命、要求进步的人们所向往，也为世界上许多精神空虚、思想苦闷的人们所羡慕"。

爱国主义精神是我们奋发图强，报效祖国的精神动力。邓小平同志以真挚的感情教育我们，要懂得些中国历史，要用历史教育青年、教育人民，中国除了走社会主义道路没有别的道路可走，要更加珍惜经过长期奋斗而得来的独立自主权利，发扬爱国主义精神，提高民族自尊心和自信心，要"以热爱祖国、贡献全部力量建设社会主义祖国为最大光荣，以损害社会主义祖国利益、尊严和荣誉为最大耻辱"。同时，还明确指出，祖国不是抽象的，爱祖国就是要爱共产党领导的社会主义的新中国。当然，对于"港澳、台湾、海外的爱国同胞，不能要求他们都拥护社会主义，但是至少也不能反对社会主义的新中国，否则怎么叫爱祖国呢？至于对中华人民共和国领导下的每一个公民，每一个青年，我们的要求当然要更高一些"。

艰苦奋斗是我们的光荣传统。邓小平同志指出，由于我们的国家穷、底子薄，要实现现代化，就必须在相当长的一段时间里，提倡和实行艰苦创业。不仅如此，我们的国家越发展，越要提倡艰苦创业精神。他要求党员、干部，特别是高级干部带头，"一定要努力恢复延安的光荣传统，努力学习周恩来等同志的榜样，在艰苦创业方面起模范作用"。

（二）社会主义道德建设

邓小平同志关于社会主义道德建设的论述充分体现了先进性与广泛性相结合。他运用历史唯物主义的观点指出，社会主义社会的经济性质和生产目的，使我国人民能有共同的政治经济社会理想，共同的道德标准。"我们一定要在全党和全国范围内有领导、有计划地大力提倡社会主义道德风尚。"

对于青少年，要进行人生观教育，坚持社会主义道路、反对资本主义腐蚀的革命品质教育。"要加强各级学校的政治教育、形势教育、思想教育，包括人生观教育、道德教育。"

对于共产党员，要身体力行共产主义道德。他指出，党和政府愈是实行各项经济改革和对外开放政策，党员尤其是党的高级干部，就愈要高度重视，愈要身体力行共产主义思想和共产主义道德，必须"用共产主义道德约束共产党员和先进分子的言行"。

对于广大人民群众，要努力宣传和提倡个人利益服从国家和集体利益的高尚道德。在社会主义社会中，国家、集体和个人的利益在根本上是一致的，因而在承认每个人的物质利益的同时，我们要提倡向更高的道德标准看齐。"为了国家和集体的利益，为了人民大众的利益，一切有革命觉悟的先进分子必要时都应当牺牲自己的利益。我们要向全体人民、全体青少年努力宣传这种高尚的道德。"

邓小平同志论述道德建设时，总是同树立好的风气相联系，强调搞好党风和社会风气，特别是党风，明确指出："要树立好的风气，讲风气，无非是党风、军风、民风、学风，最重要的是党风。"

（三）教育科学文化建设

发展教育科学文化事业，在邓小平同志看来。是事关把我国建设成为现代化社会主义强国和培养社会主义新人的大事。在这方面他的主要论述有以下几个方面：

首先，邓小平同志把发展科技和教育摆在重要的战略地位。他指出，"科学技术是第一生产力"。没有现代科学技术，就不可能建设现代化。而科学技术人才的培养，基础在教育，因而各级领导要像抓好经济工作那样抓好教育工作。像我们这样的一个落后国家，要发展起来，赶上世界先进水平，就"要从科学和教育着手"。

其次，邓小平同志强调要繁荣文学艺术事业，提高文学艺术水平。指出，文艺工作对于满足人民精神生活多方面的需要，对于培养社会主义新人，对于提高整个社会的思想、文化、道德水平，都负有其他部门所不能代替的重要责任。要"根据文学艺术的特征和发展规律，帮助文艺工作者获得条件来不断繁荣文学艺术事业，提高文学艺术水平，创作出无愧于我们伟大人民，伟大时代的优秀的文学艺术作品和表演艺术成果"。他还要求文艺工作者，要努力学习马列主义、毛泽东思想，提高自己认识生活、分析生活、透过现象抓住事物本质的能力。密切同人民的血肉联系，用人民创造历史的奋发精神来哺育自己。

再次，邓小平同志强调新闻出版工作要紧密结合党的中心任务，坚持党性原则。明确指出："党报党刊一定要无条件地宣传党的主张"。报刊、广播、电视都要把促进安定团结，提高青年的社会主义觉悟，作为自己的一项经常性的基本任务。还针对近些年内，通过不同渠道进来的黄色、淫秽的照片、影片、书刊等败坏社会风气、腐蚀我们一些青年和干部的情况，严肃地指出："如果听任这种瘟疫传布，将诱使许多意志不坚定的人道德败坏，精神堕落。各级组织都要严肃地注意这个问题，采取坚决有效的措施，予以查禁、销毁，坚决不允许继续流入。"

最后，邓小平同志指明思想文化战线的使命在于培养社会主义"四有"新人。指出，思想战线上的战士，都应当是人类灵魂工程师。"作为灵魂工程师，应当高举马克思主义的、社会主义的旗帜，用自己的文章、作品、教学、讲演、表演，教育和引导人民正确地对待历史，认识现实。坚信社会主义和党的领导，鼓舞人民奋发努力，积极向上，真正做到有理想、有道德、有文化、守纪律，为伟大壮丽的社会主义现代化事业而英勇战斗。"

围绕教育科学文化建设，邓小平同志进一步强调和提出，"百花齐放、百家争鸣"，"为人民服务"，"为社会主义服务"，"把社会效益放在首位"等方针、原则。他说："思想文化教育卫生部门，都要以社会效益为一切活动的唯一准则，它们所属的企业也要以社会效益为最高准则。思想文化界要多出好的精神产品。要坚决制止坏产品的生产、进口和流传。"

（四）民主法制纪律教育

邓小平同志特别强调民主、法制教育和纪律教育，并把三者有机地结合起来，看作社会主义精神文明建设的一个重要内容。

在论述民主问题时，他指出："没有民主就没有社会主义，就没有社会主义的现代化。"继续努力发扬民主，是我们全党今后一个长时期的坚定不移的目标。同时，要在实践中从制度上不断完善民主，使民主制度化、法律化。但是，一定要弄清楚什么是中国人民今天所需要的民主，一定要把社会主义民主同资产阶级民主、个人主义民主严格地区别开来。要明确"不要社会主义法制的民主，不要党的领导的民主，不要纪律和秩序的民主，决不是社会主义民主"。

在论述法制问题时，他指出：没有法制不行，"要讲法制，真正使人人懂得法律，使越来越多的人不仅不犯法，而且能积极维护法律"。法制观念的强弱与人们的文化素质有关。所以，加强法制重要的是进行教育，根本问题是教育人。他强调，"法制教育要从娃娃开始，小学、中学都要进行这个教育，社会上也要进行这个教育"。

在论述纪律问题时，他指出："同心同德，一心一意，没有纪律不行。我们过去革命，就是靠纪律，而且是自觉的纪律。"必须在党政机关、军队、企业、学校和全体人民中，加强纪律教育和法制教育。我们这么大的一个国家，靠什么才能团结起来、组织起来呢？"一靠理想，二靠纪律。"有了纪律，才能不断清除党内腐败分子，保证党的统一意志和战斗力，才能建设好社会主义。

四　精神文明建设的根本任务

邓小平同志在强调社会主义精神文明建设包括思想道德建设和教育科学文化建设的同时，阐明了社会主义精神文明建设和根本任务。邓小平同志认为，革命和建设都要靠人。"人的因素重要，不是指普通人，而是指认识到人民自己的利益并为之而奋斗的有坚定信念的人。"指出，"要教育人民成为'四有'人民，教育干部成为'四有'干部。'四有'就是有理想、有道德、有文化、有纪律"。建设社会主义精神文明，最根本的是使我们的各族人民都成为"四有"人民。在"四有"当中，他认为"有理想"和"有纪律"特别重要。有了理想就有了精神支柱，就有了凝聚力，而理想要转化为行动，没有纪律不行，纪律是实现理想的组织保证。所以，"有理想，有纪律，这两件事我们务必时刻牢记在心"。

五　加强和改善党对精神文明建设的领导

建设社会主义精神文明关键在党。邓小平同志指出："把我们党建设成为有战斗力的马克思主义政党，成为领导全国人民进行社会主义物质文明和精神文明建设的坚强核心。"并就加强和改善党对精神文明建设的领导，提出了如下的具体方针、原则。

坚持"两手抓、两手都要硬"，这是邓小平同志为我们党制定的根本方针。针对改革开放后出现的重物质文明、轻精神文明，认为前者是硬任务、后者是软任务的情况，指出了物质文明建设和精神文明建设的内在关系，强调"两手抓，两手都要硬"。"只要我们的生产力发展，保持一定的经济增长速度，坚持两手抓，社会主义精神文明建设就可以搞上去。"

必须大力加强党对思想战线的领导。思想战线是精神文明建设的主战场。邓小平同志强调思想战线不能搞精神污染。从中央到地方，各级党委，首先是党委主要负责同志，一定要重视整个思想战线的情况、问题和工作，采取切实有效的办法改进这条战线的工作，使马克思主义的和社会主义、共产主义的宣传，特别是在一切理论性、原则性问题上的正确观点，在思想界真正发挥主导作用。

必须有效地加强和改善我们党的思想政治工作。邓小平认为，思想政治工作无论过去、现在和将来，都是我们的真正优势，是我们战胜困难、克敌制胜的精神武器。他主张"思想政治工作和思想政治工作队伍都必须大大加强，决不能削弱"。不重视思想政治工作，不把思想政治工作放在重要的地位上。"党的领导就不可能改善，也不可能加强。"1989年政治风波后，他尖锐地指出，十年最大的失误是教育，主要是思想政治工作削弱了，"教育和思想政治工作太差"。

一天不放松地抓，从具体事件抓起，真抓实干，邓小平同志指出："抓精神文明建设，抓党风、社会风气好转，必须狠狠地抓，一天不放松地抓，从具体事件抓起。"并有针对性地指出，追求表面文章的形式主义必须制止，说空话、大话、假话的恶习必须杜绝，"形式主义也是官僚主义"。

加强和改善党的领导，关键是以身作则。他说："党是整个社会主义的表率，党的各级领导同志又是全党的表率。"搞精神文明建设，首先必须搞好党风，关键是各级领导干部以身作则。

邓小平同志关于社会主义精神文明建设的思想，内容极其丰富，构成了完整的科学体系，它包括关于精神文明建设的战略地位、方针原则、主要内容、根本任务以及组织领导等，奠定了社会主义精神文明建设大厦的理论基石。深入学习，联系实际认真实践邓小平同志关于社会主义精神文明建设思想，就一定能把社会主义精神文明建设搞得更好，促进社全面进步。

（原载《西藏统一战线》1997年第2期）

西藏经济社会转型与价值导向

　　随着改革开放的深入，尤其是社会主义市场经济体制的逐步建立，西藏正处在从封闭式经济向开放式经济，从计划的供给型经济向社会主义市场经济转变，经济体制上与全国接轨的经济社会转型时期。这种转型无疑具有划时代的意义，它必将引起整个经济社会的深刻变化。价值观念作为社会文化和社会意识的必要组成部分，作为社会存在的反映，在经济社会转型时期，不可能不发生变化，呈现出复杂多样性，这就使价值导向凸显为重大的社会现实问题。

一　价值观念的变化与价值导向的客观必要性

　　人类历史发展说明，任何社会或体制在转型发生的初期都比较明显地出现价值观念的紊乱乃至"退化"现象。但我们是社会主义国家，所以，建立社会主义市场经济体制，并不必然地不可避免地以整个社会价值观念的紊乱为代价，但既然是转型，那么在社会主义这个总原则下有一个新旧更替的过程。这种更替在西藏主要表现为，从自给自足的自然经济和供给型经济占主导地位向社会主义市场经济的转变，以及在此基础上的政治、思想、文化等方面的变化，与此相应也就引起了价值观念的变化、冲突和矛盾。从经济关系和价值观念的关系角度看，当前价值观念变化中主要有四种价值取向，即与自给自足的自然经济相适应的价值取向，与计划的供给型经济相适应的价值取向，与新型的社会主义市场经济相协调的价值取向，以及产生于资本主义条件下的市场经济的消极的价值取向。反映到现实的社会生活领域就呈现出价值取向的复杂多样性，既存在着效率、竞争、平等、公正等为主要内容的价值取向，同时也客观存在着小富即安，安于现状，等、靠、要，以及拜金主义、利己主义、享乐主义等价值观念为主要内容的价值取向。在政治生活领域，既有注重民主法制、敢闯敢干、讲求实效、实事求是等的价值观念为主要内容的价值取向，又有官权本位、权钱交易，"不求有功，但求无过"，求稳惧变以及先私后公、假公济私等价值取向。在思想观念方面，既存在着开放、进取、创新、自主等的价值取向，又有唯上唯书、推崇经验、维护宗教道德和封建等级价值观念（歧视某些职业和从事这些职业的人，如铁匠、渔民等，以及被歧视者也对自身所谓卑贱地位认可的价值观念）为主要内容的价值取向。经济社会转型过程中所呈现出的以上价值观念，从性质上来说既有与建立社会主义市场经济体制的实践相适合的积极的、进步的价值观念，又有与社会主义道德相背离且有害于建立社会主义市场经济体制的消极、落后的价值观念，其中最为突出的是唯利是图、金钱至上、享乐至上、个人至上的价值观念。当前在经济、政治诸领域出现的丑恶、腐化现象，诸如制假售假、权钱交易，以及赌博、卖淫嫖娼等再度复活，无不与这种消极、落后的价值观念相关。由于有不同的价值观念，便会有不同的行为倾向、行为态度、行为方式和行为状态，因而，如果消极的价值观念得不到有效的抑制，就容易带来思想混乱的局面，使民族和民众丧失共同的理想、信念以及精神凝聚力，导致主体行为失范。所以，加强正确而有效的价值导向是客观必要的。

就建立社会主义市场经济体制本身而言，客观上也要求具有正确而有效的价值导向。第一，建立社会主义市场经济体制，有赖于人民的齐心协力、团结协调的努力奋斗，这就客观上需要通过正确的价值导向，使人们的价值观念相对地统一于正确的价值取向上，使社会主义市场经济体制的建设得以顺利地进行。第二，正在建立的社会生义市场经济体制是以公有制为主体的，包括私营经济、个体经济等多种经济成分在内的经济格局，这种经济关系的多种并存决定了利益的多样化差异与利益关系的多层次交错等客观社会结果。这就需要通过价值导向，引导主体超越自身的局部的、暂时的利益，与主体的利益相协调，以人民的根本利益为重，从而使不同主体的利益达到优化组合和协调发展的价值目标。第三，社会主义市场经济，作为市场经济决定着价值观念变化的两重性现象的产生和存在。一方面，与市场经济的普遍经济生活要求相联系，人们的价值观念表现出积极性的追求，如对竞争价值观念的首选和认同，对实效性价值的最大限度的追求，等等。另一方面，市场经济在一定条件下可能导致消极的价值观念。由于市场经济活动中的利益驱动性以及商品、货币的特殊作用，使唯利是图、货币至上、利己主义等消极价值观念可能滋长起来。尽管社会主义制度会积极限制这种消极价值观念，但不可能完全避免这种消极价值观念的产生，这就在客观上要求通过正确而有效的价值导向来抑制消极的价值观念，引导主体价值观念朝着积极、健康的方向发展，从而顺利地完成建立社会主义市场经济体制的任务。

二　作为导向的价值观念

在经济体制上与全国接轨，建立社会主义市场经济体制，以及建设与此相应的政治、思想、文化，是西藏经济社会转型的方向或目标模式。一方面，这是一种全新的创造性实践活动，它必然要求产生和形成崭新而先进的价值观念来与之相适应和协调，并实际孕育和生成着新的价值观念。另一方面，正在建立的市场经济体制又是在社会主义的历史和现实的诸种条件下建立并将不断完善的，整个社会又保持着对社会主义制度和价值目标的承诺。所以，作为导向的价值观念理应体现经济社会转型的客观要求，包括社会主义市场经济带来的价值观念上的合理变化，与此同时，必须继承和体现与社会主义本质要求相一致的价值观。

首先，作为导向的价值观念包括体现社会主义市场经济实践的新价值观念。由于与全国在经济体制上接轨，建立社会主义市场经济，是对自给自足的自然经济，供给型经济的突破，市场经济的实践要求作为导向的价值观念，必须反映或体现与新的实践要求相适合的价值观念和价值取向，如效率、竞争、平等、公正、自主自立、开拓进取、敢闯敢试等，并使其在价值观念的变化中占主导地位。因为这种价值观念不仅能够推进社会主义市场经济体制的建立和完善，为转型中的经济、政治和文化建设注入巨大而持久的活力，并构成社会发展的必要组成部分，而且将在推动社会发展的同时也促进着人的全面发展和个体道德的自我完善。在这里尤其需要指出的是，由于市场经济是竞争经济，而竞争本质上要求充分正确发挥人的能力，因此，作为导向的价值观念必须强调包括人的创造能力、专业技术能力、合理交往能力、实践操作能力和相互合作能力为主要内容的人的能力充分正确发挥为本位的价值观念，以此矫正、弱化官权本位和货币本位的价值观念，使人们真正尊重知识、尊重人才，注重自身素质的提高。

其次，作为导向的价值观念要体现符合于科学的社会主义本质要求的价值观。正在建立的社会主义市场经济体制，是与社会主义基本制度和历史条件相联系的市场经济体制。作为一种先进的社会价值理想，社会主义并无固定不变的模式，但它所追求的更符合人类完善理想的社会构成状态这一价值目标和道德理想（在现阶段体现为以解放和发展生产力的方式最大限度地满足最广大人民群众的物质文化生活需要），不会由于实行市场经济而招致否定和抛弃。社会主义市场经济以更科学合理和更先进有效的经济运行机制，为我们接近并最终达到共同富裕提供了现实的途径，也为实现切合实际的社会主义价值理想开辟了现实的道路。因而集体主义、共同富裕、奉献精神、助人为乐、公仆意识等符合于社会主义本质要求的价值观思想，不仅是我们必须继承、坚持和发扬光大的价值观，而且是作为导向的价值观念的主要内容，并以此来矫正、抑制唯利是图、利己主义、享乐主义等消极价值观念。当然，这里所说的集体主义的集体是指"真实的集体"，即每个人的能力得到充分发挥和使每个人在其中得到全面而自由发展的集体，它不排斥个人的正当合理的利益，并主张从长远、根本和总体上满足大多数人的个人利益；在集体和个人利益相冲突时，要求首先满足和服从集体利益，以集体利益为根本。

此外，价值观念作为社会文化的必要组成部分，还必须体现文化的要求，即作为导向的价值观念必须以马克思主义为指针，对西藏传统文化和人类创造的文化中蕴藏的合理的价值观成分予以继承、更新和改造，使之在经济社会转型过程中发挥积极的促进作用。

三　价值导向的任务及途径

所谓导向，通俗地讲就是教人们"应当如何做"，而"应当如何做"本身就包含着它的对立面，即"不应当如何做"，这就使导向具有指示人们的行动沿着什么样的方向走的特性。价值导向正是通过倡导和抑制的两手来矫正主体的价值取向，促进价值取向朝着积极、进步的方向发展。今天在经济社会转型过程中价值导向面临的任务，是大力倡导、发扬和发展与社会主义本质及社会主义市场经济体制相一致的价值取向，积极而有效地抑制、克服消极、落后的价值取向，使主体的价值观念由传统型转向现代型，即从"等、靠、要"转向开拓进取，从求稳惧变转向敢闯敢试，从注重权力转向注重能力，从安于现状转向勤劳致富，从注重来世转向注重现实，从注重宗教道德转向注重社会公德等等，从而使主体的价值观念适合于经济社会转型的客观要求，并促进经济社会转型顺利进行。

为实现价值导向的任务，应注重从手段和主体两方面进行价值导向工作。在手段导向上，引导主体采取正当手段来谋求利益，坚决反对和打击权钱交易、坑蒙拐骗、假冒伪劣，以及钻政策空子，上有政策、下有对策等不正当手段谋取利益的行为。在主体导向上，引导主体在对经济、政治和精神利益的追求和实现过程中，从较低的经济层次逐渐升华到较高的精神层次，并以较高的层次来促进较低层次的发展，从而使主体形成健全、正当的利益追求，实现个人较全面而自由的发展这一根本的价值目标。

与此同时，应当从多种可能的途径来实现积极和进步的价值导向：（1）运用宣传舆论工具，积极倡导和弘扬与社会主义市场经济以及社会发展相一致的价值观念，引导主体的价值追求。（2）加强道德引导，利用善恶评价、道德修养等一系列环节和途径，使积极、进步的社会道德规范转化为个体道德自律，使主体自觉自愿地为善去恶，从而实现积极、进步和健康的个体道德价值导向。（3）运用经济、政治和文化等手段，旗帜鲜明地倡导和赞赏积极和进步的价值取向，抑制和否定消极、落后的价值取向。赏罚不仅要分明，而且要有力度。（4）制定各项硬性规章制度，规范价值取向，领导带头采取硬性措施，对不实行者实行硬性教育，从而规范和引导个体主体的价值取向。（5）利用法律规范的强制约束力，调节人们的利益追求，彰明与经济社会转型目标相一致的价值取向。对于那些唯利是图，缺乏责任感，明知故犯，如坑蒙拐骗、制假售假以及腐化堕落、卖淫嫖娼、赌博等给予法律的强制。（6）提高干部素质，使领导干部真正树立马克思主义的价值观，发挥带头作用。对于实现价值导向来说，榜样的力量是无穷的，而社会最大的榜样是干部层，是干部的言行，干部的一举一动具有不容忽视的示范作用，因而领导干部的价值观如何，对价值导向尤为重要。

　　当然，西藏经济社会转型过程中实现价值导向的任务是一个长过程，它需要社会各方面的不懈努力，在强化社会主义精神文明建设的今天，尤其需要社会各界给予重视，努力解决。

　　　　　　　　（原载《西藏日报》1996 年 6 月 24 日第三版）

社会经济体制转变与
领导干部一定要讲政治

随着改革开放深入，我国社会经济体制转变时期，江泽民同志把"领导干部一定要讲政治"的问题，提到全党面前有着重大的现实意义和深远的影响。

一 社会经济转变过程中领导干部必须讲政治

社会经济是基础，政治是经济的集中表现。当前我国经济体制正由传统的计划经济体制向社会主义市场经济体制转变，经济增长方式从粗放型向集约型转变。与此相应，在政治上层建设领域里也在进行一系列改革，建立和完善一些基本法制。在西藏，经济体制要同全国接轨，原来占主导地位的自然经济、供给型经济逐步转向市场经济，从而将引发西藏各方面的变化。这种形势要求在西藏工作的各级领导干部必须坚定不移地，更加全面、正确、自觉地贯彻执行党的基本理论、基本路线、基本方针，推动以社会主义市场经济为前导的经济社会的转型。这是当前的最大政治。邓小平同志指出："经济工作是当前最大的政治，经济问题是压倒一切的政治问题。不只是当前，恐怕今后长期的工作重点都要放在经济工作上面。"① 讲政治，就是要促进社会经济的发展，实现现代化目标，这是经济和政治的统一。当然，这种统一是包含着自身内在差别的辩证统一。历史唯物主义讲经济决定政治的同时，还承认政治具有相对独立性，而且在一定条件下对经济有着巨大的，甚至决定性的反作用。所以，当前领导干

① 《邓小平文选》第 2 卷，第 194 页。

部讲政治，从其服务于经济而言，是实现跨世纪宏伟纲领的必然要求，是顺利完成我国经济社会转型，实现社会主义现代化的客观需要。

（一）领导干部讲政治是社会经济体制转变的迫切需要

在社会经济体制、政治以及文化变动中，不同利益意识以及机制的调整，表现出的冲撞、摩擦是必然的。这时个人主义、小团体主义，甚至唯利是图、权权交易、权钱交易等现象就不能完全避免。因而，我们既不能回避面对的现实，也不能因此否认利益关系的存在，只能正确处理这种关系。但是，坚持利益原则，是要坚持全局与局部、长远与眼前相统一关系，建立国家、集体、个人相协调的利益机制，不能让极端损人利己的利益意识滋长，形成无序倾轧的利益机制。领导干部讲政治，就是要从政治的高度处理好经济社会转型过程中的利益关系问题，不仅自己要严守政治纪律，使个人利益服从党和人民的利益，而且要敢于坚持原则，正确处理好不同主体之间的利益关系，引导主体超越自身局部的、暂时的利益相互协调，以根本利益为前提，使不同主体间的利益优化组合协调发展。能否善于从政治上观察、分析和对待领导者个人利益，处理好不同主体间的利益问题，在于始终保持政治上的清醒和坚定，具有群众观点和为绝大多数人谋利益的思想。

（二）领导干部讲政治是改革开放沿着正确方向顺利进行的前提

推动我国经济社会转型的改革是一个创造性的探索过程，不可能一下完善起来。一些丑恶的思想意识和由此引发的行为，会以各种形式招摇过市，各种形式的"糖衣炮弹"也会钻改革的空子，袭击我们的领导机关和领导干部。如果领导干部不讲政治，不注意自己的思想改造，就会走向腐化堕落的道路，成为人民的对立面。改革开始，邓小平同志就向全党指出："不过一两年时间，就有相当多的干部被腐蚀了。""这股风来的很猛。如果我们党不严重注意，不坚决杀住这股风，那末，我们的党和国家确实要发生会不会'改变面貌'的问题。这不是危言耸听。"① 事实也说明，一些领导干部没能抵住诱惑，被"糖衣炮弹"击中，成为俘虏。这种现象，恰好被坚持"左"倾思想的人用来攻击我们的改革，否定十一届三中全会以来的路线和方针，同时，也被坚持右倾的人用以搞资产阶级自由化和分裂我们国家，否定党的领导，否定社会主义制度的借口。右要

---

① 《邓小平文选》第2卷，第402、403页。

葬送社会主义，"左"也可以葬送社会主义。领导干部如果不讲政治，没有坚定的政治方向和政治立场，没有正确的政治鉴别力和政治敏锐性，不仅领导者个人被腐蚀，建设、巩固和发展社会主义的改革开放政策也必然成为问题。

我国经济社会的转型离不开对外开放，离不开吸收世界上先进的物质文明和精神文明的成果。邓小平同志指出："中国长期处于停滞和落后状态的一个重要因素是闭关自守。经验证明，关起门来搞建设是不能成功的，中国的发展离不开世界。"① 然而，实行对外开放，打开国门，难免有资产阶级意识形态、生活方式的渗透，何况西方敌对势力从未停止过对我国进行"西化""分化"的政治图谋。尤其对于我们西藏，分裂与反分裂的斗争更是长期存在着。这是西方敌对势力"分化"图谋在西藏的特殊表现。面对国际和区内这种严峻的新形势，领导干部如果不讲政治，不保持政治上的清醒与坚定，那就会助长西藏分裂主义分子活动嚣张，破坏稳定的政治局向，西藏经济建设的那件"大事"完全成为不可能，改革开放政策无法坚持，国家统一，发展自然也受到威胁。

（三）领导干部讲政治是坚持走建设有中国特色社会主义道路的根本保证

社会主义市场经济以更科学合理和更有效的经济运行机制，为我们接近并最终达到共同富裕的目标提供了现实的途径，是切合实际的建设有中国特色社会主义的道路。然而，我们是在复杂的国际环境下建立社会主义市场经济，而且正在建立的社会主义市场经济是以社会主义公有制为主体的多种经济成分并存的市场经济，这种状况形成了利益多样化，使社会生活中的矛盾呈现多样性和复杂性。加之社会主义市场经济作为市场经济，是利益驱动型经济，商品和货币在经济活动中有着特殊作用，唯利是图、货币至上等消极现象有了滋长的土壤。面对复杂的国际环境，市场经济条件下利益多样化随之而出现的新问题，领导干部如果不讲政治，就容易迷失方向，被市场经济带来的消极东西所腐蚀，动摇走建设有中国特色社会主义道路。所以，越是发展社会主义市场经济，越要讲政治。

———————

① 《邓小平文选》第 3 卷，第 78 页。

二 经济社会转型过程中领导干部讲政治必须过好四关

讲政治，是我们党一贯坚持的重大原则，是我们党的优良传统和特有优势。邓小平同志指出："改革，现代化科学技术，加上我们讲政治，威力就大多了。"① 当然，讲政治不是简单地重复一些政治口号，不是讲政治空话，而是有其明确而深刻的内涵的。江泽民同志指出："我这里所说的政治，包括政治方向、政治立场、政治观点、政治纪律、政治鉴别力、政治敏锐性。"② 江泽民同志对讲政治的精确概括，揭示了领导干部讲政治的深刻内涵，领导干部应该按这些要求来加强修养，不断提高政治思想素质，从而更好担当起历史的重任。我们认为，当前领导干部讲政治，从自身角度来说一定要过好以下四关。

（一）过好思想关

过好思想关，也就是解决好世界观和人生观的问题，即改造主观世界的问题。江泽民同志指出："各级领导干部尤其是高级干部务必带头加强党性锻炼，在改造客观世界的同时努力改造主观世界，严以律己，防微杜渐。党员领导干部不论职务高低、党龄长短，如果放弃世界观的改造、背离为人民服务的宗旨，把党和人民赋予的权力作为谋取私利的手段，就会身败名裂。因此，一定要解决好世界观、人生观问题。"③ 是否树立科学的马克思主义世界观、人生观，关系到领导干部能否坚持正确的政治方向，是否具有正确的政治观点和坚定的政治立场，以及为谁掌权、为谁谋利益等根本问题，关系到社会主义事业的前途和命运。只有过好思想关，才能高瞻远瞩，把握和驾驭全局，才能在我国经济社会转型过程中经受住各种考验，不会被一些现象所迷惑而迷失方向，才能面对利益格局调整的复杂性，正确处理公与私、大家与小家、全局与局部、长远与眼前等矛盾。所以，江泽民同志强调："树立正确的世界观和人生观，无论过去，现在和将来，对于每一个干部和党员来说都是首要问题。"④

---

① 《邓小平文选》第 3 卷，第 166 页。

② 《领导干部一定要讲政治》，《江泽民文选》第 1 卷，第 457 页。

③ 《领导干部一定要讲政治》。

④ 《在中纪委第五次会议上的讲话》。

（二）过好政治立场关

是否过好思想关，主要表现在领导干部的政治立场这个问题上。立场问题看似抽象，实际并不抽象，立场背后是利益。在阶级社会中，最重要的是阶级利益、阶级立场。站在对立的阶级立场上看问题，得出的结论是截然不同的。中国共产党作为中国工人阶级的先锋队，是中国各族人民利益的忠实代表，除了工人阶级和最广大人民群众的利益，没有自己特殊的利益，全心全意为人民服务是党的宗旨。作为中国共产党人和党的领导干部，应该自觉地以广大人民群众的利益为重，认真实践全心全意为人民服务的宗旨，坚定地站在党和人民的立场上，这不仅关系到党和人民群众的血肉联系，调动人民群众的积极性，也关系到党领导的我国经济社会的转型和建设有中国特色社会主义事业的顺利进行。党的领导干部只有自觉树立群众观点，把人民拥护不拥护、人民赞成不赞成、人民高兴不高兴、人民答应不答应，作为考虑一切问题的出发点和归宿，才能做到心明眼亮、明辨是非、无所畏惧，才敢于解放思想、实事求是，从而更好地领导和推动我国经济社会的转型和建设有中国特色社会主义事业。我们党对干部提出"革命化、知识化、专业化、年轻化"的要求，在这里革命化是首要的、第一位的。所谓革命化，从根本上说，就是要自觉地站在党和人民的立场上，一切从人民群众的利益出发。在西藏，坚持反分裂的立场是第一位的。

（三）过好名利关

如何看待个人的名利，对于具有不同立场的人而言，有着截然不同的回答。资产阶级把"人不为己，天诛地灭""人都是自私的"作为他们的人生信条，把个人的名利建筑在劳动人民的贫穷和痛苦之上。而共产党人则视自己为人民的公仆，全心全意为人民服务，为人民的利益自觉自愿地吃苦，自觉自愿地奉献，为人民群众争名，为人民群众争利。今天，面对利益意识和利益机制的大调整以及由此引发的各种矛盾，市场经济条件下的商品、货币的诱惑和资产阶级思想和生活方式的影响，领导干部能否过好名利关有着特殊的意义。因此，领导干部要正确对待党员义务、奉献精神与个人利益的关系，正确对待市场经济在社会生活中的积极作用和消极影响，正确对待党性原则与社会经济政策导向的差异。堂堂正正地做人，清清白白地做官，扎扎实实地为人民服务。江泽民同志指出："坚持党的事业第一，坚持人民的利益第一，为国家为民族奋不顾身地工作。有了这样的精神支柱，站得就高了，眼界就宽了，心胸就开阔了，对个人的名利待遇等等，就能够正确处理。"[1] 并针对陈希同、王宝森事件的教训，提出领导干部重读毛泽东同志的《纪念白求恩》一文，倡导做毫无自私自利之心的人，做高尚的人，纯粹的人，有道德的人，脱离了低级趣味的人，有益于人民的人。

（四）过好社会关

要真正过好名利关，还必须过好社会关。人在改造社会的同时社会也在影响和改造着人，二者之间是一个双向建构的过程。就社会以对人的影响和改造来说，既有促使人发展的一面，又有使人消极堕落的一面。因此，领导干部作为社会的人，作为生活在社会这一具体环境中的人，过好社会关，具有重要的意义。对于我们西藏社会来说，由于它是从封建农奴制社会跨越到社会主义社会的，加之我们改造这一社会的任务还远远没有完成，因而许多旧的习惯势力，还没有能彻底改造和消除，还在不时地影响和左右着一些人，我们社会中存在的关系网盘根错节，以及追逐名利、弄虚作假、贪污受贿，吹吹拍拍、拉拉扯扯，以及其他一些丑恶现象等，无不说明旧的习惯努力对人的影响和"改造"，这是一方面。另一方面，随着国门的打开，资产阶级的意识形态、生活方式等也渗透到我们的社会中来，享乐主义、个人主义、拜金主义等也同样影响和左右着一些人，并已经"改造"了我们中少数领导干部，使他们堕落成浑身充满低级趣味的腐化分子。所以，领导干部如果过不好社会关，就容易被旧的习惯势力和消极的东西所"改造"。此外，对于我们西藏来说，宗教在社会生活和各个方面也有着重要的影响，搞不好就容易使领导干部被"改造"成宗教信徒。社会生活中客观存在"分裂与反分裂"斗争，也容易影响一些人的思想。因此，对于我们西藏的领导干部来说，还有自觉地树立马克思主义的民族观、宗教观和正确贯彻执行党的民族、宗教、统战政策的问题。

要真正过好以上四关，关键要靠共产党人的自觉和自律。首先，要自觉学习马克思主义基本理论，提高政治思想素质。在今天要着重学习和贯彻建设有中国特色社会主义理论以及党的方针政策，这是坚定政治方向、政治立场和确立正确政治观点的客观需要，也是提高政治鉴别力和政治敏

---

① 《领导干部一定要讲政治》。

锐性的有效途径。一切忠实于社会主义、共产主义伟大事业的人们，所以能在各种政治风波中始终保持清醒的头脑和坚定的信念，不为任何艰难困苦所吓倒，不因暂时挫折和失利动摇，能够透过各种纷繁复杂的现象和历史迷雾而始终牢牢把握历史发展的总趋势，是与他们的马克思主义理论修养分不开。其次，要坚持正确的政治方向。坚持正确的政治方向从我们西藏来说，就是要紧紧抓住发展经济和稳定局势两件大事，正确处理好发展和稳定的辩证关系。西藏要摆脱落后状况，基本完成脱贫的任务，同全国人民一道步入小康，必须要有较快的发展，没有发展就不可能有西藏人民的小康，就不可能增强人民的凝聚力，就不可能彻底粉碎达赖集团的分裂图谋，也就无从谈起长治久安。正如李鹏总理所说："加快西藏发展，不仅是解决地区发展差距的经济问题，而且是关系到战略全局的政治问题。"然而，要发展，没有稳定的局势，也就谈不上发展，稳定是发展的前提。西藏不稳定的原因，主要是达赖集团的分裂活动，所以，在稳定的问题上，更为重要的还有一个维护国家安全和祖国统一的问题。既不能用稳定来忽视和否定发展，也不能以发展为由来忽视和否认稳定的重要性，必须正确处理好二者的关系，紧紧抓住这两件大事。最后，自觉树立群众观点、尊重群众、尊重实践。实践是检验真理的唯一标准，是对唯心主义及其一切谬论批判的最有力武器。实践出真知，正确的观点和科学的理论只能来自实践。而实践的主体是人民群众，人民群众是推动历史前进的真正动力。尊重实践，就是要满腔热忱，真心实意地向人民群众学习。尊重群众，就是要尊重人民群众创造历史的活动，全心全意为人民服务。尊重实践，尊重群众，这是马克思主义哲学世界观与旧哲学世界观的根本区别之所在，也是我们的领导干部不犯大的错误的可靠保证。

（原载《西藏党校》1996 年第 3 期）

社会主义市场经济与西藏地区人的素质

每当我们的改革向前迈进一步，首先遇到的是人的问题，人的素质问题。建立社会主义市场经济，不仅是体制问题，重要的是人的问题，人的素质状况如何与社会主义市场经济的目标模式能否最终顺利实现有着内在的、必然的联系。本文就社会主义市场经济对人的要求上对西藏地区人的素质现状以及提高人的素质问题，谈些粗浅认识。

一　市场经济的要求与西藏人的素质状况

社会主义市场经济作为市场经济，本质上是一种竞争型经济，竞争是指人的竞争，人的素质的竞争。这就对人提出了新的、更高的要求。与这种要求相比，西藏地区人的素质现状还很不适应，主要表现在以下几方面。

1. 市场经济要求人具有科学的思维方式与受滞后思想观念影响的思维方式之间的差距。思维方式是由多种思维要素构成的，主要包括思想观念、知识经验、思维方法和思维习惯，其中思想观念对思维方式有着决定性的影响，而知识经验是思想观念形成的基础，人们都是按已有的知识经验来思考问题的。在西藏地区大胆地摒弃陈腐的思想观念已成为人们的共识，但由于历史和现实等各种因素的影响，以封闭的自给自足的自然经济和供给型经济为基础的思想观念还普遍存在，对科学理论的掌握和更新知识吸取新鲜营养等还相对缓慢，这就直接影响到解放思想的深度和思维方式的改造。市场经济所注重的效益，取决于对市场的占有能力。要通过市场获取最大的经济效益，就必须主动地参与市场竞争、赢得竞争，这就要求人具有建立在理性基础上的科学思维方式，以便在错综复杂和变幻莫测的市场中预见走向，站稳脚跟。这种科学的思维方式同教条主义、公式主义的思维方式相对立。因为教条主义、公式主义的思维方式所导致的结果不是照搬照套，就是不自觉地模仿和追随别人，使自己永远处于被动的局面。科学的思维方式与自给自足的自然经济条件下形成的恪守经验、崇拜经验的思维方式也是相对立的。因为它的狭隘性，使人常常处于错误的判断和被动的局面，面对矛盾感到偶然和措手不及。在市场经济条件下，它使人经常付出高昂的代价。以上两种思维方式显然与社会主义市场经济的本质要求不相适应。

2. 市场经济对人力资源的智力型要求与西藏现实劳动力的文化素质准备不足的矛盾。毫无疑问，对于经济发展来讲，"活"的人力资源比"死"的物质资源更具有根本性。正因为如此，人力资源的素质如何，对于一个国家或地区的经济发展具有重要的作用，尤其在市场经济条件下，激烈竞争实质就是人的素质的交锋，是人力资源的智力竞争。西藏总人口中文盲半文盲达70%以上，尤其是占人口总数85%的农牧民中比例更高。正因为如此，农牧区科学技术难以普及，生产单位缺乏各类人才，生产效益难以提高，企业难以生存。这种人口素质的准备不足严重制约着西藏地区经济的发展，成为西藏地区建立社会主义市场经济的突出矛盾。

3. 市场经济要求人充分发挥其主体性与人们缺乏主体自我意识之间的差距。如果说旧的体制下由于指令性计划的影响，使人的主体性得不到充分发挥，社会主义市场经济，使生产什么、生产多少、如何推销、效益如何、能否生存等，都取决于人的主体性的发挥。西藏地区人们的主体自我意识比较薄弱，依赖性较强，缺乏独立自主意识；在工作上更多的是"领导让我怎么干，我就怎么干"，缺乏独创个性意识；在价值取向上比较注重求稳、求恒，想尽办法挤进所谓"好的"或"安全型"单位，缺少竞争和冒险精神。传统价值观念对人的主体性的排斥，也往往使人易于满足，积极进取和勇于拼搏的精神不足。这些现象与社会主义市场经济对人的要求，相去甚远。

4. 市场经济要求主人翁精神同现实中不能很好发挥主人翁作用的矛盾。建立社会主义市场经济的目的之一，是充分调动人的积极性、主动性和创造性，它要求人以主人翁的态度从事各种经济和社会活动。但在现实中一方面由于官僚主义、主观主义、腐败堕落等现象的存在，影响和压抑着人们的主人翁意识。另一方面由于缺乏主人翁意识，也使他们无法很好发挥其主人翁作用。更重要的是只强调物质而忽视人的发展的现象十分普遍，这种情况必然影响着人的自身素质的提高和人以主人翁态度进行工作。

二　造成西藏地区人的素质不高的原因

人的素质状况与社会主义市场经济的要求不相适应，这一矛盾的解决就是造就具有较高素质的新人。造成西藏地区人的素质状况与社会主义市场经济的要求不相适应的原因是多方面的，其中最突出的有以下几种。

第一，自给自足的自然经济的影响。这种经济的封闭性和自给自足性，使人们局限于一家一户，缺乏商品的流通、信息的传递和人们之间的交往，造成目光短浅，思路狭窄。这种经济的自然性，使生产规模狭小，生产工具简陋，经营的方法单一，经验丰富是这一经济形式对人的最高要求，有无知识在这里没有多大的意义。这制约了人们的思想观念、思维方式的改变和接受知识的要求。

第二，旧的价值观念的消极影响。不可否认传统价值观念积极合理的因素，但同时也必须看到不合理的消极因素的存在。其中主要有，歧视某些职业和从事这一职业的人（铁匠、渔民等）以及被歧视者也对自己所谓卑贱地位的认可。宗教文化的价值观念强调人服从异己的因果"轮回"的意义，认为现实社会生活中的祸福，是前世因的结果，人只能接受，不能有为，从而根本否定人的主体性。念佛，积善有益于来世，除此一切都是毫无意义的"空"。因而积极进取和创造精神在这里是没有位置的。

第三，旧体制带来的消极影响。在旧体制下，人靠的是对政府的指令性计划和行政命令的服从，个人的一切都由国家、集体或单位来安排，这种情况造成人的依赖性，缺乏自立、自主和独立。人的思维方式在这种情况下，也容易形成对指令性东西和行政命令的依附，而忽略客观实际的教条式思维方式。在旧体制下，国家或政府是经济运行、经营管理和决策的主体，经济效益的好坏与个人没有直接的关系，干好干坏一个样，平均主义、没有竞争环境、照顾、优待使本来素质不高的人更加不思进取。

第四，市场经济的消极影响。市场经济是利益驱动型经济，商品和货币在这里有着特殊的作用，如果缺乏正确的引导和有效的规范，容易使人产生利己主义、拜金主义、钱权交易等消极影响，从而使人变成物的奴隶，丧失自身的独立性，目的和手段颠倒，无益于人的发展和素质的提高。

三　如何提高人的素质

从以上几个方面来看，人的素质准备不足原因是多方面的，而培养和提高人的素质不是一朝一夕的事，也不是局部问题，而是全社会的问题，是一项长期艰巨的工程。为此必须把培养和提高人的素质纳入改革及建立社会主义市场经济的全过程。

以"科学技术是第一生产力"为指导，在全社会普遍建立起尊重知识、尊重人才的客观现实环境。同任何事物的生长离不开一定的环境一样，人的素质的提高也离不开积极上进不断追求知识的客观环境，如果没有一个能够切身感受到知识的力量和人才的价值的社会环境，人人去追求知识从而提高自身的素质便无从谈起。

与社会主义市场经济体制相结合建立使人才大量涌现的社会机制。这种机制以人的独立自主以及公平竞争为原则，打破重资历、重稳当的选人用人方法上的求全责备和职务评定上的平均主义现象，实现物质和精神两方面驱动力的有机结合，使人真正依据自己的能力，通过竞争脱颖而出。这种机制必须是以人力资源的有效开发和配置为目的，使人才的潜能得到充分的发挥，消除目前西藏地区存在的生产单位缺乏各类人才，而各行政管理机关却集中大量学非所用，用非所长的浪费人才的现象。

依据西藏实际，改革以升学为主要职能的传统教育，建立升学准备与就业准备并举的教育机制，改变目前不能升学就无所事事的局面。加强和完善职业教育和成人教育，使其不仅在数量上，更重要的是质量上上新的台阶。同时，应注重和加强西藏地区生产第一线上人的培训工作。据统计，自 1985 年以来西藏地区生产第一线受过培训的工人不足 10%，这对于西藏地区建立社会主义市场经济来说，是很不相适应的。

在充分利用市场经济对人的积极方面的作用的同时，通过价值导向、道德建设和法制建设等多种渠道来规范人的行为，通过规范行为来提高和培养人的素质。与此同时，在建立社会主义市场经济的实践中，按照社会主义市场经济的内在本质要求，尊重和培养人的主体自我意识，反对见物不见人，歧视人等现象，并以法律制度作为保障。

　　总之，作为社会主义市场经济的主体和实践者的人的素质状况如何，是一个直接关系到建立社会主义市场经济大局的问题，为此，从西藏地区人的素质状况的实际出发，必须做出不懈的努力。

（原载《西藏党校》1994 年第 3 期）

解放思想是认识发展的必然要求

加快改革开放步伐，实现西藏地区经济发展上新台阶，首要的任务就是解放思想。邓小平同志指出："我们讲解放思想，是指在马克思主义指导下打破习惯势力和主观偏见的束缚，研究新情况，解决新问题。"① "解放思想，就是使思想和实际相符合，使主观和客观相符合，就是实事求是。"② 这就说明：解放思想必须以马克思主义为指导，这是前提性的环节；解放思想必须打破习惯势力和主观偏见的束缚，这是解放思想的关键；解放思想必须落实行动，使主观和客观相符合，这是解放思想的目的和归宿。

一　从实践和认识的关系看"解放思想"

人类的历史发展说明，实践和认识的统一，不是抽象的、僵死的，而是具体的历史的。实践和认识的这种统一，是不断解决实践和认识的矛盾过程，经历着从实践到认识，从认识到实践的多次反复。解放思想就是要解决实践和认识统一的问题，当认识跟不上实践的发展时就要解放思想。我们西藏长期处在封闭的自然经济状态中，由此决定的小农意识浓重，表现为小富即安、不求进取、自给自足、安于现状，社会化大生产观念淡薄，商品经济观念淡薄，广大的农牧区传统的交换方式根深蒂固。这种思想观念远远落后于今天要建立的社会主义市场经济的实践要求，如果不从这种旧的思想观念中解放出来，必然要影响西藏地区改革开放的力度和深

---

① 《邓小平文选》，第 243 页。
② 同上书，第 323 页。

度。新的实践要求新的思想认识与此相符合，随着改革进程的推移，实践和认识要有新的具体的历史的统一。

由于思想观念一旦形成就具有相对独立性，不易随着变化的客观实际而变化，因此，解放思想不是一时一事就能解决的，我们应当随着实践的不断发展，不断地解放思想，促进我们认识的不断深化。从实践和认识的关系来理解解放思想，其实质就是要我们始终不渝地把马克思主义普遍真理与中国实际相结合，不断实践再实践，不断认识再认识，思想上认识上不能僵化，从而使我们的事业永远充满生机和活力。

二　从真理观看"解放思想"

认识的任务是把握真理，然而人的认识能力是无限性和有限性的辩证统一，反映在人们获得真理的过程中，就是真理的绝对性和相对性的辩证统一，真理的这种辩证统一决定随着实践的发展，必然要不断深化而向前推移，即真理是一个不断发展的过程。比如：我们经过几十年的社会主义经济建设的实践，才发现社会主义经济是商品经济，社会主义必须发展商品经济。经过发展社会主义商品经济的实践，我们今天又认识到"资本主义有计划，社会主义也有市场，计划不等于社会主义，市场不等于资本主义"，社会主义的商品经济应朝着社会主义的市场经济发展。由此可见，不能把已获得的真理奉为不可更改的神圣的东西，不能把客观真理当作最终的不需要发展的绝对真理，因为这样势必使人们的认识凝固化，头脑僵化，从而窒息真理的发展。我们西藏由于受"左"的影响较深，近年来虽然有了很大的改变，但其影响还远未肃清，一部分干部和群众，面对改革开放中企业承包、倒闭、破产、引进外资、股票市场、劳动力市场等新生事物的不断涌现，困惑、疑虑、等待、观望，不求有功、但求无过等精神状态说明，还没有完全摆脱过去那种教条主义地理解社会主义和资本主义的不正确思想，不是把真理看成是在实践中不断发展的东西。如果这样继续下去，就难免主观与客观相分离，西藏的美好前景无从谈起，因为：我们今天要建立的社会主义市场经济，不论在理论上还是在实践上都没有现成模式可循。只有解放思想，冲破头脑中的这种旧的、过时的观念，把马克思主义的普遍真理同今天的历史时代相结合，同今天的实践相结合，正确认识新情况、新事物，才能使我们的认识与不断发展的实践相统一，这也是唯物辩证地对待真理应有的态度。

三　解放思想与实事求是

坚持实事求是是我们实现认识与实践相统一的根本保证，它同解放思想本质上是一致的，二者都要求从客观实际出发，达到主观和客观，认识和实践的统一。然而，值得注意的是，一谈解放思想，就把坚持实事求是看成是思想保守或僵化，而把不以客观实际为根据的标新立异，爱怎么想就怎么想、爱怎么干就怎么干看成是解放思想。如此的"解放思想"表面上看思想似乎不受任何东西的约束，很解放，但实际上是主观脱离客观的唯心主义世界观所支配的东西，其结果必然造成思想混乱，把我们的认识引向不正确的方向。客观实际是思想认识要与之相符合的对象，它是生动活泼、处于永恒的运动变化过程之中的，要使思想认识与不断发展变化着的客观实际相符合，就必须以科学的世界观和方法论作指导，不断从变化的客观实际出发，实事求是。回顾西藏的革命和建设历史，我们有从西藏的实际出发，实事求是而取得的成功经验，也有不以实际为根据、照搬照抄带来的沉痛教训。经验和教训说明，要注意共性和个性相结合，善于从西藏的实际出发，始终注意在了解实际情况的基础上求得对事物的正确认识，懂得因事制宜，因地制宜。反对不要客观根据的想入非非和生搬硬套，明确只有坚持实事求是，才能真正解放思想，只有真正解放思想，才能做到实事求是。

实践是解放思想和实事求是的基础。一切真知都来源于实践，又要回到实践中去检验和发展。我们要有彻底的唯物主义精神，实事求是，深入实际，立足于实践，发挥主观能动性，在实践中探求真知，检验、纠正和发展认识，使我们的认识与实践达到具体的历史的统一。

四　当前要着重解决的思想观念

解放思想作为一种改变思想观念的行动，必须以科学理论为指导，要有明确的目的性。回顾我们党的历史，曾多次开展的思想解放运动都是如此，当前这场解放思想运动也不例外，是以建设有中国特色社会主义的理论为指导的，为此，要深刻领会和学习这一理论，使其在我们的头脑中扎根，统一思想认识。当前解放思想的目的是进一步改革开放，解决姓"资"姓"社"的问题，促进生产力发展，实现建立社会主义市场经济的目标。因此，当前最主要也即最重要的是要冲破传统的计划经济观念，确立社会主义市场经济观念。就我们西藏来说，要确立社会主义市场经济观念，还需着重改变以下几种观念。

第一，彻底破除计划经济、供给型经济造成的等、靠、要思想。由于各种原因，使西藏长期以来基本上靠"输血"过日子。资料表明，40多年来，中央给西藏的财政补贴和基本建设投资达200多亿元。目前，国家给西藏的年财政补贴为10亿元，按人均计算，在全国各省、自治区、直辖市中是最高的。不可否认，国家的大量补贴和投资，对西藏经济的发展起了积极的作用，并取得了有目共睹的成果。然而，靠"输血"过日子的现状也使人们较普遍地养成了"等、靠、要"的思想，缺乏自力更生、自我进取的精神，想尽办法去要钱，不思如何去挣钱。虽然这种状况有了很大的改变，但远未肃清，如不彻底破除，加快西藏经济发展的步伐是很困难的。西藏经济要发展，争取国家和兄弟省市的援助必不可少，应积极争取和欢迎，但主要还是依靠自力更生的精神，增强自我发展的能力。正如陈奎元同志在区党委四届四次全委扩大会议上的讲话中所指出的："西藏的发展蓝图应当靠我们自己来描绘，西藏经济的活力只有通过我们的奋斗才能获得，西藏的改革开放只有通过我们解放思想，大胆实践才能变为现实。"

第二，彻底破除封闭的自给自足的自然经济所形成的保守思想。西藏由于长期处在封闭的自然经济状态中，与此相应，小富即安、只图温饱、安于现状、不思进取等保守的小农思想较浓，总担心肥水外流，缺乏举债发展自己的胆识，这种保守的思想与发展市场经济的实践要求是格格不入的。客观要求主观与之相符合，彻底破除旧思想，树立发展社会主义市场经济所必需的市场观念、竞争观念、效益观念等，是西藏经济发展的客观要求。

第三，克服求稳不求变的思想，正确处理稳定与发展的关系。西藏自近代以来由于帝国主义的侵略，存在着分裂与反分裂的斗争，并且这一斗争由于境内外少数分裂主义分子及国外敌对势力的支持，将会在很长的时间内继续存在下去，这对西藏地区的稳定来说是很不利的因素，要有高度的警惕，绝不能手软。然而要获得真正的稳定，必须坚决贯彻落实党的基本路线和政策，用好中央给西藏的一系列特殊政策，这是政局稳定的基础。在拉萨发生骚乱时，西藏地区的农牧区能够有稳定的局面，其主要原因就是路线、政策顺乎民心，人民群众确实得到了实惠。党的十四大不仅强调基本路线一百年不动摇，而且作出加快改革开放和现代化建设的一系列重大部署，这对凝聚人心，进一步巩固和发展稳定的局面，必将起重要的促进作用。稳定是为了发展，而不是为了稳定而稳定，发展是保持稳定的根本目的，是社会主义建设的主题，是永恒的。如果没有发展，稳定最终难以巩固，苏联、东欧的教训就说明了这一点。所以，"发展才是硬道理"。

第四，克服怕犯错误的思想，进一步肃清"左"的影响。改革开放14年来，西藏地区经济建设取得了明显的成果，1988年起开始扭转财政收入长期亏损的局面，1992年实现财政净收入1.0218亿元。去年全区农牧民人均收入达485元，城乡储蓄存款余额6.63亿元。同时我们也看到，相对来说西藏地区改革开放的步子迈得不够大，失去了不少机遇，这也是事实。究其原因，我们认为主要还是没能彻底肃清"左"的影响，不能摆脱姓"资"姓"社"的问题，怕犯错误。"不求有功，但求无过"的思想是其典型的表现。这就要求我们的领导干部要带头解放思想，把"三个有利于"作为一切行动的准则和判断是非的标准。只要有利于发展西藏地区的生产力，有利于增强西藏地区的综合实力，有利于提高人民群众生活水平，就要大胆地干，大胆地试，大胆地闯。

历史赋予了我们大好的机遇，实践呼唤我们更新观念，大胆地摒弃陈腐的思想观念，实现新思想与新实践的结合，才是彻底唯物主义者应有的品德。

（原载《西藏党校》1993年第3期）

第二部分

坚持和巩固马克思主义在西藏
意识形态领域的指导地位

——在全区高校哲学社会科学骨干研修班上的报告稿
（2006 年 7 月 18 日）

在党的十六届四中全会上，胡锦涛总书记提出要始终坚持马克思主义在意识形态领域的指导地位，这既是根据我们党的性质和使命提出来的，也是针对当前我国意识形态领域的一些复杂情况提出来的。这是一个非常重要的任务，也是一个非常重要的课题。

一　充分认识意识形态工作的极端重要性

社会存在和社会意识是历史唯物主义最基本的范畴，社会存在决定社会意识，社会意识反作用于社会存在。而社会意识从对社会存在反映的不同层次，可分为社会心理和社会意识形式两大部分。社会意识形式，又依据他们是否直接反映社会经济基础和政治制度，分为非意识形态和意识形态两类。意识形态是系统地、自觉地、直接地反映社会经济基础和政治制度的思想体系，是社会意识形式中构成上层建筑的部分。在阶级社会中，意识形态具有阶级性，集中体现一定阶级的整体利益和根本要求。它从总体上论证一定阶级利益的正当性，以统一本阶级成员的思想，并力图影响其他阶级包括对立阶级成员的思想。也就是说，意识形态不是自发产生的，而是由一定阶级的思想家、理论家把本阶级成员的自发的、朴素的、零散的思想观念经过选择提炼、概括加工创造为符合本阶级利益和要求的思想理论体系。政治思想、法律思想、道德、宗教、哲学、艺术等意识形态的具体形式，从不同的方面反映着社会的经济基础和政治制度，并以不同的形式对经济基础和政治制度发挥着巨大的反作用，特别是在社会变革的关键时期，这种反作用显得尤其突出，甚至具有决定性的意义。毛泽东主席说："马克思列宁主义的普遍真理一经和中国革命具体实践相结合，就使中国革命的面目为之一新。"① 他还说："凡是要推翻一个政权，总要先造成舆论，总要先做意识形态方面的工作。革命的阶级是这样，反革命的阶级也是这样。"② 邓小平同志提出并语重心长地强调："在整个改革开放的过程中，必须始终注意坚持四项基本原则，"③ 反对资产阶级自由化。江泽民同志指出："舆论导向正确，是党和人民之福；舆论导向错误，是党和人民之祸。"④ 胡锦涛同志郑重告诫全党："世界范围内社会主义和资本主义在意识形态领域的斗争和较量是长期的复杂的，有时甚至是非常尖锐的。"⑤ "必须保持高度警觉，做到警钟长鸣。"⑥ 这些重要论断都强调意识形态工作的极端重要性。具体来说：

一是意识形态工作关系国家兴亡和人民祸福。我们知道，每个社会的统治阶级的意识形态都是占统治地位的意识形态，也就是我们常说的主流意识形态。任何一个国家、任何一个社会不管其经济结构多么复杂，其占统治地位的主流意识形态必然都是一元的，是统治阶级意志在思想体系的集中反映。如果不是一元而是多元，那么意识形态的大厦就会倾覆，整个社会就没有方向，思想就会混乱、政局就会动荡，人们也就不知何去何从。苏联和东欧的剧变就是典型的例证，这些国家在僵化地对待马克思主义后，走向另一个极端，放弃马克思主义的指导地位，搞指导思想上的多元化，结果搞乱了人们的思想，引发了社会政治的动荡直至巨变。同样，拉美国家也是普遍接受了新自由主义之后，出现了经济倒退、社会动荡。发生所谓"颜色革命"的乌克兰等国家也是如此。前事不忘，后事之师。世界当代史上的这些例子，从反面给我们以警醒，这就是意识形态工作关系国家兴亡和政权更迭，没有意识形态防线的国家不打也会自败。西方国家的统治阶级，为了巩固其经济基

① 《毛泽东选集》第 3 卷，第 1093 页。
② 《建国以来毛泽东文稿》第 10 册，人民出版社 1996 年 8 月第 1 版，第 194 页。
③ 《邓小平文选》第 3 卷，第 379 页。
④ 《江泽民文选》第 1 卷，第 564 页。
⑤ 胡锦涛：《在全国宣传思想工作会议上的讲话》，中宣部机关党委编印《宣传思想工作重要论述》，第 275 页。
⑥ 同上。

础和政治统治，都在竭力维护和发展其占统治地位的意识形态，他们从来不允许马克思主义在他们国家的意识形态中居于指导地位，相反都有一套系统的方法和手段，来对他们的官员、学生、群众、军队灌输资本主义的思想、价值观和政治信条，甚至通过经济控制、武力威胁、培植代理人、借助大选挑起街头政治、利用传媒渗透等各种手段，向别国推行和输出西方的意识形态和价值观念。美国更是强调意识形态的软实力，在全球推广美国式的民主、自由、人权，搞意识形态的扩张。我们国家，毫不动摇始终如一坚持马克思主义的指导地位，把马克思主义作为立党立国的根本指导思想，使中国特色社会主义朝气蓬勃，显示出无比强大的生命力。当然，在肯定主流的同时，也要看到支流、特别是暗流。就我们西藏来说，马克思主义在意识形态领域的指导地位不断得到巩固和发展，这是主流毫无疑义，但还客观存在着宗教意识形态、封建农奴制思想残余等支流，特别是分裂主义。如果我们不重视意识形态领域存在的这些问题，忽视这些支流甚至是暗流，任其滋长蔓延，那么后果必然是思想混乱导致社会政治动荡，这方面无论是我们国家还是西藏地区都有深刻教训的。今天，我们面对经济社会的快速发展和变革，更要警惕各种错误思想观念的发生和对人们带来的消极影响，更要加强和改进意识形态工作。

二是意识形态领域历来是敌对势力同我们激烈争夺的重要阵地。胡锦涛总书记指出："如果这个阵地出了问题，就可能导致社会动乱甚至丧失政权。敌对势力要搞乱一个社会、颠覆一个政权，往往先从意识形态领域打开突破口，先从搞乱人们的思想入手。"我们必须清醒地看到，世界范围内社会主义与资本主义在意识形态领域的斗争和较量还是长期的、复杂的，有时甚至是非常尖锐的。我们国家作为当今世界最大的社会主义国家，将长期面对敌对势力在意识形态领域的渗透活动。严峻的事实也告诫我们，各种敌对势力从未放弃对我国"西化""分化"的战略图谋，没有停止搞乱人们的思想，搞垮我们的国家和社会主义制度的活动。这点在我们西藏感受就更深也更直接，西方反华势力为了他们遏制中国，实施"西化""分化"中国战略图谋需要，不惜花费巨额资金来支持十四世达赖集团，而十四世达赖作为国际反华势力的忠实工具，竭力迎合西方反华势力的政治需要，亦步亦趋，将自己捆绑在国际反华势力的战车上。西方反华势力企图分裂中国、遏制中国社会主义的发展，十四世达赖就不顾历史事实，到处鼓吹"西藏一直是独立的国家"，加紧分裂祖国的活动；西方反华势力以所谓"人权"为借口，干涉中国内政，妄图对中国实行和平演变，十四世达赖集团就不顾过去统治旧西藏时野蛮践踏人权的历史，以"人权""民主、自由"的卫士自居，编造谎言，攻击"中国在西藏侵犯人权"；20世纪80年代末90年代初，西方鼓吹"中国崩溃论"，十四世达赖此时也不厌其烦地一次次公开发表中国政府不久就要"垮台"的预言，并说"我个人的观察和占卜也显示出将有一些乐观的发展"。"中国现政府就如快要落山的太阳，中共政权末日可数，不出十年，中国必然发生类似于苏联的变化"；西方反华势力企图蒙蔽事实真相，歪曲和诋毁中国的国际形象，十四世达赖就到处造谣"中国在西藏杀死了120万藏人"，而事实上西藏和平解放时，当时的西藏地方政府公布的西藏人口才100万，而现在西藏的藏族人口已达到200多万；西方反华势力企图遏制中国的发展，破坏中国的稳定，十四世达赖就派遣分裂破坏分子，在西藏煽动骚乱，制造暴力等事件；一些西方国家在联合国人权会上提出反华提案，十四世达赖就派人甚至亲自出马到现场活动，进行造谣鼓噪，等等。

三是西藏意识形态领域历来是我们同十四世达赖集团及其支持他们的敌对势力斗争的重要战场。十四世达赖集团及其支持他们的敌对势力长期以来打着所谓"民主、宗教、人权"等各种旗号，搞乱人们的思想，利用广播、反动宣传品、网络等各种渠道，对西藏地区进行思想渗透。特别是近年来不断变换策略和手法，加紧思想渗透，意识形态领域的斗争呈现出新的动向。即，十四世达赖所谓"中间道路"的谬论，所谓"非暴力运动"的策略，以及利用多种渠道加紧思想渗透等。这些新的动向在区内不同程度上造成了消极影响。我们必须清醒地看到，随着人心思稳，发展成为主旋律的新形势下，意识形态领域成为我们与十四世达赖集团和西方反华势力斗争的重要领域、主要战场。

总之，我们一定要从巩固党的执政地位、维护国家安全和社会稳定的高度，从党和人民事业兴衰成败的高度，充分认识意识形态工作的极端重要性，切实加强和改进意识形态工作。

二　正确认识西藏地区意识形态领域面临的形势

我们党历来高度重视意识形态工作。党的十六大以来，以胡锦涛同志为总书记的党中央高度重视意识形态工作，召开了一系列重要会议，采取了一系列重大措施，加强和改善对意识形态工作的领导。自治区党委认真贯彻中央精神，深入分析西藏地区意识形态工作面临的新形势、新任务，围绕兴起学习贯彻"三个代表"重要思想、繁荣发展西藏地区哲学社会科学、加强和改进未成年人思想道德建设、加强和改进大学生思想政治工作、加强和改进新形势下对外宣传工作、加强意识形态工作等，先后多次召开专题会议，制定下发实施意见，就加强西藏地区意识形态各项工作提出明确要求，作出全面部署。区党委书记张庆黎到西藏工作不久，就要求宣传思想工作要牢牢巩固马克思主义在意识形态领域的指导地位，把握正确的舆论导向，弘扬主流文化，唱响共产党好、社会主义好、改革开放好、民族团结好的主旋律，抓好"四项宣传教育、一项阵地建设"，即：一是在坚持宣传以爱国主义为核心的伟大民族精神的基础上，深入持续地开展马克思主义"四观""两论"的宣传教育；二是在坚持以改革创新为核心的时代精神基础上，围绕建设社会主义新农村做好宣传教育；三是要突出在党领导下，农牧民生产生活条件改善，生活水平提高的宣传教育；四是要抓紧抓好抓实维护祖国统一，反对民族分裂的宣传教育，要使每个干部对此都要立场坚定，旗帜鲜明，决不含糊。要抓紧农村基层文化设施的建设、管理，使其真正发挥作用，成为我们宣传教育农牧民讲科学、树新风、除陋习的阵地。

西藏地区紧紧围绕西藏发展和稳定的大局，紧密结合西藏跨越式发展、全面建设小康社会和构建社会主义和谐西藏的实践，积极推进意识形态的各项工作，不断巩固和发展马克思主义在西藏地区意识形态领域指导地位，使各族干部群众的思想认识进一步得到统一，邓小平理论、"三个代表"重要思想和科学发展观日益深入人心，在坚持新时期西藏工作指导方针、实现西藏经济社会跨越式发展、走中国特色社会主义道路，以及维护祖国统一、维护民族团结、维护西藏稳定等重大问题上形成了广泛共识，全区各族人民团结奋斗的共同思想基础更加巩固。中央关心、全国支援，深得各族人民的赞誉，党和政府更加赢得了各族群众的信任和拥护。西藏经济社会发展取得的成就更加鼓舞人心，对美好未来充满信心，"思稳定、求发展、谋跨越、奔小康"的积极性和创造性充分迸发。西藏地区的意识形态工作呈现出积极、健康、向上的良好态势。

与此同时，还必须看到意识形态领域并不平静。随着经济社会的快速发展和对外开放的不断扩大，社会经济成分、组织形式、就业方式、利益关系和分配方式的日益多样化，各种思想观念相互交织、相互影响、相互激荡，意识形态工作还面临着复杂情况，树欲静而风不止，平静之中还有不平静。一是十四世达赖集团及其支持他们的西方反华势力不断加强思想渗透。十四世达赖集团通过各种途径和形式，如举办"时轮灌顶大法会"进行煽动唆使，利用广播、网络、电子出版物等进行政治蛊惑和分裂煽动，输入反动宣传品等，不断对西藏地区进行思想政治渗透。意识形态领域渗透与反渗透、分裂与反分裂的斗争尖锐复杂。二是意识形态领域时不时地出现一些不和谐的噪音、杂音。少数所谓文人不顾事实攻击党和政府的领导，美化十四世达赖的分裂活动，为"西藏独立"摇旗呐喊，少数人利用网络、手机等不负责任地散布各种错误甚至是反动的观点和短信，反映了西藏地区意识形态工作面临的复杂情况。三是社会思想意识多元、多变、多样更加凸显。在经济社会深刻变化的大背景下，积极的进步的社会思想意识得到发展的同时，有的人受拜金主义、享乐主义、极端个人主义影响，人生观、价值观发生扭曲，是非不分，善恶不分，美丑不分，见利忘义，黄赌毒等丑恶现象沉渣泛起。统一思想的任务很重，凝聚人心的任务很重，维护稳定的任务很重。四是经济社会生活中的热点难点问题对人们思想认识的影响不容忽视。反腐倡廉、收入分配、企业改制、失业就业等热点难点问题，处理不当容易给人们的思想带来波动，特别是需要高度重视敌对势力借题发挥制造群体性事件。五是扫除封建农奴制思想残余的任务仍然繁重。社会意识的相对独立性及其对社会存在所具有的反作用，决定了封建农奴制度的社会意识，没有也不可能随着这个制度的灭亡而消亡。封建农奴制思想残余在西藏地区仍然存在，并与各种陈规陋习联系在一起不时产生影响，制约着人们追求民主、文明和进步，常常表现为落后与进步、保守与开放、守旧与创新的思想斗争。六是引导群众崇尚科学文明、追求社会进步的任务长期而艰巨。众所周知，藏传佛教在西藏已有上千年的历史，大多数群众至今仍然信仰藏传佛教，藏传佛教对藏民族民情风俗、文化艺术、生活习惯、道德规范等有着深刻的影响，成为社会生活的组成部分。在全面贯彻党的宗教信仰自由政策的同时，顺应科技日新月异的世界潮流，顺应人类社会发展的历史趋势，与推进西藏经济社会跨越式发展、全面建设小康社会和构建社会主义和谐西藏的要求相适应，加强共产主义理想和社会主义信念教育，加强唯物论、无神论教育，倡导科学世界观、人生观、价值观，引导群众崇尚科学文明、追求社会进步，是西藏意识形态工作必须承担的重要职责。

三　必须始终坚持马克思主义的指导地位不动摇

第一，马克思主义是科学真理。我们大家都知道，当 20 世纪即将结束的时候，英国广播公司在全球范围内举行过一次"千年思想家"网上评选，结果得票高居榜首者是马克思。人类社会过去 1000 年，曾出现过很多思想大师，为什么唯独马克思被绝大多数人推崇为最有影响的思想家？从根本上说，就是由马克思主义的阶级性、科学性、实践性所决定的。马克思主义首先是工人阶级的意识形态和科学世界观。历史上曾经有种种同情、怜悯人民群众的思潮或学说，但只有马克思主义才真正为工人阶级和劳动人民说话，反映和代表工人阶级和劳动人民的根本利益和要求。其次，马克思主义是科学真理，也就是它的科学性。马克思主义立足于先进阶级的实践，以博大的胸怀吸收了人类社会的一切文明成果，特别是英国古典经济学、德国古典哲学和法国空想社会主义的巨大成果，第一次以无可辩驳的事实和不容置疑的逻辑力量揭示了人类社会的发展规律，为人类进步、社会发展指明了方向。尽管现在世界上的情况有很多新变化，但历史发展的总趋势并没有越出马克思主义所揭示的基本规律。最后，与以往学说不同的是马克思主义的实践性。马克思说过，以往的哲学家们只是用不同的方式解释世界，而问题在于改变世界。正因马克思主义的实践性，使其具有与日俱进的理论品质。诞生于 19 世纪的马克思主义并没有停留在 19 世纪。一个半世纪以来，它总是不断地吸收、借鉴和融合各种优秀的思想文化成果，在实践中不断前进，在实践中不断发展。正如江泽民同志所指出的："一百多年来，没有哪一种理论、学说能像马克思主义那样保持勃勃生机，对推动社会进步起那样巨大的作用，造成那样深远的影响。"马克思主义所具有的这种阶级性、科学性和实践性，是我们为什么必须长期坚持马克思主义的指导地位的根本原因。这是就理论本身而言的。

第二，马克思主义是我们立党立国的根本指导思想，是社会主义意识形态的旗帜和灵魂。从 1840 年的鸦片战争开始，为推翻帝国主义和封建主义在中国的反动统治，求得民族独立和人民解放，中国人民以不屈不挠的精神进行了英勇的斗争，但没有得到民族的独立和人民的解放。与此相应，中国先进分子为了救国救民，争取独立解放，不辞千辛万苦，向西方国家寻求真理，于是在中国政治舞台上出现了五花八门的主义，但都没有能救中国。各种思想在近代中国社会历史发展中反复比较、斗争、检验，特别是十月革命的胜利，使马克思主义成为中国革命的强大思想武器。正如毛泽东主席所说："十月革命一声炮响，给我们送来了马克思列宁主义。十月革命帮助了全世界的也帮助了中国的先进分子，用无产阶级的宇宙观作为观察国家命运的工具，重新考虑自己的问题。"我们党成立之时，就鲜明地在自己的旗帜上写下了马克思主义。党的七大，确立了马克思主义和中国革命实践相结合的产物——毛泽东思想的指导地位。党的十五大，又进一步把邓小平理论确立为我们党的指导思想。党的十六大又把"三个代表"重要思想确定为我们党的指导思想。我们党一以贯之、坚定不移地把马克思主义、毛泽东思想、邓小平理论、"三个代表"重要思想相继确立为党的指导思想，绝不是单纯的信仰，而是实践的结论，历史的选择，人民的选择。

正是在马克思主义旗帜的指引下，我们党代表中国先进生产力登上了历史舞台，中国各族人民在中国共产党的领导下，推翻了三座大山，迎来了新民主主义革命的胜利，实现了民族独立和人民的解放，建立了人民民主专政的政权，当家做主。新中国成立后，在马克思主义旗帜的指引下，我们走上了建设社会主义的道路，特别是邓小平理论、"三个代表"重要思想的指导下，我们党不断焕发青春，我们国家不断焕发青春，我们的人民充满希望，整个国家呈现出勃勃生机。中国各族人民的革命斗争、建设实践和改革开放的进程充分说明，中国离不开马克思主义。从这个意义上也可以说，坚持马克思主义的指导地位是我国历史发展的必然结果，是我们党和人民郑重的历史选择。这是从历史的角度说的。

第三，坚持马克思主义的指导地位，也是巩固和发展全党全国各族人民团结奋斗共同思想基础的根本要求。我们要实施"十一五"规划，加快全面建设小康社会步伐，构建社会主义和谐西藏，建设社会主义新农村。任务艰巨，目标宏伟。完成任务，实现目标，要求广大干部群众思想统一。只有思想统一，才能有共同的行动，才会奔向共同的目标。如果思想不统一，别说国家、自治区，就是一个单位、一个小组的人都不能坐到一起，即使能坐到一起也不能想到一起，各想各的心事，各按各的意志行事，单位将不成其为单位，小组将不成其为小组。就是一个三口之家的家庭也是如此。而客观上，随着社会的变革，人们的思想观念多元、多样、多变，加上敌对势力、十四世达赖集团的思想渗透，统一思想的任务很重，凝聚力量的任务很重。而统一各族干部群众思想的共同基础，就是马克思主义。没有马克思主义这个共同的思想基础，或者说失去了马克思主义这个共同思想基础，就谈不上统一思想，更谈不上行动一致，其结果对于拥有 13 亿人口的国家来说，对于处在反分裂斗争前沿的西藏来说，都是非常可怕的情景。所以在这点上我们千万不能糊涂，必须深刻认识为什么强调马克思主义在西藏地区意识形态领域的指导地位。这是从实践需要的角度说的。

第四，坚持马克思主义在西藏地区意识形态领域的指导地位，是西藏地区开展反分裂斗争，维护祖国统一、维护民族团结、维护西藏稳定的客观必然。前面已经说过，西藏地区意识形态领域历来是我们同十四世达赖集团及其支持他们的敌对势力斗争的重要战场。我们长期面临着意识形态领域十四世达赖集团及其西方反华势力的思想渗透，意识形态领域的斗争非常复杂和激烈，特别是近年来达赖集团不断变换策略和手法，他们的思想渗透更具有蛊惑性和欺骗性，对此我们必须要有清醒的认识和敏锐的政治鉴别力，坚持马克思主义的立场观点方法，坚定不移地用马克思主义的祖国观、民族观、宗教观、文化观和马克思主义唯物论、无神论教育和引导广大干部群众，尤其是青年学生。特别要重视树立马克思主义祖国观的问题。这是从现实斗争角度来说的。

胡锦涛总书记指出，马克思主义是我们立党立国的根本指导思想，是全国各族人民团结奋斗的共同理论基础。马克思主义的基本原理，任何时候都要坚持。否则，我们的事业就会因为没有正确的理论基础和思想灵魂而迷失方向，就会归于失败。这就是为什么必须始终坚持马克思主义在意识形态领域指导地位的道理所在。

四　坚持马克思主义的指导地位，最根本的就是要坚持马克思主义中国化的理论成果

德国的伟大诗人歌德说：理论是灰色的，生活之树长青。可是马克

思主义的实践性和与时俱进的理论品质告诉我们，科学的理论只要深深扎根于人民群众的伟大实践，同样可以是充满生机与活力的长青。我们党成立之日起，实际上就开始了把马克思主义同中国革命实践相统一，即马克思主义中国化的进程。但是，第一次明确提出马克思主义中国化这一概念是 1938 年 10 月，党的六届六中全会上毛泽东主席所作的《论新阶段》的政治报告。在这个报告的"中国共产党在民族战争中的地位"一节中，毛泽东主席鲜明地提出："共产党员是国际主义的马克思主义者，但马克思主义必须通过民族形式才能实现。没有抽象的马克思主义，只有具体的马克思主义。所谓具体的马克思主义，就是通过民族形式的马克思主义，就是把马克思主义应用到中国具体环境的具体斗争中去，而不是抽象地应用它。成为伟大中华民族之一部分而与这个民族血肉相连的共产党员，离开中国的特点来谈马克思主义，只是抽象的空洞的马克思主义。因此，马克思主义的中国化，使之在其每一表现中带着中国的特性，即是说，按照中国的特点去应用它，成为全党亟待了解并亟须解决的问题。"[①] 此后，毛泽东主席多次提出"马克思主义的理论和中国革命的实践之统一""马克思主义的普遍真理和中国革命的具体实践的统一"，其含义都是完全一致的，只是"马克思主义中国化"在语言上更加简洁通俗。

"马克思主义中国化"概念的提出和实践，在怎样对待马克思主义的问题上，解决了以王明为代表的先是"左"倾后又转化为右倾的教条主义。经过延安整风，党的七大把马克思主义中国化的伟大成果——毛泽东思想写进党章，确立为我们党的指导思想。毛泽东思想，创造性地回答了如何团结带领全国各族人民在半殖民地半封建的中国进行新民主主义革命，如何建立和巩固社会主义制度的问题，从而指导新民主主义革命取得了历史性的胜利，在我国建立了社会主义制度。邓小平理论，创造性地回答了"什么是社会主义和怎样建设社会主义"这一重大而根本的问题，引导我国走上了改革开放和建设中国特色社会主义的道路。"三个代表"重要思想，进一步回答"什么是社会主义和怎样建设社会主义"问题的同时，创造性地回答了"建设什么样的党和怎样建设党"的问题，是我们加强和改进党的建设，推进我国社会主义制度

---

① 《毛泽东选集》，东北书店 1948 年版，第 928 页。

自我完善和发展的强大理论武器。以胡锦涛同志为总书记的党中央提出并形成的科学发展观等一系列重大战略思想和理论成果，在坚持马克思主义、毛泽东思想、邓小平理论和"三个代表"重要思想为指导，站在历史和时代的高度，进一步明确了新世纪新阶段我国社会主义发展的一系列问题，创造性地回答了"什么是发展、为什么发展、怎样发展"的问题，丰富中国特色社会主义理论，是经受过实践检验的充满生机活力的科学真理。马克思主义中国化的这些理论成果，把我们党和国家的指导思想提高到了新的阶段，发展到了新的水平。今天，坚持马克思主义的指导地位，就是要坚持毛泽东思想、邓小平理论、"三个代表"重要思想和科学发展观。

五　更好地承担起使命和责任

哲学社会科学战线历来是马克思主义理论教育、研究和宣传的主力军，在坚持和巩固马克思主义指导地位中担负着义不容辞的责任。我们一定要十分珍惜党和人民创造的有利条件，始终保持清醒头脑，不断增强忧患意识、责任意识、宗旨意识，更好地担负起自己的使命和责任，自觉地用马克思主义一元化的指导思想来引领和整合多样化的社会思想，进一步打牢全党全国各族人民团结奋斗的共同思想基础。

一是要认真学习领会马克思主义的经典著作，特别是马克思主义中国化的理论成果。二是要正确对待马克思主义，勇作真理的维护者、传播者和实践者。三是要围绕中心，服务大局，积极推进哲学社会科学的繁荣发展。四是要按照江泽民同志强调的做到"两个坚定不移，两个决不含糊"。五是要加强自我修养，努力在改进学风和文风上下功夫。实践性是马克思主义区别于其他理论的一个鲜明特征。马克思曾讲过"生活的逻辑"和"概念的逻辑"关系，强调"概念的逻辑"要服从"生活的逻辑"，他还讲过"生活的世界"和"词语的世界"的关系，强调"词语的世界"要从属"生活的世界"。这都是在讲理论的实践属性。围绕实践属性，对什么是理论、什么是理论工作、什么是理论家，毛泽东主席作出了马克思主义的解释。他说，什么是理论？真正的理论在世界上只有一种，那就是从客观实际抽取出来又在客观实际中得到了证明的理论，这才称得起我们所讲的理论。什么叫理论工作？就是运用已有的知识总结实际经验，得到的结论又拿到实际中去加以证明，这样的工作就叫作理论工作。什么叫理论家？就是依据正确的立场、观点、方法，对历史和现实中的实际问题，给予科学的解释和理论的说明的人。

在新的历史阶段做好
西藏意识形态工作的思考

——学习习近平总书记关于意识形态工作的重要论述

关键词：习近平；意识形态；新的历史阶段；西藏

摘　要：习近平总书记关于意识形态工作的一系列重要论述，深刻系统阐明了在新的历史阶段意识形态建构的一系列重大理论和现实问题，为做好意识形态工作提供了基本遵循和科学指南。意识形态工作是党的一项极端重要的工作，立足继续把中国特色社会主义这篇大文章写下去，实现"两个一百年"奋斗目标和中华民族伟大复兴的中国梦，巩固党的群众基础和执政基础，贯彻落实"治国必治边，治边先稳藏"战略思想，充分认识做好意识形态工作的重要性、紧迫性。做好意识形态工作必须坚持以人民为中心的理念，正确认识处理党性和人民性的关系，弘扬主旋律、传播正能量与开展思想舆论斗争的关系，保护弘扬藏民族优秀传统文化与增强中华文化认同的关系，尊重群众宗教信仰与教育引导群众的关系，改善民生与凝聚民心的关系，全党动手着力构建意识形态工作大格局。

中图分类号：D641 ［文献标识码］A ［文章编号］1000-0003（2016）04-0001-09

作为习近平总书记"治国理政新思想"的重要内容和重要组成部分，关于意识形态工作的一系列重要论述，特别是在全国宣传思想工作会议上的重要讲话、在文艺工作座谈会上的重要讲话、在党的新闻舆论工作座谈会上的重要讲话、在网络安全和信息化工作座谈会上的重要讲话、在哲学社会科学工作座谈会上的重要讲话，站在党和国家全局高度、集中全面论述了意识形态工作，深刻系统阐明了在新的历史阶段意识形态建构的一系列重大理论和现实问题，提出了一系列新思想新观点新论断，亮明了旗帜、指明了方向，澄清了认识、划清了界限，明确了任务、提出了要求，为在实现"两个一百年"奋斗目标和中华民族伟大复兴中国梦的历史征程中，做好意识形态工作提供了基本遵循和科学指南。

一 意识形态工作是党的一项极端重要的工作

习近平总书记指出："意识形态工作是党的一项极端重要的工作"[①]，"能否做好意识形态工作，事关党的前途命运，事关国家长治久安，事关民族凝聚力和向心力。"[②] 这"极端重要"和"三个事关"，深刻指明了意识形态工作的战略定位和重要地位。我们要结合习近平总书记对新闻舆论工作、网络舆论工作、文艺工作和哲学社会科学工作重要地位、作用的论述，深入领会和充分认识做好意识形态工作对于治国理政、定国安邦的极端重要性和现实紧迫性。

（一）立足继续把中国特色社会主义这篇大文章写下去，充分认识做好意识形态工作的重要性、紧迫性

坚持和发展中国特色社会主义是习近平总书记"治国理政新思想"的根本主线，而意识形态工作关乎的就是举什么旗、走什么路、坚持什么主义这一根本问题。一是做好意识形态工作是坚持和发展中国特色社会主义题中应有之义，核心就是不断巩固马克思主义的指导地位，巩固全党全国各族人民团结奋斗的共同思想基础。二是做好意识形态工作就是要以伟大旗帜引领伟大事业，把全党全国各族人民紧密地团结在中国特色社会主义伟大旗帜下，坚定中国特色社会主义道路自信、理论自信、制度自信，不走封闭僵化的老路，不走改旗易帜的邪路，不犯颠覆性的错误。三是坚持和发展中国特色社会主义是一项长期艰巨的历史任务，前进道路不可能一帆风顺，"我们必须准备进行具有许多新的历史特点的伟大斗争"[③]。这

[①] 习近平：《习近平谈治国理政》，外文出版社 2014 年版，第 153 页。

[②] 中共中央宣传部：《习近平总书记系列重要讲话读本（2016 年版）》，学习出版社、人民出版社 2016 年版，第 193 页。

[③] 习近平：《习近平谈治国理政》，外文出版社 2014 年版，第 16 页。

就要求做好意识形态工作，破解思想文化领域的难题挑战，坚决同各种错误思潮和思想做斗争，用主流意识形态、主流价值观念的"最大公约数"引领整合多样化的社会思潮和价值取向。当今世界，在信息化和经济全球化的时代背景下，不同制度模式和价值观博弈深刻复杂，各种思想文化交流交融交锋更加频繁，争夺意识形态话语权和文化软实力日趋激烈，更何况我国作为当今世界最大的社会主义国家，将长期面临西方遏制、打压和促变的压力，意识形态领域的渗透是西方敌对势力对我国推进"西化""分化"战略的主要手段，西方敌对势力还通过舆论"棒杀"和"捧杀"我国来企图搞乱人们的思想，通过极力宣扬所谓"普世价值"和"民主化"来企图淡化马克思主义在我国意识形态领域的指导地位，达到"不战而屈人之兵"的目的，我国意识形态安全受到直接挑战和威胁。就国内而言，在经济社会转型和深刻变化的大背景下，社会思想意识多元多变多样更加凸显，价值取向和价值认同的差异性更加凸显，各种非马克思主义、反马克思主义的社会思潮（如：新自由主义、历史虚无主义等）不时沉渣泛起，影响和冲击对我国主流意识形态的认同，多元价值取向也不同程度地削弱对我国主流意识形态的信仰，特别是以互联网与新媒体为核心的数字化应用对我国主流意识形态的传播带来了特殊的挑战。正因如此，我们必须一刻也不能放松和削弱意识形态工作。

（二）立足实现"两个一百年"奋斗目标和中华民族伟大复兴的中国梦，充分认识做好意识形态工作的重要性紧迫性

实现"两个一百年"奋斗目标和中华民族伟大复兴的中国梦，是习近平总书记"治国理政新思想"的根本目标。围绕实现这个根本目标，习近平总书记在综合分析国内外经济形势的基础上，作出了我国经济发展进入新常态的重大判断，提出协调推进"四个全面"战略布局和创新、协调、绿色、开放、共享的新发展理念。意识形态工作的基本职责就是围绕中心、服务大局，在当前就是为实现根本目标、认识适应引领新常态、协调推进"四个全面"战略布局、落实新发展理念，提供思想保证、舆论支持、文化条件和精神动力。一是根本目标包含物质力量和精神力量都"强起来"。习近平总书记指出："实现我们的发展目标，不仅要在物质上强大起来，而且要在精神上强大起来。"① "一个民族的复兴需要强大的物

---

① 习近平：《习近平谈治国理政》，外文出版社 2014 年版，第 46 页。

质力量，也需要强大的精神力量。没有先进文化的积极引领，没有人民精神世界的极大丰富，没有民族精神力量的不断增强，一个国家、一个民族不可能屹立于世界民族之林。"① "一个没有精神力量的民族难以自立自强，一项没有文化支撑的事业难以持续长久。"② 而精神力量强大起来的核心是主流意识形态、主流价值观念强大起来。二是中国梦既是奋斗的共同目标，更是凝心聚力的思想意识形态。高扬中国梦的主旋律，以中国梦的最大公约数凝聚起强大精神力量，引领整合多样化的社会思潮，引导全国各族人民向着共同目标团结奋斗，是在新的历史阶段做好意识形态工作的使命所在。同样，做好意识形态工作就是要担当起以中国梦和中国价值观念，在国际舞台上同各种思想文化交流交融交锋中提升话语权、掌握话语权。三是实现"两个一百年"奋斗目标和中华民族伟大复兴的中国梦，需要全国各族人民同舟共济、齐心协力、奋勇前行。习近平总书记指出："实现'两个一百年'奋斗目标，需要全社会方方面面同心干，需要全国各族人民心往一处想、劲往一处使。"③ "中国梦归根到底是人民的梦，必须紧紧依靠人民来实现，必须不断为人民造福。"④ 这必然要求做好意识形态工作，讲清中国梦本质上是国家富强、民族振兴、人民幸福，讲清实现中国梦必须坚持中国道路、弘扬中国精神、凝聚中国力量，宣传、动员、鼓舞、激励和引导各族人民紧密团结、万众一心，汇聚起实现"两个一百年"奋斗目标和中华民族伟大复兴中国梦的磅礴力量，共筑共享共圆各族人民自己的梦。

（三）立足巩固党的群众基础和执政基础，充分认识做好意识形态工作的重要性、紧迫性

我们党是治国理政的领导主体，而党的执政基石是否稳固，关键在于是否始终赢得广大人民的支持和信赖，人心向背关系党的生死存亡。习近平总书记指出："党的群众基础和执政基础包括物质和精神两个方面。精神上丧失群众基础，最后也要出问题。"⑤ 这就是说群众的物质生活好了并非就水到渠成，不重视精神力量的引领、忽略凝聚人心，就会在精神上

---

① 习近平：《在文艺工作座谈会上的讲话》，《人民日报》2015 年 10 月 15 日。
② 习近平：《习近平谈治国理政》，外文出版社 2014 年版，第 52 页。
③ 习近平：《在网络安全和信息化工件座谈会上的讲话》，《科技日报》2016 年 4 月 26 日。
④ 习近平：《习近平谈治国理政》，外文出版社 2014 年版，第 40 页。
⑤ 袁世军等：《旗帜鲜明地做好意识形态工作》，《求是》2015 年第 8 期。

丧失群众基础，反过来物质基础最终也不牢靠。历史和实践证明，经济发展并不必然带来执政地位的巩固，一些多年执政的大党、老党，在推动经济快速发展后，反而丢掉了政权。苏联共产党逐渐放弃马克思主义的指导地位，放任意识形态多元化，导致非马克思主义和反马克思主义泛滥，造成主流思想混乱，最终导致亡党亡国的教训也从反面给我们以警示。一个政党的力量，不仅要依靠物质力量，还要依靠意识形态的信仰体系。高度重视和善于做好意识形态工作是我们党成功的重要经验和政治优势，特别是紧密结合中国实际和不同历史阶段的中心任务，不断推进马克思主义中国化，使党的执政基石更加稳固、党的事业顺利发展。在今天，全面建成小康社会决胜阶段领导人民群众生活富裕起来的同时，也要以我们的主流意识形态和价值观念凝聚起人民群众的精神力量，用马克思主义一元化的指导思想统领多元的社会思潮，巩固壮大主流思想舆论，在多元中立主导，在多样中谋共识，不断夯实党执政的意识形态基础，使我们党始终保持旺盛的生机活力，始终走在时代的前列。

（四）立足贯彻落实"治国必治边，治边先稳藏"战略思想，充分认识做好意识形态工作的重要性、紧迫性

西藏地处祖国西南边陲，是重要的国家安全屏障、重要的生态安全屏障、重要的战略资源储备基地、重要的中华民族特色文化保护地和面向南亚开放的重要通道，也是我国同西方敌对势力和境内外敌对势力、分裂势力斗争的前沿。正是基于西藏在党和国家战略全局中居于的这种重要地位，习近平总书记着眼实现中华民族伟大复兴中国梦，着眼推进国家治理体系和治理能力现代化，着眼西藏发展稳定的新形势新挑战，2013 年 3 月 9 日在参加十二届全国人大一次会议西藏代表团审议时，创造性地提出"治国必治边、治边先稳藏"，在中央第六次西藏工作座谈会上进一步强调指出，必须坚持"治国必治边、治边先稳藏"的战略思想。自治区党委政府认真贯彻这一重要战略思想，带领全区各族人民团结奋斗，开创了科学发展、和谐稳定、民生改善、民族团结、宗教和睦、生态良好、边疆巩固的新局面。在意识形态领域，牢牢掌握领导权管理权话语权，强化各级党委"一把手"的政治责任，在加强传统媒体建设和管理的同时，加强新兴媒体建设和管理，健全正面宣传引导机制，强化正面宣传，巩固壮大主流思想舆论，深入开展反分裂斗争宣传教育，坚决抵御十四世达赖集团渗透破坏，加强宣传思想文化干部队伍、人才队伍和网宣网管队伍建设，意识形态工作呈现出积极健康向上的良好态势。

　　然而，形势越好我们越要居安思危，越要从贯彻落实"治国必治边、治边先稳藏"战略思想的高度，分析研判意识形态领域的形势，分清主流和支流，看清问题和挑战，把握共性和个性。人民日益增长的物质文化需要同落后的社会生产之间的矛盾依然是西藏社会的主要矛盾，同时还存在着各族人民同以十四世达赖集团为代表的分裂势力之间的特殊矛盾。基于西藏社会的主要矛盾和特殊矛盾，西藏意识形态领域的问题既有与全国共性的方面，更有其特殊性的方面，归纳概括特殊性方面的问题，最突出的就是意识形态领域始终是我们与西方敌对势力、境内外敌对势力和十四世达赖集团斗争的主战场，集中表现为分裂与反分裂、渗透与反渗透、颠覆与反颠覆的斗争，焦点在于争夺群众、争夺青少年、争夺阵地。因此，如何筑牢反对分裂、维护祖国统一和民族团结的思想基础，是西藏意识形态工作面临的长期而特殊的使命。加之，藏传佛教在社会生产生活各个方面影响广泛，特别是十四世达赖披着"宗教领袖"的外衣进行分裂活动，有着很强的迷惑性、欺骗性、蛊惑性。此外，由于特殊的社会历史原因和社会意识的相对独立性，使封建农奴制思想残余依然在西藏不同程度地存在，并与一些陈规陋俗联系在一起不时产生影响，制约着人们追求文明和进步，常常表现为落后与进步、保守与开放、守旧与创新的思想斗争。这些都要求我们意识形态工作只能加强，而不能有丝毫的松懈。

二　做好意识形态工作必须坚持以人民为中心的理念

　　2012 年 11 月 15 日，习近平总书记当选为我们党总书记之后，同中外记者见面时的讲话主题是"人民对美好生活的向往，就是我们的奋斗目标"。这一主题贯穿于习近平总书记"治国理政新思想"，体现为以人民为中心、为人民担当的核心理念。习近平总书记关于意识形态工作的重要论述，体现的也是这个理念，强调党性和人民性的一致，强调坚持以人民为中心的工作导向、创作导向、研究导向。社会主义意识形态反映的是最广大人民的根本利益，在新的历史阶段做好意识形态工作，必须坚持习近平总书记"以人民为中心"的理念。

　　西藏工作在党和国家工作大局中的特殊重要性，主要体现为西藏民族团结、社会稳定对国家统一和安全具有重大意义。习近平总书记在中央第六次西藏工作座谈会上的重要讲话指出："西藏工作的着眼点和着力点必须放到维护祖国统一、加强民族团结上来，把实现社会局势的持续稳定、长期稳定、全面稳定作为硬任务，各方面工作统筹谋划、综合发力，牢牢掌握反分裂斗争主动权。"① 祖国统一是各族人民的最高利益，民族团结是祖国统一的重要保证。坚持以人民为中心的理念，西藏意识形态工作的着眼点和着力点也必须放到维护祖国统一、加强民族团结上来，巩固马克思主义在西藏意识形态领域的指导地位，巩固各族干部群众团结奋斗的共同思想基础，增强道路自信、理论自信、制度自信，凝聚中国特色社会主义思想共识，培育中华民族共同体意识，筑牢维护祖国统一、加强民族团结的思想长城，促进人的全面发展。

（一）坚持以人民为中心的理念，就要正确认识和处理党性和人民性的关系

党性和人民性的关系，历来是做好意识形态工作必须把握好的重大问题。习近平总书记指出："党性和人民性从来都是一致的、统一的。"② 坚持党性，也就是坚持人民群众根本利益的原则，这是由我们党的性质和宗旨所决定的。从党的性质上讲，我们党是来自人民为了人民的马克思主义政党，代表的是中国最广大人民根本利益。从党的宗旨上讲，践行的是全心全意为人民服务，党的一切奋斗都是为了人民的幸福。所以从本质上说，坚持党性就是坚持人民性，坚持人民性也就是坚持党性。党性寓于人民性之中，没有人民性也就无所谓党性，同样也没有离开党性的所谓人民性。党性和人民性的这种统一的客观基础在于党和人民利益的一致性，这种统一的现实要求在于坚持和发展中国特色社会主义。这也就要求我们做好意识形态工作，必须讲党性，坚持正确的政治方向，站稳政治立场，增强看齐意识，坚决同党中央保持高度一致，维护中央权威；也必须讲人民性，解决好"为了谁、依靠谁、我是谁"这个根本问题，把党的理论和路线方针政策变成人民群众的自觉行动，及时把人民群众创造的经验和面临的实际情况反映出来，丰富人民群众精神世界，增强人民群众精神力量，满足人民群众精神需求。在实践中站在党和人民的立场上，坚持贴近

---

① 习近平：《在中央第六次西藏工作座谈会上的讲话》，《人民日报》2015 年 8 月 26 日。

② 习近平：《习近平谈治国理政》，外文出版社 2014 年版，第 154 页。

实际、贴近生活、贴近群众，把党性和人民性统筹好、实践好、统一好，意识形态工作就能把体现党的主张和反映人民心声统一起来，做到让党放心、让人民群众满意。

（二）坚持以人民为中心的理念，就要正确认识和处理弘扬主旋律、传播正能量与开展思想舆论斗争的关系

主旋律体现各族人民利益，正能量反映各族人民心声。"正面宣传""主旋律""正能量"这些习近平总书记论述意识形态工作的关键词，突出表现了在新的历史阶段做好意识形态工作的实践指南。弘扬主旋律、强化正面宣传、传播正能量，为的是以主流意识形态来坚定共同理想信念、形成人们思想共识、引领各种社会思潮、凝聚团结奋进力量，促进社会和谐稳定，这是一方面；另一方面，有主旋律就有非主旋律、有正面就有反面、有正能量就存在负能量，这就必然要求开展思想舆论斗争，廓清思想认识，分清是非曲直，消解认同挑战，维护和巩固主流意识形态的引导力凝聚力，确保社会安定和谐。正因如此，弘扬主旋律、传播正能量和开展思想舆论斗争是辩证统一的关系，二者统一于巩固壮大我们的主流意识形态。做好意识形态工作，要以"四个有利于"（即：有利于坚持中国共产党领导和我国社会主义制度，有利于推动改革发展，有利于增进各族人民团结，有利于维护社会和谐稳定）为基本衡量标准，牢牢把握正确导向，坚持团结稳定鼓劲、正面宣传为主的重要方针，弘扬主旋律、传播正能量，在此基础上积极开展思想舆论斗争。首先，要弘扬主旋律、传播正能量，以反映当代中国发展进步和各族人民根本利益的主流价值，以积极健康、向上向善的社会精神力量，巩固壮大主流意识形态，振奋人民精神、凝聚人民力量、推进社会发展进步，在多元中立主导，在多样中谋共识，在多变中把方向。我们要大力宣传经济社会发展的巨大成就和人民群众的伟大奋斗、火热生活，宣传人民群众中涌现出来的先进典型和感人事迹，宣传党员干部弘扬良好作风、密切联系群众的良好风貌，宣传社会各方面温暖人心的善行义举，在全社会唱响昂扬向上的正气歌。其次，要积极开展思想舆论斗争。我们正在进行具有许多新的历史特点的伟大斗争，面临的挑战和困难前所未有。社会阶层、利益主体、生活方式、思想观念日趋多样化的今天，社会思想空前活跃，意识形态领域杂音噪音不断增多，这就要求我们在事关大是大非和政治原则问题上，要有正确立场、鲜明观点、坚定态度。特别是西藏意识形态领域面对的是西方敌对势力、境内外敌对势力和十四世达赖集团的思想渗透、舆论攻击、反动宣传，我们必须敢于亮剑，打好主动仗，占领制高点。要批驳和解析十四世达赖集团所谓"中间道路""大藏区""高度自治"等谬论的反动实质，澄清错误认识，划清是非界限，深入揭批十四世达赖集团政治上的反动性、宗教上的虚伪性、手法上的欺骗性，使各族干部群众自觉与十四世达赖集团划清界限，坚定维护祖国统一和民族团结的立场信念。第三，弘扬主旋律、传播正能量和开展思想舆论斗争，必须把网上思想舆论工作作为重中之重来抓。习近平总书记指出："网络空间天朗气清、生态良好，符合人民利益。网络空间乌烟瘴气、生态恶化，不符合人民利益。"[1] "我们要本着对社会负责、对人民负责的态度，依法加强网络空间治理，加强网络内容建设，做强正面宣传，培育积极健康、向上向善的网络文化，用社会主义核心价值观和人类优秀文明成果滋养人心、滋养社会，做到正能量充沛、主旋律高昂，为广大网民特别是青少年营造一个风清气正的网络空间。"[2] 要理直气壮唱响网上主旋律，加强网络内容建设，发展积极向上的网络文化，改进创新网上宣传，形成网上正面思想舆论强势，巩固壮大网上主流意识形态。要深入开展网上思想舆论斗争，严密防范和遏制敌对势力网上攻击渗透。尤其要针对十四世达赖集团网上攻击和渗透行为，分析研究网上思想舆论斗争特点和规律，组织力量进行及时反击和有效批驳，牢牢掌握网络思想舆论斗争战场上的主动权，使网络空间这个亿万民众的精神家园天朗气清。

（三）坚持以人民为中心的理念，就要正确认识和处理保护、弘扬藏民族优秀传统文化与增强中华文化认同的关系

多民族国家是我国的一大特色，各民族在长期的历史发展中，创造了各具特色的文化，共同谱写了中华文明的壮丽篇章。习近平总书记指出："解决好民族问题，物质方面的问题要解决好，精神方面的问题也要解决好。……加强中华民族大团结，长远和根本的是增强文化认同，建设各民族共有精神家园，积极培养中华民族共同体意识。"[3] "文化认同是最深层次的认同，是民族团结之根、民族和睦之魂。"[4] 这些论述充分说明了在

---

①　习近平：《在网络安全和信息化工作座谈会上的讲话》，科技日报，2016-04-26。

②　同上。

③　习近平：《在中央民族工作会议上的讲话》，《人民日报》2014 年 9 月 30 日。

④　丹珠昂奔：《切实增强中华文化认同》，《中国民族报》2015 年 2 月 6 日。

新的历史阶段文化认同以及建设各民族共有精神家园和积极培养中华民族共同体意识，在推进民族工作、加强民族团结中的重要地位和重大意义。做好西藏意识形态工作必须深入领会切实贯彻，在实践中正确认识和处理保护、弘扬藏民族优秀传统文化和增强中华文化认同的关系，不断增进对伟大祖国、中华民族、中华文化、中国共产党、中国特色社会主义的认同。首先，要准确把握中华文化的科学内涵。我国在长期的历史发展演进中各民族形成了多元一体格局，一体离不开多元，多元也离不开一体。中华民族和各民族的关系是一个家庭和家庭成员的关系，各民族的关系是一个家庭里不同成员的关系。习近平总书记指出："中华文化是各民族文化之集大成。"① 这简洁而有力地概括了中华文化的内涵特质，不仅科学地回答了什么是中华文化，而且体现了中国各民族文化的平等性和完备性，既强调了中华文化的统一性，又充分尊重了具体民族文化的差异性和独特性。习近平总书记指出："要向各族人民反复讲，各民族都对中华文化的形成和发展作出了贡献，各民族要相互欣赏、相互学习。"并强调"把汉文化等同于中华文化、忽略少数民族文化，把本民族文化自外于中华文化、对中华文化缺乏认同，都是不对的，都要坚决克服。"② 其次，要完整地理解藏民族文化与中华文化的关系。从习近平总书记对中华文化的概括来理解，二者的关系就是共性和个性、普遍性和特殊性的辩证关系，有个性、特殊性，才有共性、普遍性，共性、普遍性存在于个性、特殊性之中，个性、特殊性又服从于共性、普遍性。藏民族文化作为"各民族文化"之一，有其自身鲜活的特点和独特性，正因如此为中华文化这个"集大成"作出贡献，中华文化这个"集大成"涵盖了藏民族文化。第三，在实践中我们既要强调中华文化的统一性，不断增强中华文化认同，又要尊重藏民族文化的独特性，重视保护和弘扬藏民族优秀传统文化。坚持社会主义先进文化前进方向不动摇，立足西藏得天独厚的丰富文化资源，繁荣发展社会主义文化，保护和弘扬藏民族优秀传统文化，努力建设中华民族特色文化保护地，积极发挥文化潜移默化、凝聚社会的作用。在今天，新的历史阶段实现中华民族伟大复兴的中国梦，建设中华民族共有精神家园是必经之路。建设中华民族共有精神家园，主旨在于不断增进对

---

① 丹珠昂奔：《切实增强中华文化认同》，《中国民族报》2015 年 2 月 6 日。
② 习近平：《在中央民族工作会议上的讲话》，《人民日报》2014 年 9 月 30 日。

伟大祖国、中华民族、中华文化、中国共产党、中国特色社会主义的认同，关键在于唱响中国梦、中国道路、中国精神和中国力量，凝聚社会思想共识，形成各民族同心圆，筑牢当代中国价值观念。习近平总书记指出："当代中国价值观念，就是中国特色社会主义价值观念，代表了中国先进文化前进的方向。"[1] 建设中华民族共有精神家园必须在全社会筑牢中国特色社会主义价值观念，也必须以中国特色社会主义价值观念为引领和方向，繁荣文化事业、发展文化产业、继承和弘扬优秀传统文化，根本的是大力培育和弘扬社会主义核心价值观，从国家、社会、个人等层面推动中华民族共有精神家园。习近平总书记指出："我们要在全社会大力弘扬和践行社会主义核心价值观，使之像空气一样无处不在、无时不有，成为全体人民的共同价值追求，成为我们生而为中国人的独特精神支柱，成为百姓日用而不觉的行为准则。"[2] 在社会主义核心价值观中，最深层、最根本、最永恒的是爱国主义。结合西藏反分裂斗争实际，把爱国主义宣传教育作为建设中华民族共有精神家园的重要任务，摆在突出位置持之以恒地抓实抓好，把各族干部群众的智慧和力量最大限度凝聚起来，同心同德谱写中华民族伟大复兴中国梦的西藏篇章。

（四）坚持以人民为中心的理念，就要正确认识和处理尊重群众宗教信仰与教育引导群众的关系

意识形态工作搞的是思想建设、是做人的工作的，人在哪里工作就在哪里。藏传佛教在西藏已有上千年的历史，对藏民族民情风俗、文化艺术、生活习惯、道德规范等有着深远的影响，大多数藏族和其他少数民族群众至今仍然信仰藏传佛教，对藏传佛教的信仰是他们精神生活的重要内容。正是基于这样的区情民情，使得做好西藏意识形态工作必须直面宗教问题、直面信教群众，不容忽视和回避。首先，宗教信仰自由（除了有信教的自由，还有不信教的自由，以及改变宗教信仰的自由）是宪法赋予公民的一项基本权利，也是我们党宗教政策的一项基本内容。无论是执行宪法还是贯彻党的宗教政策，我们必须自觉尊重信教群众的宗教信仰。习近平总书记指出："实行宗教信仰自由政策，出发点和落脚点是要最大限度把广大信教和不信教群众团结起来。"[3] 这也说明尊重信教群众的宗

---

① 习近平：《习近平谈治国理政》，外文出版社2014年版，第161页。

② 习近平：《在文艺工作座谈会上的讲话》，《人民日报》2015年10月15日。

③ 习近平：《在全国宗教会议上的讲话》，《经济日报》2016年4月24日。

教信仰为的是团结起来、增强向心力、凝聚力。其次，尊重信教群众的宗教信仰，不是说我们可以忽略甚至放弃对信教群众的教育引导，特别是十四世达赖集团打着"宗教"旗号从事渗透破坏和分裂活动，使得一些信教群众既难以把信宗教与信十四世达赖区分开来，也难以认清十四世达赖的反对本质，这就更要求我们高度重视信教群众的教育引导。西藏近年来呈现的宗教和睦、佛事和顺、寺庙和谐、社会稳定的生动实践也充分说明教育引导信教群众的重大意义。第三，发扬藏传佛教爱国爱教传统，深入开展以弘扬历代高僧大德"爱国爱教、遵规守法、弃恶扬善、崇尚和谐、祈求和平"为主题的法制宣传教育，深入开展和谐模范寺庙暨爱国守法先进僧尼创建评选活动，引导和支持藏传佛教界深入挖掘教规教义中有利于社会和谐、时代进步、健康文明的内容，对教规教义作出符合当代中国发展进步、符合中华优秀传统文化的阐释。习近平总书记指出："积极引导宗教与社会主义社会相适应，是要引导信教群众热爱祖国、热爱人民，维护祖国统一，维护中华民族大团结，服从服务于国家最高利益和中华民族整体利益；拥护中国共产党领导、拥护社会主义制度，坚持走中国特色社会主义道路；积极践行社会主义核心价值观，弘扬中华文化，努力把宗教教义同中华文化相融合；遵守国家法律法规，自觉接受国家依法管理；投身改革开放和社会主义现代化建设，为实现中华民族伟大复兴的中国梦贡献力量。"① 我们要把总书记的这些重要思想精神融会贯通到教育引导信教群众的工作之中。同时，在全社会特别是在青少年中加强唯物论、无神论教育，倡导科学世界观、人生观、价值观，引导各族群众崇尚科学文明、追求社会进步。

（五）坚持以人民为中心的理念，就要正确认识和处理改善民生与凝聚民心的关系

民生是发展的目的，民心是最大的政治。习近平总书记在中央第六次西藏工作座谈会上的讲话指出："要牢牢把握改善民生、凝聚人心这个出发点和落脚点，大力推动西藏和四省藏区经济社会发展。"② 把改善民生、凝聚人心作为西藏经济社会发展的出发点和落脚点，既是中央对做好新形势下西藏工作的要求，也是我们党以人为本、执政为民理念和习近平总书

---

① 习近平：《在全国宗教会议上的讲话》，《经济日报》2016 年 4 月 24 日。

② 习近平：《在中央第六次西藏工作座谈会上的讲话》，《人民日报》2015 年 8 月 26 日。

记以人民为中心、为人民担当理念的根本体现，更是全区各族人民的共同期盼和愿望。民生连着民心，民心凝聚民力，改善民生与凝聚民心，互为条件，辩证统一，是物质变精神、精神变物质的关系。一方面，只有真正解决各族群众的民生问题，让各族群众得到实惠，民心才有坚实的物质基础，才能赢得各族群众的真诚拥护，才能形成强大的凝聚力和向心力；另一方面，只有凝聚民心、汇聚民智，才能始终保持党同人民群众的血肉联系，万众一心、众志成城，才能形成西藏经济社会发展和长治久安的强大精神动力。这就要求既要着力解决人民群众最关注的现实利益问题，又要着力加强教育引导，增强各族群众对党和国家的向心力，把物质力量和精神力量都汇聚到西藏全面建成小康社会的奋斗目标上来，汇聚到实现中华民族伟大复兴的中国梦上来。

三　全党动手着力构建意识形态工作大格局

习近平总书记指出："我们必须把意识形态工作的领导权、管理权、话语权牢牢掌握在手中，任何时候都不能旁落，否则就要犯不可挽回的历史性错误。"① 他强调"必须全党动手。各级党委要负起政治责任和领导责任……要树立大宣传的工作理念，动员各条战线各个部门一起来做，把宣传思想工作同各个领域的行政管理、行业管理、社会管理更加紧密地结合起来。"② 这是在新的历史阶段做好意识形态工作的重大部署。我们要深入领会切实贯彻，结合西藏实际着力构建意识形态工作大格局。

构建意识形态工作大格局，各级党委要把意识形态工作放在更高位置上来谋划，摆到重要议事日程上来推进，切实负起政治责任和领导责任。严格落实意识形态工作主体责任，经常分析意识形态领域的动态动向，正确判断意识形态领域的新形势，加强对重大任务、重要工作的统筹部署指导，不断研究新情况解决新问题。深入开展调查研究，不断深化对意识形态工作特点和规律的认识，增强工作的原则性、系统性、预见性、创造性。意识形态工作政治性强、涉及面广、影响力大，要动员各条战线各个

---

① 王伟光：《牢牢掌握意识形态工作领导权管理权话语权》，《人民日报》2013年10月8日。

② 习近平：《习近平谈治国理政》，外文出版社2014年版，第156页。

部门一起来做。各条战线、各个部门都不能置身事外，要发挥自身优势和特点，积极参与意识形态工作中，心往一处想、劲往一处使，打好"组合拳"、奏响"交响乐"，形成合力和强势，进一步建立健全各级党委统一领导、党政齐抓共管、宣传思想文化部门组织协调、各相关部门积极配合、社会各方面共同参与的意识形态工作大格局。

构建意识形态工作大格局，宣传思想文化部门要充分发挥意识形态工作主管部门的作用，肩负使命、勇于担当、牵头抓总，坚持守土有责、守土负责、守土尽责，进一步增强政治意识、大局意识、核心意识、看齐意识，不断提高组织协调力、工作创新力、队伍战斗力，找准工作切入点和着力点，抓住重点，突出特点，打造亮点，推动意识形态工作强起来。当然，这首先也要求各级宣传思想文化部门领导班子和领导干部强起来，不仅在政治上忠诚可靠，而且在理论上、笔头上、口才上或其他专长上有"几把刷子"，真正成为让人信服的行家里手，把握导向，唱响主流，管好阵地，带好队伍，占领制高点，牢牢掌握意识形态工作的领导权和话语权。

构建意识形态工作大格局，发挥好意识形态领域群团组织的作用，认真贯彻中央和自治区党委群团工作会议精神，充分认识意识形态领域群团组织在联系、动员、组织知识分子队伍中的重要作用，把政治性作为灵魂、先进性作为保证、群众性作为根本，不断提升文联、社科联、记者协会等意识形态领域群团组织的引领力、凝聚力、服务力和创新力，推动更好发挥党委政府联系意识形态领域知识分子的桥梁纽带作用。要加强和改进对群团工作的领导，积极为群团组织开展工作创造有利条件，强化群团组织阵地建设和制度建设，抓好载体、建好机制、搭好平台，做好知识分子工作，促进群团事业健康发展。按照科学管理、依法管理、综合管理的要求，加强各种学会、协会、研究会、民间文化室等的管理，加强对哲学社会科学报告会、研讨会、论坛等的管理，强化政治纪律、政治底线，绝不给错误思想言论提供传播渠道。

构建意识形态工作大格局，必须以改革创新的精神推进意识形态工作。认真贯彻习近平总书记对意识形态工作创新的要求，根据新形势新任务新要求，牢牢掌握意识形态工作特有的规律，重点抓好理念创新、手段创新、基层工作创新。充分运用新技术新应用，创新媒体传播方式，积极推进传统媒体和新兴媒体融合发展。深入推进文化体制改革，繁荣发展文化事业和产业。加快构建中国特色哲学社会科学，繁荣发展藏学研究。把创新的重心放在基层一线，切实夯实基层基础。以创新精神增强主动权、掌握话语权，理顺体制机制，建立和完善意识形态工作大格局，把新的历史阶段的意识形态工作做得更好，以赢得各族干部群众的广泛赞同和欢迎。

构建意识形态工作大格局，必须加强人才队伍建设。做好新的历史阶段意识形态工作，归根到底要靠人才队伍。当前，西藏意识形态战线人才缺乏、人才断档的问题较为突出，加强人才队伍建设是摆在我们面前的重要任务。要真心关爱人才，主动为人才做好服务工作，切实帮助他们解决好生活工作中的困难，营造良好的生活工作环境。要加强专业技术骨干人才的培养力度，提倡在职学习，鼓励参加各类培训，注重在实践中培养提高，实施好"五个一批"人才培养工程。完善和落实好人才引进政策，积极引进高级人才、顶尖人才、关键人才和特殊人才。同时，也要建立健全人才激励机制，营造优秀人才脱颖而出的环境和条件。

（原载《西藏研究》2016 年第 4 期）

适应新形势新任务
增强做好宣传思想工作的本领

——在全区第七期宣传理论干部进修班上的报告稿
(2006 年 11 月 24 日)

在全区普遍学习贯彻自治区第七次党代会精神之际，根据全区干部培训规划，今天，全区第七期宣传理论干部进修班正式开班。举办宣传理论干部进修班，是贯彻党管人才原则，落实人才强区战略，推动宣传思想干部队伍建设的重要举措。随着我们党事业的加快发展，党的宣传思想工作部门职能不断拓展、领域不断延伸，宣传思想工作面临的任务越来越繁重，要求越来越高。建设一支政治强、业务精、纪律严、作风正的干部队伍，是宣传思想工作适应新形势、新任务、新要求的重要组织保证。在实践中锤炼队伍的同时，适当集中时间进行脱产学习，是加强干部队伍建设的有效途径和形式。现在已到年底，各地市县、各部门工作都很繁忙，专门抽出时间让大家参加学习，这说明各级党委（党组）高度重视宣传思想工作队伍建设。我们参加进修班的同志要珍惜机会，明确目的，扎实学习，努力使自己在思想理论水平和业务工作能力上有新的提高。

一　认真学习文件，全面、准确、系统地领会党的十六届六中全会和自治区第七次党代会精神

党的十六届六中全会，是我国改革发展关键时期召开的一次十分重要的会议，会议从中国特色社会主义事业总体布局和全面建设小康社会全局出发，作出了《关于构建社会主义和谐社会若干重大问题的决定》，开辟了中国特色社会主义事业的新境界。自治区第七次党代会，是党的十六届

六中全会刚刚闭幕，西藏地区"十一五"规划顺利起步，全区各族人民奋力推进全面建设小康社会的新形势下召开的十分重要的代表大会。张庆黎书记在大会上所作的报告，站在加快全面建设小康社会步伐、构建社会主义和谐社会的更高历史起点上，科学总结了过去五年的主要工作和基本经验，全面分析了西藏地区面临的大好形势和宝贵机遇，明确提出了今后工作的指导思想、目标任务和政策措施，对西藏地区经济建设、政治建设、社会建设、文化建设和党的建设作出了全面部署，是我们建设小康西藏、平安西藏、和谐西藏，确保实现经济社会跨越式发展和长治久安的纲领性文件。认真学习、深刻领会、全面贯彻党的十六届六中全会精神、自治区第七次党代会精神，是当前和今后一个时期全区的一项重大政治任务，也是我们这期进修班的重要任务。要以党的十六届六中全会《决定》和张庆黎书记的报告为重点，结合宣传思想工作实际，加深理解，进一步把握好精神实质，切实做到武装头脑、指导实践、推动工作。

党的十六届六中全会《决定》，全文约 1.6 万字，可分四个部分。第一部分，也就是《决定》的第一个问题，构建社会主义和谐社会的重要性和紧迫性，5 个自然段。着重阐明了"社会和谐是中国特色社会主义的本质属性"，丰富和发展了社会主义本质的理论，为我们构建社会主义和谐社会奠定了理论基础。阐明了"构建和谐社会是我们党不懈奋斗的目标"，说明我们党一直在为社会和谐而奋斗，也是我们党在推进中国特色社会主义伟大事业的过程中还需要一步一步努力的目标。说明了"新世纪新阶段，我们面临的发展机遇前所未有，面对的挑战也前所未有"。这两个"前所未有"加之统筹兼顾各方面利益的任务艰巨而繁重，为我们科学判断了面临的形势，指明了构建社会主义和谐社会的重要性和紧迫性。阐明了"任何社会都不可能没有矛盾，人类社会总是在矛盾运动中发展进步的"。这一辩证唯物主义的史观，指明构建社会主义和谐社会是一个不断化解矛盾的持续过程。第二部分，也就是《决定》的第二个问题，构建社会主义和谐社会的指导思想、目标任务和原则，9 个自然段。阐明了社会主义和谐社会的性质和定位，表明我们要构建的社会主义和谐社会，是中国特色社会主义道路上，中国共产党领导全国人民共同建设、共同享有的和谐社会。从而明确了社会主义和谐社会建设的领导核心、发展道路、实践主体和根本目标。领导核心，中国共产党；发展道路，中国特色社会主义道路；实践主体，全国各族人民，是中国共产党领导全国各族人民共同建设；根本目的，全国各族人民共同享有。在指导思想上，明确了"三个坚持"的基本遵循，就是坚持以马克思列宁主义、毛泽东思想、邓小平理论和"三个代表"重要思想，坚持党的基本路线、基本纲领、基本经验，坚持以科学发展观统领经济社会发展全局。明确了"一个总的要求"，就是民主法治、公平正义、诚信友爱、充满活力、安定有序、人与自然和谐相处这 28 个字。明确了"一个重点"，就是以解决人民群众最关心、最直接、最现实的利益为重点。明确了"一个着力点"，就是着力发展社会事业、促进社会公平正义、建设和谐文化、完善社会管理、增强社会创造活力，走共同富裕的道路，推动社会经济建设、政治建设、文化建设。与 28 个总要求相一致，提出了到 2020 年，构建社会主义和谐社会的目标和主要任务。强调了坚持以人为本、坚持科学发展、坚持改革开放、坚持民主法制、坚持正确处理改革发展稳定的关系、坚持在党的领导下全社会共同建设"六个必须"的原则。第三部分，构建社会主义和谐社会的主要举措和政策措施，也就是《决定》的第三、四、五、六、七个问题，分别论述了"五个方面的重大举措"。对这"五个方面的重大举措"是分成 33 个自然段来阐述的。指导性、可操作性都非常强，我们在学习时要好好按照这 33 个自然段去领会。需要我们更加注意领会的是，"社会要和谐，首先要发展"的观点，"社会公平正义是社会和谐的基本条件，制度是社会公平正义的根本保证"的观点，"建设和谐文化，是构建社会主义和谐社会的重要任务"的观点，"加强社会管理，维护社会稳定，是构建社会主义和谐社会的必然要求"的观点，"社会主义和谐社会既是充满活力的社会，也是团结和睦的社会"的观点。第四部分，也就是《决定》第八个问题，加强党对构建社会主义和谐社会的领导，5 个自然段。阐明了以党的执政能力建设和先进性建设推动社会主义和谐社会建设，为构建社会主义和谐社会提供坚强有力的政治保证，并从提高本领、夯实基础、培养人才、改进作风四个方面提出了要求和措施。《决定》还以与时俱进的精神提出了一系列新观点和新举措，如："社会和谐是中国特色社会主义的本质属性""我们面临的发展机遇前所未有，面对的挑战也前所未有""必须坚持以经济建设为中心，把构建社会主义和谐社会摆在更加突出的地位""更加注重解决发展不平衡问题，更加注重发展社会事业""我们要构建的社会主义和谐社会，是在中国特色社会主义道路上，中国共产党领导全体人民共同建设、共同享有的和谐社会"，等等，我们要领会好、把握好。结合我们的工作实际，特别要领会和把握好建设和谐文化，尤其是社会主义核心价值体系。《决定》提出了建设和谐文化的重大任务，强调必须坚持马克思主义在意识形态领域的指导地位，牢牢把握社会主义先进文化的前进方向，弘扬民族优秀文化传统，借鉴人类有益文明成果，倡导和谐理念，培育和谐精神，进一步形成全社会共同的理想信念和道德规范，打牢全党全国各族人民团结奋斗的思想道德基础。并从建设社会主义核心价值体系、树立社会主义荣辱观、坚持正确导向、广泛开展和谐创建活动四个方面作出了部署。其中建设社会主义核心价值体系是建设和谐文化的根本，包括五个方面的基本内容，即马克思主义指导思想，中国特色社会主义共同理想，以爱国主义为核心的民族精神，以改革创新为核心的时代精神，社会主义荣辱观。马克思主义的指导思想是社会主义意识形态的旗帜和灵魂，坚持马克思主义的指导地位，用马克思主义中国化的最新成果武装全党、教育人民，才能牢牢把握社会主义先进文化的前进方向。中国特色社会主义共同理想，是我们党领导全国各族人民把马克思主义与中国实际相结合，艰辛探索和开辟中国特色社会主义道路中形成的共同理想，是激励全国各族人民不懈奋斗的力量源泉。民族精神和时代精神，是在长期革命斗争和改革开放过程中形成的，是实现中华民族伟大复兴的精神支柱。社会主义荣辱观，是社会安定有序和人民安居乐业的基本道德规范和价值准则。这五个方面紧密相连，构成社会主义核心价值体系。我们要认真领会，牢牢把握，并切实把社会主义核心价值体系融入精神文明建设的全过程，体现在宣传思想工作的各个方面。《决定》还就加快发展文化事业和文化产业从三个方面提出了要求和措施，我们也要认真领会，结合实际加以贯彻。

张庆黎书记的报告，全文 20300 余字，共分三个部分。第一部分讲的是第六次党代会以来的 5 年西藏地区各项事业取得的重大进展；第二部分讲的是进一步开创西藏地区发展稳定工作新局面；第三部分讲的是把西藏地区党的建设提高到新水平。领会报告精神，笔者认为要把握好以下几点：

一是要把握好贯穿报告始终的主题。报告提出第七次党代会的主题是，高举邓小平理论和"三个代表"重要思想伟大旗帜，以科学发展观统领经济社会发展全局，深入贯彻落实党的十六大、十六届六中全会精神和中央关于新时期西藏工作的指导思想和方针政策，继往开来，与时俱进，坚持求真务实，矢志艰苦奋斗，不断开拓创新，为确保西藏经济社会跨越式发展和长治久安而奋斗。这个鲜明的主题，贯穿始终。报告充分体现了党的十六大关于全面建设小康社会和党的十六届六中全会关于构建社会主义和谐社会的精神，充分体现了党中央关于新时期西藏工作的指导思想和方针政策。从西藏发展稳定面临的艰巨任务着力强调坚持求真务实，矢志艰苦奋斗，不断开拓创新的光荣传统和时代精神。清楚地指明，自治区党委团结带领全区各族人民不懈奋斗的目标，就是中央确定的西藏经济社会跨越式发展和长治久安。鲜明的这一主题，表明了自治区党委的坚定决心，反映了全区各族人民的共同意愿，体现了西藏发展稳定的客观要求，对于广大党员和各族人民统一思想，凝聚力量，同心同德，进一步开创西藏发展稳定工作新局面具有十分重要的意义。

二是要把握好各项事业取得的成绩和基本经验。自治区第六次党代会以来的五年，奋斗历程波澜壮阔，各项工作取得了显著成就，谱写了无愧于伟大时代的壮丽篇章。报告从八个方面总结了这五年来的成就。强调，"这五年成为经济发展最快、社会稳定形势最好、党建工作力度最大、人民群众得到实惠最多的五年"。最快、最好、最大、最多，这"四个最"概括了五年历史跨越的辉煌，生动而实实在在地体现了西藏进入历史上发展和稳定的最好时期。报告还紧密联系"一个转折点、两个里程碑"的光辉历程和自治区第六次党代会以来五年的成功实践，深刻地总结了区党委带领全区各族人民推进西藏发展稳定的三条基本经验。一是坚定不移地抓发展是确保西藏地区各族人民安居乐业的根本；二是坚定不移地抓稳定是确保国家安全和西藏长治久安的前提；三是坚定不移地抓党建是西藏发展稳定的保证。根本、前提、保证，涵盖了坚持党的领导这个关键和西藏最基本、最重要的发展和稳定两件大事，内容丰富，思想深刻，是自治区党委科学总结实践经验的重要成果，是西藏工作规律认识的进一步升华，对于西藏的发展和稳定具有长远的指导意义。而这三条基本经验，正如报告所强调，归结到一点，"就是要坚持新时期西藏工作指导思想不动摇，这是西藏各族人民在实践中得出的最重要的结论，也是今后稳定西藏、发展西藏、确保西藏长治久安必须遵循的根本原则"。

三是要把握好面临的形势和有利条件。"今后五年，是西藏地区奋力追赶全国发展步伐、确保实现跨越式发展和社会长治久安的重要时期。"报告的这一重要论断，凸显"十一五"西藏发展稳定任务的艰巨性和抓紧抓好各项工作的重要性。报告科学分析了"重要时期"面临的形势和有利条件，中央指明了前进方向，历史提供了宝贵机遇，发展奠定了思想和物质基础，人民群众的广泛拥护和主体性的积极发挥，社会局势保持长期稳定创造的良好发展环境。"天时、地利、人和"，报告展示了前所未有的大好形势和有利条件。同时，立足西藏基本区情和发展的阶段性特征，报告从发展、稳定和党的建设三个方面，清醒客观地分析了存在的问题，强调了面临的艰巨而繁重任务，指明在前进中还要应对各种困难、风险和挑战。面对前所未有的有利条件和光荣的艰巨任务，报告提出，"我们一定要紧紧抓住宝贵机遇，奋力开拓前进，切实做到改革开放有新突破，发展稳定有新局面，人民生活有新提高，城乡面貌有新气象"的总要求。新突破、新局面、新提高、新气象，体现了确保实现经济社会跨越式发展和长治久安的内在要求，反映了各族人民的根本利益，赋予了共产党人时代的神圣职责。

四是要把握好西藏地区工作的指导思想和目标任务。报告在明确"一个中心、两件大事、三个确保"的指导思想的同时，指出，经济社会保持跨越式发展的态势，生产总值年均增长 12% 以上；基础设施建设取得重大进展，社会事业全面发展，各族群众生活有较大改善，力争到 2010 年全区人均生产总值与农牧民人均收入进入全国中等行列；反分裂斗争的机制进一步健全和完善，工作基础全面夯实，社会局势更加稳定；和谐西藏建设全面推进，各族群众的思想道德素质、科学文化素质和健康素质进一步提高，精神文明建设和民主法制建设取得明显进展。这四个方面的主要目标任务，既与中央关于进一步做好西藏发展稳定工作意见的目标任务相衔接，又贯彻党的十六届六中全会精神，把建设和谐西藏摆在更加重要的地位，覆盖了经济、政治、文化和社会建设，表达了西藏各族人民追求美好生活的意愿，体现了立足当前、着眼长远和量力而行、尽力而为的科学态度，是建设小康西藏、平安西藏、和谐西藏的一幅宏伟蓝图。

五是要把握好今后五年的工作部署和各项措施。报告用了很大篇幅，从确保实现经济社会跨越式发展、深入开展反分裂斗争、做好统战民族宗教工作、加强社会主义精神文明和民主法制建设、把党的建设提高到新水平五个方面，对西藏地区经济建设、政治建设、文化建设、社会建设和党的建设作出了重大部署，提出了一系列政策措施，处处体现着"坚持以人为本，立足当前，从解决人民群众最关心、最直接、最现实的实际问题入手"，"让各族群众安居乐业"的价值取向，贯穿着科学发展观的精髓。

当然，报告提出了许多新的举措、新的观点。如：报告以科学发展观为根本指针，勾画了清晰的发展思路，指出"我们必须坚持以科学发展观统领经济社会发展全局，抓住发展机遇、创新发展模式、破解发展难题、提高发展质量，积极实施'一产上水平、二产抓重点、三产大发展'的经济发展战略，以改革开放为动力，以结构调整为主线，扎实推进新农村建设，加快基础设施建设步伐，加强生态环境保护与建设，不断开创西藏地区改革开放和社会主义现代化建设事业新局面"。

又如："以思想的大解放实现改革的新突破，以发展的新思路实现经济的大发展。""加快发展的生机与活力源于思想的解放，不冲破思维'瓶颈'，实现加快发展、跨越式发展就是一句空话。""坚决冲破一切妨碍发展的思想观念，坚决改变一切束缚发展的做法规定，坚决革除一切影响发展的体制弊端。"改革开放以来的实践充分说明，没有思想上的解放、观念上的更新，就不可能有今天西藏经济快速发展和社会全面进步的好局面。报告阐明了解放思想的极端重要性，深刻揭示了解放思想与推进改革、实现加快发展的内在联系，用"三个坚决"指明了解放思想必须解决的问题，实现以思想大解放推动改革的大突破、经济的大发展。

再如：对"一产上水平、二产抓重点、三产大发展"的经济发展战略进行的系统诠释，为实施好经济发展战略厘清了思路，使经济发展战略更具指导性和可操作性；紧密结合社会主义新农村建设的总体要求，对"安居乐业"给予了全新的时代内涵，从而高度概括了改善农牧民生产生活条件、增加农牧民收入这个西藏地区经济社会发展的首要任务；"大力发展以教育、卫生、科技为重点的社会事业"。把关乎人民群众切身利益、与人民群众生活息息相关的教育卫生科技等作为社会事业发展的重点，让人们看到了更加注重民生的社会事业发展政策取向，等等。

六是要把握好进一步加强宣传思想工作的要求。报告在充分肯定第六次党代会以来，宣传思想工作所取得的成绩的同时，对在思想意识形态领域把反分裂斗争引向深入提出了明确要求，指出要"紧紧抓住达赖政治上的反动性、宗教上的虚伪性和手法上的欺骗性的要害，多层次、多形式、多角度地揭批达赖集团分裂祖国的罪行，揭露达赖集团分裂祖国、搞

'西藏独立'的反动本质，在理论上彻底把他批倒，用事实把他戳穿，用民心把他打垮"。报告还从建设和谐西藏的视角要求，要按照民主法治、公平正义、诚信友爱、充满活力、安定有序、人与自然和谐相处这一建设和谐社会的总体要求，抓好宣传思想工作，建设和谐文化，打牢思想基础，加强法制建设，激发创造活力，全面推进社会主义物质文明、政治文明和精神文明建设协调发展。为此，从加强和改进宣传思想工作、建设社会主义核心价值体系等方面，作出了具体部署。这充分体现了自治区党委对宣传思想工作的高度重视，充分体现了宣传思想工作在西藏地区发展稳定工作大局中的重要地位和作用。我们要切实领会好、贯彻好。

二　积极投入学习、着力增强做好宣传思想工作的本领

宣传思想工作是党和国家工作大局的重要组成部分，从来都是为党和国家事业发展服务的，我们说使命光荣、责任重大。必须看到，西藏进入历史上发展和稳定的最好时期，为我们做好宣传思想工作奠定了坚实基础、提供了有利条件，但经济社会发生的深刻变化、反分裂斗争出现的新形势、建设小康西藏平安西藏和谐西藏的艰巨任务，都给宣传思想工作带来了一系列新情况新问题，提出了新的任务和要求，也对我们的政治素质、知识结构、精神状态和工作本领提出了新的更高要求。所以，通过进修班的学习，笔者认为我们要在以下三个方面，必须要有新的收获。

（一）在理解和把握马克思主义中国化最新理论成果上要有新的收获

马克思主义是我们立党立国的根本指导思想，是全国各族人民团结奋斗的共同理论基础。捍卫马克思主义在意识形态领域的指导地位，也就捍卫了中国共产党的执政地位，也就捍卫了中国特色的社会主义道路，相反如果丢了马克思主义，也就丢了我们党，也就丢了中国特色的社会主义道路。在某种意义上说，这是三位一体，缺一不可。而宣传思想工作担负着巩固马克思主义在意识形态领域的指导地位，用马克思主义一元化的指导思想引领整合多元、多变、多样化的社会思潮的光荣使命。我们要充分认识自己的这一使命和责任，进一步深入学习领会和把握马克思主义中国化的最新理论成果，在真学、真信、真懂、真用上下功夫，使自己首先在理

论上保持清醒和坚定。要以《江泽民文选》为重要教材，深入领会"三个代表"重要思想的科学体系，只有掌握了科学体系，才能融会贯通，避免片面性和断章取义，要牢牢把握贯穿"三个代表"重要思想之中的中国特色社会主义的发展道路、发展阶段、发展任务、发展条件、发展目的这一系列相互联系的基本观点。这些基本观点又可以概括为 6 个方面 12 个字的基本精神。一是地位，就是深入理解"三个代表"重要思想是我们必须长期坚持的指导思想这一历史地位；二是精髓，就是解放思想、实事求是、与时俱进这个精髓；三是主题，就是深入理解中国特色社会主义这个主题；四是目标，就是深入理解全面建设小康社会的宏伟目标；五是核心，就是深入理解保持党的先进性这个核心；六是本质，就是深入理解立党为公、执政为民这个本质。要以《科学发展观学习读本》为基本教材，把深入领会"三个代表"重要思想和深入领会科学发展观、构建社会主义和谐社会、加强党的执政能力建设和先进性建设、建设社会主义新农村、树立社会主义荣辱观等一系列重大战略思想和理论创新成果结合起来。这些重大战略思想和理论创新成果，是以胡锦涛同志为总书记的党中央运用邓小平理论和"三个代表"重要思想的新创造、新成果，需要我们认真学习，切实把握。

（二）在做好新形势下宣传思想工作的责任感使命感上要有新的收获

自治区党委历来高度重视宣传思想工作。区党委书记张庆黎到西藏工作不久，就要求宣传思想工作要牢牢巩固马克思主义在意识形态领域的指导地位，把握正确的舆论导向，弘扬主流文化，唱响共产党好、社会主义好、改革开放好、民族团结好的主旋律，抓好"四项宣传教育、一项阵地建设"，即：一是在坚持宣传以爱国主义为核心的伟大民族精神的基础上，深入持续地开展马克思主义"四观""两论"的宣传教育；二是在坚持以改革创新为核心的时代精神基础上，围绕建设社会主义新农村做好宣传教育；三是要突出在党领导下，农牧民生产生活条件改善，生活水平提高的宣传教育；四是要抓紧抓好抓实维护祖国统一，反对民族分裂的宣传教育，要使每个干部对此都要立场坚定，旗帜鲜明，决不含糊。要抓紧农村基层文化设施的建设、管理，使其真正发挥作用，成为我们宣传教育农牧民讲科学、树新风、除陋习的阵地。从张庆黎书记的这些要求中，我们也能体会到区党委对宣传思想工作的高度重视。

西藏地区宣传思想工作，认真贯彻区党委的一系列重大决策部署，紧紧围绕经济建设这个中心，服务西藏发展和稳定大局，唱响主旋律，打好主动仗、贴近实际、贴近生活、贴近群众，为确保西藏经济社会跨越式发展和长治久安，提供了强大的思想保证、舆论支持、精神动力和文化条件。宣传思想工作同全区各项事业一样，保持着积极健康向上的良好态势。马克思主义在西藏地区意识形态领域指导地位不断得到巩固和发展，邓小平理论、"三个代表"重要思想和科学发展观日益深入人心，在坚持新时期西藏工作指导思想、实现西藏经济社会跨越式发展、走中国特色社会主义道路，以及维护祖国统一、维护民族团结、维护西藏稳定等重大问题上达成了广泛共识，全区各族人民团结奋斗的共同思想基础更加巩固。唱响了"共产党好、社会主义好、民族区域自治制度好、改革开放好"的主旋律，"思稳定、求发展、谋跨越、奔小康"的积极性和创造性充分迸发。

在看到大好形势的同时，也必须清醒地认识到，随着经济社会的快速发展和对外开放的不断扩大，社会经济成分、组织形式、就业方式、利益关系和分配方式的日益多样化，各种思想观念相互交织、相互影响、相互激荡，社会思想领域还面临着复杂情况，树欲静而风不止，平静之中还有不平静。一是十四世达赖集团及其支持他们的西方反华势力不断加强思想渗透。二是意识形态领域时不时地出现一些不和谐的噪音、杂音。少数所谓文人不顾事实攻击党和政府的领导，美化十四世达赖的分裂活动，为"西藏独立"摇旗呐喊，少数人利用网络、手机等不负责任地散布各种错误甚至是反动的观点和短信。三是社会思想意识多元、多变、多样更加凸显。在经济社会深刻变化的大背景下，统一思想的任务很重，凝聚人心的任务很重，维护稳定的任务很重。四是经济社会生活中的热点难点问题对人们思想认识的影响不容忽视。反腐倡廉、收入分配、企业改制、失业就业等热点难点问题，处理不当容易给人们的思想带来波动，特别是需要高度重视敌对势力借题发挥制造群体性事件。五是扫除封建农奴制思想残余的任务仍然繁重。这些都要求我们，始终保持清醒的政治头脑，进一步增强政治意识、大局意识、责任意识，不断改进和创新我们的宣传思想工作。

（三）在掌握过硬的业务本领上要有新的收获

过硬的业务本领是做好工作的前提，也是一个人安身立命之本。古人云："学海无涯。"我们身处知识创新时代，终身学习时代，要增强学习的紧迫感，在座的各位都是宣传思想战线的骨干，我们应当把掌握过硬的业务本领作为追求的目标，潜心学习、苦心钻研、虚心求教，刻苦学习，不断提高巩固马克思主义指导地位的能力、把握正确导向和引导社会舆论的能力、服务西藏发展稳定大局的能力、创新宣传思想工作的能力，努力打牢知识根底和业务根底。

三　加强党性锻炼，展现宣传思想工作者的良好精神状态

近几年，按照"十五"培训规划，在自治区党校以脱产集中学习的方式，对全区宣传文化系统的干部进行了培训，取得了比较好的效果。我们这次进修班是进入"十一五"培训规划的第一个进修班，希望同志们充分认识组织进修班的重要意义，珍惜学习机会，集中精力认真学习、认真研讨，做到学有所思、学有所得、学有所长。为此，笔者提几点具体希望：

一是做好角色的转变。党校是我们锤炼党性的熔炉，到党校学习，不仅要完成好学习任务，还要加强党性锻炼。大家在工作岗位上都是领导和骨干，到党校参加学习就变成了学员，要在一起过集体学习生活，这就有一个做好转变角色的问题，我们要以普通学员的身份认真遵守学校的各项规章制度，自觉锤炼自己的党性。要按时听课，自觉自习，认真讨论，积极参加学校活动，以我们自觉的党性，展现宣传思想工作者的良好精神风貌。

二是以良好的精神状态投入学习。这次进修班虽然学习时间只有一个月，但内容非常丰富，分为四个单元，既有基本理论，又有业务知识。希望大家抓紧时间，通过认真自学，参加听课和深入讨论，深化对党的基本理论的认识和理解，深化对党的方针政策的认识和理解，进一步掌握好宣传思想工作的各项业务知识，力求提高思想境界、增强工作本领，为更好地开展各项宣传思想工作打好基础。

三是坚持理论联系实际的学风。武装头脑、指导实践、推动工作，是我们学习的目的。希望大家充分发扬理论联系实际的学风，紧密联系各自的工作实际，联系个人的思想实际，紧紧围绕教学内容，深入思考、认真

研讨、相互切磋、共同提高，努力使学习进修成为深化认识的讨论会，推动工作的交流会。与学风相连，也要在改进我们的文风上下功夫。文风不是单纯的文采问题，而是对客观事物和读者的态度问题，是思想方法和工作作风问题。毛泽东主席指出，文件、文章应该具有三种性质：准确性、鲜明性、生动性。这"三性"，也就是对优良文风的三个基本要求。我们要大力倡导言之有物，倡导简洁朴实、清新活泼、准确生动的文风，不断提高我们所写的东西的质量和吸引力、感染力，更好地服务宣传思想工作。

统筹国内国际两个大局
做好新形势下西藏外宣工作

——在全区第六批援藏县委书记培训班上的报告稿
（2010 年 8 月 16 日）

胡锦涛总书记在党的十七大报告中指出：要统筹国内国际两个大局，树立世界眼光，加强战略思维，善于从国际形势发展变化中把握发展机遇，应对风险挑战，营造良好的国际环境。这个论述对做好西藏外宣工作具有很强的指导性。西藏外宣工作（涉藏外宣工作）是我们国家对外工作和西藏工作的重要部分，做好西藏外宣工作，必须善于从国际的眼光观察国内问题，注意国内问题特别是区内问题的国际影响，善于从国内的立场分析国际形势，注意国际问题的国内影响特别是区内影响。总而言之，做好西藏外宣工作必须首先具有国际眼光。

一　当前涉藏国际舆论斗争的总体形势

涉藏外宣工作是随着国际涉藏斗争的不断深入而逐步发展起来的。十四世达赖集团自 1959 年叛逃国外以来，在国际敌对势力的支持、纵容下，顽固坚持其分裂祖国的立场，不遗余力推进所谓的"西藏问题"国际化，千方百计向西藏和四省藏区进行渗透破坏。50 多年来，围绕分裂与反分裂、渗透与反渗透、争夺与反争夺，我们与十四世达赖集团进行了长期复杂甚至尖锐的斗争。

涉藏外宣就是我与十四世达赖集团在国际上进行全方位斗争的重要方面、重要领域和重要战线。20 世纪 80 年代末 90 年代初以来，我们与达赖集团和西方反华势力围绕西藏的主权归属、人权状况、民族区域自治、传统文化保护、宗教信仰自由、生态环境保护、教育和经济社会发展等，进行了尖锐复杂的涉藏国际舆论斗争。当前涉藏国际舆论斗争形势可概括为：三个没变和一个变。

第一个没变：十四世达赖集团图谋"西藏独立"的顽固立场没有变。中央第五次西藏工作座谈会指出，达赖集团是代表旧西藏政教合一封建农奴主阶级残余势力、受国际敌对势力支持和利用、破坏西藏发展稳定、图谋"西藏独立"的分裂主义政治集团。这是中央对十四世达赖集团的定性。十四世达赖是达赖集团的核心，中央对他也有一个定性。1995年，李瑞环同志在十世班禅转世灵通寻访领导小组第三次会议上讲过一段话，指出："大量事实表明，达赖是图谋西藏独立的分裂主义政治集团的总头子，是国际反华势力的忠实工具，是在西藏制造社会动乱的总根源，是阻挠藏传佛教建立正常秩序的最大障碍。"中央对达赖集团和十四世达赖的定论是准确的、恰如其分的，也被50多年来的历史所证明。

公开鼓吹"西藏是独立国家"，拒绝承认西藏自古以来就是中国一部分。1959年，十四世达赖在印度发表声明，称"西藏实际上曾经一向是独立的"。1991年，十四世达赖访问英国时向报界宣称，西藏"是当今世界上被占领的一个最大的国家"。他多次妄称"实现西藏独立的任务落到我们西藏境内外全体西藏人民的身上"，在多个场合表示"西藏独立这代人实现不了，下代人会去实现；下代人实现不了，再下代人也会实现"。

成立"流亡政府"，组织开展"藏独"活动。1960年，十四世达赖集团在印度达兰萨拉召开伪"西藏人民代表大会"，成立所谓"西藏流亡政府"，颁布所谓"宪法"，规定"由达赖任国家首脑"，"大臣由达赖任命"，"政府的一切工作均应由达赖同意方被认可"。1991年十四世达赖集团修改后的所谓"宪法"中，仍规定达赖是"国家首脑"。另外，十四世达赖集团还成立"藏青会""藏妇会"等组织，纵容支持鼓励其开展追求"西藏独立"的各种活动。

窜访世界各地，为其分裂活动大造声势。50多年来特别是近20年来，十四世达赖及其集团骨干频繁窜访世界各地，大肆宣扬"藏独"主张，不遗余力推动"西藏问题"国际化。他们不顾事实，编造了大量诸如"汉人屠杀了120万藏人"；"由于汉人移民，藏族在西藏成了少数"；政府实行宗教迫害，西藏陷入"人间地狱"；藏族传统文化遭到灭绝；西藏自然资源遭到掠夺；西藏环境遭受破坏等谎言，蓄意挑拨民族关系，混淆国际视听，为其分裂活动大造国际舆论。

渗透干扰破坏，煽动策划暴力活动。十四世达赖集团长期对西藏进行思想文化渗透，策动各种分裂活动，成为西藏不稳定的最大根源。1987年9月至1989年3月，在十四世达赖集团的煽动和派遣回藏的叛乱分子策划下，拉萨发生多起骚乱事件。2008年，达赖集团利用北京召开奥运会之机，组织策划煽动了拉萨"3·14"事件，给人民群众的生命和财产造成了重大损失，严重破坏了社会秩序和安全稳定。另外，十四世达赖还借助其特殊的宗教身份和地位，插手活佛转世等宗教事务，扬言掌握了一个活佛就等于控制了一个寺庙；控制了一个寺庙，就控制了一个区域。

50多年来，十四世达赖集团分裂活动可分为两个阶段：第一阶段从1959年到80年代中期，主要特点是以暴力方式公开寻求"西藏独立"。第二阶段从80年代到现在，以寻求"中间道路""高度自治""名副其实的自治"为幌子，以暴力和非暴力两手并重，以比较隐蔽的方式寻求"西藏独立"。目前，十四世达赖集团的政治主张和诉求集中体现在1987年十四世达赖在美国国会提出的"西藏和平五点计划"、1988年在法国斯特拉斯堡欧洲议会提出的"斯特拉斯堡建议"（也称"七点新建议"）和2008年的《为全体藏民获得真正自治的备忘录》。这些内容概括起来是：一是不承认西藏自古以来就是中国领土的一部分。二是西藏实现高度自治，中央只负责外交和国防。三是设立"大藏区"，包括西藏和四省藏区，共250多万平方公里。四是西藏成为"和平区"，撤出军队，把在西藏的其他民族统统赶出去。稍有政治眼光的人都会发现，达赖集团实际上仍然在寻求"西藏独立"。

第二个没变：国际敌对势力利用十四世达赖集团遏制、搞乱乃至分裂社会主义中国的战略图谋没有变。中央第五次西藏工作座谈会指出，达赖集团之所以能够生存下来，之所以还有一定能量，很重要的原因就是国际敌对势力企图利用所谓"西藏问题"长期牵制、遏制我国，对我国实施西化、分化战略。

十四世达赖集团逃亡海外后，国际反华势力把十四世达赖集团作为"西化""分化"我国的战略工具，对十四世达赖和达赖集团进行全方位支持。具体表现为：在经济上资助，美国中央情报局20世纪60年代每年给"西藏流亡政府"提供170万美元，其中18万美元是给十四世达赖个人的津贴。2001年以来，美、英、德、日等国每年向达赖集团提供经费高达 1 亿美元。2007 年以来，美国国会两次拨款 8000 万美元给《美国之音》，加大对我国藏区的宣传和渗透力度。2010 年，美国对流亡政府的援助资金达 1330 万美元，占"流亡政府"年度财政预算的一半以上。在政治上支持，长期以来，西方国家领导人频频接见十四世达赖，国会制定各种形式的涉藏议案，在外交场合向我国施压，企图改变我西藏政策。仅 2009 年，达赖就窜访了 15 个国家和地区，受到多个国家领导人的接见。1991 年以来，美国总统老布什、克林顿、小布什等都多次会见十四世达赖。今年 2 月，奥巴马不顾我国强烈反对在白宫接见了十四世达赖。对此，西班牙中国问题专家胡利奥·里奥斯发表题为《美中交锋》的文章说，"对美国和其他西方强国来说，西藏问题是一个绝佳的战略推手。随着未来几年中国地位得到巩固，日益削弱美国实力，这一点将逐渐显现出来"，"会见达赖是美国向北京施压的一种方式，而不是'单纯的'会见"。在形象上包装，几十年来，西方国家给大肆吹捧十四世达赖，给他戴上了许多耀眼的光环，将他伪装成"西藏人民的代言人""精神领袖""非暴力主义者""和平卫士"。特别是 1989 年，西方国家把"诺贝尔和平"奖授予十四世达赖，十四世达赖的国际影响力大增。2007 年，小布什授予十四世达赖美国国会金质奖，十四世达赖先后获得各种荣誉头衔达 70 多个。在舆论上造势，长期以来，西方国家媒体把西藏视为"被占领的国家"，把十四世达赖视为"无家可归的受害者"，把十四世达赖集团的分裂活动视为"正义斗争"，将中国视为"侵略者""殖民者"，不断为十四世达赖集团的分裂活动摇旗呐喊。

第三个没变：涉藏国际舆论格局"西强我弱"的基本态势没有变。十四世达赖流亡国外 50 多年，也在国外苦心经营了 50 多年，可以说，在国际敌对势力的支持下十四世达赖集团推动"西藏问题"国际化取得了某种成功，西方舆论在涉藏问题上已经形成基本上"一边倒"的格局，西方民众对西藏的误解和偏见根深蒂固。目前，仅美国之音、英国广播电台（BBC）、自由亚洲、西藏挪威之声等 8 个境外电台，每天就用 120—150 多个频率对我国进行"空中渗透"。达赖集团和西方反华势力建立了 1000 多个涉藏网站，通过 QQ 聊天工具、交友网站、电子信箱、手机信息等，竭力对我国实施思想渗透和反动宣传。十四世达赖于今年 5 月和 7 月先后两次与境内外网民进行"推特对话"。另外，十四世达赖集团还拥有"国际声援西藏运动""自由西藏学生运动""亚洲基金会"等数以百计的"洋藏独"组织。在十四世达赖集团和西方敌对势力的长期歪曲宣传下，国际社会特别是西方国家对西藏的误解和偏见已经本土化、草根化，深入到了年轻人。据我们派到国外的出访团反映，西方媒体宣传的和西方民众认识的西藏，基本上是十四世达赖的东西。扭转国际涉藏舆论"西强我弱"的格局将是长期的、艰巨的、复杂的。

一个变：涉藏舆论斗争形势正朝着越来越于我国有利的方向发展。经过与十四世达赖集团50多年的较量，特别是经过最近20多年的努力，当前涉藏国际斗争形势正发生冷战结束以来最为深刻的变化，涉藏外宣工作已经到了由被动应战转为主动出击的战略机遇期，涉藏舆论斗争形势正朝着越来越于我国有利的方向发展。

一是近20年来国际形势和涉藏斗争敌我力量对比的深刻变化。2008年以来，随着国际金融危机的加深和蔓延，国际力量对比正发生冷战以来最为深刻的变革。最主要的标志是：美国等西方国家受国际金融危机的冲击，经济增长乏力甚至出现负增长，自由主义经济发展模式受到质疑，西方国家的硬实力和软实力双双受挫，在战略上对我的倚重不断加深。在此大背景下，美国等西方国家打"西藏牌"开始感到力不从心，我国在涉藏问题上的战略运筹空间增大，涉藏国际舆论的风向开始发生变化，十四世达赖集团在国际上开始出现被边缘化的危机。

二是十四世达赖集团自身将面临重重危机。当前，达赖集团正处于"后达赖时期"，十四世达赖今年已经75岁，年事日高，威信在下降，政教权力交接问题日益紧迫，内部矛盾加剧，再加上"3·14"事件以来遭受我国沉重打击，十四世达赖集团内外交困，颓势日显。一旦十四世达赖去世，进入"后达赖时期"，达赖集团在组织上有可能因群龙无首而面临分裂危机，在政治上有可能因暴力上升而面临道义危机，在宗教上有可能因达赖转世问题处理不当而面临信仰危机。今年8月2日，公开主张"西藏"独立的"藏青会"举行十四届全体理事大会，会上一个重要议题是是否罢免藏青会副会长顿珠多吉，据称原因是他阻止了今年2月份计划在纽约举行的绝食抗议。

三是西藏的持续稳定，同时国家不断加大外宣工作力度。西藏的发展稳定和人民的幸福安康，是开展对外宣传工作最生动、最具说服力的教材，也是做好西藏外宣工作的根本保证。和平解放近60年来，在中国共产党的英明领导下，在全国人民的无私支援下，在历届自治区党委政府的团结带领下，西藏各族人民团结奋斗，从根本上废除了延续上千年的封建农奴制，改变了旧西藏封闭、贫穷、落后的社会面貌，短短几十年实现了社会制度和经济社会发展的两大历史性跨越。目前的西藏，政局持续稳定，经济不断发展，文化日益繁荣，社会面貌日新月异，人民精神意气风发。这是戳穿达赖集团散布的种种谣言的最有力武器，也为西藏外宣工作提供了丰富素材。

从国家层面来讲，近年来中央高度重视外宣工作，不断加大投入力度，这也为西藏外宣工作提供了重大契机。我这里仅从国际传播能力建设的角度来集中说明。新闻传播学上有一种理论认为，传播力决定影响力，谁的传播手段先进、传播能力强大，谁的文化理念和价值观念就能更广泛地流传，谁就能掌握话语权，谁就能更有力地影响世界。我国重点媒体国际传播能力建设加快推进，着力打造语种多、受众广、信息量大、影响力强、覆盖全球的国际一流媒体，努力形成与我国经济社会发展水平和国际地位相称的国际传播能力。2009年以来，中央电视台开播了中国网络电视台，第九套英文频道实现了改版，实现了中英法西阿俄6种语言播出；新华社今年7月1日开播了中国新华新闻电视网英文频道（CNC world），计划打造成国际一流媒体；*China Daily*（中国日报）不断在北美等地增加分社；《环球时报》推出了英文版。

可以说，当前和今后一个时期是我国涉藏外宣工作由被动应战向主动出击、全面推进的一个难得的战略机遇期。

二　西藏外宣工作的极端重要性、基本原则和重要内容

（一）西藏外宣工作的极端重要性

对外宣传西藏工作，是西藏整体工作的重要组成部分，是西藏宣传思想工作的重要组成部分，也是我国与十四世达赖集团和西方反华势力斗争的重要战线，关系我国主权、安全和国际形象，关系西藏发展稳定大局，战略地位相当重要。

一是对外宣传西藏是西藏工作的一个特殊组成部分，是我们与十四世达赖集团斗争的一个主要战场。西藏工作分为对内对外两个方面，对内是

西藏的发展稳定和反分裂斗争；对外主要是在国际舞台与十四世达赖集团开展斗争。目前，我们的对外工作显得尤为突出，主要原因是当前西藏政局稳定，经济发展，社会和谐，民族团结，处于历史上最好时期，十四世达赖集团长期身居海外，对直接插手区内事务越来越力不从心。这就决定了他们采取的主要方式和策略是，以国际敌对势力为后台，以国外主要是欧美等西方国家为主要舞台，以舆论宣传为主要手段，来推动"西藏问题"的国际化，对我国施加国际压力，丑化我国际形象，干扰我国发展稳定。自 20 世纪 80 年代以来，在国际反华势力的支持下，"藏独"分裂活动在国际上愈演愈烈。目前，十四世达赖集团已经形成了一个组织比较严密的体系，在"东突""民运"等几股敌对势力中，"藏独"是组织最严密、活动能量和国际影响力最大的势力，也是对我国国家形象和国家安全构成最大威胁的势力。而我们与十四世达赖的在国际上的斗争主要是国际舆论斗争。所以，对外宣传西藏工作是一项维护社会主义新西藏良好形象、为跨越式发展和长治久安创造良好国际环境的战略性、全局性工作。

二是对外宣传西藏工作是一项关系国家外交外宣大局、在国际上争取人心的工作。中央第五次西藏工作座谈会谈到西藏工作的特殊重要性的时候，提到"四个迫切需要"，其中两个是与外宣工作相关，即做好西藏工作"是维护民族团结、维护社会稳定、维护国家安全的需要"，"是抵御国际敌对势力西化、分化战略和营造良好国际环境的迫切需要"。

从国家层面来讲，对外宣传西藏工作是国家战略，关系国家核心利益。最近，我们会经常在报纸、电视、互联网上看到或听到"国家核心利益"这个词。2009 年 7 月，戴秉国国务委员在中美战略与经济对话中概括了中国的三个核心利益：一是维护基本制度和国家安全；二是国家主权和领土完整；三是经济社会的持续稳定发展。可以看出，这种利益是不容妥协、不容商量、不容让步的。涉藏工作就是关系国家核心利益的重要工作。今年 4 月 12 日胡锦涛总书记在会见奥巴马时说："要尊重彼此核心利益和重大关切。这对确保中美关系健康稳定发展至关重要。台湾、涉藏问题事关中国主权和领土完整，涉及中方核心利益。希望美方恪守承诺，慎重处理好这些问题，以免中美关系再受干扰。"

如果我们留心中央领导接见外宾的讲话，就可以经常听到要求对方在涉藏问题上如何如何或者感谢对方在涉藏问题上如何如何。党和国家领导人亲自做涉藏外宣工作，这已经成为常态。在每年"两会"期间，涉藏问题总是外媒记者关注的热点之一。在外交部的记者招待会中，涉藏问题也是涉及频率比较高的问题。可以说，涉藏问题就是国家核心利益，我们开展对外宣传西藏工作就是维护国家核心利益。

（二）西藏外宣工作的基本原则

西藏外宣工作，要坚持高举中国特色社会主义伟大旗帜，以邓小平理论和"三个代表"重要思想为指导，深入贯彻落实科学发展观，认真贯彻落实中央关于涉藏工作的一系列方针政策，抓住"后达赖"和"达赖后"时期的战略机遇期，统筹国内国际两个大局，牢牢把握正面宣传西藏和深入揭批达赖集团两项主要任务，下好先手棋，打好主动仗，始终确保国际涉藏舆论斗争的话语权和主导权，不断提升社会主义新西藏在国际社会上的良好形象，为走有中国特色、西藏特点发展路子营造客观友善的国际舆论环境。

要坚持"以我为主、以正面宣传为主、用事实说话"的原则。积极对外介绍中央政府对西藏工作的方针政策，全面客观介绍西藏经济社会发展成就，讲成绩留有余地，讲问题着眼全局，寓立场和观点于对事实的客观报道之中，以事喻理，以理服人。

要坚持下好先首棋、打好主动仗的原则。充分发挥我国事实优势和真理优势，讲求策略方法，把握时机契机，积极主动出击，有针对性地设置议题、掌握主动，有计划、有步骤地组织各种形式的外宣活动，有力影响、积极引导涉藏国际舆论。

要坚持内外有别、外外有别的原则。西藏对外宣传工作，要贴近西藏发展稳定实际，贴近国外受众对西藏和其他藏区省信息的需求，贴近国外受众的思维习惯。要分析并针对不同地区、不同国家和不同时期的特点，增强外宣工作的针对性、有效性。

要坚持文化交流与对外宣传相结合的原则。要充分挖掘潜力，把西藏优秀传统文化的深厚内涵和独特魅力转化为开展对外宣传的丰富资源，引导国际社会用历史和文化的眼光观察西藏、理解西藏，积极开展对外文化交流、文化外宣。

要坚持官方宣传与民间宣传并重的原则。西藏外宣工作，要坚持形式多样、不拘一格，既要通过主办和参与的活动彰显权威性和重要性，也要通过民间举办的活动体现群众性和广泛性，做到优势互补，相得益彰，形成合力。

（三）西藏外宣工作的根本任务

1999 年，江总书记在全国对外宣传工作会议上作了重要讲话，用大量篇幅讲了西藏的对外宣传工作。提出西藏外宣的根本任务是"要运用西藏历史和现实这部活教材，揭露旧西藏封建农奴制度的黑暗，大力宣传新西藏发生的巨大变化，宣传我国的宗教政策，让国外公众全面认识和了解西藏"。

加大正面宣传西藏工作力度。深化历史宣传，向国际社会阐明中华民族多元一体格局的形成过程，进一步强化西藏自古以来就是中国领土不可分割一部分的共识；深化党的执政理念的宣传，向国际社会阐明党在西藏的执政史就是为西藏各族人民谋幸福、谋发展、谋利益的历史；深化经济社会发展成就宣传，大力宣传中央关心、全国支援、西藏各族人民团结奋斗的丰功伟绩；深化民族团结和民族政策宣传，展示各民族和衷共济、和睦相处、和谐发展的良好局面；深化文化保护的宣传，展示西藏传统文化得到继承、保护和发展的真实情况；深化宗教信仰自由的宣传，展示党的宗教信仰自由政策在西藏的生动实践；深化环保宣传，展示西藏生态环境得到良好保护的真实情况，进一步营造有利于西藏发展稳定的外部舆论环境。

有效开展国际涉藏舆论斗争。要善于把民主、自由、人权、主权、和平、发展、文化保护、环境保护等带有普遍性和感召力的理念、口号、旗帜牢牢掌握在我们手中。要着眼于解构西方人的"香格里拉迷思"及其维持西藏"世外桃源"原始状态的心结，着眼于破除西方社会的"达赖神话"，抓住国外受众对西藏信息的需求和思维习惯，主动设置议题，以充分有力的论据，着重阐明西藏自古就是中国的一部分，十四世达赖统治下的旧西藏是政教合一的封建农奴制社会，现代化是西藏社会发展的必由之路和西藏人民的根本要求。着重阐明所谓"西藏问题"的由来、实质及西方敌对势力借以西化、分化中国的险恶图谋；着重阐明十四世达赖其人其言其行的反动本质；着重阐明我国与十四世达赖集团和西方反华势力斗争的实质是统一与分裂、进步与倒退的斗争。要跟踪揭批十四世达赖集团和西方敌对势力散布的种种谎言谬论，特别是鼓吹的有关十四世达赖转世的种种谬论。把揭批十四世达赖的工作贯穿到外宣工作的各个方面，把我国在涉藏问题上的事实优势、真理优势转化为道义优势和话语优势，牢牢把握涉藏舆论斗争的话语权和主导权，维护国家安全和西藏稳定。

三　近年来西藏地区开展外宣工作情况

拉萨"3·14"事件以来，面对严峻复杂的国际涉藏舆论斗争，我们始终坚持把正面宣传西藏和深入揭批十四世达赖作为主要任务，迎难而上，主动出击，全力完成中央外宣办交办的各项任务，积极开展自主外宣，不断扩大对外宣传的渠道、领域和阵地，努力营造于我国有利的国际舆论环境。

一是攻坚克难，"请进来、走出去"工作取得新进展。"3·14"事件发生后，面对骤然大增的国际舆论压力和区内维护稳定的繁重任务，我们从服务国家外交外宣大局出发，顶住压力，全力以赴，进一步加强"请进来"工作。2008 年以来共接待 37 批 450 多人次的国内外记者、专家学者赴藏访问。在接访工作中，整合内宣外宣，协调各地各部门，区分维稳敏感期和常态期，灵活调整应对策略。在维稳常态期，坚持做到"两个不变"，即有序开放、有效管理，确保万无一失的指导思想不变；整体联动、协调作战、高效运行的工作机制不变。在两年多来的接访工作中，从区党委到宣传、外宣和各有关部门，都付出了艰苦努力。从接访效果看，多数外国记者回国后发表了大量比较客观的报道文章，在国际舆论中产生了积极反响。同时，我们选择恰当时机，预先设置主题，进一步加强"走出去"工作，积极开展对外宣传和文化交流活动。两年来，共安排 17 批近 90 人次的藏学家、翻身农奴后代和宗教界人士出访。通过举办专题演讲、接受记者采访、举行座谈交流等各种形式，积极交流、解疑释惑，增进国际社会对社会主义新西藏的了解和认同。我们还在欧美、南亚多个国家和地区成功举办了文物展、图书展、摄影展等活动。

二是拓展渠道，媒体合作和民间外宣迈出新步伐。我们以周边国家和西方重点国家为重点，积极推动媒体合作和民间外宣，使之成为西藏外宣工作新的着力点。从去年开始，在尼泊尔、印度 5 家全国性大报上开辟专版，介绍新西藏新发展新变化新生活，已刊登 24 个专版。针对十四世达赖集团与我国争夺海外华人华侨的新动向，从"藏独"活动重点国家入手，会同中国新闻社，于今年 2 月在美国《侨报》、法国《欧洲时报》、澳大利亚《澳洲侨报》等影响力较大的海外华文报纸开辟每周一期的西藏专版——今日西藏，已刊登70多个专版。美国《侨报》还在该报网站上开设"西藏设立百万农奴解放纪念日一周年"专题报道，刊发专版。这些专版专栏主题鲜明，冲击力感染力强，反响强烈，有效挤压了达赖集团和西方反华势力的舆论活动空间。去年，针对十四世达赖集团在美国麻省理工学院成立达赖喇嘛伦理与转型价值中心，积极与我国驻纽约总领馆和麻省理工学院中国学生联合会联系，举办"中国周"，开设中国西藏论坛，进行有理有力有节的斗争。今年3月29日，与香港亿利洋行二胡协会合作，以纪念"3·28"为主题，在香港成功举办"来自西藏的天籁之音"音乐会，中新社、大公报、文汇报、香港商报、亚洲电视和区内主要媒体都对活动作了报道，中央政府驻港联络办和香港亿利洋行还专门致函表示感谢。

三是加大力度，边境外宣工作不断开创新局面。边境外宣工作是党和国家对外宣传工作的重要组成部分，是涉藏舆论宣传和斗争的重要环节。作为祖国西南边疆的重要门户和保障国家安全的重要屏障，西藏地区边境线长、毗邻国家多，面临的涉藏斗争形势复杂，任务繁重，做好边境外宣工作具有十分重要的特殊意义。在学习传达2009年全国第一次边境外宣工作会议精神的基础上，我们认真研究并结合西藏实际，专门起草并以自治区党办名义下发了《关于加强和改进西藏边境外宣工作的意见》，进一步明确了今后一段时间西藏地区边境外宣工作的指导思想、基本原则和主要任务，制定了具有可操作性的工作措施。近年来，由于"村村通"等工程的实施，大大加强了调频广播发射总功率，同时扩大了广播电视覆盖面，绝大部分边境地区可清晰听看到中央和自治区的广播电视节目，有效挤压了敌对势力和十四世达赖自由西藏之声电台等的反动宣传空间，极大改变了边境地区的涉藏舆论格局。针对边境地区边民教育水平比较低和周边国家边民普遍使用藏语的实际情况，有针对性地制作了一批以音像制品、纪念品为主的外宣品，深受边境地区双方边民的喜爱。为增强外宣品的实效性，方便来藏境外人士和边境地区边民查阅，制作具有藏汉英三种文字查询功能的"西藏视窗"触屏一体机，并安放在重点口岸、机场、宾馆。各边境地区、边境县发挥地缘优势，结合自身实际，有针对性地开展了形式多样的边境外宣活动。在日喀则地区利用边境线长、口岸多等优势，通过口头宣传、赠送礼品、发放宣传品、播放影片、举办文体活动等多种形式，积极开展有针对性的外宣活动。

　　四是夯实阵地，外宣实力和整体水平迈上新台阶。我们整合外宣资源，充分发挥区内各相关部门的优势，不断提升外宣实力和整体水平。积极推进"采访线工程"建设，在全区建成了 120 多个点，形成了覆盖广泛、功能齐全、特色鲜明的外宣采访点体系。特别是结合安居工程建设推出的整村连片外宣点，外宣效果十分突出。建立健全新闻发布工作制度，推动新闻发布向规范化、制度化和专业化方向发展。西藏电视台藏语卫视在尼泊尔、印度落地，深受藏胞欢迎。西藏对外英语广播覆盖五大洲近 50 个国家。中国西藏之声在线广播、中国西藏新闻网英文网页点击率和影响力不断扩大。借助拉萨雪顿节这个平台，邀请国外媒体记者进藏采访，逐步打造文化外宣品牌。去年在尼泊尔加德满都开办的首个以展销我出版物为主的书店，吸引了近万名当地居民、各国游客和境外藏胞。今年以来以书店为阵地，开展的摄影展、图书展、妇女图片影视展等文化外宣活动，有效巩固和扩大了对外影响和效果，特别是对旅尼、旅印藏胞产生了较强的吸引力感染力。

　　总结近年来的工作，我们深深体会到，做好西藏外宣工作，必须坚持中央新时期西藏工作指导思想，把中央和区党委关于涉藏外宣工作的一系列指示精神作为外宣工作的根本遵循；必须把维护国家外交外宣大局和西藏发展稳定大局作为外宣工作的出发点和落脚点，从总体上把握，在大局下谋划；必须把提升社会主义新西藏的良好形象作为外宣工作的目标任务，正面宣传西藏发展成就、深入揭批十四世达赖反动本质；必须把"下好先手棋、打好主动仗"作为外宣工作的重要策略，掌握话语权、占领制高点；必须把构建大外宣格局作为外宣工作的长效机制，统一领导，统筹协调，上下联动，形成合力。

四　县委书记怎样做外宣工作

　　笔者在前面已讲过，西藏外宣工作关系国家主权、安全和国际形象，关系西藏的跨越式发展和长治久安，做好西藏外宣工作，是全党的重要任务，是自治区的重要任务。县委书记是负责一个地方全局事务的总指挥。做好西藏外宣工作，离不开各位县委书记的领导和支持，必须以高度的政治责任感和强烈的历史使命感，切实履行义不容辞的职责，共同把西藏外宣工作做好。为此，笔者谈几点建议和想法。

（一）要坚定政治立场

西藏外宣工作具有极强的政治性、政策性和敏感性。做好西藏外宣工作，首先应该具备坚定的政治立场，清醒的政治头脑，高度的政治鉴别力和政治敏锐性，在大是大非问题上切实做到旗帜鲜明、思想明确、态度坚决。关于这方面的要求很多，这里笔者着重强调两点。

第一，要坚信党和政府在西藏的政策是完全正确的。60多年来，党领导西藏各族人民历经和平解放、平叛叛乱、民主改革、自治区成立、改革开放，西藏实现了短短几十年、跨越上千年的人间奇迹。要坚信，我们与十四世达赖集团的斗争是正义与邪恶的斗争，是进步与复辟的斗争，中国共产党始终代表西藏各族人民根本利益，顺应时代发展潮流。十四世达赖集团代表的是政教合一的封建农奴主阶级残余势力，50多年来没有做过一件对西藏人民有利的事情。所以，我们要时刻绷紧政治这根弦，在反对分裂特别是十四世达赖问题等大是大非问题上，做到认识不含糊、态度不暧昧、行动不动摇，时时刻刻与党中央和自治区党委保持高度一致。

第二，要看到西藏的前途命运从来都是与我们国家的前途命运紧密相连的。纵观几百年的历史我们会发现，只要中央政权巩固、国势强大，西藏就比较安定，与祖国的关系就相当密切；而中央政权一旦衰败，国家贫弱，西藏就会动荡不安，就会有外部势力干预，助长西藏内部的分离倾向。当前，我国正处于和发展的机遇期，综合国力跃居世界第三位，并且很快要超过日本。一个日益强大的祖国为我们做好西藏工作奠定了坚实后盾，也为做好西藏外宣工作提供了坚实的后盾。所以，我们一定要坚定信心，相信我们的党，相信我们政府，相信各族人民，与十四世达赖集团和国际敌对势力的斗争，时间在我们这边。

（二）要增强外宣意识

思想是行动的先导。只有具备了强烈而敏锐的外宣意识，才会真正重视外宣工作，也才会善于开展外宣工作。我们所处的时代是一个全球化和信息化时代，随着自治区对外开放力度的不断加大，西藏地区与外界的往来日益频繁，出现了"人人都是外宣员，事事都是外宣事"的崭新情况。任何看似不起眼的小事，很可能在瞬间被国际媒体炒作成举世瞩目的大事，使我国在外交上处于被动。特别是西藏是十四世达赖集团和西方媒体高度关注、紧紧盯住的敏感区域，西藏各个地区、各个县发生的貌似不起眼、不重要的事情，很有可能衍化为国际舆论炒作的大问题，损害西藏的国际形象，损害国家的国际形象，使国家涉外工作处于被动。所以，各位领导在开展各个县的工作的时候，一定要充分考虑各个事件可能造成的外宣效果，紧紧绷紧政治这根弦，牢固树立敏锐的外宣意识，牢固树立"外宣无小事"的思想，牢固树立做好本职就是在做外宣工作的思想。甚至可以这样讲，大家推动了当地的经济发展，就是做了外宣工作；维护了一方稳定，就是做了外宣工作；化解了社会矛盾，就是做了外宣工作；促进了民族团结，就是做了外宣工作。

（三）要善于应对记者

随着西藏地区对外开放力度的不断深入和新闻发布制度的不断完善，各位领导与记者、媒体打交道的机会越来越多，甚至会直接面临国外记者。因此，切实提高应对记者能力和水平非常必要，非常重要。这里，笔者重点讲几条应对记者原则：一是请不要作报告。答记者问，要有问有答，不问不答。有时可以借题发挥，但不可太多。千万不要不管记者问什么，自己只管念事先准备好的稿子，做一个小时的报告；甚至是故意消磨时间，怕记者多问。二是请不要居高临下。要善待、善用媒体，把记者当成客人，对客人要尊重、客气，不要顾左右而言他。三是请不要有对抗心理。记者的问题可能尖锐，但不必介意，不要立即摆出一副防范、抵抗的样子，也不要向记者发脾气，更不可动粗。就算已看出记者在设圈套，也要机智地、有风度地绕过去。四是请不要抖家底。一些地方官员，不管回答什么，总不厌其烦地将自己所辖地的土地、人口、物产、产值，甚至山川、历史、气候，全部抖搂一遍。我们应该明白，记者最喜欢有个性的材料和语言，空话、套话，说了也白说，统统都不会报道。五是请不要借机捧上级。大型记者会，有时是各级干部出场，由领导主持，有些人借回答记者问题，吹捧上级，让人很肉麻。

（四）要特别做好边境外宣工作

在座的可能有很多边境县的县委书记，这里笔者要特别强调一下做好西藏边境外宣工作的重要性，希望各位领导能引起重视。

西藏地处祖国西南边疆，毗邻印度、尼泊尔、不丹、缅甸等国，边境线长达4000多公里，共有21个边境县、110个边境乡镇。这110个边境乡（镇）全部分布在山区，居住着藏族、门巴族、珞巴族、僜人、夏尔巴人，是全区民族构成最多、人口较少民族聚居的主要地区。做好西藏边境外宣工作意义重大，责任重大，使命光荣。希望各个县把边境外宣工作纳入重要议事日程，高度重视，切实加强领导，发挥各边境县外宣工作领导小组的作用，把各项工作抓好抓实。

（五）要讲究方式方法

外宣工作的对象主要是外国人，主要做外国人的思想工作。他们所处的社会环境、文化背景不同，道德信仰、风俗习惯、生活方式也有差异。因此，我们的对外宣传必须针对对象的特点和心态，讲究艺术性，在巧妙上做文章。学会以现代化的传播方式去代替陈旧的做法，力求有的放矢，清晰易懂，喜闻乐见，使外国人在轻松氛围中接受我们的观点。否则，难免出现"我们想说的都说了，人家关心的却没说"的现象。另外，要特别善于讲故事，把深刻的道理用浅显易懂的方式讲明白。著名学者于丹曾经有一个观点，"故事永远比道理容易传播。你用故事去传递道理，它就变成了道理的载体，如果你没有载体，仅仅讲道理，谁都拒绝说教"。

认清反渗透形势
切实开展好"扫黄打非"工作

——在 2011 年全区"扫黄打非"
暨新闻出版业务培训班上的报告稿
（2011 年 10 月 17 日）

　　为认真贯彻落实 2011 年全国"扫黄打非·珠峰工程"座谈会和全区新闻出版工作会议精神，更好地适应西藏地区"扫黄打非"、新闻出版工作面临的新形势、新任务、新要求，进一步加强"扫黄打非"、新闻出版队伍建设，自治区"扫黄打非"工作领导小组办公室、自治区新闻出版局决定举办为期三天的 2011 年全区"扫黄打非"暨新闻出版业务培训班。举办这次培训班得到了中宣部、最高人民法院、全国"扫黄打非"工作小组办公室、新闻出版总署、国家版权局的大力支持，选派了具有很强专业水平和丰富实践经验的领导、专家为我们授课。在此，笔者代表西藏自治区"扫黄打非"工作小组、自治区新闻出版局党组对专程赴藏授课的领导、专家表示衷心的感谢，对所有前来参加培训的同志们表示热烈的欢迎，并向大家表示良好的祝愿。下面，我围绕"扫黄打非"工作讲几点意见。

一　当前西藏地区"扫黄打非"工作面临的形势

　　近年来，在自治区党委、政府的坚强领导和全国"扫黄打非"工作小组办公室的精心指导下，全区各级"扫黄打非"领导小组及办公室始终把"扫黄打非"作为维护稳定工作的重要组成部分，作为反分裂反渗透斗争的重要战场，作为维护意识形态安全的重要阵地，从构筑抵御十四世达赖集团反动思想文化渗透的坚固屏障、促进西藏跨越式发展和长治久安的高度出发，紧紧围绕"反藏独、反分裂、反渗透"这一主题，以封堵查缴"藏独"反动出版物及宣传品的地面渗透和网络渗透为首要任务，按照历次全国"扫黄打非"工作电视电话会议、中央和自治区两办转发的全国和自治区"扫黄打非"行动方案，以集中行动和日常监管为主要手段，以查处案件为突破口，严厉打击鼓吹"西藏独立"、煽动民族分裂的非法出版物、网络有害信息及各种宣传品，取得了明显成效。一是加强组织领导。区党委主要领导多次就"扫黄打非"工作作出重要指示批示，提出明确要求。自治区党委还从意识形态领域斗争实际出发，及时充实加强了自治区"扫黄打非"工作领导小组。各地市也相应充实加强"扫黄打非"工作领导小组，主要领导靠前指挥，亲自抓"扫黄打非"工作的落实，为"扫黄打非"工作的顺利实施提供了有力保证。二是全力实施"扫黄打非·珠峰工程"。自治区"扫黄打非"办公室认真贯彻2011年"扫黄打非·珠峰工程"座谈会议精神，按照《"扫黄打非·珠峰工程"实施方案》，积极履行部署、协调、指导、督办职责，突出中国共产党成立90周年和西藏和平解放60周年等重大纪念活动，突出特殊敏感时段，强化与成员单位的相互协作，强化与地市的相互联动，特别是加强涉藏省区之间的信息通报、联合封堵、案件协查等工作，逐步建立了跨省区协调联动机制，有力推动了"扫黄打非·珠峰工程"向纵深发展，确保了意识形态安全和文化安全，有力维护了民族团结和西藏和谐稳定。三是强化日常监管。加大巡查力度，把严密封堵查缴"藏独"反动出版物及宣传品与"扫黄打非"集中整治和专项行动有机结合起来，按照"把关口、堵源头、查市场、清环节、治摊贩、端窝点"的原则，不断强化日常监管，去年以来，查获"藏独"反动出版物及宣传品16000余件，查获藏语言违禁音像制品1万余张，删除网络有害信息20万余条，组织协调查办全国挂牌督办重点案件。四是加强审读鉴定。根据审读鉴定意见，有关部门成功破获了一批制售传播"藏独"反动出版物及宣传品案件。

当然，我们也必须清醒地看到，由于西藏的特殊矛盾，意识形态领域长期面临着尖锐复杂的分裂与反分裂、渗透与反渗透、争夺与反争夺的斗争，达赖集团和国际敌对势力始终把意识形态领域的渗透作为突破口，不断利用"藏独"反动出版物及宣传品、互联网有害信息等进行歪曲宣传和恶意煽动等渗透破坏活动。西藏地区"扫黄打非"工作形势严峻、任务艰巨。一是渗透的区域更加广泛。十四世达赖集团和境外敌对势力除了从西藏边境口岸进行地面渗透外，还从广东、北京等地输入各类"藏独"反动出版物，经过"二次运输"后进入西藏、青海、四川、甘肃、云南五省藏区，并不断向基层、农牧区、学校和寺庙延伸，联防联控、封堵查缴的任务更加艰巨。二是宣传的内容更为庞杂。十四世达赖集团和国际敌对势力炮制的出版物及互联网有害信息品种多、数量大、内容杂。他们以所谓的"主权问题""民族问题""宗教问题""环保问题""人权问题""移民问题"等为突破口，在国际上造谣惑众，混淆是非，争取同情与支持，在境内挑拨民族关系，煽动群众对抗政府，以图扩大其社会基础，我们掌握话语权、主导权的任务更加繁重。三是渗透的渠道更加多样。政治性非法出版物和"藏独"出版物呈现出载体形式多样、语言文字多样的渗透特点。近一个时期以来，十四世达赖集团除利用广播电视对西藏和其他藏区实施空中渗透外，还不断采取上网站、登快报、传快讯、发邮寄、贴反标、出版反动书刊和藏语言音像制品，宣扬"藏独"言论和分裂思想，呈现出多点发散、隐蔽快速的特点，从源头上封堵的难度进一步加大。四是渗透的手法更为狡猾。国际敌对势力扶持"异见人士""意见领袖"作为依靠力量，培植境内外亲西方反华势力，赞助"藏独"和"援藏独"组织，鼓动他们不时推出"意见书""公开信"、出版非法出版物。十四世达赖集团也大打"退休"牌、"和谈"牌，争取国际舆论，欺骗性和迷惑性更强。境内分裂分子也处心积虑，采取映射手法，通过歌曲、诗词等形式，宣传反动思想。五是参与人员背景更加复杂。在参与渗透破坏活动的人群中，有的是以渗透、破坏、颠覆为目标的境外敌对势力；有的是打着所谓知名专家学者旗号，宣扬反动思想观点；有的是以创作出版为生的"自由职业者"以及编辑、记者；还有一些宗教人士，打着宗教的旗号，制作发行违禁出版物。

　　此外，我们自身工作中也还存在一些薄弱环节和问题：一是"扫黄打非"领导体制和工作机制有待进一步理顺和完善，工作中信息交流不顺畅，协调联动、联合封堵的力度与新形势下的斗争不相适应。二是基层工作还很薄弱，工作措施落实不到位，监管面还未达到"横向到边、纵向到底"的全覆盖。三是技术防控手段特别是网络"扫黄打非"有待切实加强。这些问题在很大程度上制约了全自治区"扫黄打非"工作的整体推进。

二　推进"扫黄打非"工作不断向纵深发展

面对当前"扫黄打非"斗争的新形势、新任务、新要求，我们要进一步增强政治意识、大局意识、责任意识和忧患意识，始终保持高压态势，推进"扫黄打非"工作不断向纵深发展。

（一）遏制出版源头

各级"扫黄打非"领导小组及其办公室要充分发挥组织协调作用，从出版、印刷、发行各个环节入手，查处违法犯罪源头，严厉打击政治性非法出版物的出版活动。结合西藏地区民族宗教工作实际，严格按照新闻出版法律法规，加强对寺院内部印制活动的监管，防止寺院利用内部资料性出版物传播政治谣言及有害信息，歪曲历史事实，诋毁党的方针政策。

（二）切断入境渠道

要协调海关和边防部门加强封堵，进一步加大口岸的现场查缉力度，重点强化来自敏感国家和地区人员携带和邮递出版物的查控。要把互联网的反渗透斗争摆在突出位置，切实加强网上"扫黄打非"经常性工作，及时删除和封堵网上反动出版物和有害信息，净化网络舆论环境。

（三）严控二次传播

重点抓好印刷复制环节、物流运输环节和出版物市场销售环节的管理。在印刷复制管理上，一方面要严格落实行业管理和属地管理责任；另一方面要研究治本之策，加快资源整合，推进发展方式转变，创新行业管理。在物流运输环节，要落实部门责任，把物流运输企业纳入"扫黄打非"工作范围，把打击政治性非法出版物的要求落实到物流运输企业日常经营管理中。在出版物市场监管上，及时掌握分析市场动态，协调相关执行部门，加强日常监管，加大巡查频次和力度，消灭管理盲区死角，全力压缩非法出版物的传播空间。

（四）抓住重点地区和重点部位

从兜售传播非法出版物的情况来看，主要集中在人口较多的城镇及临省藏区的交界地。从渗透渠道来看，中印、中尼边境口岸入境的图书、报刊、光盘、宣传单、工艺品、移动存储介质等各种不同载体的涉藏反动出版物及宣传品较多。经藏东、藏北等主要入藏通道，由内地流入西藏的政治性非法图书、报刊和藏语言违禁音像制品也在不断增多。为此，我们要以城镇出版物市场和临省藏区交界地作为打击的重点，要以边境口岸、藏北藏东入藏通道作为封堵的重点，立足抓早、抓小、抓快、抓好，采取有针对性的措施，布下"扫黄打非"的天罗地网，做到无缝隙、全覆盖。

（五）抓住重要时间节点

越是遇到重大活动和重要时间节点，十四世达赖集团和境内外分裂分子越是不甘失败和寂寞，总是要猖狂进行渗透破坏活动，企图混淆是非、扰乱视听、搞乱人心。我们必须保持清醒头脑，保持高度警觉，保持高压态势，未雨绸缪，及早谋划，下好先手棋，打好主动仗，有针对性地组织开展专项行动，特别是要围绕即将召开的自治区第八次党代会、明年将要召开的党的十八大，开展好"扫黄打非"专项行动，营造良好环境。

（六）查办重大案件

查办案件是打击利用非法出版物进行渗透破坏活动的有效手段。各地各有关部门要加强查办案件尤其是查办大案要案，打击犯罪者、震慑违法者、警示跟风者、教育从业者、鼓舞人民群众。要善于发动群众，采取奖励举报等方式，挖掘案件线索。对已经掌握的案件线索深挖彻查，追源头、打团伙、破网络，严惩制售传播非法出版物的犯罪分子。要充分发挥"扫黄打非"工作领导小组办公室的协调作用和公安机关的主力军作用，把行政执法与刑事司法有效衔接起来，为查办案件提供充分的法律保障。

三　对培训的几点要求

开展"扫黄打非"培训工作，是应对"扫黄打非"严峻形势的需要，是适应"扫黄打非"工作更高要求的需要，是建设高素质"扫黄打非"队伍的需要。希望同志们充分认识培训的重要意义，珍惜难得的学习机会，自觉投入培训工作。一要集中精力，刻苦学习。大家平时在自己的工作岗位上，工作任务都很繁重。有一次相对集中的系统学习机会比较难得，希望大家好好珍惜，集中思想、集中精力，按照培训的统一安排和要求，遵守培训纪律，认真参加听讲，争取尽可能地多学一点，学好一点。二要联系实际，深入思考。大家都有丰富的实际工作经验，掌握第一手的实际资料，要结合培训内容，深入思考，在武装头脑、指导实践、推动工作上狠下功夫。上课是重要的学习方式，讨论也是重要的学习方式。在课堂上踊跃向专家、老师提问，在课堂下要相互讨论，畅所欲言，碰撞思想，交流体会，深化认识，厘清思路。三要带走成果，留下建议。培训结束以后，希望大家把学习成果带回去，学以致用，指导推动"扫黄打非"工作。也希望大家把对"扫黄打非"工作的意见和建议，包括对举办培训班的意见和建议留下。我们一定认真研究，认真采纳，认真解决。四要联系实际、做好工作。这次培训的课程既有理论知识、法律知识，又有现实操作方面的经验，大家要坚持一切从实际出发，紧密结合本地的实际思考和运用。

坚持党性原则
牢固树立以人民为中心的工作导向

——在 2013 年全区新闻采编人员资格培训班上的报告稿
（2013 年 8 月 28 日）

这次全区新闻采编人员资格培训班，是学习贯彻全国宣传思想工作会议特别是习近平总书记"8·19"重要讲话精神、扎实做好新闻宣传工作的重要举措，是自治区新闻出版局深入开展党的群众路线教育实践活动、更好地服务基层新闻单位的一项重要内容，也是加强马克思主义新闻观教育、提高新闻采编人员整体素质的现实需要，十分重要，意义重大。

刚刚召开的全国宣传思想工作会议，是党的十八大后中央召开的一次全局性重要会议，对于做好新形势下宣传思想工作具有重大的理论和实践意义。习近平总书记在会上发表的重要讲话，站在党和国家全局的高度，深刻阐述了事关宣传思想工作长远发展的一系列重大理论问题和现实问题，进一步明确了新形势下宣传思想工作的方向目标、重点任务和基本遵循，是指导我们做好新闻宣传工作的纲领性文献。根据培训计划，笔者重点结合习近平总书记重要讲话中关于党性和人民性问题的阐述，就新闻宣传坚持党性和人民性相统一，谈谈粗浅的学习体会，与大家共同讨论。

一　怎样理解把握坚持党性和人民性的关系

我们的新闻工作是党领导的中国特色社会主义伟大事业的重要组成部分，不言而喻，党性原则是新闻工作的根本原则，是维护人民利益的本质要求。坚持党性原则，把宣传党的主张和反映人民心声统一起来，这本来是一个有明确答案的问题，为什么在这个原则问题上屡屡有人提出疑问。

我想主要有两个方面的因素。一是一些人别有用心的政治目的。比如,在80年代末发生的动乱和反革命暴乱中,有些人就提出"人民性"高于党性,打着"人民性"的旗号否定党对新闻工作的领导,企图使新闻媒体变成反党、反社会主义的舆论工具。又比如,习近平总书记在讲话中所说的,有人振振有词地说人民群众人数超过党员,所以人民性大于党性。类似这种似是而非的说法,就是企图通过把党性和人民性割裂开来、对立起来,制造思想混乱,达到不可告人的政治目的。二是一些人在理解和认识上出了问题。比如,习近平总书记在讲话中所说的,"你是替党讲话,还是替老百姓讲话""你是站在党的一边,还是站在群众一边"。这就要求我们准确理解和把握坚持党性和人民性的关系问题。习近平总书记指出,坚持党性,核心就是坚持正确政治方向,站稳政治立场,坚定宣传党的理论和路线方针政策,坚定宣传中央重大工作部署,坚定宣传中央关于形势的重大分析判断,坚决同党中央保持高度一致,坚决维护中央权威。这是大原则,决不能动摇。坚持人民性,就是要把实现好、维护好、发展好最广大人民根本利益作为出发点和落脚点,坚持以民为本、以人为本。这两段话,深刻揭示了坚持党性和坚持人民性的深刻内涵。我理解,一是要求我们讲政治,坚持正确政治方向,站稳政治立场,在政治上坚决同党中央保持高度一致。二是要求我们讲大局,紧紧围绕党的中心工作和重大部署任务开展宣传工作。三是要求我们讲群众观点,树立以人民为中心的工作导向。四是在西藏还要旗帜鲜明、坚定不移地反对分裂,这一点绝对不能含糊。

就党性和人民性的关系来说,总书记在讲话中明确指出,党性和人民性从来都是一致的、统一的。我们党是全心全意为人民服务、代表中国最广大人民根本利益、来自人民为了人民的马克思主义政党。从本质上说,坚持党性就是坚持人民性,坚持人民性就是坚持党性。党性寓于人民性之中,没有脱离人民性的党性,也没有脱离党性的人民性。这段论述不仅科学揭示了党性和人民性的辩证关系,而且进一步说明了为什么是这种关系,为我们更好地宣传党的主张、更好地反映人民心声指明了方向。首先,党性和人民性是一致的,而不是对立的。坚持党性原则,也就是坚持人民群众根本利益的原则,这是我们党的性质和宗旨所决定的,从性质上讲我们党是来自人民为了人民的马克思主义政党,从宗旨上讲党除了最广大人民的根本利益之外,没有自己的任何私利,践行的是全心全意为人民服务的宗旨；其次，党性寓于人民性之中，是不可分割的。党性和人民性都是整体性的政治概念，党性是从全党而言的，人民性是从全体人民而言的，没有人民性也就无所谓党性，同样没有离开党性的所谓人民性。这就要求我们在实践中站在党的立场上、站在人民的立场上，把党性和人民性统筹好、实践好、统一好，坚持对党负责与对人民负责的一致性，把宣传党的主张和反映人民心声统一起来，做到让党放心、让人民满意。

二　新闻工作为什么要坚持党性和人民性

我们党的宣传思想工作是靠"两论"起家的，一个是理论，一个是舆论。我们的报纸、刊物、通讯社、广播电台、电视台、互联网每天向社会提供大量信息，同人民群众的思想、工作和生活联系密切，对社会舆论和社会生活产生广泛深刻影响，在推进中华民族伟大复兴、实现中国梦中负有重任。只有坚持党性，才能明确立场和指向；只有坚持人民性，才能获得活力源泉和动力根基。

（一）新闻工作的重要地位，要求坚持党性和人民性

新闻工作历来是我们党意识形态工作的重要组成部分，直接关系党对意识形态的影响力控制力，关系到舆论引导的话语权主动权，关系到党的执政地位和群众基础，关系到党和国家事业的兴衰成败。这是因为，新闻工作能够最迅速最广泛地把党的路线方针政策贯彻到群众中去，并变为群众的实际行动；能够广泛地反映群众的意见、呼声、意志、愿望；能够及时地传播国际国内的各种信息，直接影响群众的思想、行为和政治方向，引导激励动员群众为实现自己的利益而奋斗。新闻工作做得好，可以对贯彻落实党的路线方针政策和任务起到极大的动员鼓舞作用，对先进的东西起到积极的倡导弘扬作用，对错误的东西起到及时的制止纠正作用，还可以对科学知识起到广泛传播普及作用。如果做得不好，尤其是政治上出了偏差，就会影响党和国家的工作大局，甚至给党和人民的事业造成重大损失。正如江泽民同志所指出的："党的新闻事业与党休戚与共，是党的生命的一部分。可以说，舆论工作就是思想政治工作，是党和国家的前途和命运所系的工作。"如此重要的地位，不讲党性原则，不讲人民性，必然给党和人民造成祸害。

（二）新闻工作的性质，要求坚持党性和人民性

我们的新闻媒体是党和人民的喉舌，这个性质决定了在社会主义制度下，新闻工作是党的事业，是人民的事业。我们的新闻工作坚持什么、反对什么，报道什么、不报道什么，或者说登什么、不登什么、怎么登，都要符合党的要求、符合人民的利益。邓小平同志要求我们的新闻工作要成为"安定团结思想上的中心"，所以不讲党性，不讲人民性，是与党和人民喉舌的性质相违背的。

（三）新闻工作的根本任务，要求坚持党性和人民性

以正确的舆论引导人，是新闻工作的根本任务。以正确的舆论引导人，反映了我们党新闻工作的本质要求和内在规律。首先，要求牢牢把握政治导向，在任何时候、任何情况下都要保持政治上的清醒和坚定，善于从政治上观察和处理问题，从党和国家的事业出发、从人民群众根本利益出发，开展好新闻舆论工作。其次，要求激励人民，就是动员全党全国各族人民为实现党的基本路线而奋斗，为实现人民的根本利益而奋斗，为实现中华民族伟大复兴的中国梦而奋斗。也就是用党的理论路线方针政策，用"两个一百年"目标，用中央的重大决策部署，最大限度地增进干部群众的思想共识，最大限度地统一人民的意志和行动。这就是我们常说的统一思想、凝聚力量、鼓舞斗志。再次，服务大局，就是全面准确及时宣传党的理论路线方针政策，把促进改革、推动发展、维护稳定作为工作的准则和目标。所有这些，都要求我们坚持党性和人民性。

（四）新闻工作者的使命，要求坚持党性和人民性

邓小平同志指出："思想战线上的战士，都应当是人类灵魂工程师。"作为人类灵魂的工程师，新闻工作者担负着教育引导人民群众的神圣使命，提高人民群众觉悟和素质的神圣使命。用什么来教育引导人民群众，用什么来提高人民群众觉悟和素质，就是要用党的理论路线方针政策教育引导群众，用中国特色社会主义伟大事业来教育引导群众，就是要引导人民充分认识自己的根本利益来提高人民的觉悟，用先进文化和科学知识来提升人民群众的整体素质。这些都要求我们坚持党性和人民性。习近平总书记指出，如果在坚持党性这个根本问题上没有明确观点和立场，那就是政治上不合格，就没有做党的宣传思想工作最起码的资格。

三　在实践中新闻工作怎样坚持党性和人民性

（一）要把握舆论导向

江泽民同志指出，舆论导向正确是党和人民之福，舆论导向错误是党和人民之祸。这充分说明舆论导向正确与否的极端重要性，我们要深刻领会，切实把正确舆论导向贯穿到新闻工作的全过程，体现到新闻工作的各个方面。要明白舆论导向是新闻工作的核心，导向出偏差，就容易出大问题。要始终把正确导向摆在首位，始终紧绷导向这根弦，讲导向不含糊，讲导向不放松。坚持正确舆论导向，在思想上就是要用马克思主义新闻观指导新闻工作；在政治上就是要增强党的意识、政治意识、大局意识和责任意识，增强政治敏锐性和鉴别力，自觉在思想上政治上行动上与党中央保持一致、与自治区党委保持一致；在组织上就是要落实领导权牢牢掌握在忠于党和人民的人手里。坚持正确舆论导向，还要把握好时、度、效。习近平总书记指出，要引导广大群众多看主流、不受支流支配，多看光明面、不受阴暗点影响，多看本质、不受表面现象迷惑。这就要求我们用全面、联系、发展的观点看问题，把握好时空，把握好分寸，把握好火候，坚持唯物辩证法，防止简单化绝对化片面化，使宣传报道符合客观实际。什么问题报道一下，什么问题跟踪报道，什么问题淡化报道，什么问题强化报道，什么问题第一时间报道，什么问题看看后续发展报道，都要出以公心，站在党和人民的立场上，都要从服务大局、客观公正上去把握和考量，防止主观武断，感情用事，强加于人。要坚持党和人民根本利益至上，切实做到令行禁止，严格遵守党的政治纪律和宣传纪律。

（二）要弘扬主旋律

坚持团结稳定鼓劲、正面宣传为主的方针，巩固壮大主流思想舆论，弘扬主旋律，传播正能量。就是要弘扬一切有利于坚定共同理想、凝聚奋进力量的思想和精神，一切有利于推动科学发展、促进社会和谐的思想和精神，一切有利于实现国家富强、增进人民幸福的思想和精神，一切有利于全面建成小康社会、实现伟大中国梦的思想和精神。要大力宣传人民群众的伟大奋斗和火热生活，宣传人民群众中涌现出来的先进典型和感人事迹，宣传党员干部弘扬良好作风、密切联系群众的良好风貌，宣传社会各方面温暖人心的善行义举，在全社会唱响昂扬向上的正气歌。弘扬主旋律，要敢于亮剑，有理有利有节开展舆论斗争，澄清错误认识，特别是面对国际敌对势力和十四世达赖集团的反动谬论，打好主动仗，占领舆论制高点。弘扬主旋律，还要正确开展舆论监督，这是社会发展的要求，人民的愿望，党和政府改进工作的手段，也是新闻工作的重要职责。开展舆论监督要站在党和人民的立场上，坚持科学监督、准确监督、依法监督、建设性监督，要有利于发展社会主义民主、健全社会主义法制，有利于反映人民群众的意见和呼声、密切党和政府同人民群众的联系，有利于加强党风廉政建设、维护党和政府的良好形象，有利于弘扬正气、理顺情绪、化解矛盾、维护社会稳定。

（三）要服务人民群众

宣传群众、组织群众、动员群众为实现自己的利益而奋斗，是我们党新闻宣传工作的优良传统。习近平总书记要求我们坚持以民为本、以人为本，树立以人民为中心的工作导向，把服务群众同教育群众结合起来，把满足需求同提高素养结合起来，多宣传报道人民群众的伟大奋斗和火热生活，多宣传报道人民群众中涌现出来的先进典型和感人事迹，丰富人民精神世界，增强人民精神力量，满足人民精神需求。我们要把人民群众的利益和要求作为根本立足点，坚持人民群众是新闻的主体和服务对象，按照贴近实际、贴近生活、贴近群众的要求，深入实际、深入生活、深入群众，在深入实际过程中体验生活、反映生活，在深入生活中了解群众、服务群众，把人民群众的伟大实践和火热生活作为新闻作品写作的原料、灵感、思想和艺术技巧的无尽源泉，把镜头更多地对准群众，把版面更多地让给群众，不断增强新闻工作的针对性实效性和吸引力感染力。

（四）要坚持客观真实

客观真实是新闻的生命。坚持新闻真实是新闻工作安身立命之本，是新闻职业精神职业道德的必然要求。我们要在新闻工作中坚持和贯彻党的一切从实际出发、实事求是的思想路线。江泽民同志指出："现实生活是复杂的，要找几个事例来证明某观点并不难。一叶障目，不见泰山，抓住一点，不及其余，尽管这一叶、这一点确实存在，但从总体上看却背离了真实性。所以新闻工作者要做到真实地反映生活，就要深入地进行调查研究，不仅要做到所报道的单个事实的真实、准确，尤其要注意和善于从总体上、本质上以及发展趋势上把握事物的真实性。"这就要求我们坚持新闻客观真实。一是要具体事实客观真实；二是要总体真实，这是宏观的真实、普遍的真实，涉及对事实本质的认识和全部事实的科学把握。具体真实是总体真实的基础，总体真实是具体真实的本质体现，要真实就必须客观公正、有立场。客观公正，就是用事实说话，通过事实本身的力量来说服人、引导人；有立场，就是站在党和人民的立场上科学分析、正确判断，自觉考虑新闻的社会影响。客观公正、有立场，是同准确、鲜明、生动紧密结合在一起的，要在准确报道事实的同时，旗帜鲜明地宣传党的主张、反映人民意愿，通过生动的报道形式赢得良好的新闻宣传效果。这里，要反对和防止猎奇猎艳，反对和防止捕风捉影，反对和防止虚假新闻。习近平总书记指出："一切小报小刊、少数电视栏目网络等媒体充斥着怪异新闻、花边新闻等内容……许多媒体猎奇、猎艳……整天报道那些鸡零狗碎、风花雪月的事情，有什么教育意义呢？对社会只能起负面作用。"在讲到宣传先进典型时，指出"不能用编假造假方式包装典型，不能用拔苗助长的方式拔高典型，不能用'开小灶'、'吃偏饭'的方式催生典型"。

（五）要勇于改进创新

新闻工作是常干常新的工作。江泽民同志指出："新闻工作者应当不断开拓新的报道领域，不断探索新的报道形式，不断采用新的报道手法，不断写出富有新意的优秀作品。"习近平总书记强调："重点抓好理念创新、手段创新、基层工作创新。"为什么要改进创新？因为时代在发展，不改进创新就难以把握时代脉搏；任务在翻新，不改进创新就难以承担起党和人民以及时代赋予我们的任务；读者口味、群众口味、观众口味在变化，不改进创新就很难有吸引力感染力，很难取得宣传效果。怎么改进创新？首先，要改进创新理念观念。比如，认为弘扬主旋律就是莺歌燕舞的观念，这是对弘扬主旋律没有正确理解的表现之一。实际上，政治立场、指导思想、宣传基调，还有我们前面所说四个有利于，就是主旋律。在实际工作中，主旋律就是党和政府的中心工作，就是稳定发展大局，就是主流意识形态。至于怎么样围绕主旋律来做新闻工作，那就很多了，正面报道是弘扬主旋律，批评报道同样是弘扬主旋律，比如批评形式主义、官僚主义就是弘扬实事求是，曝光贪污腐败就是弘扬清正廉洁。还有，认为舆论监督就是堆砌垃圾新闻，一些新闻记者上街就像捡垃圾似的，看到什么乱七八糟的回去就写一个报道，整个版面的所谓社会新闻就是垃圾新闻，这实际是对舆论监督的一个极大污蔑，容易造成多方面的负面影响，尤其是对读者观众的心理产生极大的不良影响。还有，认为天灾人祸有损形象，不愿做主动正面报道，殊不知，车祸、矿难、地震、火灾等，我们不报道，就会容易陷入被动，容易被别人猜测，不如我们积极正面报道，让群众知情，唤醒社会一方有难、八方支援。改进创新观念的具体内涵，需要我们去揭示，需要我们去完善，以便适应我们这个时代，适应党的工作要求。其次，要改进创新内容。新闻事件是不可以更改的，是不可以创造的，新闻内容的改进创新就是对报道内容和报道角度的选择，这里最需要改进创新的是会议和领导活动的报道，重程序报道，忽视内容的发掘；重主要领导的报道，忽视其他内容的报道；重表态内容的报道，忽视其他有实践意义有理论意义东西的报道。由于这类报道形成了上述套路，有的记者就摸到了规律，采访一个会，材料一拿走人，后面领导口头发挥的新话都不知道了，报道出来感到不实。所以，新闻报道的内容创新要在对报道内容的选择取舍上下功夫，把我们想说的、群众想听的结合起来，把有亮点有信息的东西报道出来。再次，改进创新文风。这里最忌讳的就是陈词滥调、千篇一律，形成八股。最后，改进创新机制。这就是要求要有策划机制、激励机制和采编机制。

（六）要提高自身素养

第一，提升思想理论素养，学习科学理论，改造主观世界，坚定理想信念和党性原则，打牢党的理论路线根基，不管情况多么复杂，形势怎样变化，都要保持坚定正确的政治方向，站稳政治立场。第二，践行党的群众路线，解决好为了谁、依靠谁、我是谁的问题，树立以人民为中心的工作导向，积极投身"走基层、转作风、改文风"活动，坚决克服脱离生活、不接地气、同群众贴得不够紧的问题。第三，严守新闻工作纪律。新闻宣传是一项政治性、政策性很强的工作，要按照宣传纪律要求、按照规定的宣传口径来进行，决不允许同党的路线方针政策和区党委的部署要求唱反调，决不允许编造假政治新闻和言论、传播政治谣言。这是对一名新闻采编人员最基本的要求。第四，恪守职业道德。这里最重要的是要担负起社会责任，反对未经核实发布失实信息，甚至发假新闻；反对搞有偿新闻、有偿不闻，从事非法采编、经营活动，发布负面新闻，甚至以曝光相要挟等现象。要从严要求自己，以见贤思齐的自律精神，加强自身职业修养，自觉抵制各种歪风邪气，严格落实中宣部等五部门联合下发的《关于进一步规范新闻采编工作的意见》和原新闻出版总署下发的《关于严防虚假新闻报道的若干规定》。第五，弘扬优良作风。要传承弘扬老一辈新闻工作者的良好作风，大力发扬"老西藏"精神，坚持勤勉敬业，热爱党的新闻事业，献身党的新闻事业；坚持严谨细致，一丝不苟，精益求精，严防差错，确保新闻宣传质量。第六，掌握过硬的业务工作本领。

第三部分

在延安干部学院学习情况汇报

（2005 年 4 月 12 日）

在组织的关心和关怀下，我非常荣幸到了中国革命的圣地——延安，作为延安干部学院的首届学员，参加了理论与教学工作者研讨班的学习。3 月 21 日到 4 月 4 日，短暂的 15 天，一堂堂生动的教学，一个个激动人心的故事，一次次震撼灵魂的感动，特别是感受延安革命过程中重温毛泽东主席的著作，倍感亲切，深受教育，深受激励，延安使我的灵魂得到净化，思想得到洗礼。延安也在我心目中从一个地域概念，升华为我们党的历史、中国的革命、马克思主义者的精神家园。

一

15 天的学习，时间不长，但内容丰富，主题突出，特色鲜明，思想受到触动，灵魂受到震撼，使我常常难以平静。在这 15 天的学习时间里，参加了中国延安干部学院开学暨竣工典礼，聆听了胡锦涛总书记的贺信，聆听了贺国强院长的重要讲话；走进了中央大礼堂——中国共产党第七次全国代表大会会址，听了先进性教育报告和革命前辈对延安整风的回顾；在延安革命纪念馆、抗大纪念馆、枣园《为人民服务》演讲台、四·八烈士陵园、陕甘宁边区政府旧址、参议会会址、南泥湾大生产展览馆，在凤凰山、杨家岭、枣园、王家坪等革命旧址，通过现场体验和案例教学，切身感受了火红的延安时代；《党中央在延安十三年》《新民主主义理论与马克思主义中国化》《党在延安时期局部执政的历史经验》等课堂讲授和《延安整风运动述论》《延安精神纵论》《文物和陕西的文物事业》等学术讲座，以及"党在延安时期理论创新及其经验""延安精神及其时代价值"等专题的分组研讨，对党在延安时期的历史内涵有了比较深入的了解，加深了对延安整风、延安精神以及马克思主义中国化等问题的理解，联系今天的实际，确实得到很多启迪，感受到党在延安时期进行的艰苦探索、积累的经验、取得的成果，以及其培育出的精神、作风等，对我们今天的现实意义；触摸历史，体验革命延安，联系教学内容，重温延安时期的领袖著作，有了新的感受，有了新的认识；参观考察安塞县棚栽业示范园和民俗文化馆，领略了今日延安人民建设小康社会的风采；吴邦国委员长亲临干部学院，接见并与全体学员合影，再次感受到中央领导的关怀。

二

感悟延安，收获颇多，归纳概括，主要有以下几点：

（1）对党中央在延安 13 年的历史有了比较清晰的了解。1935 年 10 月 19 日，党中央率领中央红军到达西北革命根据地吴起镇，宣告中央红军长征结束，实现战略大转移，1937 年 1 月 13 日党中央领导机关进驻延安，领导抗日战争，进而领导解放战争，到 1948 年 3 月 23 日，毛泽东主席率中共中央东渡黄河，前往西柏坡，迎来中国革命在全国范围的胜利。党中央在延安的 13 年里，扭转乾坤，挥写了中国革命史上最光辉的历史画卷。在这 13 年里，党中央高举抗日民族统一战线的旗帜，联合一切可以团结的抗日力量，促成了国共两党的第二次合作，推动了抗日民族解放战争，打开了中国革命事业的新局面；制定全面抗战的路线，正确分析和判断抗战形势和敌我矛盾，从理论上深刻揭示了经过长期抗战，最后胜利属于中国的客观真理，并独立自主地放手组织人民抗日武装斗争，领导了抗日战争的胜利发展；面对日本帝国主义的疯狂"扫荡"和国民党顽固派的反共高潮及敌后抗战的严重困难局面，党中央实行精兵简政、减租减息等政策，执行"三三制"原则，团结调动各阶层的抗日积极性，开展轰轰烈烈的大生产运动、"拥军优属"运动、"整风"运动，打退了国民党顽固派的反共高潮，粉碎了日本帝国主义和国民党顽固派的双重军事包围和经济封锁，增进了军民团结，实施了党的建设伟大工程；系统提出并阐明新民主主义理论，指导陕甘宁边区建设，开展经济、政治和文化建设等各项工作，积累了局部执政的历史经验，为党在全国执政和建设新中国奠定了基础；抗战胜利后，面对国民党发动的全面内战，党中央转战陕北，坚决地领导人民进行了解放战争，实现了人民革命战争的历史转折，部署了解放全中国的任务，为中国新民主主义革命的最终胜利奠定了坚实的基础。党中央在延安的这 13 年里如火如荼的战斗，创造了一系列辉煌的成就，奏响了胜利的凯歌，领导争取民族独立和人民解放的斗争取得了决定性的胜利，形成了以毛泽东为核心的党中央领导集体，实现了马克思主义中国化的第一次历史性飞跃，开创和实施了党的建设"伟大工程"，造就了一大批革命的领导人才，全面进行了新民主主义政治、经济、文化建设，精心培育出了伟大的延安精神，创造和积累了一系列成功经验。

（2）对马克思主义中国化的问题有了更为具体的认识。延安是马克思主义中国化取得丰硕成果之地，毛泽东主席是马克思主义中国化的开拓者，不仅把马克思主义的基本原理与中国革命的具体实践相结合，实施马克思主义中国化，创立了以新民主主义理论为重点的毛泽东思想，而且在党的六届六次全会上向全党明确提出了马克思主义中国化的历史任务，深刻阐述了马克思主义中国化的科学内涵，并通过《矛盾论》《实践论》《反对本本主义》《改造我们的学习》等光辉著作，正确地解决了如何对待马克思主义的问题，有力地揭露和批判了教条主义的错误及其危害，充分揭示了马克思主义中国化的必要性和重要性，指明了马克思主义中国化的原则和方向，以及实现马克思主义中国化的现实途径。学习毛泽东主席的论述和实践，思考什么是马克思主义中国化，为什么要实现马克思主义中国化，怎样实现马克思主义中国化，推进马克思主义中国化要坚持什么、反对什么等问题，对马克思主义中国化有了进一步的领悟，认识更为具体。

（3）对延安精神的深刻内涵有了新的感悟。以毛泽东等老一辈革命家为代表的中国共产党人，在延安革命战争艰难困苦环境中精心培育形成的延安精神，以它崇高的精神境界和强大的生命力，哺育和激励了无数革命者前仆后继，成为我们党发展壮大和成就伟业的精神动力。结合党在延安 13 年的奋斗历史，感悟延安精神的深刻内涵，很受教育。延安精神以毛泽东思想为指导，以爱国主义为核心的民族精神为历史土壤，以延安的革命斗争为实践基础，继承和发展了井冈山精神、长征精神，更是升华了抗大精神、整风精神、南泥湾精神和白求恩精神、张思德精神以及愚公精神等，体现了我们党马克思主义的性质、与时俱进的风范、与人民群众同呼吸共命运的作风和勇往直前的奋斗精神。从延安精神的灵魂——坚定正确的政治方向，延安精神的精髓——解放思想、实事求是的思想路线，延安精神的本质和核心——全心全意为人民服务的根本宗旨，延安精神的显著特征——自力更生、艰苦奋斗的创业精神的有机联系中感悟延安精神内涵，倍感延安精神的博大精深和伟大意义，倍感无论是过去还是今天，延安精神是我们战胜困难、取得胜利的法宝。特别能吃苦、特别能战斗、特别能团结、特别能忍耐、特别能奉献的"老西藏"精神，是延安精神在西藏革命和建设中的具体体现，继承和弘扬延安精神，在西藏就是要很好地继承和弘扬"老西藏"精神，赋予"老西藏"精神以时代的新内涵。

（4）对延安整风运动及其意义的认识更为全面。通过学习，对延安整风的历史背景、主要内容、方针、方法，整风所取得的成果，以及整风中出现的错误等问题，有了比较全面的了解和认识。1937 年 10 月 4 日，毛泽东主席在《〈共产党人〉发刊词》中提出"建设一个全国范围的、广大群众的、思想上政治上组织上完全巩固的布尔什维克化的中国共产党"的建党任务，并把这一建党任务称为"伟大的工程"，而延安整风是这一"伟大工程"的伟大实践。彻底肃清党内教条主义，端正党的思想路线，全面加强党的建设，是整风运动之所以开展的缘由；反对主观主义以整顿学风，反对宗派主义以整顿党风，反对党八股以整顿文风，是整风的主要内容和任务；"惩前毖后，治病救人"，开展批评和自我批评，是整风的方针；从高级班干部开始到全党，再到高级班干部深入总结党的历史经验，是整风所采取的主要方法。"实践是检验真理的唯一标准"；虽然在延安整风中出现过错误，康生甚至制造了一系列错案影响了整风，但是，延安整风确实是推进党的建设伟大工程中我们党的伟大创举，它使实事求是的思想路线在全党得以确立，使全党在毛泽东思想的基础上达到空前的团结和统一，广大党员的党性得到极大提高，党驾驭中国革命全局的能力切实增强，并形成了我们党实事求是、群众路线、批评和自我批评三大优良作风。今天我们开展以实践"三个代表"重要思想为主要内容的保持共产党员先进性教育，加强党的执政能力建设，延安整风给予我们许多启示，需认真学习借鉴。

（5）深刻体会到创业艰难、革命艰辛、政权来之不易。脚踩黄土高原，理解党中央在延安的革命历史，体验窑洞中的艰苦岁月，感受小米加步枪的艰难征程和严酷的战争环境，领悟革命先烈的事迹和牺牲精神，还有那小油灯下孜孜不倦的探索，深感创业之艰难、革命之艰辛，政权来之不易、执政地位来之不易。联系苏共的倒台和东欧的演变，丧失政权、丧失执政地位，又是那样的迅速，几乎是一夜之间的事。再联系毛泽东主席和黄炎培先生在延安关于历史周期律的对话，只要是共产党员就要倍加珍惜今天来之不易的执政地位，增强危机意识、忧患意识，切实践行"立党为公，执政为民"这一"三个代表"重要思想的本质。

三

感悟延安，联系实际，也有一些感受。

感受之一，革命者为什么"永远年青"。坚定正确的理想信念，心胸开阔善于团结同志，面对困难勇于战胜，对工作极端负责，对人民满腔热忱，全心全意为人民服务，在革命实践中不断改造自己，我想这些体现在延安时期共产党人身上的品质，是其重要因素，但根本的就是88岁的老红军曹志谦所说和践行的"学习到老，革命到老，改造到老"。

感受之二，陕甘宁边区政府为什么"只见公仆不见官"，陕甘宁边区社会为什么一没有贪官污吏，二没有土豪劣绅，三没有赌博，四没有娼妓，五没有小老婆，六没有叫花子，七没有结党营私，八没有萎靡不振之气，九没有吃摩擦饭，十没有发国难财。我们从中应得到的是什么样的启示，作为一名共产党员根本的就是，坚定正确的政治方向，一心一意依靠群众，全心全意为了群众。

感受之三，如果说理论创新在延安时期首先要解决的是如何对待马克思主义的问题，那么今天需要解决的问题是什么呢？毛泽东主席当年强调的学风、文风问题和民族形式问题，今天是否仍需给予高度重视，认真对待，我们党需要的是什么样的理论家。

把握具体要求　努力践行先进性

——集中学习培训体会
（2005 年 12 月 16 日）

按照中央宣传部保持共产党员先进性教育活动第一期培训班的学习安排，认真学习了胡锦涛等中央领导同志关于先进性教育的重要讲话、中央关于先进性教育的有关文件精神、党的十六届五中全会精神，以及《保持共产党员先进性教育读本》。通过学习和思考，进一步认识了加强党的先进性建设，开展保持共产党员先进性教育活动的重要性和必要性。进一步明确了先进性的内涵和先进性建设的要求，进一步增强了对新时期共产党员先进性基本要求和保持共产党员先进性的理解和把握，对永葆先进性、做合格宣传思想工作者有了一些思考和认识。

在这里着重围绕"新时期共产党员先进性的具体要求"这一思考讨论题目，结合宣传思想工作谈三点粗浅的学习体会。

一　新时期共产党员先进性的具体要求应体现什么

先进性是马克思主义政党的根本特征，也是马克思主义政党的生命所系、力量所在。马克思主义政党的先进性，是通过党的理论、路线、纲领和方针政策来体现的，是通过党带领人民不懈奋斗的历程和取得的伟大成就来体现的，是通过党的各级领导机关的核心作用和基层组织的战斗堡垒作用来体现的，最终是通过每个共产党员的先进性来体现的。胡锦涛总书记指出："党的理论、路线、纲领、方针、政策，需要通过科学化、民主化的决策机制集中全党智慧来制定，也需要通过全体党员的扎实工作来贯彻落实；党对各项事业的领导，需要通过民主集中制依靠党的各级组织来实施，也需要通过每一名党员发挥先锋模范作用来实现；党同人民群众的血肉联系，需要通过党的各级组织坚持和落实全心全意为人民服务的宗旨来保持，也需要通过广大党员和群众同甘共苦的实践来加强；党在人民群众心目中的形象，需要通过全党为国家、为人民、为民族不懈奋斗来树立，也需要通过每一名党员的良好作风来体现。因此，保持党的先进性，就要求全体党员都要保持先进性。"而我们每个党员工作和生活在不同的领域和环境中，不同的岗位和行业对党员先进性的具体要求也就有所不同，加之党的先进性是具体的、历史的，党员的先进性要求也要不断丰富和发展，体现时代的特征和时代的要求，这就有一个普遍性和特殊性、共性和个性的关系问题。具体到"新时期"和"宣传思想战线"，共产党员先进性的具体要求既要体现普遍性原则和要求，又要体现时代的精神和宣传思想工作的个性要求。具体来说：

第一，要体现我们党的先进性。我们党是按照马克思主义确立的建党原则建立起来的马克思主义政党，是中国工人阶级的先锋队，同时是中国人民和中华民族的先锋队，是中国特色社会主义事业的领导核心，代表中国先进生产力的发展要求，代表中国先进文化的前进方向，代表中国最广大人民的根本利益。这"两个先锋队、一个核心和三个代表"，是我们党先进性的集中概括，体现于我们党的指导思想、基本路线、方针政策、组织原则、根本宗旨和奋斗纲领等各个方面。正是这种先进性，使我们党在旧中国各种政治力量的长期斗争和反复较量中脱颖而出，始终保持强大的创造力、凝聚力、战斗力，得到全国各族人民的长期拥护和支持，成为我国革命、建设、改革的坚强领导核心，团结带领各族人民站起来、富起来，国家强起来的。共产党员先进性的要求离不开党的这种先进性，这是共产党员之所以为共产党员之根本。每个共产党员要时刻牢记我们党是怎样一个党，进一步增强党的观念，加强党性修养，努力使自己在思想和行动上真正成为中国工人阶级的有共产主义觉悟的先锋战士。

第二，要体现我们党所处的历史方位。我们党已经从一个领导人民为夺取全国政权而奋斗的党，成为一个领导人民掌握着全国政权并长期执政的党；已经从一个在受到外部封锁的状态下领导国家建设的党，成为在全面改革开放条件下领导国家建设的党。我们党成为执政党，是历史的选择、人民的选择。执政以来，党带领全国各族人民战胜各种风险和挑战，把四分五裂、贫穷落后的旧中国建设成为人民生活总体上达到小康水平、正在蓬勃发展的新中国，取得了举世瞩目的成就。然而，长期执掌好政权和在全面改革开放条件下领导好国家建设，并不是一劳永逸的，我们党任重道远，担子更重，责任更大。而共产党员是党的集体的细胞和党的活动主体，党员先进性的具体要求，必然要体现党的历史方位和执政地位，立党为公、执政为民，不断提高对党的历史方位和执政使命的适应力，增强执政意识特别是改革开放条件下长期执政的意识，居安思危，团结带领全国各族人民坚定不移地走中国特色社会主义道路，坚持改革开放，大力发展先进生产力、发展先进文化、实现广大人民的根本利益。

第三，要体现我们党所肩负的历史任务。团结带领全国各族人民全面建设小康社会，实现继续推进现代化建设，完成祖国统一、维护世界和平与促进共同发展，是我们党所肩负的三大历史任务。使命光荣，挑战严峻，任务艰巨，能否从容应对各种风险考验，完成好这三大历史任务，取决于党的理论、路线和方针、政策的正确，取决于广大党员团结带领人民艰苦奋斗，既是对党的执政能力的考验，又是对广大党员素质的考验。共产党员先进性的具体要求，要同实现党的这三大历史任务紧密联系起来，进一步牢固树立党员意识，增强荣誉感和使命感，激发积极性和创造力，自觉提高思想政治素质和科学文化素质，把先锋模范作用具体体现到完成党的历史任务的各项工作中，体现到在自己的工作岗位上兢兢业业创造业绩的行动中，从而团结带领全国各族人民万众一心，奋发图强，全面建设小康社会，加快社会主义现代化建设步伐，推进中华民族的伟大复兴，为世界的和平与发展、为人类的进步事业作出更大的贡献。

第四，要体现我们党宣传思想工作的性质和任务。宣传思想工作部门是党的意识形态工作部门，宣传思想工作是为党和国家事业发展服务的，担负着围绕巩固马克思主义在我国意识形态领域的指导地位，围绕经济建设这个中心和服务改革发展稳定大局，以科学的理论武装人、以正确的舆论引导人、以高尚的精神塑造人、以优秀的作品鼓舞人的重要使命。从事党的宣传思想工作的共产党员先进性的具体要求，要体现宣传思想工作的这一性质和任务，进一步牢固树立宣传思想工作的党性观念，增强政治意识、大局意识、责任意识，始终保持政治上的清醒和坚定，自觉服务大局、服务基层、服务群众，勇于担当责任，积极履行职责，做好统一思想、凝聚力量的工作，做好促进改革发展、维护社会稳定的工作，这是一方面。另一方面，意识形态领域是我们同各种敌对势力、民族分裂势力斗争的重要战场，长期面临着抵御敌对势力和民族分裂势力在意识形态领域的渗透，这就决定宣传思想领域工作的共产党员要树立战场意识、阵地意识，牢牢把握正确的导向，牢牢占领宣传思想阵地，牢牢掌握意识形态工作的主动权，坚定地捍卫马克思主义在意识形态领域的指导地位，捍卫中国共产党的执政地位，捍卫中国特色社会主义道路，维护国家的文化安全。

第五，要体现改革创新的时代精神。改革创新是我们这个时代的精神，是我们党永葆生机的源泉，也是我们的事业兴旺发达的不竭动力。党的十六届五中全会鲜明地提出建设创新型国家的战略任务。宣传思想工作面临日益复杂的社会环境，不改革创新就没有发展的动力，既要大力宣传改革创新的时代精神，引导和鼓舞各族人民建设创新型国家，又要科学地认识和把握新形势下宣传思想工作的特点和规律，加大自身的改革创新力度。宣传思想战线共产党员先进性的具体要求，就是要体现宣传思想工作改革创新的时代要求，倡导解放思想、实事求是、与时俱进，贴近实际、贴近生活、贴近群众，紧跟时代步伐，锐意改革，勇于创新，推进创新内容、创新形式、创新手段，使宣传思想工作进一步体现时代性、把握规律性、富于创造性。

二　新时期共产党员先进性的具体要求是什么

中国共产党章程第一章的第二条、第三条和第六章的第三十四条，从党员的本质、义务和党员干部必须具备的基本条件等方面，规定了共产党员先进性要达到的基本要求。党的十五大就保持共产党员先进性明确提出，"在新的历史条件下，共产党员保持先进性，要体现时代的要求，做到：胸怀共产主义远大理想，带头执行党和国家现阶段的各项政策，勇于开拓，积极进取，不怕困难，不怕挫折；诚心诚意为人民谋利益，吃苦在前，享受在后，克己奉公，多作贡献；刻苦学习马克思主义理论，增强辨别是非的能力，掌握做好本职工作的知识和本领，努力创作一流的成绩；在危险的时刻挺身而出，维护国家和人民的利益，坚决同危害人民、危害社会、危害国家的行为作斗争"。中央关于开展保持共产党员先进性教育活动的意见中明确提出："在新的历史条件下，共产党员先进性，就是要自觉学习实践邓小平理论和‘三个代表’重要思想，坚定共产主义理想和中国特色社会主义信念，胸怀全局、心系群众，奋发进取、开拓创新，立足岗位、无私奉献，充分发挥先锋模范作用，团结带领广大群众前进，不断为改革和社会主义现代化建设作出贡献。"胡锦涛总书记在新时期保持共产党员先进性专题报告会上的讲话中提出了"六个坚持"的明确要求，即：坚持理想信念，坚定不移地为建设中国特色社会主义而奋斗；坚持勤奋学习，扎扎实实地提高实践"三个代表"重要思想的本领；坚持党的根本宗旨，始终不渝地做到立党为公、执政为民；坚持勤奋工作，兢兢业业地创造一流的工作业绩；坚持遵守党的纪律，身体力行地维护党的团结统一；坚持"两个务必"，永葆共产党人的政治本色。在西藏地区，自治区党委结合西藏实际提出了"两个坚定、三个坚持"的具体目标要求，即：坚定理想信念，坚定政治立场，坚持为民宗旨，坚持第一要务，坚持实干兴藏。领会党章的规定、中央的精神、自治区党委的要求，结合宣传思想工作的要求和主要内容，我体会到，新时期共产党员先进性的具体要求归纳起来主要有：

远大的共产主义理想和坚定的社会主义信念。共产主义理想和社会主义信念是建立在马克思主义揭示的人类社会发展规律的基础之上的，是共产党人的根本政治信仰，也是共产党员保持先进性的第一要求。作为从事党的宣传思想工作的共产党员，担负着宣传马克思主义、社会主义、共产主义思想，引导和激励人们为建设中国特色社会主义而奋斗的庄严使命。自然，首先自己要忠诚于马克思主义的真理，坚持共产主义和社会主义的信仰，这是我们的立身之本，只有这样才能自觉地完成好党赋予我们的使命，履行好宣传思想工作者的职责。

坚定的政治立场和敏锐的政治鉴别力。意识形态领域无小事，宣传思想工作事关全局，政治性、政策性都很强。清醒坚定的政治立场，是宣传思想战线共产党员必须具备的根本素养，政治这根弦一刻也不能放松，做到大事面前不糊涂，关键时刻不动摇，在思想和行动上始终与党中央保持一致。意识形态领域又需要长期面对复杂的斗争和多变的情况，加之我们是当今世界最大的社会主义国家，必然长期面对各种敌对势力在意识形态领域的渗透活动，这就要求我们增强政治鉴别力，善于从政治和全局的高度思考问题，分清是非，沉着应对，趋利避害，巩固全党全国各族人民团结奋斗的共同思想基础。

　　牢固树立以人为本的思想观念。全心全意为人民服务是我们党的根本宗旨，为人民谋利益是共产党人全部工作的出发点和落脚点。以人为本，就是以最广大人民的根本利益为本，是党的宗旨的集中体现。宣传思想工作说到底是做人的工作，更要自觉坚持以人为本。刘云山部长指出，要"着眼促进人的全面发展，把以人为本作为宣传思想工作的重要原则"。这就要求宣传思想战线的共产党员，要牢固树立以人为本的思想观念，尊重人、理解人、关心人，以实现和保障人民群众的文化权益为根本职责，坚持"三贴近"，倾听群众呼声，反映群众意愿，集中群众智慧，忠实地服务群众，把以人为本的要求落实到我们的各项工作中。

　　始终保持积极进取的精神状态。毛泽东说，人是要有一点精神的。共产党员保持先进性，就要有紧跟时代、积极进取的精神，因循守旧，不思进取，墨守成规，结果必然是落伍，更谈不上共产党人的蓬勃朝气和昂扬锐气。今天，我们身处知识创新时代、终身学习时代，要进取就要有学习的紧迫感，把学习作为长期任务，抓紧学习、刻苦学习、善于学习，这既是我们增强党性，提高为人民服务本领应尽的义务，也是我们适应时代发展的要求，做好本职工作的前提。学习对共产党员而言，首先就是要学习马克思主义理论，特别是要用马克思主义中国化的最新成果武装头脑，还要学习科学文化知识，不断丰富和充实自己。通过学习，加强党性修养，增强观察事物和辨别是非的能力，提高从事宣传思想工作的本领。

　　求真务实和开拓创新的工作本领。胡锦涛总书记指出："共产党员应该自觉把自己的理想和奋斗同党和人民的事业紧密联系起来，同国家的发展和民族的前途紧密联系起来，爱岗敬业，干一行、爱一行、钻一行、精一行，努力在平凡的岗位上作出不平凡的贡献，努力创造无愧于时代、无愧于历史、无愧于人民的一流工作业绩。"这就要求具有求真务实和开拓创新的工作本领。求真务实，是我们党思想路线的核心内容，是我们党的优良传统和共产党人应具备的政治品格，也是我们做好宣传思想工作的基本要求。作为宣传思想战线的共产党员，求真，就是求宣传思想工作规律和特点之真；务实，就是务宣传思想工作原则要求目标之实，不搞"虚功"，真抓实干，把求真务实体现在我们的各项工作之中。共产党员的先进性最终是要通过实干来体现，"不干，半点马克思主义都没有"。开拓创新，是宣传思想文化事业发展对共产党员的内在要求，真抓实干、埋头苦干，还要牢记第一要务，坚持发展是硬道理，在自己的岗位上不断开拓创新，兢兢业业地创造一流工作业绩。

浩然正气和严守纪律的品德。宣传真理、弘扬正气，是宣传思想战线共产党员的职责所在，坚持真理、追求真理、宣传真理，勇于同各种歪理作斗争，洁身自好、浩然正气、甘于奉献，勇于同各种歪风作斗争，是党的宣传思想工作的本质对共产党员提出的基本要求，我们要保持共产党人的浩然正气，严守党的政治纪律、组织纪律、廉政纪律和宣传纪律，自觉贯彻依法治国的基本方略，落实宣传思想工作的法律法规，以实际行动维护党的团结统一，维护党的崇高形象。

三　怎样保持共产党员的先进性

保持共产党员的先进性，就是要依据时代赋予的使命和自觉履行的职责不断进行建设。建设的根本就是要靠党的教育和培养，关键是要自觉同实现党的历史任务紧密联系起来加强自我修养，时时刻刻严格要求自己，努力做到：

第一，在思想上保持先进性，坚定理想信念。思想是行动的先导，保持思想上先进性，是保持其他各方面先进性的根基。胡锦涛总书记指出，"新世纪新阶段，广大党员干部保持先进性，关键是要深刻理解和掌握'三个代表'重要思想并自觉付诸实践，努力成为'三个代表'重要思想的坚定实践者"。要按照这次先进性教育活动的要求，把学习实践"三个代表"重要思想作为根本任务，进一步深入学习领会"三个代表"重要思想和科学发展观，在真学、真懂、真信、真用上下功夫，切实用马克思主义理论创新的最新成果武装自己，提高理论素养，提升思想境界，坚定理想信念。发扬理论联系实际的学风，把理论学习与改造世界观、推动工作紧密结合起来，在思想和工作上不断与时俱进，保持昂扬斗志和积极进取精神。

第二，在政治上保持先进性，坚定政治立场。政治素养是共产党人的灵魂，保持政治上的先进性，就是要在政治上始终保持清醒和坚定，站稳政治立场，明确政治方向，遵守政治纪律，提高政治鉴别力，增强政治敏锐性。共产党人保持政治上的先进性是具体的，而不是抽象的。作为宣传思想战线的共产党员，保持政治上的先进性就是要落实到增强学习意识，努力提高自己思想政治素质和工作能力上；落实到增强导向意识，牢牢把握正确导向上；落实到增强大局意识，紧紧围绕经济建设这个中心和服从服务改革发展稳定的大局上；落实到增强责任意识，推进宣传思想的各项工作上。当然，身处反分裂斗争和主战场的自己而言，更要坚定反对分裂，维护祖国统一、维护民族团结、维护西藏稳定的立场。

第三，在工作上保持先进性，坚持为民宗旨。保持工作上的先进性就是要履行好岗位职责，做好本职工作，创造出好的工作业绩。做到这一点，就要摆正同人民群众的关系，认真贯彻党的群众路线，认真践行全心全意为人民服务的宗旨，这不仅是工作方法问题，更重要的是工作职责、工作内容，是检验工作成效的标准。尊重群众的创造，倾听群众的呼声，做群众的贴心人，维护好、实现好、发展好人民群众的根本利益，进一步提高组织群众、宣传群众、教育群众、服务群众的本领。作为宣传思想战线的共产党员，就是要认真落实贴近实际、贴近生活、贴近群众的原则，使理论武装更加入耳入脑，使新闻宣传更好发挥引导作用，使思想道德建设能够取得明显成效，使精神文化产品更能够适应群众需求。

第四，在作风上保持先进性，坚持"两个务必"。保持作风上的先进性，就是要继承和发扬谦虚谨慎、艰苦奋斗的精神，永葆共产党人的政治本色。宣传思想战线的共产党员在作风上保持先进性，就要按照刘云山部长所提的要求，不断改进思想作风，一切从实际出发，解放思想、实事求是、与时俱进，善于研究，敢于探索，创新性地开展工作；不断改进工作作风，深入实际、脚踏实地，埋头苦干、敬业奉献，讲求效率、注重实效，立足本职岗位做出成绩，防止大而化之，避免形式主义；不断改进文风，做到联系实际，言之有物，言简意赅，语言生动，文字活泼，少说空话套话大话，让人们愿听爱听，增强说服力感染力。

在中宣部挂职锻炼的几点体会

（2006 年 5 月 16 日）

2005 年 11 月 18 日，我怀着崇敬之心和感激之情走进中宣部，开始了在中央机关的学习工作和生活，转眼半年的挂职锻炼即将结束，高原的气息似乎已扑面而来。回想这半年的点点滴滴，深深感到很有收获，既体验了中央机关的繁忙工作和严谨作风，又领略了祖国沿海地区的美丽和改革开放的辉煌，并真切感受到了中宣部对西藏宣传思想工作的关怀和对民族干部的关心，不仅丰富了我的人生阅历，拓宽了宏观视野，提升了思想境界和业务能力，而且对我们党宣传思想工作的理解和把握更深入了，对所负责任的感受和领悟更深刻了，从而干好事业的信心和决心也更坚定了。在中宣部研究室半年的时间里，我学习、感受、参与，深深体会到：

一是做好宣传思想工作，要把它作为事业全身心投入。胡锦涛总书记指出，"宣传思想工作是党和国家工作大局的重要组成部分，从来都是为党和国家事业发展服务的"。要求我们从党和国家事业发展的战略高度，充分认识做好宣传思想工作的极端重要性。在半年的学习工作中，对宣传思想工作的地位、作用、意义、价值的认识进一步深化、体会更加具体，加之耳闻目睹周围同志对宣传思想工作的热情和投入，感到做好宣传思想工作首先要深刻认识到宣传思想工作的极端重要性，认识到党中央历来高度重视宣传思想工作，认识到党和国家事业没有一天能够离开宣传思想工作。我们此生有幸从事这项工作，就不能仅仅把它作为谋生的工作对待，而是要把宣传思想工作作为人生奋斗的事业，切实把个人追求同党和人民的事业紧密结合起来，把个人的奋斗同国家的发展和民族的前途紧密结合起来，按照自治区党委的要求，倾心、用心、全身心地投入，做到有所作为，只有这样才能有所收获，才能出效果，才能创业绩。

二是做好宣传思想工作，要不断强化政治意识、大局意识、责任意识。多次聆听、学习云山同志、炳轩同志、树刚同志的讲话，多次参加中宣部召开的全国性会议，接触各种调研报告和各种材料，感触最深的是宣传思想工作环境日益复杂，领域不断拓展，渠道不断延伸，要求越来越高，任务更加繁重，对云山同志多次强调的要"增强政治意识、大局意识、责任意识，增强政治敏锐性，提高政治鉴别力"有了更深层的感受和理解。深感作为党和国家工作大局重要组成部分的宣传思想工作，"高举旗帜、保持一致"不是套话，"牢牢把握正确导向"不是空话，"围绕中心、服务大局"不是口号，面对意识形态领域的严峻斗争和维护国家文化安全的复杂情况，面对统一思想、凝聚力量和促进改革发展、维护社会稳定的艰巨任务，服务好党和国家大局，没有清醒的政治头脑，心中无大局，不能旗帜鲜明、坚持原则，不能恪尽职守、尽职尽责，结果必然是添乱、帮倒忙，甚至损害党和国家利益。宣传思想工作责任如山，做好宣传思想工作必须把政治意识、大局意识、责任意识作为根本素养和要求，不断加以锤炼，变成自觉行动。

三是做好宣传思想工作，要有强烈的党的意识、党的观念。能够到中宣部挂职锻炼，我感到是人生难得的机遇，而更以为荣的是能够在中央机关参加保持共产党员先进性教育活动，接受马克思主义的集中学习教育。参加保持共产党员先进性教育活动集中培训，学习胡锦涛等中央领导同志关于先进性教育的重要讲话，学习中央关于先进性教育的有关文件，学习党章，学习中央关于宣传思想工作的重要论述，领会加强党的先进性建设的重要意义和深刻内涵，领会保持共产党员先进性的重要性、必要性和基本要求，领会宣传思想工作的重要原则、方针和任务，特别是在教育活动中直接聆听云山、炳轩等领导同志的党课报告，感悟领导同志语重心长的谆谆教导，提升了境界，深化了认识，结合自身实际查找到存在的不足，明确了努力的方向，进一步增强了党的意识、党的观念。同时也深刻体会到，党的意识是执政党带有根本性的问题，而宣传思想工作部门是党的意识形态工作部门，做好宣传思想工作就要牢固树立党的意识、党的观念，想明白、想清楚我们所从事的是党的宣传思想工作，切实做到在党言党、在党爱党、在党忧党、在党为党，就要在日常工作和生活中按照云山同志要求的那样，用党的标准要求自己、用党的纪律约束自己、用党的理想激励自己，增强忧患意识、执政意识、宗旨意识，努力做合格的党的宣传思想工作干部。

　　四是做好宣传思想工作，要把坚持以人为本作为重要原则。坚持以科学发展观统领经济社会发展全局，是党的十六届五中全会精神的核心。在挂职期间，进一步深入学习科学发展观，对科学发展观的时代背景、实践基础、科学内涵、精神实质、重大意义的领会更加深入了，真切感悟到科学发展观是指导发展的世界观和方法论的集中体现，是社会主义的发展观。科学发展观的核心是以人为本，强调要以实现人的全面发展为目标。宣传思想工作说到底是做人的工作，宣传思想工作落实科学发展观，就要按照云山同志指出的"着眼促进人的全面发展，把以人为本作为宣传思想工作的重要原则"贯彻到宣传思想工作的各个领域，落实到宣传思想工作的各个方面，切实以实现和保障人民群众的文化权益为根本职责，以广泛地吸引人民群众参与为基本途径，以人民群众满意不满意、拥护不拥护作为检验标准，不断提高人民的思想道德和科学文化素质，不断满足广大人民群众的精神文化需求。

　　五是推进宣传文化事业健康有序发展，要把宏观引导和微观管理有机地结合起来。近年来的一个感受是随着我们党的事业的蓬勃发展，宣传思想工作在党和政府工作中的重要性越来越突出，宣传文化事业以改革创新为主题处于深刻的发展变化之中。在挂职锻炼的半年时间里无论是听会、学习领导讲话，还是翻阅材料、出去调研，这种感受更直接更强烈，特别是文化体制改革所取得的成果给人以振奋和鼓舞。同时也感受到，传播渠道和传播手段的日益增多特别是互联网、手机等的发展，使科学有效管理的任务越来越突出。在学习长春、云山、炳轩等领导同志的讲话，参与研究室工作中体会到，科学分析宣传思想工作面临的形势也意识形态领域的动态，依大势进行宏观部署和政策引导的同时，强调微观管理，高度重视宣传思想文化领域的法规建设，改进管理方式，强化科学管理、依法管理，以管理促进发展，以管理规范发展，是推进宣传文化事业健康有序发展的内在要求。在日常工作中要切实落实好把握正确导向、把握意识形态的主导权，落实好围绕中心、服务大局的要求，推进宣传文化事业的健康发展，我们的工作就不能仅停留在宏观层面或会议的招呼层面，而是要深入到微观管理层面把关把度，特别是传播渠道和传播手段日益增多、各种思想文化相互激荡的新形势下，更要高度重视微观管理，做到工作靠前、责任到位、引导主动，确保平稳有序，避免或化解影响大局稳定的因素和严重后果。当然，这就需要在工作实践中探索和学会科学管理、依法管理，做好宏观引导和微观管理有机结合的文章。

六是做好宣传思想工作，深入细致的调查研究是一项基本工作方法和领导制度。在研究室感受调研工作，学习《毛泽东、周恩来、刘少奇、朱德、邓小平、陈云论调查研究》一书，领会胡锦涛总书记关于调查研究的论述，对调查研究工作的重要性和作用有了新的认识，对毛泽东主席"不做调查没有发言权，不做正确的调查同样没有发言权"的名言有了更深的感受，深切体会到调查研究是我们党的优良传统，是谋事之基、成事之道。学习云山同志对调查研究工作的要求和评价，聆听树刚同志在全国省区市党委宣传部调研工作座谈会上的讲话，学习研究室推出的调研成果和了解调研成果在科学决策、实际中发挥的作用，真切感受到做好宣传思想工作离不开调查研究，调查研究是宣传思想工作的一项基本工作方法和领导制度。特别是回答长春同志提出的"五个如何"，把握新形势下宣传思想工作的规律和特点，改进创新宣传思想工作，贯彻"三贴近"、落实"三深入"，更需要我们开展深入细致的调查研究工作。这就要求我们在实际工作中把调查研究摆在重要日程上，作为增强工作针对性实效性的重要途径，作为科学决策之基本制度和推动各项业务工作的基本方式方法，贯穿于宣传思想工作的全过程，体现在宣传思想工作的各个方面。

七是做好宣传思想工作，就要身体力行"严细深实"的工作作风。在半年的挂职锻炼期间，感受最多的是"严细深实"，体会最深的也还是"严细深实"。从部局领导的夜以继日到处室同志的勤奋工作，从每项工作的安排部署到落实的各个环节，从文稿质量的高要求到具体细致的事物，处处感受到"严细深实"的部风，在这里，没有朝八晚五，也没有周六周日，加班加点习以为常，潜移默化地引导我们对待工作的态度。宣传思想工作责任重大，用云山同志的话说：如履薄冰，如临深渊，如负泰山。正因为如此，我们更要大力提倡和身体力行"严细深实"的工作作风，这是做好宣传思想工作的保证。以同志们为榜样，我在负责法规处和部刊处工作中、在完成室务会交办的工作中领会"严细深实"，严格要求自己，积极投入工作，较好地完成了挂职锻炼的任务。在生活、学习、工作上从部局领导到部里的同志都给予了我很多关心和帮助，感受了民族团结之温暖，收获了浓浓同志之情谊。

在全区理论工作座谈会上的讲话

（2007 年 6 月 18 日）

这次理论工作座谈会，是在深入学习贯彻自治区第七次党代会、七届二次全委会和党员领导干部大会精神，全区各族人民全面建设小康西藏、平安西藏、和谐西藏，以实际行动迎接党的十七大的新形势下召开的。会议的目的是，按照落实年、管理年的要求，进一步贯彻落实好全区宣传部长会议精神，总结党的十六大以来西藏地区理论工作，分析当前形势，研究部署下半年理论工作，为迎接党的十七大胜利召开营造良好的理论氛围。

一　以推动理论武装为重点，西藏地区理论工作取得长足发展和显著成效

党的十六大以来，以胡锦涛同志为总书记的党中央高度重视理论工作，作出了一系列重大决策，采取了一系列重要举措。一是推动兴起学习贯彻"三个代表"重要思想新高潮。中央下发了《关于兴起学习贯彻"三个代表"重要思想新高潮的通知》，编发了《"三个代表"重要思想学习纲要》，组织"三个代表"重要思想宣讲团在全国广泛开展宣讲工作，连续举办省部级领导干部"三个代表"重要思想学习班，在全党开展以实践"三个代表"重要思想为主要内容的保持共产党员先进性教育活动。胡锦涛总书记在"三个代表"重要思想理论研讨会、学习《江泽民文选》报告会等中央召开的会议上发表重要讲话，深刻阐述"三个代表"重要思想，对全党学习贯彻"三个代表"重要思想作出了有力动员和全面部署。二是拓展马克思主义理论的新境界。以胡锦涛同志为总书记

的党中央，提出以人为本、实现科学发展、构建社会主义和谐社会、建设社会主义新农村、建设创新型国家、树立社会主义荣辱观、推进建设和谐世界、加强党的先进性建设等一系列重大战略思想，形成了马克思主义中国化的最新成果，使马克思主义在当代中国放射出更加耀眼的真理光芒。三是实施了马克思主义理论研究和建设工程，开创了理论工作的新局面。胡锦涛总书记指出，这是关系党和国家事业发展的战略任务，是中央加强理论建设的重大举措。四是大力推动哲学社会科学的繁荣发展。下发了《关于进一步繁荣发展哲学社会科学的意见》，明确新时期繁荣发展哲学社会科学的指导方针、总体目标和主要任务。下发了《关于进一步加强和改进大学生思想政治教育的意见》，明确高校哲学社会科学课程在思想政治教育中的重要职责。五是大力加强哲学社会科学队伍建设。

自治区党委认真贯彻中央精神，始终把党的思想理论建设摆在重要位置，从确保西藏经济社会跨越式发展和长治久安的战略高度，从提高党的执政能力和加强党的先进性建设的战略高度，强调理论工作的重要意义，作出了一系列重要部署和安排。先后制定下发了关于认真贯彻中共中央关于在全党兴起学习贯彻"三个代表"重要思想新高潮的通知的意见、关于贯彻落实中共中央关于学习《江泽民文选》的决定的意见、关于进一步繁荣发展哲学社会科学的意见、关于贯彻中共中央国务院进一步加强和改进大学生思想政治教育意见的意见等，对理论武装、理论研究、理论宣传、队伍建设等各个方面进行了全面部署，提出了明确要求。自治区党委主要领导还就学习"三个代表"重要思想，繁荣发展哲学社会科学发表重要讲话，明确提出学习贯彻"三个代表"重要思想必须抓好西藏工作的三个重大关键问题，强调要加强当代西藏发展研究和现代藏学研究，要以"三个代表"重要思想为统领，推进西藏地区哲学社会科学全面繁荣发展。自治区党委书记张庆黎指出，要坚持马克思主义在意识形态领域的指导地位，唱响主旋律，打好主动仗，把社会主义核心价值体系贯穿到西藏地区发展稳定的各个方面。要特别把学习领会和贯彻落实科学发展观作为一项关系西藏发展稳定的重大战略任务来抓，用科学发展观武装头脑、指导实践、推动工作。中央和自治区党委的这一系列重大决策和举措，为做好理论工作指明了方向，创造了良好的条件，提供了有力的保证。

在自治区党委的高度重视和坚强领导下，全区理论工作紧紧围绕自治区党委、政府中心工作，围绕西藏发展和稳定大局，牢牢把握社会主义核心价值体系这个根本，着眼于巩固马克思主义在西藏地区意识形态领域的指导地位，着眼于巩固全区各族人民团结奋斗的共同思想基础，按照武装头脑、指导实践、推动工作的要求，坚持用邓小平理论、"三个代表"重要思想和科学发展观等重大战略思想武装党员、教育人民，努力在贴近实际、贴近生活、贴近群众上下功夫，理论工作内容不断深化、领域不断拓展、形式不断创新、成效更加显著，呈现出扎实深入发展的新局面，为全面建设小康西藏、平安西藏、和谐西藏营造了良好的理论氛围，提供了有力的思想保证。回顾总结党的十六大以来西藏地区理论工作，主要有以下几个特点。

（一）紧跟理论创新脚步，理论武装高潮迭起

一是以大规模宣讲党的十六大精神为主要标志，学习邓小平理论和"三个代表"重要思想高潮持续不断。党的十六大把"三个代表"重要思想同马克思列宁主义、毛泽东思想、邓小平理论一道确立为我们党必须长期坚持的指导思想。党的十六大闭幕后，全区迅速开展了党的十六大精神的大规模宣讲活动，兴起了学习贯彻党的十六大精神和"三个代表"重要思想的高潮，并通过召开全区"三个代表"重要思想理论研讨会，开展保持共产党员先进性教育活动，举行纪念邓小平同志诞辰 100 周年、陈云同志诞辰 100 周年等重大活动，以及开展学习《江泽民文选》等活动，使学习宣传邓小平理论和"三个代表"重要思想的高潮持续不断。

二是以学习宣传科学发展观为主要标志，学习马克思主义中国化最新成果高潮持续不断。党的十六届三中全会上，以胡锦涛同志为总书记的党中央明确提出树立和落实科学发展观。以《科学发展观学习读本》为重要辅助教材，把学习邓小平理论、"三个代表"重要思想同学习科学发展观紧密结合起来，广泛深入地开展科学发展观、构建社会主义和谐社会等重大战略思想的学习宣传，并高潮持续不断。广大党员、各族干部群众对什么是社会主义、怎样建设社会主义和建设一个什么样的党、怎样建设党的基本问题的认识和理解达到了新的高度，对什么是发展、为什么发展和怎样发展有了更深刻的把握。以人为本、科学发展、和谐发展、跨越式发展等已成为人们的广泛共识。

（二）紧密联系西藏实际，理论学习不断深化

按照自治区党委的要求，宣传思想战线在推动全区理论武装过程中，紧密联系西藏实际，着力在抓好结合上下功夫，不断深化和拓展理论学

习。一是坚持把学习邓小平理论、"三个代表"重要思想与学习马克思主义中国化最新成果紧密结合起来，把理论学习不断引向深入；二是理论学习与学习贯彻中央关于西藏工作的重要论述紧密结合起来，引导广大党员、干部和各族群众充分认识"一个中心、两件大事、三个确保"的新时期西藏工作指导思想，是"三个代表"重要思想以及科学发展观在西藏工作中的具体运用，是稳定西藏、发展西藏、确保西藏经济社会跨越式发展和长治久安必须遵循的根本原则；三是理论学习与学习贯彻中央和自治区重要会议精神紧密结合起来，着力于统一思想认识，增强广大党员和各族干部群众执行党的路线方针政策、贯彻区党委重大决策部署的自觉性；四是理论学习与打牢反分裂斗争思想基础紧密结合起来，深入开展马克思主义"四观""两论"教育，深刻揭批达赖集团反动本质，引导广大党员和各族干部群众牢固树立马克思主义祖国观、民族观、宗教观、文化观。

此外，还紧密联系"一个转折点、两个里程碑"的光辉实践，在《江泽民文选》的学习中，突出西藏工作的重要论述，进一步领会和把握中央第三、第四次西藏工作座谈会精神；在科学发展观、构建社会主义和谐社会等重大战略思想的学习中，紧密结合中央关于进一步做好西藏发展稳定工作的意见精神的学习，深刻领会和把握西藏工作的指导思想、发展道路、发展战略、奋斗目标和政策措施，抓好胡锦涛总书记关于西藏工作的一系列重要讲话和指示精神的学习，着力把握"发展是解决西藏所有问题的基础和关键""保持社会和谐稳定，是西藏经济发展和社会进步的前提"等重要思想。

（三）领导干部带头学习，理论学习走向制度化规范化

自治区党委中心组率先垂范，党的十六大召开期间就及时组织了集中学习，大会闭幕后又集中四天时间分四个专题进行了认真的学习研讨。从2002年11月到现在，区党委中心组先后举行了20多次的集中学习，其中2005年开展保持共产党员先进性教育活动至今已举行了14次集中学习会，邀请中国社科院的专家以"学习贯彻实施《宪法》，建设社会主义法制国家"为题，举行了省级领导干部的法制讲座，邀请中共中央党校、国家宗教事务局、国务院研究室、武汉大学、北京市朝阳区高碑店乡及西藏地区的专家和实际工作者举办了6次专题讲座，很好地发挥了在全区理论学习中的导向和示范作用。

在自治区党委中心组的有力带动下，全区各级党委（党组）中心组的理论学习不断得到加强和改进，走上了制度化、规范化轨道，普遍建立和完善了主要领导亲自抓、分管领导具体抓、职能部门协作抓的领导机制。拉萨市制定了拉萨市地县级党委（党组）理论学习制度，市委中心组自党的十六大以来共组织了 52 次集中学习，中心组成员学习出勤率达 95％以上；日喀则地区制定了领导干部学习三项制度和党委（党组）中心组理论学习管理办法；林芝地区制定了中心组学习计划上报制度、检查通报制度、学习笔记调阅制度、考试考核制度；那曲地委中心组制定了组织学习制度、集中研讨制度、个人自学制度；山南地委完善中心组理论学习制度，围绕学习贯彻科学发展观，还专门举办了为期 3 天的"牢固树立和认真落实科学发展观"专题研讨会；昌都、阿里地区的各级党委中心组把加强理论学习与深入开展调研紧密结合起来，确定调研选题，认真开展调研，推动学习不断深入。

作为主管意识形态工作的职能部门，各级党委宣传部把协助和服务好党委（党组）中心组的理论学习作为重要任务，积极制订学习计划和方案，及时提供理论书籍和学习材料，不断加强督促指导和经验交流，广泛宣传学习动态和学习成果。近年来还开展了"县委书记、县长谈发展""地（市）委书记谈贯彻落实科学发展观""厅（局）长谈推动科学发展，促进社会和谐"等学习活动，在《西藏日报》和地市报纸上开辟专栏，推出学习体会文章，着力把领导干部理论学习不断引向深入。

着眼于领导干部全面系统的学习，全区各级干部教育部门不断深化干部理论教育培训工作，强化领导干部集中理论教育培训。区党委组织部、宣传部、党校联合举办了地厅级领导干部和县处级领导干部学习十六大精神、"三个代表"重要思想、树立和落实科学发展观、建设社会主义新农村等各类专题研讨班。各地市委宣传部也联合组织部、党校，围绕党的十六大精神和"三个代表"重要思想，围绕科学发展观、建设社会主义新农村等内容，对县处级以上领导干部进行了集中学习培训。

（四）紧扣学习主题，理论宣讲有声势有效果反响好

党的十六大以来，中央先后两次组织宣讲团奔赴西藏地区，宣讲党的十六大精神和"三个代表"重要思想，为西藏地区广泛深入地开展理论宣讲工作作出了表率。

一是区地县三级党委组织宣讲团，广泛深入地开展党的十六大精神和

"三个代表"重要思想宣讲活动。自治区党委以党委讲师团为依托，从自治区党委宣传部、党校、自治区社科院、西藏大学等单位，抽调富有经验的领导和专家学者，先后组织了自治区党委党的十六大精神宣讲团和"三个代表"重要思想宣讲团，分四组赴区直（中直）各单位和七地市、部分县开展大规模宣讲活动，共宣讲245场次，听众达127000余人。各地市县也抽调理论骨干组成宣讲团，深入田间地头，走进草原牧场，与广大干部和农牧民群众面对面地开展形式多样的宣讲活动。据统计，围绕党的十六大精神和"三个代表"重要思想的学习，七地市共开展了1735场次宣讲活动，听众达5788339人（次）。

二是把握宣讲导向，编写统一宣讲提纲。为准确系统全面地宣讲好马克思主义中国化最新成果和中央、自治区党委重要会议精神，自治区党委讲师团紧扣学习主题，编写宣讲提纲，统一宣讲口径，指导各地市开展宣讲活动，先后印发了42种2万余册的宣讲提纲。各地市也结合本地实际，编写统一的宣讲提纲，并针对农牧区实际编译成藏文，努力拓展宣讲工作的覆盖面。

三是加强和改进讲师团工作，积极开展形式多样的宣讲活动。认真贯彻中宣部《关于进一步加强和改进党委讲师团工作的意见》精神，加强党委讲师团建设，积极开展党的创新理论和中央重要会议精神、自治区党委重大决策部署的宣讲工作，充分发挥各级党委讲师团在理论武装工作中的重要作用。比如，拉萨市委讲师团自党的十六大以来，共宣讲1000余场次，县（区）宣讲组、流动党校宣讲达15000余场次。山南地委讲师团调整充实成员，并在宣讲党的十六届六中全会和自治区第七次党代会精神的工作中积极整合资源，通过集中培训组织县级以上干部带队的83个宣讲督导组，深入到全地区83个乡镇和办事处开展了为期半个月的宣讲督导工作，共宣讲600余场次，听众达30万人次。阿里地委宣传部每年都组织宣讲团开展宣讲工作，2005年和2006年，围绕党的十六届五中、六中全会和自治区第七次党代会精神，共组织宣讲了258场次，听众达26000余人次。那曲地委讲师团在基层广泛开展反分裂斗争形势和任务宣讲活动。米林县委宣传部从2006年开始把每年4月份确定为时政宣讲月，从相关单位抽调政治素质强、具有一定理论水平的干部组成时政宣讲组，深入各乡（镇）、村，围绕党的创新理论、政策法规以及群众关心的热点难点问题开展宣讲活动。

（五）深入推进"三进"工作，青年学生的理论武装取得了新进展

一是认真贯彻自治区党委、政府《关于贯彻〈中共中央国务院进一步加强和改进大学生思想政治教育意见〉的意见》精神，切实落实自治区党委书记张庆黎在西藏大学、拉萨师范专科学校开展调研时发表的重要讲话精神，着眼于培养更多靠得住、用得上、留得住的德才兼备合格人才，大力加强邓小平理论、"三个代表"重要思想以及马克思主义中国化的最新成果进教材、进课堂、进学生头脑工作。

二是以在高校开设马克思主义理论研究和建设工程重点教材《思想道德修养与法律基础》《毛泽东思想、邓小平理论和"三个代表"重要思想概论》《中国近现代史纲要》等课程为契机，不断加强学科建设和教师培训工作，深化青年学生的理论武装工作。

三是贯彻落实全区党员领导干部大会精神，在西藏地区各高校和中等专业学校的青年学生和广大教师中开展了马克思主义"四观""两论"和反分裂斗争的专题宣讲工作，产生了良好反响。教育部门还进一步联系实际，有针对性地充实马克思主义"四观""两论"教材，不断加强乡土教材建设，拓展理论武装工作，受到青年学生普遍欢迎。

（六）把现实问题作为主攻方向，理论研究工作不断取得新进展

一是认真贯彻自治区党委《关于进一步繁荣发展哲学社会科学的意见》精神。成立了自治区哲学社会科学规划领导小组，形成了关于贯彻落实区党委《意见》精神的情况报告，编制了自治区"十一五"哲学社会科学研究规划，明确了"十一五"时期西藏地区哲学社会科学繁荣发展的指导思想、方针原则、发展思路、总体目标、重点领域和主要课题。

二是认真组织积极申报国家哲学社会科学基金项目。自 2000 年到去年，西藏地区申报并批准立项的国家哲学社会科学基金项目有 49 项，已结项的有 22 项，6 项课题正在申请结项。这些项目的研究，直接服务于西藏社会进步和经济发展，引领着西藏地区哲学社会科学的研究方向，为哲学社会科学的进一步繁荣发展奠定了基础。

三是加强重大理论和现实问题研究。组织社科理论工作者和实际工作者，围绕西藏地区发展稳定中的重大现实问题，认真开展理论研究和理论调研工作，推出了《西藏贯彻十六大精神重大理论和现实问题研究成果汇编》《以科学发展观为指导，推进西藏经济社会跨越式发展》《话说"西藏独立"的由来》《党的先进性在西藏的实践》《西藏的崇敬》《新高潮新认识新思考》等 10 余本研究成果汇集。西藏地区还有 7 篇理论研究论文入选全国性理论研讨会。各地市也十分重视理论宣传和理论研究工作，林芝地委宣传部专门组织成立了重点理论文章写作组，开展重大现实课题研究，为当地党政机关决策服务。日喀则地委宣传部组织力量研究推出了《喜马拉雅文化系列丛书》等研究成果。拉萨市委宣传部针对热点、难点问题，组织力量深入开展调查研究，撰写理论调研报告，为市委决策服务。昌都地委宣传部编印了《昌都地区文化建设理论研讨会文集》。山南地委宣传部编辑出版了《辉煌山南》。那曲地委宣传部组织编写了《抓基层、强基础、促发展——农牧区形势政策法律法规知识问答》等四本教材。阿里地委宣传部组织出版了《"三个代表"重要思想专题文集》。

四是召开各种形式的理论研讨会、座谈会。围绕兴起学习贯彻"三个代表"重要思想新高潮、纪念邓小平同志诞辰 100 周年、纪念江孜抗英斗争 100 周年、纪念西藏自治区成立 40 周年暨西藏建立人民代表大会制度 40 周年、纪念陈云同志诞辰 100 周年、开展保持共产党员先进性教育活动等重大活动，从自治区到各地市都组织召开了不同规模、不同层次和形式的理论研讨会、座谈会。西藏地区还围绕学习贯彻党的十六大精神、学习《"三个代表"重要思想学习纲要》、学习胡锦涛总书记在"三个代表"重要思想理论研讨会上的讲话、学习党的十六届三中、四中、五中、六中全会精神以及学习方永刚同志先进事迹等重大活动，专门组织社科理论界召开座谈会，领会精神，统一思想，推动教学科研工作。

（七）贯彻"三贴近"原则，理论宣传的说服力和战斗力不断增强

一是每年定期召开理论宣传载体负责人工作座谈会，认真总结理论宣传工作经验，围绕理论武装任务和重要会议精神的学习宣传进行安排部署，明确理论宣传重点和主要任务。根据阶段性理论宣传任务，加强与各理论宣传载体的联系和沟通，突出理论宣传主题，把握理论宣传导向，确保理论宣传的正面引导，做好解疑释惑的工作，凝聚人心的工作，统一思想的工作。

二是以自治区"三个代表"重要思想研究中心为骨干，确定研究选题，组织专家学者开展理论研究，推出重点理论文章。围绕学习贯彻中央关于进一步做好西藏发展稳定工作的意见精神，组织撰写了《西藏现代化的路径引导》。围绕学习贯彻去年召开的全区党员领导干部大会精神，组织撰写了《认清达赖的反动本质》《全面了解历史，树立正确的祖国观》。围绕纪念中国共产党成立 85 周年，组织撰写了《光辉的历程，辉煌的成就》。围绕学习贯彻自治区第七次党代会精神，组织撰写了《为确保西藏经济社会跨越式发展和长治久安而奋斗》。围绕学习《江泽民文选》，组织撰写了《牢牢把握解放思想实事求是与时俱进这个活的灵魂，确保经济社会跨越式发展和长治久安》。围绕学习贯彻区党委七届二次全委会精神，组织撰写了《坚持把和谐西藏建设放在关系西藏工作全局的重要地位》。这些文章在《西藏日报》上发表后，对于引导人们深入理解中央和自治区党委的重大决策部署，把思想统一到自治区党委重要会议精神上来，起到了很好的作用。

四是新闻媒体和理论宣传载体开辟专栏专题，加强理论宣传，营造理论氛围。新闻媒体和理论宣传载体开辟"学习十六大，贯彻十六大""兴起学习贯彻'三个代表'重要思想新高潮""结合西藏实际，树立和落实科学发展观""实践'三个代表'重要思想，永葆共产党员先进性""纪念邓小平同志诞辰 100 周年""庆祝西藏自治区成立 40 周年""进一步做好西藏发展稳定工作专论""把握新机遇，实现新跨越""打好反分裂斗争主动仗，建设平安西藏和谐西藏小康西藏""深入揭批达赖集团反动本质""学习贯彻自治区党委七届二次全委会精神，努力建设和谐西藏"等专题和专栏。仅《西藏日报》理论版就开辟了 20 多个专题专栏，推出了 300 余篇理论文章。

五是不断探索创新理论宣传形式。各级宣传部门为满足干部群众理论学习需求，结合各自实际，开展丰富多彩的理论宣传活动。比如，采取报告会、知识竞赛、主题教育活动等形式，把理论宣传融入各族干部群众喜闻乐见的活动之中。那曲地区还围绕干部群众普遍关心的热点、难点、疑点问题，开展了"送理论下基层"活动。阿里地区开展了"解放思想、更新观念、与时俱进、加快发展"大讨论。各地市充分利用地市报、电视台等新闻媒体，加强理论宣传工作。

（八）突出思想政治素质，加强社科理论队伍建设

在密切配合开展保持共产党员先进性教育活动，抓好队伍建设的同时，根据中央的有关精神和自治区党委的要求，在高校社科系统和社科研究系统广泛开展了以"三个代表"重要思想、马克思主义立场观点方法、职业精神和职业道德为主要内容的"三项学习教育"活动。为推动这一教育活动深入开展，还专门成立了领导小组及其办公室，制定"三项学

习教育"活动实施意见，编印下发 600 余册学习材料，举办了"三项学习教育"活动骨干培训班。各高校和社科研究部门在教育活动中联系工作实际，查找存在的问题，制定整改措施，深入开展学习教育活动，使社科理论工作者用马克思主义指导教学科研的自觉性和坚定性不断增强。从去年开始，举办哲学社会科学教学科研骨干研修班，计划用 5 年时间全面培训西藏地区哲学社会科学教学科研骨干。

总之，党的十六大以来，西藏地区理论工作亮点不断，特色明显，成绩显著。这是各级党委高度重视、正确领导的结果，是各级宣传思想部门不断开拓创新、扎实深入推进的结果，也是大家共同努力、团结协作的结果。在这里，我要特别向在座的各位同志表示感谢，正是大家的共同努力使西藏地区理论工作有了新的局面。

二 充分认识做好西藏地区理论工作的重要性，进一步增强责任感和使命感

随着西藏地区进入历史上发展和稳定的最好时期，经济发展又好又快，社会局势持续稳定，各族人民的生活水平快速提高，中国特色社会主义制度的优越性进一步展示，邓小平理论、"三个代表"重要思想以及科学发展观等重大战略思想日益深入人心，马克思主义在西藏地区意识形态领域的指导地位不断巩固。但是，从历史和现实来看，适应西藏经济社会跨越式发展和长治久安要求，做好西藏地区各项理论工作，不断增强理论工作的说服力、战斗力，仍然任重而道远。

一是西藏地区意识形态领域历来是我们同十四世达赖集团及其支持他们的国际敌对势力斗争的重要战场。由于特殊的政治历史原因，西藏始终是我们与十四世达赖集团和支持他们的国际敌对势力斗争的一个焦点。长期以来，国际敌对势力和十四世达赖集团打着所谓"民主""人权""宗教""文化"等各种旗号，大肆攻击我们党在西藏的方针政策，企图搞乱人们的思想。输入反动宣传品，以及反动广播、网络、电子出版物等多种渠道和形式对我进行思想政治渗透。特别是近年来为了把分裂活动重心引向境内，不断变换策略和手法，抛出所谓"中间道路"的谬论，采取所谓"非暴力运动"的策略，利用举办所谓"时轮灌顶大法会"等机会，

散布分裂图谋。十四世达赖集团的一系列分裂新动向，包括挑拨杰钦修丹护法神问题制造信教群众之间的矛盾，使反分裂斗争更加尖锐复杂。在意识形态领域深入开展渗透与反渗透、分裂与反分裂的斗争，对十四世达赖集团及其支持他们的西方敌对势力的渗透破坏保持进攻态势，进行主动治理，确保意识形态安全，西藏地区理论工作担负着不可推卸的重要职责。

二是推动社会主义核心价值体系建设，巩固马克思主义在西藏地区意识形态领域的指导地位的任务仍然艰巨。党的十六届六中全会提出了建设社会主义核心价值体系的重大任务。马克思主义是建设社会主义核心价值体系的根本，是社会主义意识形态的灵魂，是我们党和国家的根本指导思想。建设社会主义核心价值体系，首要的任务就是坚持和巩固马克思主义在意识形态领域的指导地位。然而我们必须清醒地认识到，在西藏，马克思主义是随着人民解放军进军西藏而开始传播和发展的，到今天也只有50多年的历史。因此，相对内地省区市而言，普及马克思主义理论，倡导科学世界观、人生观、价值观，消除宗教唯心主义思想束缚的任务更加艰巨，这就要求我们在推进社会主义核心价值体系建设中，必须坚持不懈地开展用马克思主义中国化的最新成果武装党员、教育人民的工作，把广大党员和各族干部群众的思想统一到马克思主义中国化的最新成果上来，把力量凝聚到确保西藏经济社会跨越式发展和长治久安上来，进一步巩固马克思主义在西藏地区意识形态领域的指导地位。

三是社会思想意识多元、多变、多样更加凸显，统一思想、打牢共同思想基础的任务更加繁重。随着经济社会的快速发展以及改革的深化和开放的扩大，社会经济成分、组织形式、就业方式、利益关系和分配方式日益多样化，必然导致人们思想观念的多样化，呈现出积极进步的社会思想意识得到发展的同时，封建农奴制思想残余与各种陈规陋习联系在一起不时产生影响，有的人还受拜金主义、享乐主义、极端个人主义影响，人生观、价值观发生扭曲，是非不分，善恶不分，美丑不分，见利忘义，黄赌毒等丑恶现象沉渣泛起，加之十四世达赖集团的反动思想渗透。统一思想的任务很重，凝聚人心的任务很重，维护稳定的任务很重。

四是经济社会生活中热点、难点问题的引导任务越来越重。在经济社会深刻变化的大背景下，就业、教育、医疗、环保等民生问题和反腐倡廉、社会公平、维护权益等问题越来越多地受到人们的关注，逐渐成为社会热点。这就迫切要求我们运用马克思主义的立场观点方法，紧紧围绕广大干部群众关心的热点难点问题，有针对性地进行深入的理论研究和理论阐释，有力有据地剖析问题的本质，澄清各种错误观点和模糊认识，引导人们正确认识和对待热点难点问题，进一步增强理论工作的说服力、战斗力。

五是理论工作与不断发展变化的形势相比，还存在一些薄弱环节。在理论学习方面，一些地方和部门对学习理论重要性的认识还有待加强，不同程度地存在着学习组织领导不够有力、学习要求不够明确、学习制度不健全、学习质量不高等问题。在理论宣传方面，面对基层群众的解疑释惑、普及理论知识做得还不够到位，理论宣传的针对性、时效性有待提高，对电视理论宣传、网络理论宣传关注的不够，运用的更不够。在理论研究方面，适应经济社会发展和深入开展反分裂斗争的要求，需要进一步深化和拓展研究领域，推出更多更好的优秀成果，需要进一步加强宣传和推介研究成果，促进研究成果更好地服务于党委和政府的决策，服务于经济社会跨越式发展和长治久安。此外，对思想理论动态的分析和掌握，对思想理论阵地的管理和引导都需要进一步加强。我们的工作作风还有待进一步改进，特别是深入基层开展调查研究不够，对基层工作的实际状况、开展理论工作的新做法新经验了解不够。

总之，历史赋予西藏理论工作艰巨的使命，时代呼唤理论工作引领实践的脚步，我们一定要充分认识做好西藏地区理论工作的重要性和紧迫性，以强烈的责任感和使命感，以昂扬向上的精神风貌和求真务实的工作作风，在已有的工作基础上，再接再厉、乘势而上，不断开创理论工作新局面，为巩固马克思主义在西藏地区意识形态领域指导地位、推动经济发展和社会稳定、促进党的建设作出新的贡献。

三　扎实推进各项理论工作，为党的十七大胜利召开营造良好的理论氛围

党的十七大是在我国经济社会发展进入关键阶段召开的一次重要会议，对于统一全党思想，动员全党全国各族人民在党中央坚强领导下，顺利完成"十一五"规划，构建社会主义和谐社会，夺取中国特色社会主义事业新胜利，具有十分重要的意义。理论工作要高举邓小平理论和

"三个代表"重要思想的伟大旗帜，全面深入地贯彻落实科学发展观，牢牢把握思想理论的主旋律，把握正确的导向，以迎接党的十七大胜利召开、学习宣传贯彻党的十七大为主题，在上半年工作基础上，进一步推进理论学习取得新成效，进一步推进理论研究取得新进展，进一步加强和改进理论宣传和普及，不断增强理论工作的说服力和战斗力，切实把理论工作提高到新的水平。

（一）抓好理论武装工作，推动广大党员和各族干部群众的理论学习

做好意识形态工作，最主要最基础的是做好理论工作，理论工作要取得成效最根本的是抓好理论武装工作。一是要以学习《江泽民文选》为重点，进一步推动学习贯彻邓小平理论和"三个代表"重要思想向深度和广度发展。二是要把学习领会和贯彻落实科学发展观作为一项关系西藏发展稳定的重大战略任务来抓，切实在武装头脑、指导实践、推动工作上取得新成效。三是在认真开展调研的基础上，制定西藏地区加强和改进党委中心组学习意见，努力在党委中心组制度建设上迈出新步伐。四是继续抓紧抓好"厅局长谈推动科学发展，促进社会和谐"活动。五是把《科学发展观学习读本》一书编译成藏文，下发到农牧区基层党员干部。理论武装工作要继续突出县处级以上领导干部，抓好党委（党组）中心组学习，突出青年学生群体，抓好"三进"工作。要精心组织面向基层的理论宣讲和普及工作，推动马克思主义中国化的最新成果更加深入人心。

（二）抓好理论研究工作，促进哲学社会科学繁荣发展

高举当代西藏发展研究和现代藏学研究的旗帜，进一步贯彻落实好区党委《关于进一步繁荣发展哲学社会科学的意见》精神，以研究回答重大现实问题为主攻方向，推动哲学社会科学繁荣发展。一是要认真组织好纪念邓小平同志《立足民族平等，加强西藏发展》重要谈话发表20周年理论研讨会。二是要借鉴中央实施马克思主义理论研究和建设工程的做法，认真实施《西藏自治区"十一五"时期哲学社会科学研究规划》，确定好研究选题，启动好哲学社会科学研究项目，确保推出一批高质量的研究成果。三是继续做好国家哲学社会科学基金项目各项管理工作，确保项目的高质量和按期结项，发挥好项目在促进西藏地区哲学社会科学繁荣发展中的龙头作用。四是加强哲学社会科学研究项目宣传和推介工作，促进研究成果更好地服务于党委和政府的决策，服务于经济社会发展，更好地发挥认识世界、传承文明、创新理论、咨政育人、服务社会的重要作用。

五是加强"三个代表"重要思想研究中心建设，调整充实组成人员，进一步完善工作运行机制，发挥好研究中心在研究马克思主义中国化最新理论成果、解答干部群众关心的热点难点问题中的作用。

（三）抓好理论宣传工作，增强说服力和战斗力

一是从现在开始到党的十七大召开，要进一步围绕马克思主义中国化最新成果，围绕自治区第七次党代会、七届二次全委会、全区党员领导干部大会精神，在主要新闻媒体开辟专题专栏，推出重点理论文章和评论文章，引导人们的思想认识统一到自治区党委的重大决策部署上来。二是党的十七大召开后，紧紧围绕学习宣传贯彻党的十七大精神，开展各种形式的理论宣传，营造好浓厚的理论氛围。三是多层次、多形式、多领域、多角度地对十四世达赖集团分裂主义的种种谬论进行有理有据的批驳，揭批达赖集团反动本质，引导人们充分认识达赖在政治上的反动性、宗教上的虚伪性和手法上的欺骗性。

（四）抓好各级党委讲师团建设，充分发挥在理论武装中的重要作用

一是广泛开展党的理论创新成果、中央重大方针政策和区党委重大决策部署的宣讲工作。当前要重点抓好全区党员领导干部大会精神的宣讲工作，使广大党员和各族干部群众的认识统一到会议的精神上来，统一到自治区党委对当前反分裂斗争形势的科学判断上来，把行动落实到区党委的部署和要求上。二是把党的十七大精神作为今年理论宣讲工作的重中之重，统筹安排，精心组织，切实做好党的十七大精神的宣讲工作，形成理论宣讲的声势，推动全区掀起学习宣传贯彻十七大精神的高潮。三是继续办好领导干部社科理论大讲坛。

同志们，做好理论工作，大家身上的责任很大，担子很重。我们要肩负起光荣使命，切实把工作落到实处，确保圆满完成各项任务，以优异的成绩迎接党的十七大胜利召开！

在 2008 年全区外宣工作会议上的讲话

（2008 年 3 月 1 日）

今天上午，我们集中传达学习了全国对外宣传工作会议精神和第十七次对外宣传西藏工作座谈会精神。自治区党委副书记、政府常务副主席郝鹏同志代表区党委发表了重要讲话。讲话充分肯定了党的十六大以来西藏地区外宣工作取得的成绩，深刻阐述了新阶段加强西藏地区外宣工作的极端重要性，科学分析了当前西藏地区外宣工作面临的形势，并就做好西藏地区外宣工作和构建大外宣格局进行了专门的部署，提出了明确的要求。大家在讨论中一致认为，讲话思想性、指导性、针对性、操作性都很强，对做好外宣工作具有重要的指导意义。我们要学习好、领会好、贯彻好讲话精神，努力推动西藏外宣工作新发展。

下面，我就去年西藏地区外宣工作情况和贯彻落实中央两个会议精神、全区宣传思想工作会议精神和郝鹏副书记的重要讲话精神，做好今年的外宣工作讲几点意见。

一 2007 年西藏地区外宣工作的主要情况

2007 年，西藏地区外宣战线认真学习贯彻中央关于涉藏外宣工作的一系列方针政策，按照中央外宣办和自治区党委的统一部署，围绕中心、服务大局，紧紧抓住迎接党的十七大、2008 年北京奥运会和青藏铁路通车一周年等有利时机，厘清工作思路，突出工作重点，明确工作抓手，扎实推进各项外宣工作，取得了良好效果。

（一）自治区党委高度重视外宣工作，全区各条战线积极主动开展外宣工作，大外宣格局进一步形成

自治区党委高度重视外宣工作，从年初的工作要点到全区性的各种重

要会议，都对外宣工作进行了专门的部署，提出了明确的要求。去年 9 月份，自治区党委常委会召开专题会议，研究了全区网络新闻宣传和管理工作，就加强网络文化建设与管理提出了明确要求。张庆黎书记、列确副书记、向巴平措主席、崔玉英常委等自治区领导多次就开展涉藏舆论斗争、加强网上正面宣传、加大对外宣传力度等作出重要批示，具体指导西藏地区各项外宣工作。在工作实际中，张庆黎书记等自治区主要领导亲力亲为，通过接受国内外媒体采访、率团出访等多种形式，积极主动地开展对外宣传西藏工作。2007 年，中央对外新闻媒体青藏铁路采访团、欧洲外交官研讨班、外国驻京记者团，以及德国、美国、印度等记者团等重要团组来访时，自治区主要领导都亲自接待，以亲身经历做有说服力的外宣工作。自治区人大积极主动开展议会外宣工作，参与接待了 8 批外国重要议会代表团。

同时，自治区各有关部门、主要新闻单位结合各自实际，开展了形式多样、内容丰富的外宣活动，进一步推动了大外宣格局的形成。自治区财政加大对外宣工作的投入，保证了一批重点外宣项目的顺利实施。自治区外办通过重要外宾和外国记者接待、人员出访、使领馆工作、民间对外交往等多种途径，以外事促外宣。自治区文化厅以西藏地区丰富的文化文物资源为依托，积极开展文化交流活动，《中国西藏文物展》在德国柏林成功举办，大型原生态歌舞剧《幸福在路上》，以全新的创作理念和全新的运作方式首次登上对外文化交流演出的舞台。自治区商务厅成功组织西藏地区经贸代表团赴尼参加两年一度的"中尼经贸洽谈会"，充分展示了西藏地区改革开放的巨大成就和良好形象。自治区发改委、教育、民宗、旅游、环保等部门通过与来访的外国政要、议会代表座谈交流、接受境内外记者采访、出国讲演、制作介绍本部门情况的宣传品等工作，积极宣传介绍西藏地区经济社会发展情况。自治区文联、社科院充分发挥艺术、学术优势，寓对外宣传于出国展览、讲学、与国外有关学术机构合作交流等各种文化、学术活动之中，效果明显。中央驻藏主要新闻媒体和自治区各主要媒体，结合各自特点和实际，积极开展对外舆论宣传，不断加大正面宣传西藏工作的力度。

各地（市）、各边境县、口岸结合当地实际情况，利用与外国记者、边民接触的机会，采取新旧对比、散发宣传品、播放录像带、举办联欢、开展边贸活动等多种形式，积极开展外宣工作。拉萨市除承担大量的外事外宣接待任务外，进一步加强了新闻发布工作、新闻发言人队伍建设和采访线工程建设工作。山南地区组织边境文化下乡，效果显著。日喀则地区在做好地方外宣工作的同时，加强了边境、口岸外宣工作和反渗透工作。那曲地区发挥青藏铁路的优势，加大沿铁路线外宣点建设力度，同时争取援藏资金，建设"那曲新闻网"，扩大那曲的知名度。林芝地区抓住第三届"雅鲁藏布大峡谷文化旅游节"之机宣传林芝、扩大影响。阿里地区加强机构建设，制作了"神奇阿里"外宣折页。昌都地区配合完成"中国西藏文化周"出访演出任务，为宣传昌都、宣传西藏起到了积极作用。

（二）围绕迎接党的十七大和青藏铁路通车一周年，对外新闻宣传工作推向新高潮

紧紧围绕自治区党委、政府的中心工作和西藏稳定发展的大局，抓住党的十七大胜利召开和青藏铁路通车一周年重大契机，突出新闻宣传、突出网上舆论引导，唱响正面宣传西藏的主旋律。一是坚持和完善新闻发布制度，围绕青藏铁路通车一周年、农牧民安居工程、"6·5国际环保日"等活动，组织召开了24场主题新闻发布会。我办还与国务院新闻办联合在北京举行新闻发布会，邀请自治区主席向巴平措，就西藏经济社会发展情况回答了58家中外媒体、近百名中外记者的提问，取得了很好的宣传效果。二是组织接待了中央对外新闻媒体青藏铁路采访团，首次举办了全国重点网络媒体西藏行大型采访活动，对青藏铁路通车一周年的情况进行了集中的宣传报道，产生了很好的效果。三是认真贯彻全国网络文化建设与管理工作会议精神，加强网络基础建设，加大网上正面宣传和舆论引导工作，大力宣传党的十六大以来西藏地区经济社会发展的生动实践和巨大成就，大力宣传青藏铁路通车一周年来为西藏地区经济社会快速发展的新变化、新局面，大力宣传党的十七大精神和西藏地区各地、各部门学习贯彻的新思路、新举措，积极开展网上舆论斗争和网络监管工作，受到了中央外宣办和自治区党委领导的充分肯定。四是进一步加大了"请进来"工作。先后接待了来自美国、德国、西班牙、印度、尼泊尔等国的外交官、主流媒体共9批81人次赴藏参观采访。特别是中央外宣办邀请的印度记者团一行赴藏采访报道，实现了我国对印涉藏外宣的新突破。该团回国后发表了大量内容积极客观的文章，在印产生了巨大反响。印度《教徒报》主编拉姆，2000年到过西藏，2007年再次访问后说："时隔7年，西藏确实发生了巨大变化，照这样下去，达赖喇嘛回不了西藏，西藏的发展不需要达赖",并说"达赖喇嘛是一个政治骗子"。美国《华盛顿时报》外事主编访藏并切身体会发展进步的西藏。该记者回国后在该报头版发表两篇长篇文章——《21 世纪来到西藏》《现代与传统在西藏并存》,产生了积极的外宣效果。

(三) 以文化交流为切入点,文化外宣工作取得新突破

2007 年,我们配合中央外宣办,在俄罗斯、法国和奥地利分别举办了"中国西藏文化周""世界著名摄影家眼中的西藏""首届中国西藏发展论坛"等系列综合性外宣战役活动,在举办国家引起热烈反响。通过在俄罗斯举办文化周活动,俄各界人士高度评价我中央政府在西藏实行的民族区域自治政策和宗教政策,认为中国的民族政策为全世界树立了榜样。"中国西藏发展论坛"以西藏的发展作为主题,通过学术交流的形式,直接面向西方主流社会做工作,产生了很好的作用。

在中央外宣办的统一安排下,我们还精心选派中国藏学家、活佛团赴西班牙、瑞典、荷兰、美国、加拿大等国访问。同时,组织了中国西藏文化交流代表团赴芬兰访问。我们派出的代表团在所到之处积极介绍西藏政治、经济、文化和社会等各方面的发展变化,并就对方关注的民族区域自治、宗教信仰自由、生态环境保护、民族文化发展等问题,作了有针对性、说服力的解答,赢得了外方的普遍认同。对外文化交流和文化外宣成为对外宣传西藏的重要形式之一。

(四) 坚持以我为主,国际涉藏舆论斗争进一步取得主动

我们坚持"以我为主、以正面宣传为主,以事实为依据"的原则,通过撰写重点文章、制作外宣品等形式,积极开展涉藏舆论斗争。针对美国国会给十四世达赖"金质奖章",英国广播网驻京记者迈克尔·布里斯托的文章《珠峰大本营变成"蛮荒西部小镇"》,以及敌对势力利用互联网攻击和歪曲中央治藏方略和西藏经济社会发展情况,先后组织了四十多篇有针对性的批驳文章,适时在中央重点新闻网站以及国内涉藏网站、区内主要媒体上予以登载,传递正面声音,驳斥谬论谎言,引导网上舆论,取得明显效果。

针对境外对我国"安居工程"和所谓"移民"的关注,我们拍摄制作了介绍农牧民安居工程情况的 DVD 光盘,编辑出版了《西藏人口》中、英文小册子;针对美国国会给十四世达赖"金质奖章"、德国总理默克尔会见十四世达赖等重大敏感事件,积极对外公布我方立场和权威信息，引导舆论，澄清真相，争取主动。

（五）着眼"大奥运"外宣，"采访线工程"建设工作取得新进展

为做好奥运会期间境外记者来藏采访管理和接待工作，进一步加大对外宣传西藏工作力度，我们积极开展了"采访线工程"建设的各项工作，策划和制作了六个"采访线折页"，举办了"采访线工程"建设培训班，我们全面调研了拉萨、日喀则和山南地区的外宣工作和外宣采访点建设情况，及时指导和加强了奥运火炬传递沿线和珠峰登顶展示沿线外宣采访点建设的工作；配合自治区外办等职能部门，进一步加强了对境外记者的服务和管理工作。

前不久，张庆黎书记在我办 2007 年工作总结和 2008 年工作打算的报告上批示："去年的外宣工作很有特色、很有成效，在正面宣传西藏和深入揭批达赖两项主要任务中发挥了重要作用。希望在新的一年里，继续坚持'以我为主、以正面宣传为主，以事实为依据'的原则，努力提高涉藏外宣工作的主动性、针对性和实效性。"张庆黎书记的批示，对 2007 年西藏地区外宣工作给予了充分肯定，对今后工作提出了明确要求。这再一次体现了自治区党委对外宣工作的高度重视和亲切关怀，是对全区外宣战线全体同志的极大鼓舞和鞭策。

二　扎实做好 2008 年各项外宣工作

2008 年是深入贯彻落实党的十七大作出的战略部署的第一年，是我国改革开放 30 周年和北京奥运会举办之年，也是西藏地区实施"十一五"规划的攻坚之年，做好今年的西藏外宣工作意义重大。前不久召开的全区宣传思想工作会议，是在新的历史发展阶段部署宣传思想工作的一次十分重要的会议。区党委张庆黎书记、列确副书记、崔玉英常委在会上发表重要讲话，就新时期全面推动宣传思想新局面作出了重要部署，也对外宣工作提出了明确要求。今天上午，郝鹏副书记又专门就做好对外宣传工作发表了重要讲话，作出了全面部署。这些重要讲话，是我们做好当前和今后一个时期对外宣传思想工作的重要遵循。我们一定要认真学习，深刻领会，切实把这些重要讲话精神贯彻落实到对外宣传工作的各个方面。

根据中央精神和自治区党委的部署要求，今年西藏地区的对外宣传工作，要高举中国特色社会主义伟大旗帜，坚持以邓小平理论和"三个代表"重要思想为指导，深入贯彻落实科学发展观，认真贯彻全国对外宣传工作会议和第十七次对外宣传西藏工作座谈会精神，认真落实全区宣传思想工作会议精神、积极实施《2006—2010 年西藏对外宣传工作规划》，抓住改革开放 30 周年和北京奥运会、奥运"圣火"在西藏地区传递、在珠峰登顶展示的重要契机，紧紧围绕区党委、政府的中心工作，牢牢把握正面宣传西藏和深入揭批十四世达赖两项主要任务，着眼于后达赖时期涉藏斗争形势的特点，加强统筹协调，整合外宣资源，推进大外宣格局建设，着力抓好对外舆论宣传和舆论斗争，着力抓好对外文化交流和文化外宣，着力抓好网络文化建设与管理，着力抓好外宣基础建设和队伍建设，进一步创新对外宣传方式方法，提高外宣工作的主动性、针对性和实效性，展示和提升社会主义新西藏的良好形象，为全面建设小康西藏、平安西藏、和谐西藏营造客观友善的国际舆论环境。

今年西藏地区外宣工作的总体布局是：贯穿"一条主线"，围绕"一个目标"，用好"两大契机"，把握"两项主要任务"，抓住"一个工作难点"，完善"一个工作机制"，突出"四个着力"，做好"六个方面的工作"。

贯穿"一条主线"：就是要把学习宣传贯彻党的十七大精神作为主线，切实贯穿到做好全年对外宣传工作的始终，体现在对外宣传工作的各个方面。

围绕"一个目标"：就是要展示和提升社会主义新西藏在国际社会中的良好形象。

用好"两大契机"：就是要抓住改革开放 30 周年这个契机，加大正面宣传西藏的工作力度；抓住北京奥运会、奥运火炬在区内传递和珠峰登顶这个契机，展示和提升社会主义新西藏的良好形象。

把握"两项主要任务"：就是要牢牢把握正面宣传西藏和深入揭批十四世达赖这两项涉藏外宣工作的主要任务。

抓住"一个工作难点"：就是要紧紧抓住增强国际舆论中的话语权和挤压十四世达赖集团的国际舆论空间这个难点。

完善"一个工作机制"：就是要进一步完善外宣领导体制和工作机制，努力推进大外宣格局建设。

突出"四个着力"：就是要着力抓好对外舆论宣传和舆论斗争，着力抓好对外文化交流和文化外宣，着力抓好网络文化建设与管理，着力抓好外宣基础建设和队伍建设。

做好"六个方面工作"：这六个方面的工作在 2008 年的工作要点中讲得比较详细，这里我再简单强调一下。

一是进一步加强对外新闻宣传工作。2008 年是我国实行改革开放 30 周年，举世瞩目的奥运会将在北京举行，这是我们集中开展正面宣传西藏工作，展示和提升社会主义新西藏良好形象的有利时机。我们要紧紧抓住这个有利时机，进一步推动新闻发布工作和新闻发言人制度建设，精心策划、认真组织系列新闻发布会，主动为媒体提供更加丰富的权威信息。积极配合中央外宣办撰写和发表《中国西藏发展报告》，邀请中央对外新闻媒体和外国主流媒体记者赴藏采访报道，组织区内主要媒体和主要网站开展专题新闻宣传活动，向国际社会充分介绍改革开放以来西藏经济社会发生翻天覆地的变化和西藏地区各族人民奋发向上的精神风貌，充分展示和提升社会主义新西藏的良好形象，努力掀起对外宣传西藏的新高潮。

要按照中央的总体要求和自治区的工作部署，牢固树立"大奥运外宣"意识，切实把"采访线工程"建设各项工作落到实处。抓好"采访线"折页系列的制作工作，抓好山南—拉萨—珠峰火炬传递和展示沿线采访点的建设工作，抓好"采访线工程"培训工作，认真做好突发事件的信息通报、新闻发布等处置预案，提高快速反应能力，避免形成炒作和舆论干扰。要牢固树立服务意识和管理意识，加强境外媒体工作，创新工作方式，健全管理体制，通过提供服务来规范管理，通过规范管理来积极引导，为奥运火炬在西藏地区的传递和珠峰登顶展示圆满成功营造良好的舆论氛围。

二是积极主动开展涉藏舆论斗争。进入后达赖时期后，十四世达赖集团不断变换手法，调整策略，大力推动所谓"西藏问题"国际化，以美国为首的西方敌对势力加紧利用十四世达赖的剩余价值，进一步加大了利用涉藏问题对我国牵制的力度。要牢牢把握后达赖时期涉藏舆论斗争形势的特点，紧紧抓住达赖政治上的反动性、宗教上的虚伪性和手法上的欺骗性，针对国际社会关注和误解最多的问题，主动开展舆论斗争和揭批十四世达赖工作。要深入揭批十四世达赖集团"高度自治""中间道路""大藏区"等反动主张，揭露十四世达赖集团与其他分裂势力和敌对势力的勾结，揭批十四世达赖破坏藏传佛教活佛转世宗教仪轨和历史定制的言行，揭批十四世达赖分裂祖国的罪行，努力掌握国际涉藏舆论斗争中的主动权。特别是 2008 年，十四世达赖集团视北京奥运会为"藏独"造势的大好时机，加紧策划实施各种针对北京奥运会的干扰破坏活动。对此，我们应高度重视，切实做好十四世达赖集团干扰破坏奥运会可能出现的突发事件的新闻舆论应对工作，切实维护好社会的稳定。

三是积极开展对外文化交流和文化外宣工作。对外文化交流和文化外宣在西藏地区对外宣传和国际涉藏舆论斗争中的地位日显突出，影响愈显广泛，作用越来越重要。要充分利用西藏地区丰厚的历史文化资源优势，将文化资源转化为对外宣传的有效资源。要配合中央外宣办完成好在意大利举办的第二届"中国西藏发展论坛"的各项筹备工作和出访任务，组织好两批藏学家、活佛团赴欧美国家交流访问，做好邀请一批西方国家的中国问题专家和友好人士来藏参观、交流和研究的各项接待工作，做好在雪顿节期间的文化交流，展示西藏传统文化。积极推动涉藏图书、音像制品和报刊在尼泊尔"落地"，逐步打破十四世达赖集团反动出版物充斥尼泊尔文化市场的局面。加强统筹协调，整合资源，精心策划，着力把拉萨雪顿节、日喀则珠峰文化节、山南雅砻文化节等重大文化节会打造成对外展示西藏、开展文化交流的品牌性文化盛会。

四是进一步加强互联网新闻宣传和网络文化建设工作。加强网络文化建设和管理，是提高传播能力、扩大对外影响、提升文化软实力的重要手段和途径。要牢牢把握社会主义先进文化前进方向，紧紧围绕自治区党委、政府的中心工作和西藏发展稳定的大局，始终把社会效益放在首位，按照积极利用、大力发展、科学管理的要求，立足西藏区情和民族文化，坚持重在建设，在建设中加强管理，以管理促进健康发展，积极探索具有中国特色、西藏特点的网络文化发展路子。要坚持一手抓建设，一手抓管理，努力在提供优秀网络文化产品、净化网络文化环境上取得成效，在唱响网上主旋律、形成网上正面舆论强势上取得成效。要积极开展重大活动、重大主题的网上新闻宣传工作，加大和提高网上正面宣传力度和舆论引导能力。要主动开展网上揭批十四世达赖集团的舆论斗争，牢牢把握网上舆论斗争的主导权，形成网上正面舆论强势。要加强网络监管，完善监控措施，建立长效机制。要做大做强"中国西藏新闻网"等重点新闻网站的建设和发展，努力把互联网建设成为传播社会主义先进文化的前沿阵地、提供公共文化服务的有效平台、促进人们精神文化生活健康发展的广阔空间。

五是进一步加强外宣基础建设工作。加强外宣基础建设，是做好对外宣传工作的重要保障，也是推动外宣工作不断发展的一项基础性工作。加强外宣基础工作，包括外宣点和采访点的建设工作、外宣品"精品"和"灯下亮"工程的实施、外宣基础资料库的建设和外宣队伍建设等工作。要进一步完善、充实和调整外宣采访点和边境外宣点，积极制作和推出一批外宣品"精品"，组织和实施好"灯下亮"工程。要加强西藏外宣图片库、外宣数据和案例库、外宣品陈列库等外宣基础库的建立和完善工作。加大外宣干部的培养培训力度，加强外宣出访队伍，包括藏学家、活佛、文艺演出人员等队伍的外宣培训力度。

六是进一步推动大外宣格局建设。外宣工作涉及全区各地市、各条战线和各个部门，要按照全方位、多层次、宽领域的要求，进一步健全完善外宣工作的领导体制，加强和完善由自治区党委对外宣传工作领导小组统一领导、自治区党委宣传部统一协调、自治区党委对外宣传办公室具体负责、涉外部门各尽其责、社会各方面积极参与的对外宣传工作格局。自治区外宣办要切实发挥"统筹规划、综合参谋、协调服务、督察指导"的作用，进一步加强对各地市、各部门外宣工作的协调指导。要做好由中央外宣办牵头，建立东南沿海有关省市外宣办与西藏地区外宣系统的对口支援的衔接工作，确保外宣援藏工作发挥最大效应。同时，商务、文化、旅游、广电、新闻出版、科技、教育等部门，工青妇、文联、科协等人民团体，以及高校、科研院所等事业单位，包括民间对外文化交流人员和组织，都要从本地、本部门的实际出发，增强外宣意识，发挥各自优势，利用一切场合和时机做外宣工作，努力形成西藏地区外宣工作的整体合力。

三 提高外宣工作的主动性、针对性和实效性，抓好各项工作的落实

2008 年的外宣工作任务十分繁重，外宣战线肩负的责任十分重大。肩负起光荣使命，完成好工作任务，关键是要以宣传思想战线管理年、落实年的要求，以求真务实的工作作风和奋发有为的精神状态，切实把各项工作落到实处。

（一）统一思想认识，增强做好新形势下对外宣传工作的责任感和紧迫感

对外宣传工作是党的宣传思想文化工作的重要组成部分，是我国对外工作和总体外交战略的重要组成部分，在推动改革开放和现代化建设，树立国家形象，维护国家根本利益方面发挥着十分重要的作用。做好西藏外宣工作关系到国家主权、安全和发展利益，关系到西藏发展和稳定大局，关系到能否为走中国特色、西藏特点发展路子营造有利的国际环境。我们要认真学习领会中央关于西藏工作的一系列方针政策，学习领会中央关于涉藏外宣工作的一系列重要精神，按照区党委对外宣工作的一系列重要部署和要求，进一步提高认识、统一思想，立足西藏发展稳定的大局，清醒认识对外宣传工作面临的形势，准确把握新形势下涉藏斗争的特点，进一步增强责任感和使命感，增强政治意识、大局意识、忧患意识、责任意识，为全面建设小康西藏、平安西藏、和谐西藏营造客观友善的国际舆论环境。

（二）突出重点，打造亮点，不断提高对外宣传工作的整体水平

今年外宣工作任务繁重，我们要进一步把工作任务具体化、项目化，把各项任务分解落实到具体部门、具体人，做到责任主体明确，工作标准明确，完成实现明确，确保工作件件有着落，事事有结果。在工作安排上，要突出重点，把重点工作往深里做，往实里做，持之以恒、坚持不懈、抓住不放，通过做好重点工作来破解工作难点；要突出重点，抓出抓好几件有效果、有影响、有创新、有突破的大事情，通过做好重点工作来打造工作亮点；要突出重点，以点带面，通过做好重点工作来带动全年的各项对外宣传工作，来推动整体对外宣传工作的开展，努力提高对外宣传工作的整体水平。

（三）解放思想，改革创新，不断提高对外宣传工作的主动性、针对性和实效性

改革创新是宣传思想工作的永恒主题。外宣工作要适应国内外形势的发展变化，就必须始终保持改革创新的意识，把握外宣工作发展的内在规律，大力推进外宣工作的改革创新。近年来，西藏地区对外宣传工作有了很大改进，取得了明显效果。但与国际舆论仍然存在"西强我弱"的格局和国际社会受众的多样需要相比，改进创新的紧迫性很强，空间很大。要做好新形势下西藏地区对外宣传工作，必须坚持贴近西藏发展稳定的实

际、贴近国外受众对西藏信息的需求、贴近国外受众的思维习惯的"三贴近"原则，不断解放思想、与时俱进，把改革创新贯穿到对外宣传工作的各个方面，从而更好地适应新形势、完成新任务。要自觉破除一切不合时宜的落后观念，树立与时代要求相适应、与实践要求相吻合的新观念，不断改进创新工作思路、工作内容和工作体制机制。要适应国际国内发展形势和舆论环境的深刻变化，找准和抓住外宣与外事、外宣与内宣、政府公关与民间交流的结合点，不断创新对外宣传方式方法，丰富外宣手段，拓宽外宣渠道，延伸工作触角，提高外宣工作的主动性、针对性和实效性。

同志们，我们正处在西藏发展稳定的最好时期，正面临大开放、大开发、大发展的宝贵机遇。在自治区党委的正确领导下，通过大家齐心协力、共同努力，扎扎实实地落实好今年的各项工作任务，一定能进一步开创西藏地区外宣工作新局面，为建设小康西藏、平安西藏、和谐西藏做出新的更大的贡献。

在 2009 年全区外宣办主任会议上的讲话

（2009 年 1 月 21 日）

这次全自治区外宣办主任会议，是与全自治区宣传部长会议套开的一次重要会议。会议的主要任务是：高举中国特色社会主义伟大旗帜，以邓小平理论和"三个代表"重要思想为指导，深入贯彻落实科学发展观，深入贯彻落实中央和自治区党委关于西藏外宣工作的一系列重要指示精神，认真学习贯彻全国宣传部长会议和全国外宣工作会议、第十八次对外宣传西藏工作座谈会精神，以及这次全自治区宣传部长会议精神，分析涉藏舆论斗争形势，总结 2008 年工作，部署 2009 年工作。

昨天上午，自治区党委副书记列确同志作了重要讲话。讲话回顾总结和充分肯定了去年的全区宣传思想文化工作，深刻分析了我们面临的新形势和新任务，并就做好今年宣传思想文化工作作出了重要部署，提出了明确要求，对做好今年的宣传思想文化工作和对外宣传工作具有重要的指导意义。区党委常委、宣传部部长崔玉英同志今天下午也要作重要讲话。我们要认真学习、深刻领会两位领导的重要讲话精神，并切实贯彻落实到各项工作中。

刚才，我们集中传达学习了全国对外宣传工作会议和第十八次对外宣传西藏工作座谈会精神。这两次会议的精神，是我们做好今年外宣工作的基本遵循，一定要学习好、领会好、贯彻好。

下面，我就去年全自治区外宣工作情况以及做好今年的外宣工作讲几点意见。

一　2008 年西藏地区外宣工作取得的成效及启示

2008 年，无论从我们国家的发展进程中来说，还是从我们西藏的发展进程中来说，是极不寻常、极不平凡的一年，也是西藏对外宣传工作经受重大考验并取得重大进展的一年。3 月，十四世达赖集团在西方敌对势力的支持怂恿下，有组织、有预谋、精心策划制造了拉萨"3·14"打砸抢烧严重暴力犯罪事件。面对"3·14"事件后严峻的舆论斗争形势，我们认真贯彻中央关于反分裂斗争和涉藏外宣工作的一系列重要指示精神，在区党委和区党委对外宣传工作领导小组的坚强领导下，按照区党委宣传部的统一部署和要求，紧紧围绕反对分裂、维护稳定、促进发展这个中心，积极应对"3·14"事件后出现的新情况、新问题、新挑战，深入开展涉藏舆论斗争，深入揭批十四世达赖反动本质；以奥运火炬珠峰登顶展示和火炬接力拉萨传递、改革开放 30 周年等为重要契机，切实加强正面宣传西藏工作，进一步展示和提升社会主义新西藏的良好形象，为走有中国特色、西藏特点的发展路子营造良好的国际舆论环境。

（一）中央和自治区党委高度重视，全区各条战线积极主动参与，外宣工作的重要地位和作用日益突出

中央和自治区党委历来高度重视西藏外宣工作，特别是"3·14"事件后，胡锦涛总书记和贾庆林、李长春、刘云山等中央领导同志先后多次作出重要指示，就做好涉藏外宣工作提出了明确要求，为我们打好"3·14"事件舆论斗争这场硬仗给予了强有力指导和巨大鼓舞。自治区党委认真贯彻中央精神，从年初的工作要点到全区性的各种重要会议，都对外宣工作进行了专门部署、提出了明确要求。特别是"3·14"事件后，自治区党委主要领导靠前指挥，多次召开专门会议贯彻中央领导指示精神，分析研究形势，有力部署指挥外宣工作。张庆黎书记亲力亲为，做外宣工作。列确主任、张裔炯副书记、崔玉英常委先后 3 次亲自挂帅，指挥境内外记者的接访工作，及时处置突发情况。向巴平措主席、白玛赤林常委多次在京和区内出席新闻发布会，接受记者采访，及时阐明"3·14"事件真相和西藏地区立场，介绍西藏发展稳定情况。郝鹏副书记出席第 17 次对外宣传西藏工作座谈会和全自治区外宣工作会议，发表重要讲话，介绍西藏情况，部署外宣工作。吴英杰常委、公保扎西常委与赴藏考察的国内专家团和海外华文媒体代表团进行座谈。去年，亲自做外宣工作的自治区党委、人大、政府、政协省级领导多达 20 余人次。

同时，自治区人大、政协通过议会外交和对外交往，采取出访和接待外国议会来华访藏团等形式，积极有效地开展对外宣传西藏工作。全区各地市、各部门、中央驻藏新闻媒体和自治区主要新闻单位鼎力配合，主动开展外宣工作。自治区有关部门围绕稳定发展大局，全力做好境内外媒体记者接访中的安全保卫工作，为应对突发事件、做好舆论引导工作提供了有力支持。区外办通过重要外宾和外国记者接待、人员出访、使领馆工作、民间对外交往等多种途径，以外事促外宣，并直接参与了去年几次重大外宣接访活动。自治区统战、民宗、发改、财政、教育、文化、社科、文联、卫生、体育、旅游、环保、统计等部门通过与来访的境内外媒体记者、专家学者、外国政要、议会代表座谈交流、接受采访，参与出访团开展文化学术交流，积极宣传介绍西藏地区经济社会发展情况。据不完全统计，在完成去年各项外宣工作中，自治区 20 多个厅局给予了大力支持和配合。各地（市）结合当地实际，开展了不同形式的对外宣传工作。拉萨市、日喀则、林芝、山南在人少事多、任务十分繁重的情况下，全力配合参与拉萨"3·14"事件境内外媒体进藏采访、奥运火炬珠峰登顶展示和火炬接力拉萨传递活动以及常规性的记者接访工作。

（二）掌握舆论主动权，创新工作机制，打好"3·14"事件涉藏舆论斗争这场硬仗

拉萨"3·14"事件后，面对舆论斗争尖锐复杂的严峻形势，党中央高瞻远瞩、英明决策，自治区党委坚强领导、有力部署。我们坚决贯彻中央的决策和自治区党委的部署，内宣和外宣整合力量，中央媒体和地方媒体上下联动，传统媒体和新兴媒体加强互动，各部门协同作战，以高度的政治责任感和强烈的事业心投入到对外宣传总体战役中，对十四世达赖集团及支持他们的西方敌对势力发动了强有力的宣传舆论攻势。

一是中央和地方上下联动，快速夺取话语权，及时抢占政治、道义制高点和舆论先机。"3·14"事件发生后，自治区党委迅速采取一系列有力措施，专门成立了新闻报道领导小组，先后召开各类专题会议 60 多次，及时通报新情况，研究新问题，部署新任务，明确新要求。我们按照统一的部署和要求，及时制订并不断完善"3·14"事件对外新闻宣传工作方案和预案，抢占政治、道义制高点和舆论先机，组织协调中央和地方媒体、传统和新兴媒体，广泛深入开展"3·14"事件真相的宣传报道，有效引导国内国际舆论。中央宣传部、中央外宣办第一时间派出"央视 8 人特别报道小组"赴藏采访报道。我们积极协助配合中央媒体赴藏报道小组，迅速进入八角街等打砸抢烧现场进行采访，挖掘"以纯服装店 5

名花季少女被烧死""洛次医生救汉族孩子"等新闻线索,协调采访多名目睹事件全过程的在藏外国人。在中央媒体及时充分报道拉萨"3·14"事件的同时,我们组织区内主要新闻媒体,及时转播转发转载中央媒体的报道内容,开辟专栏专题专版,推出系列专题报道、社论、言论、评论、述评、理论文章,以全面翔实的第一手材料,客观真实地揭露"3·14"事件的真相,揭批十四世达赖集团的反动本质,以各族干部群众反分裂反倒退的坚决行动,声讨和控诉十四世达赖集团的残暴行径,以真理和正义有力回击了西方媒体歪曲报道。我们高度重视网络等新兴媒体的作用,与中国西藏信息中心紧密联系,以中国西藏新闻网为重点,强化网络新闻宣传和舆论斗争。据不完全统计,围绕"3·14"事件,《西藏日报(藏、汉)》《西藏商报》、中国西藏新闻网共刊发稿件3100余条(篇、幅),中国西藏新闻网最高日点击率达到880万次;西藏人民广播电台、西藏电视台共播发新闻稿件2100余条、专题300余组、图片100余幅,两台新闻延长播出时间近400小时。中央和地方媒体联动,传统媒体和新兴媒体互动,形成了强大的舆论宣传声势,在国内外受众中引起了强烈反响,扭转了国际涉藏舆论不利局面,很好地发挥了舆论宣传的先导、主导和引导作用。

二是内宣外宣整合力量,各单位各部门协同作战,组织接待境外媒体记者采访"3·14"事件取得良好成效。为加强"3·14"事件真相的对外宣传报道,有效引导国际舆论,中央外宣办会同外交部、港澳办、台办和西藏自治区,及时组织两批境内外媒体记者赴拉萨实地采访"3·14"事件真相和拉萨社会秩序恢复情况。第一批19家26名境内外媒体记者于3月26—28日赴拉萨采访报道;第二批23家31名港澳台媒体记者于6月2—5日赴拉萨采访报道。自治区党委高度重视境内外媒体的接访工作,张庆黎等自治区主要领导专门作了重要批示,自治区党委副书记列确、张裔炯、常委崔玉英亲自挂帅,整合内宣和外宣力量,协调拉萨市和区直各部门,研究制订接访工作详细方案和各种应对预案,制作提供"3·14"事件真相专题片,以西藏地区为主全力做好接访工作。记者团实地走访了在"3·14"事件中受到破坏的街区、学校、市场等场所,采访目击者、受害人、普通群众、宗教界人士、自治区有关部门领导、公安机关和犯罪嫌疑人等,了解事件真相和拉萨社会恢复稳定等情况,揭露事实真相,取得了良好成效,展示了中国政府的开放姿态,维护了国家外交外宣大局。

三是加强互联网管理和舆情收集研判工作，网上舆论斗争成效显著。"3·14"事件发生后，我们及时召开自治区各重点新闻网站负责人会议，积极协调相关部门，强化网上信息监管力度和有害信息的封堵工作。同时，协调中央外宣办网络局加强对中央重点新闻网站、各省重点新闻网站尤其是涉藏网站的正面宣传、信息管理和监控工作。加强网上舆情收集和分析研判工作，及时将"3·14"事件有关信息上报自治区党委，为领导决策提供参考。

（三）以服务推进管理，以管理强化引导，全力做好境外记者采访奥运火炬珠峰登顶展示和拉萨接力传递活动的对外宣传工作

北京奥运会火炬珠峰登顶展示活动是北京 2008 年奥运会的一个亮点，备受世界关注。由于"3·14"事件的影响和十四世达赖集团的干扰破坏，境外媒体采访火炬珠峰登顶展示的组织接待和管理工作面临严峻挑战。胡锦涛总书记、中央政治局常委习近平、北京奥组委主席刘淇等中央领导同志先后就火炬珠峰登顶展示活动的新闻报道工作作出重要批示，强调这是一次争取国际舆论的机会，要求务必精心谋划，周全安排，力争取得较好的宣传效果。自治区党委认真贯彻中央领导的批示精神，把做好火炬珠峰登顶展示的新闻报道工作作为头等大事、重中之重，从领导力量、组织保障、工作措施等各方面进行部署。

根据中宣部、中央外宣办、北京奥组委的要求和自治区党委的部署，在自治区火炬传递领导小组的领导下，我们专门成立了奥运火炬珠峰登顶展示活动新闻中心，全面负责境内外记者的接待、采访和服务工作。在极其困难和艰苦的条件下，接待了 18 家境内外媒体的 30 名记者。接访人员严守各项新闻纪律，积极主动挖掘新闻线索，尽力满足媒体记者的信息需求，先后举行了 15 场新闻发布会，以高度的政治责任感，以认真负责的工作态度和随机应变的工作方式，化解了一个又一个的矛盾和危机，使境外报道基本平和，境内报道隆重热烈，进一步激发了各族人民的爱国热情，向世界传递了和平、友谊的信息，收到了很好的宣传效果。

奥运火炬登顶珠峰成功后，又迎来了奥运火炬接力拉萨的传递活动。6 月 20 日至 23 日，接待了由 35 家媒体 53 名记者组成的境内外记者团。我们以服务推进管理，以管理强化引导，努力引导记者全面客观报道奥运火炬接力在拉萨的传递和熔火仪式，报道西藏各族人民喜迎圣火、期盼奥运的良好精神风貌。接访工作做到了"确保万无一失、确保绝对安全"，达到了预期目的。

（四）迎难而上，主动出击，加强"请进来""走出去"工作，向世人展示西藏发展、开放、自信的良好形象

"3·14"事件后，国外媒体高度关注西藏，区内维稳形势复杂严峻，"请进来"工作面临严峻挑战，我们的接访工作不能有丝毫懈怠。我们迎难而上，顺利完成了中央外宣办安排的各项接访活动，先后接待了来自俄罗斯、美国、意大利、印度、巴西、澳大利亚、日本、越南以及我国港澳台、海外华文媒体记者、政要、国内专家学者团等13批近200人次进藏参观采访。同时，积极开展自主的"请进来"工作，邀请了尼泊尔3家主流媒体记者来藏采访，发表了7篇专题报道和一部电视专题片，较好地宣传了西藏的新变化、新发展、新生活，产生了很好的影响；组织了"改革开放30年看西藏——全国重点网络媒体西藏行"采访报道活动，邀请了全国19家重点网络媒体进藏采访，在各网站设置专题、专栏，发稿200余篇，图片700多张，集中介绍改革开放30年来西藏经济社会发展的巨大成就，效果突出。

"请进来"工作得到了中央和自治区党委的充分肯定和高度评价。7月23日，胡锦涛、李长春、刘云山等中央领导同志作出重要批示。指出，只要不带偏见，事实会让他们得出正确结论，应接待更多国家记者赴藏采访，同时兼顾外国记者、政要、智库中的客观公正人士，有计划地"请进来"，通过他们向国际社会反映真实的西藏。自治区领导张庆黎、列确、向巴平措、崔玉英等也多次作出批示，给予充分肯定，提出明确要求。

加强"请进来"工作的同时，我们主动出击，大力开展"走出去"活动，成效显著。我们配合中央外宣办，组织了4批10余人次藏学家赴联合国大会和法国、德国、比利时、奥地利、澳大利亚、新西兰、挪威、波兰、欧洲议会等进行学术交流和工作访问，取得了良好成效。胡锦涛总书记对组织藏学家出访作出重要批示，要求总结经验，打好涉藏外宣主动仗。李长春、刘云山同志也作出重要批示，要求进一步加大"请进来"和"走出去"的力度，更有成效地让世界了解西藏。

（五）以事实为依据，用真理说话，大力加强正面宣传西藏工作

为配合"3·14"事件舆论宣传工作，以改革开放30周年为重要契机，中央统战部、中央外宣办和国家民委联合自治区党委、政府在北京民族文化宫成功举办了《西藏今昔》大型主题展。在北京的展览结束后，把《西藏今昔》展移至西藏博物馆，并充实了有关内容，作为一个相对固定的展览项目，长期免费对国内外游客开放，效果显著。针对西方敌对势力攻击最多、十四世达赖集团到处散布的"西藏文化灭绝"论，国务院新闻办发表了《西藏文化的保护与发展》白皮书，用事实驳斥了西方媒体的各种攻击，戳穿了十四世达赖集团编造的谎言，全面客观地介绍了西藏文化事业取得的辉煌成就。白皮书发表后，我们及时举行新闻发布会，组织区内各新闻媒体、各网站刊播刊发白皮书全文，并翻译成藏文，汇编成册印发，开展一系列宣传活动，反响强烈。

针对仲巴当雄地震和山南等地暴雪灾害，我们进一步完善突发事件新闻发布机制，立即启动应对重大突发事件宣传报道预案，在事发十几个小时之内，组织召开两次新闻发布会，对外发布权威信息。在做好突发事件新闻发布工作的同时，我们还成功举行了 22 场常规新闻发布会。

（六）以"采访线"工程建设为重点，大力加强外宣基础建设

围绕北京奥运火炬珠峰登顶展示和拉萨传递活动，我们重点完成了拉萨—日喀则—珠峰、拉萨—山南"采访线"工程建设，在去年的"请进来"工作，特别是在北京奥运火炬珠峰登顶展示和拉萨传递活动中，发挥了积极作用；同时制作了包括经济社会发展、环保、文化、迎奥运等 6 个主题的系列"采访线"折页和《西藏自治区基本情况介绍》等一系列外宣小册子，很好地满足了国内外记者的信息需求。加强外宣干部培训力度，组织各地各部门新闻发言人进行培训，举办了"采访线工程建设培训班"，进一步提高了干部素质和应对媒体的能力。加大资金投入，加强网络阵地建设，重点扶持中国西藏新闻网，使之成为西藏地区对外宣传的一个重要平台。重视调查研究工作，启动外宣数据库建设，逐步建立起外宣数据和案例库，着力推进外宣信息资源共享。

前不久，张庆黎书记在我办关于 2008 年外宣工作总结和 2009 年工作思路的报告上批示："2008 年西藏地区的外宣工作任务重、难度大、要求高，在自治区党委的领导下，在中央宣传部、中央外宣办的大力支持下，在同志们的共同努力下，工作开展得扎扎实实，卓有成效，为平息拉萨'3·14'事件，为全区的发展稳定作出了重要贡献！2009 年是西藏地区外宣工作大有作为的一年，希望把握住正确的方向，突出工作重点，在提高主动性、针对性和时效性上狠下功夫。"列确副书记和崔玉英常委也作了重要批示，在肯定去年工作的同时，对今年工作提出了殷切期望和明确要求。自治区领导的重要批示，再次体现了区党委对外宣工作的高度重视和亲切关怀，是对全区外宣战线的极大鼓舞和有力鞭策，我们一定要认真学习，深刻领会，切实贯彻，不断推动西藏外宣工作上水平、上台阶。

2008 年，外宣工作之所以取得重大进展、显著成效和新的突破，离不开自治区党委和区党委对外宣传领导小组的正确领导，离不开各地、各有关部门和在座各位领导的大力支持和配合，也离不开全区外宣战线同志们的辛勤努力。回顾去年工作，我们主要有以下几点体会和启示：一是必须坚持中央和区党委关于涉藏外宣工作的一系列指示精神，牢牢把握西藏外宣工作的正确方向；二是必须坚持围绕中心、服务大局，在大局下思考，在大局下谋划，把为西藏发展稳定大局服务贯穿到各项工作中，把树立和提升社会主义新西藏良好形象作为外宣工作的出发点和落脚点；三是必须坚持正面宣传西藏与深入揭批十四世达赖有机地结合起来，增强外宣工作的主动性、针对性和时效性，为走有中国特色、西藏特点的发展路子营造良好的国际舆论环境；四是必须坚持统一领导，协调各方，内宣和外宣通力合作，各部门协同作战，形成应对突发事件和重大外宣战役的工作机制，打好外宣总体战和攻坚战；五是必须坚持把握话语权、争取主导权，及时抢占舆论制高点放在突出位置，中央媒体和地方媒体上下联动，传统媒体和新兴媒体加强互动，形成对外新闻宣传强大声势，切实提高舆论引导和斗争能力。

当然，我们也清醒地认识到，西藏地区外宣工作与中央和区党委的要求相比还有差距。一是外宣工作中思想不够解放、思路不够开阔、观念还不完全适应新形势、新任务和新要求；二是外宣实力相对薄弱、资源较为分散、形式比较单一、方式方法上还需进一步改进创新；三是把握话语权、争取主导权，及时抢占舆论制高点上还需进一步总结提高；四是按照构建大外宣格局的要求，整合外宣力量，加强统筹协调，完善体制机制等方面还需进一步努力；五是外宣队伍偏少，专业干部缺乏，整体队伍建设有待进一步加强。

二　2009 年西藏地区外宣工作的总体要求和重点工作

2009 年，是新中国成立 60 周年、西藏平叛和民主改革 50 周年，是深入学习实践科学发展观的重要一年，也是西藏地区实施"十一五"规划的关键之年。做好今年的外宣工作，意义重大，使命光荣，任务艰巨。根据全国外宣工作会议和第十八次对外宣传西藏工作座谈会精神，按照全区宣传部长会议的部署要求，今年西藏地区外宣工作的总体要求是，高举中国特色社会主义伟大旗帜，坚持以邓小平理论和"三个代表"重要思想为指导，深入贯彻落实科学发展观，认真贯彻党的十七大和十七届三中全会精神，认真贯彻自治区第七次党代会和七届四次全委会精神，紧密配合国家外交外宣大局，紧紧围绕自治区党委、政府的中心工作，以新中国成立 60 周年、西藏平叛和民主改革 50 周年为重要契机，牢牢把握正面宣传西藏和深入揭批达赖两项主要任务，准确把握形势，加强统筹协调，整合外宣资源，下好先手棋，打好主动仗，着力做好西藏平叛和民主改革50 周年的对外宣传工作，着力做好"请进来""走出去"工作，着力做好增强对外传播能力和提高舆论引导工作，着力抓好基础建设和队伍建设工作，坚持"三贴近"原则，拓宽外宣渠道，丰富外宣内容，创新方式方法，在提高主动性、针对性和时效性上狠下功夫，进一步增进国际社会对真实西藏和西藏人民心声的了解，树立社会主义新西藏的良好形象，努力为走有中国特色、西藏特点发展路子营造良好的国际舆论环境。

今年外宣工作的总体思路是：贯穿一条主线，抓好两大契机，把握两项主要任务，突出一个重点，抓好四个着力，做好八个方面的主要工作。

贯穿一条主线，就是紧密配合国家外交外宣大局，紧紧围绕自治区党委、政府的中心工作，把对外宣传一个真实的西藏、发展变化的西藏作为主线，贯穿到全年对外宣传工作的始终，体现在对外宣传工作的各个方面。

抓好两大契机，就是以新中国成立 60 周年、西藏平叛和民主改革 50周年为重要契机，积极主动开展各项外宣工作，增进国际社会对真实西藏和西藏人民心声的了解。

把握两项主要任务，就是要牢牢把握正面宣传西藏和深入揭批十四世达赖两项主要任务，使两项主要任务落实到外宣工作的各个方面，树立社会主义新西藏的良好形象。

突出一个重点，就是要突出十四世达赖集团所谓"起义 50 周年"一系列分裂破坏活动的舆论应对工作，制订好工作方案预案，切实提高应对能力，为走有中国特色、西藏特点发展路子营造良好的国际舆论环境。

抓好四个着力，就是要着力做好西藏平叛和民主改革 50 周年的对外宣传工作，着力做好"请进来""走出去"工作，着力做好增强对外传播能力和提高舆论引导工作，着力抓好外宣基础建设和队伍建设工作。

做好八个方面的主要工作，这八项工作在今年的工作要点里都体现了，我在这里再强调一下。

一是以加强正面宣传为重点，切实做好西藏平叛和民主改革 50 周年对外宣传工作。按照"主动应对，下好'先手棋'，打好主动仗"的要求，认真贯彻落实中央宣传部、统战部和中央外宣办联合下发的《西藏平叛和民主改革 50 周年宣传工作方案》精神，完成好自治区党委办公厅转发的《区党委宣传部、统战部、外宣办关于西藏民主改革 50 周年纪念活动及宣传工作方案》制订的各项工作任务，把对外宣传西藏平叛和民主改革 50 年来西藏的发展变化作为首要任务，进一步深化宣传主题，全方位、多层次、多角度地大力宣传中央关于新时期西藏工作的指导思想和方针政策，大力宣传中央关心、全国支援西藏和西藏各族人民团结奋斗建设新西藏的丰功伟绩，大力宣传西藏民主改革 50 年来经济社会发展取得的巨大成就和西藏民族团结社会稳定的大好形势。以"西藏百万农奴解放日"的宣传为重点，以西藏从黑暗走向光明、从落后走向进步、从贫穷走向富裕、从专制走向民主、从封闭走向开放的伟大历程为核心，大力宣传废除封建农奴制、实行民主改革、百万翻身农奴解放的伟大历史意义，大力宣传西藏人民当家作主、依法享有平等参与管理国家事务、自主管理本地区和本民族事务的自治权利，大力宣传社会主义制度和民族区域自治制度的优越性，揭穿十四世达赖集团所谓"抗暴起义""汉藏冲突"的谎言，充分展示全区各族人民对设立"西藏百万农奴解放日"的期盼和喜悦之情。要积极配合中央外宣办，认真做好"西藏民主改革 50 周年大型展"的筹备和展出工作，做好《西藏民主改革 50 年》白皮书的起草和各项宣传工作，认真做好围绕西藏平叛和民主改革 50 周年境外记者进藏采访接访工作。继续主动邀请尼泊尔、印度等邻国记者进藏采访报道，在尼泊尔主流媒体上开设"中国西藏民主改革 50 周年"专栏专版，借助外力，加大对外宣传力度。

二是以揭批十四世达赖为重点，积极主动开展涉藏舆论斗争。深入持久地揭批十四世达赖集团的反动本质，进一步挤压达赖集团的国际舆论空间，始终是西藏外宣工作的重要任务。西藏平叛和民主改革 50 周年是我们深入开展揭批十四世达赖、进一步揭穿十四世达赖伪装的最好时机。要积极应对十四世达赖集团所谓"起义 50 周年"的一系列宣传计划和行动纲领，牢牢把握涉藏舆论斗争的新形势、新特点、新任务，紧紧抓住十四世达赖集团及支持他们的西方敌对势力反复炒作的问题，主动开展舆论斗争和揭批十四世达赖工作。通过组织专题专栏专版和撰写重点文章等形式，揭露以十四世达赖为总代表的旧西藏政教合一封建农奴制社会的黑暗、落后、残酷及其对人权的严重摧残；揭穿十四世达赖集团当年发动武装叛乱是为了维护这一制度"永远不变"，至今仍然坚持政教合一、从事藏独分裂活动、妄图恢复封建农奴制社会的实质；揭批十四世达赖"宗教领袖""民族代言人""和平使者"最具欺骗性的三件"外衣"和十四世达赖集团"高度自治""中间道路""大藏区"等反动主张，不断压缩十四世达赖集团的国际舆论炒作空间。与此同时，进一步加强境外涉藏舆情监测和分析研判工作，及时掌握十四世达赖集团舆论活动动向，特别是对十四世达赖鼓吹的转世问题，我们要未雨绸缪，密切跟踪相关动向，及早制订舆论应对预案，及时采取相关措施，牢牢掌握舆论斗争的主动权。

三是以展示和介绍西藏文化保护和发展为重点，积极开展对外文化交流和文化外宣工作。要积极配合中央外宣办，围绕西藏平叛和民主改革50 周年，在国外举办"千幅格萨尔唐卡展""西藏民俗文物展"和"西藏今昔图片巡回展"，继续做好《中国西藏发展论坛》《西藏文化周》等重大文化外宣活动的组织协调工作，选派好文艺团体、藏学家、活佛出国开展文化外宣活动，并以自己的亲身经历、所见所闻和研究成果，现身说法，面对面地做好国外主流社会和公众的工作。以加强自主外宣项目为突破口，着力提升西藏地区对外文化交流能力，积极推动在尼泊尔开展纪念西藏平叛和民主改革 50 周年系列文化交流活动，举办"今日西藏妇女摄影展""中国西藏摄影艺术展"等系列文化交流活动，抓好"图书音像制品走出去"工程，积极推动涉藏图书、音像制品和报刊在尼泊尔的"落地"。做好对外演出精品节目"天上西藏"的打造工作，使之成为"走出去"开展文化交流和文化宣传的精品；加强统筹协调，整合资源，精心策划，着力把拉萨雪顿节、日喀则珠峰文化节、山南雅砻文化节等重大文化节会打造成对外展示西藏、开展文化交流的品牌性文化盛会。

四是以创新内容形式和方法为重点，进一步提高对外传播能力。外宣工作面临的国际舆论环境、国外受众对象、对外宣传的传播方式等都发生着新的变化，形势迫切要求我们不断总结外宣实践经验，不断创新内容形式方法，切实提高对外宣传工作的质量和水平。要重视研究传播艺术，注重利用现代传播技巧，采用国外受众听得懂、看得懂、易接受的方式，切实增强对外新闻宣传的吸引力、感染力和说服力；要善于主动设置议题，利用国际社会普遍感兴趣的话题，找准切入点，组织好正面宣传，用正面的事实和观点，引导和影响国际舆论。要拓宽对外传播渠道，提高对外传播能力，继续加强与中央媒体、新闻网站和中央驻藏新闻单位的沟通联系，充分发挥中央媒体、新闻网站在西藏对外宣传报道中的主渠道作用；抓住西藏卫视汉语频道全国落地和藏语卫视频道扩大对外覆盖面为重要契机，把对内宣传与对外宣传有机结合起来，找准定位、创新思路、突出特色，切实提高电视节目质量和水平，切实提高藏语广播节目的质量和水平，推进广播电台《中国西藏（英语）》栏目的改扩版工作，不断加强电视广播的对外传播能力。抓好互联网建设，在进一步做大做强"中国西藏新闻网"基础上，积极打造"中国西藏之声"等重点新闻网站，形成西藏地区互联网新闻宣传体系。

五是以提高应对媒体和舆论引导能力为重点，做好新闻发布和境外媒体采访服务管理工作。去年，针对拉萨"3·14"事件、仲巴当雄地震和山南等地暴雪灾害等重大事件和自然灾害，我们进一步完善突发事件新闻发布机制，大大提高了应对突发事件的能力和水平，积累了很多有益的工作经验和方式方法。我们要进一步总结成功经验，认真落实《西藏自治区突发公共事件新闻报道应急实施办法》，健全应急预案，完善工作机制，做好重大突发事件的新闻发布工作，确保在第一时间及时准确对外发布权威信息，做到在重大关头不缺位，关键时刻不失语；要进一步加强常规性新闻发布工作，特别是围绕稳定发展大局，及时对外发布经济社会发展和政府着力解决民生问题等方面的权威信息，为发展稳定营造有利的舆论氛围；要进一步完善新闻发布制度，健全新闻发言人制度，明确新闻发言人职责，推动各地各部门开展自主新闻发布。要按照"导向正确、及时准确、公开透明、有序开放、有效管理"的要求，做好境外媒体采访服务管理工作，以尽可能开放的姿态，及时主动为境外记者提供信息，多安排外国媒体感兴趣的话题和项目，做到以服务推进管理，以管理强化引导，积极主动地影响和引导其报道，推动境外记者对西藏的客观报道。

六是以规范网络管理和净化网络环境为重点，进一步加强网络文化建设与管理工作。互联网是现代信息传播的新平台,是信息的放大器和集散地,在新闻宣传、舆论引导和舆论斗争中的作用日益突出。要按照"积极利用、大力发展、科学管理"的要求,进一步加强网络文化建设,大力发展和传播健康向上的网络文化,用先进文化占领网络文化阵地,使互联网成为传播社会主义先进文化的新阵地;要加强网上正面引导力度,精心组织网上重大主题宣传,深入开展新中国成立 60 周年、西藏平叛和民主改革 50 周年的网上新闻宣传,形成网上正面舆论声势;要继续举办全国重点网络媒体西藏行活动,加强网上宣传正面西藏的力度;要针锋相对开展网上舆论斗争,深入揭批十四世达赖集团,组织网上评论文章,建立网上互动平台,切实提高网上舆论斗争的能力;加强互联网管理工作力度,建立重大突发事件网上信息披露机制,提高对重大突发事件的网上舆论引导水平;要规范网上新闻来源,加大有害信息的查处力度,及时封堵和删除有害信息,推进行业自律和社会监督,净化网络舆论环境,营造有利于社会主义核心价值体系建设、有利于青少年健康成长的网络环境。

七是以增强外宣整体实力为重点,进一步加强外宣基础建设。着眼于外宣工作的长远发展,从"采访线工程"建设、外宣队伍建设和外宣品制作等方面入手,切实增强和壮大西藏地区对外宣传实力,逐步形成以高素质的外宣队伍、特色鲜明的外宣基地和系列化的外宣精品为主要构架的西藏对外宣传基础体系。进一步加强"采访线工程"建设,加强对采访点农牧民接访知识培训;继续抓好边境外宣点建设,不断加强对周边国家边民和藏胞的宣传工作;继续实施外宣品"精品"工程和"灯下亮"工程,不断扩大外宣品落地范围;切实加强调查研究工作,为进一步提高外宣工作的主动性、针对性和时效性提供科学依据;继续推进外宣图片库、外宣数据和案例库、外宣品陈列库等外宣基础库的建立和完善工作。由中央外宣办牵头组织发达省市外宣办负责人赴藏考察为契机,做好发达省市外宣办与西藏外宣系统的对口支援衔接工作。要加大外宣干部的培养力度,不断提高外宣干部综合素质和业务能力;加强外宣出访队伍,包括藏学家、活佛、文艺演出人员等的建设力度,推动形成合理的出访队伍梯次结构;进一步加强新闻发言人队伍的培训工作,切实提高新闻发布水平和应对媒体的能力;加强网络专业技术人才和专兼职评论员队伍建设,努力提高互联网新闻从业人员的社会责任感和职业道德水平。

八是以完善体制机制为重点,进一步推动大外宣格局建设。外宣工作涉及全区各地市、各条战线和各个部门，按照全方位、多层次、宽领域的要求，在总结"3·14"事件以来外宣接访工作成功经验的基础上，按照科学发展观的要求，理顺工作关系，加强统筹协调，整合外宣资源，不断健全和完善外宣工作体制机制。要加强和完善由区党委对外宣传领导小组统一领导、自治区党委宣传部统筹协调、自治区党委对外宣传办公室具体负责、涉外部门各尽其责、社会各方面积极参与的对外宣传工作领导体制和工作机制。自治区外宣办要切实发挥"统筹规划、综合参谋、协调服务、督察指导"的作用，进一步加强对各地市、各部门外宣工作的协调指导。各地市、各部门、各社团组织要充分发挥各自对外宣传功能和优势，利用一切场合和时机做好外宣工作，努力形成西藏地区外宣工作的整体合力。

三　做好今年外宣工作的几点要求

对外宣传工作是党的宣传思想文化工作的重要组成部分，是我国对外工作和总体外交战略的重要组成部分，在推动改革开放和现代化建设，树立国家形象，维护国家根本利益方面发挥着十分重要的作用。做好西藏外宣工作关系到国家主权、安全和发展利益，关系到西藏发展和稳定大局，关系到能否为走有中国特色、西藏特点发展路子营造有利的国际环境。我们一定要认真学习领会中央关于涉藏外宣工作的一系列指示精神，学习领会区党委关于外宣工作的一系列指示精神，紧紧围绕自治区党委政府的中心工作和西藏发展稳定的大局，进一步提高认识，统一思想，坚定信心，振奋精神，以良好的工作作风和精神状态做好今年的工作。

一是以科学发展观统领各项工作，推动外宣事业科学发展。用科学发展观统领外宣工作，就是要遵循科学发展的原则，从维护国家发展大局的战略高度，从维护西藏稳定发展大局的战略高度，准确把握形势发展的特点和趋势，在统筹把握大局的基础上确定对外宣传的着力点，做好正面宣传西藏和深入揭批达赖工作，为走有中国特色、西藏特点的发展路子营造更加有利的国际舆论环境。当前，全党正在开展深入学习实践科学发展观活动，我们要在学习实践活动中按照"一贯彻、三坚持、两推进"的要求，领会和把握好科学发展观的历史地位、时代背景、实践基础、科学内涵、精神实质和根本要求，增强贯彻落实科学发展观的自觉性和坚定性，着力转变不适应、不符合科学发展要求的思想观念，以科学的思维和观念指导谋划外宣工作；着力解决影响和制约科学发展的突出问题，把握发展规律，破解发展难题，推动外宣事业科学发展；着力构建有利于科学发展的体制机制，进一步统筹各方面外宣力量、整合各方面外宣资源、推动外宣工作形成合力。总之，我们要充分认识用科学发展观统领外宣工作的重要性和紧迫性，切实把科学发展观贯彻落实到外宣工作的各个领域，努力提高对外宣传工作的整体水平。

二是坚持解放思想，推动改革创新，不断增强外宣工作的主动性、针对性和时效性。张庆黎书记多次要求，要提高对外宣传工作的主动性、针对性和时效性。在去年外宣工作总结上的批示中再次要求我们把握正确方向，突出工作重点，在提高主动性、针对性和时效性上狠下功夫。贯彻落实书记的指示精神，必须紧紧围绕树立社会主义新西藏的良好形象，为走有中国特色、西藏特点发展路子营造良好的国际舆论环境这个目标，坚持贴近西藏发展稳定的实际，贴近国外受众对西藏信息的需求，贴近国外受众的思维习惯原则，把解放思想、改革创新作为永恒主题，以思想的解放、观念的更新，推动外宣工作的改革创新，增强外宣工作的主动性、针对性和时效性。要继承和发扬外宣工作成功做法和经验，积极探索外宣工作规律，丰富外宣内容，拓宽外宣渠道，改进外宣方法，创新外宣手段；要积极学习借鉴国际国内的有益做法，研究新情况、解决新问题、探索新方法，切实把改革创新贯彻到对外宣传的各项工作中，不断推进外宣工作的新发展。

三是增强政治意识、大局意识、忧患意识、责任意识，切实抓好各项工作的落实。从现在开始，西藏地区将处于反分裂斗争的高度敏感期，外宣战线要充分认识涉藏舆论斗争形势的严峻性和复杂性，切实增强政治意识、大局意识、忧患意识和责任意识，肩负起光荣使命，应对好严峻挑战，把握好重大契机，切实落实今年的各项工作任务。今年外宣工作的指导思想、总体思路和主要任务已经明确，我们要进一步把工作任务具体化、项目化，把项目任务分解落实到具体部门、具体人员，做到明确责任主体，量化工作标准，强化工作措施，确保工作效果，使各项工作件件有着落，事事有结果。在工作安排上，要突出重点，破解难点，打造亮点，着重抓好几件有效果、有影响、有创新、有突破的重点工作，以抓重点工作来破解工作难点，打造工作亮点，带动全年各项工作，努力推动外宣工作整体上水平、上台阶。

　　同志们，西藏外宣工作任重道远。我们一定要更加紧密地团结在以胡锦涛同志为总书记的党中央周围，在自治区党委和区党委对外宣传领导小组的坚强领导下，坚定信心、振奋精神，齐心协力、共同努力，扎实工作，努力推动外宣工作全面发展，以更加优异的成绩庆贺新中国成立60周年、西藏平叛和民主改革50周年。

在与国内专家学者座谈时
外宣工作情况介绍

(2009 年 7 月 25 日)

几天来，各位专家学者不顾高原缺氧，不顾身体疲顿，深入拉萨、日喀则等地，做了大量的调查研究。对于各位专家学者在考察中所表现出来的求真、务实、严谨的作风，我们很受感动，很受教育。今天，借这个机会，我向各位专家学者简要介绍一下西藏外宣工作情况，主要目的还是想通过交流，听取各位专家学者对我们工作的意见和建议，以利我们进一步加强和改进外宣工作。

一　主要工作

（一）中央和自治区党委高度重视，全区各条战线积极主动参与，外宣工作的重要地位和作用日益突出

西藏外宣工作是我们党西藏工作和对外工作的重要组成部分，是党的宣传思想文化工作的重要方面。做好西藏外宣工作，关系到国家主权、安全和国际形象，关系到西藏发展和稳定大局，关系到能否为走有中国特色、西藏特点的发展路子营造有利国际环境。

中央历来高度重视涉藏外宣工作，中央领导同志先后多次作出重要指示，就做好涉藏外宣工作提出明确要求。中央宣传部、中央外宣办十分关心、十分重视，倾力投入、全力指导，组织实施了系列重大外宣战役，在国内外产生了积极广泛的影响。中央有关部委在各项重大涉藏外宣任务和许多具体工作中都给予我们大力支持，做了大量组织协调工作，确保了各项工作顺利进行。

　　自治区党委、政府认真贯彻落实中央精神，不断加强对外宣工作的领导，就加强和改进西藏地区外宣工作先后 3 次下发重要文件。在实际工作中，自治区党委主要领导亲力亲为，通过参加新闻发布会、接受国内外媒体采访、率团出访做工作等形式，积极主动地开展对外宣传工作。特别是"3·14"事件后，自治区党委主要领导靠前指挥，专门成立新闻宣传领导小组，组织开展重大舆论斗争和宣传战役；成立境外记者接访工作临时指挥部，主要领导亲自挂帅、坐镇指挥，多次召开各类专题会议，协调各部门工作，适时通报情况，分析研究形势，部署指挥工作。

　　自治区人大、政协通过议会外交和对外交往，采取出访和接待外国议会来华访藏团等形式，积极有效地开展对外宣传西藏工作。全区各地市、各部门、中央驻藏主要新闻媒体和自治区主要新闻单位鼎力配合，积极协助，主动开展外宣工作。自治区政法、公安、安全等部门围绕稳定发展大局，全力做好各项安全保卫工作，为应对突发事件、做好舆论引导工作提供了有力支持。自治区外办通过重要外宾和外国记者接待、人员出访、使领馆工作、民间对外交往等多种途径，以外事促外宣，并直接参与了多次重大外宣接访活动。自治区统战、教育、民宗、财政、文化、社科、文联、卫生、体育、旅游、环保、统计等部门通过与来访的境内外媒体记者、专家学者、外国政要、议会代表座谈交流、接受采访，参与出访团开展文化学术交流，积极宣传介绍西藏地区经济社会发展情况。各地（市）结合当地实际，也开展了不同形式的对外宣传工作。

　　（二）把握全局、精心谋划，打好涉藏舆论主动仗

　　一是夺取"3·14"事件舆论斗争攻坚战的全面胜利。面对果断处置和平息"3·14"打砸抢烧严重暴力犯罪事件这场严酷的政治斗争，我们坚决贯彻中宣部、中央外宣办和自治区党委的部署要求，内宣和外宣整合力量，中央媒体和地方媒体上下联动，传统媒体和新兴媒体相呼应，各部门协同作战，以高度的政治责任感和强烈的事业心投入到对外宣传攻坚战役中，对十四世达赖集团及支持他们的西方敌对势力发动了强有力的舆论斗争攻势。我们积极应对"3·14"事件的突发性、危害性和敏感性，成立由自治区领导挂帅的宣传报道领导小组，召开各类专题会议 60 余次，制定对内对外宣传报道方案预案 40 余个，部署宣传重点和主攻方向，做到思想认识到位、组织领导到位、责任措施到位。针对世界舆论的高度关注和十四世达赖集团及其支持他们的西方敌对势力的猖狂进攻，我们全力做好中央媒体第一时间进入八廓街等打砸抢烧现场进行采访，挖掘"以纯服装店5名花季少女被烧死""洛次医生救汉族孩子"等新闻线索，协调采访多名目睹事件全过程的在藏外国人。组织区内各级各类媒体及时报道事件真相和性质，转播转载中央媒体的报道内容。针对十四世达赖集团和西方媒体对"3·14"事件的歪曲报道和对我国的舆论攻击，我们收集整理现场资料和证据，制作播出了一系列揭露"3·14"事件的专题纪实片，组织推出了50多个系列的420多篇社论、言论和理论文章，这些文章选题面广、历史感强、有说服力、有战斗力，有力地揭露了"3·14"事件的真相和十四世达赖集团的险恶用心，戳穿了十四世达赖政治上的反动性、宗教上的虚伪性和手法上的欺骗性，有效打击了十四世达赖集团和西方敌对势力的嚣张气焰。我们高度重视网络等新兴媒体的作用，与中国西藏信息中心紧密联系，以中国西藏新闻网为重点，强化网络新闻宣传和舆论斗争，中国西藏新闻网最高日点击率达到880万次。中央和地方媒体联动，传统媒体和新兴媒体互动，形成了强大的舆论宣传声势，在国内外受众中引起了强烈反响，扭转了国际涉藏舆论不利局面，夺取了"3·14"事件舆论斗争攻坚战的全面胜利。

二是打赢西藏民主改革50周年的重大舆论斗争总体战。围绕西藏平叛和民主改革50周年、"西藏百万农奴解放纪念日"开展的舆论斗争，是我们与达赖集团和支持他们的西方敌对势力展开的继"3·14"事件之后又一场舆论斗争大仗硬仗。我们认真学习领会中央主动进攻的战略意图，贯彻落实"抢占话语权、占领制高点、下好先手棋、打好主动仗"的指导思想，继续保持"3·14"事件以来我们在舆论斗争上的主动权和进攻态势，提早谋划、统筹协调、精心组织，有针对性地开展了舆论斗争总体战役。我们以宣传设立西藏百万农奴解放纪念日为标志，全面展开西藏平叛和民主改革50周年的舆论宣传战役。元月19日，自治区九届人大二次会议通过决议，确定每年3月28日为"西藏百万农奴解放纪念日"。我们当天就召开新闻发布会，向全国全世界发布这一西藏各族人民政治生活中的大事，并组织各类媒体大力宣传设立西藏百万农奴解放纪念日的重大历史意义和现实意义，展示西藏各族人民的喜悦心情和共同意志。我们积极做好中央对内对外宣传媒体在藏的采访工作，组织自治区内媒体开辟《中央媒体看西藏》专栏，刊播中央媒体的系列报道，开辟《见证西藏》《沧桑巨变》《翻身农奴话今昔》

《翻天覆地50年》《纪念民主改革50周年》等20余个专题专栏专版，大力宣传西藏民主改革50年的发展变化和巨大成就，大力宣传西藏农牧民群众特别是翻身农奴的真实经历和幸福生活。成功组织并面向全球直播"西藏百万农奴解放纪念日"庆祝大会盛况，形成了前所未有的全线出击、主动进攻、声势浩大、高潮迭起的宣传舆论强势，全面展示了西藏民主改革50年的历史巨变，有力遏制了十四世达赖集团企图借所谓"西藏起义50年"、炒热"西藏问题"、掀起反华宣传的图谋，在战略全局上牢牢掌握了涉藏舆论斗争的主动权和话语权。

针对十四世达赖集团所谓"黑色之年"，集中报道西藏各地隆重庆祝藏历新年和西藏人民的幸福生活，组织发表"驳十四世达赖无耻谎言"系列评论和揭批达赖的系列理论文章，深刻揭露达赖的反动本质，戳穿达赖的谎言谬论。开展网上主题宣传活动，针对十四世达赖"3·10"讲话等，积极策划，主动设置议题，组织网评文章，开展网上舆论引导和舆论斗争，加强网上信息安全的监管，尤其是网上互动栏目的监管，做到早发现、早封堵、早删除有害信息，抵御反动思想渗透。

（三）有序开放，有效管理，积极引导和影响境外涉藏舆论

"3·14"事件后，面对西藏地区维稳形势极为严峻复杂的特殊敏感时期，我们认真贯彻中央领导关于"请进来"工作的一系列批示指示精神，配合国家外交外宣大局，按照中宣部和中央外宣办的安排部署，精心组织境外记者赴藏采访的接访工作。"3·14"事件发生后不久的3月26日开始，成功接访了2批42家57名境外媒体记者赴拉萨实地采访"3·14"事件真相和拉萨社会秩序恢复情况，取得了良好效果。2008年全年共接待了来自俄罗斯、美国、意大利、印度、巴西、澳大利亚、日本、越南以及港澳台、海外华文媒体、国内专家学者考察团等13批次近200人的国内外记者、政要、专家学者进藏参观采访，为揭露"3·14"事件真相、有效引导舆论，发挥了积极作用。

北京奥运会火炬珠峰登顶展示活动是北京2008年奥运会的一个亮点，备受世界关注。由于"3·14"事件的影响和十四世达赖集团的干扰破坏，境外媒体采访火炬珠峰登顶展示的组织接待和管理工作面临严峻挑战。中央领导同志就火炬珠峰登顶展示活动的新闻报道工作作出重要批示，强调这是一次争取国际舆论的机会，要求务必精心谋划，周全安排，力争取得较好的宣传效果。自治区党委认真贯彻中央领导的批示精神，把做好火炬珠峰登顶展示的新闻报道工作作为头等大事、重中之重，从领导力量、组织保障、工作措施等各方面进行部署。在自治区火炬传递领导小组的领导下，我们专门成立了奥运火炬珠峰登顶展示活动新闻中心，全面负责境内外记者的接待、采访和服务工作。在极其困难和艰苦的条件下，接待了18家境内外媒体的30名记者。奥运火炬登顶珠峰成功后，又迎来了奥运火炬接力拉萨的传递活动。6月20日至23日，接待了由35家媒体53名记者组成的境内外记者团。我们热情服务，努力引导记者全面客观报道奥运火炬珠峰登顶展示盛况及在拉萨的传递和熔火仪式，报道西藏各族人民喜迎圣火、期盼奥运的良好精神风貌，达到了预期目的。

今年，我们紧紧抓住西藏民主改革50周年和西藏百万农奴解放纪念日这一主题，总结"3·14"事件以来接访工作成功经验和做法，在靠近全国两会、藏历新年、"3·10""3·14"等敏感日期，成功接访了美、英、俄、日、新加坡等国8家外国驻京媒体13名记者。在西藏地区第一个"西藏百万农奴解放纪念日"和胡锦涛总书记出席伦敦20国集团峰会之际，成功接访了来自印度、俄罗斯、日本、南非以及我国香港等5家媒体10名记者。西藏地区维稳工作进入常态后，我们的记者接访工作做到"两个不变"，即有序开放、有效管理，确保万无一失的指导思想不变；整体联动、协调作战，高效运行的工作机制不变。截至目前，我们共接访了5批78名外国记者、专家学者等赴藏参观采访，营造了开放自信、轻松自然的采访环境，有力引导了境外记者了解认识真实和发展变化的西藏，大多数记者的报道比较正面积极，较好地发挥了相对客观友善的国外媒体和港澳媒体在宣传西藏方面的特殊作用，展示了西藏民主改革50年来的发展成就，维护了国家的良好形象。

在做好"请进来"工作的同时，我们积极开展"走出去"工作。配合中央外宣办，围绕"3·14"事件，围绕西藏民主改革50周年，先后组织了9批40余人次藏学家、翻身农奴后代、艺术家和宗教人士等赴联合国大会和法国、德国、比利时、奥地利、澳大利亚、新西兰、挪威、波兰、欧洲议会等进行学术交流和工作访问。出访人员以亲身经历、亲眼所见的事实，积极向国外受众介绍"3·14"事件真相和性质，揭露十四世达赖集团及西方敌对势力的谎言和造谣污蔑；介绍在中央政府的亲切关怀和全国各族人民的大力支援下，西藏各族人民团结奋斗，经济社会发展取得的巨大成就，各族人民精神面貌发生的深刻变化，对外展示了一个真实的、发展变化的西藏。

（四）以我为主，主动出击，切实加强自主外宣工作

尼泊尔、印度是国外藏胞聚居区，也是十四世达赖集团搞"藏独"活动最严重的国家，做好尼、印外宣工作具有十分重要的现实意义。今年，我们抓住西藏民主改革50周年的有利时机，调动境内外有利资源，积极主动开展系列自主外宣活动，如，在尼泊尔举办中国西藏摄影艺术展，在尼泊尔主流媒体上推出"中国西藏今昔"纪念专版8个整版、开辟每周一期介绍西藏的专栏，开展学术交流，组织代表团赴尼介绍藏语文学习使用及藏民族优秀传统文化保护发展情况等系列外宣活动；在印度报刊上刊发了4个整版的反映西藏新旧对比的纪念专版，以客观真实的声音有效挤压了十四世达赖集团长期在尼泊尔、印度经营的涉藏舆论空间，对周边国家的外宣工作取得了突破性进展，十四世达赖集团散布的"当今西藏是人间地狱"的谎言不攻自破。我们积极推动外宣品和出版物在尼泊尔的落地，打破十四世达赖集团反动出版物充斥尼泊尔文化市场的局面。

二 几点体会

一是经过"3·14"以来舆论斗争大仗硬仗的考验，我们感受最深刻的一点，就是以胡锦涛同志为总书记的党中央从国际国内大势来审视和指导西藏工作，总是在发展稳定的关键阶段和重要时刻，准确把握形势，及时决策部署，为我们做好西藏工作、主动开展涉藏舆论斗争指明了前进方向。正是在中央英明决策指引下，我们与十四世达赖集团及西方敌对势力的较量中夺取了一个又一个重大胜利。中宣部、中央外宣办把涉藏舆论斗争摆在党和国家战略全局的高度来谋划部署，具体指导，自治区党委有力领导、统一指挥、协调各方，呈现出高效灵活、中央和地方上下联动、全国都做涉藏舆论斗争的总体态势，赢得了舆论斗争的战略主动。中央的英明决策，中宣部和中央外宣办的有力指导，自治区党委的坚强领导，这是我们积极主动开展涉藏舆论斗争，战胜各种困难和挑战的根本保证和坚强依靠，任何时候我们都要毫不动摇地坚持。

二是应对重大突发事件，特别是涉及分裂与反分裂斗争的重大突发政治事件，必须第一时间抢占舆论先机，从而迅速掌握舆论斗争的主动权，有效引导国际国内舆论，营造于我有利的舆论环境。我们深感争取涉藏舆论斗争的主动权，下好先手棋，打好主动仗的极端重要性，以我为主，谋划在前，部署在先，及早下手，精心组织开展重大宣传战役性活动，使我们始终在战略上处于主动地位。

三是针对十四世达赖集团和西方敌对势力的精心策划和如意算盘，全国一盘棋，打主动仗、打总体战，在策略上抢占先机、占据优势、形成合力，形成强大声势，是有效遏制十四世达赖集团和西方敌对势力的猖狂进攻，粉碎十四世达赖集团企图制造和掀起反华宣传恶潮图谋的成功做法。

四是坚持一手抓正面宣传西藏，一手抓深入揭批十四世达赖，是打好涉藏舆论战的两大重要任务。用事实、用史实、用数据、用生动事例展示新西藏新发展新变化新生活，揭露旧西藏的黑暗残酷和达赖集团的反动本质和险恶用心，从而在效果上以新旧西藏两重天的鲜明对比彻底撕下了十四世达赖的伪装，给人以强烈的冲击力和感染力。

五是坚持统一领导，各相关部门协同作战，内外宣通力合作，中央和地方媒体上下联动，传统媒体和新兴媒体相呼应，多角度、多层次、全方位、立体式宣传新西藏，是打好涉藏外宣总体战和攻坚战的有效工作机制。特别是"3·14"事件以来，在组织重大舆论斗争战役、接访境外记者团等方面，这种工作机制发挥了很好的作用，从而打了一个又一个漂亮的攻坚战和总体战。

六是反"空中渗透"、反"地面渗透"需要不断加强。"3·14"事件以来，十四世达赖集团和西方敌对势力的空中渗透更为猖獗，每天用100多个频率对西藏地区进行反动宣传与渗透，且技术高、频率多、转换快、功率大，防控的任务很重，需要不断加强空中防控能力。地面渗透呈现出地域广、品种多、数量大，多点散发、隐蔽快速的特点。去年以来，我们以打击"藏独"反动宣传品为重点，多次集中开展专项整治和查处大案要案行动，在源头上封堵，在渠道上封杀，在市场上查缴，有效地净化了文化市场环境。

三　几点思考

自去年"3·14"事件以来，自治区党委认真贯彻中央的决策部署，团结带领全区党政军警民夺取了反对分裂、维护稳定的阶段性重大胜利，社会局势保持基本稳定并朝着好的方向发展。但是，我们也清醒地看到，十四世达赖集团利用一系列敏感时段"闹大事、大闹事"的图谋被相继粉碎后，在西方敌对势力的支持怂恿下，其"非暴力"一手更趋多元，暴力一手继续走强，更加突出境内闹事、境外造势，"境内小动作、境外大炒作"，特别是争取舆论、争夺阵地、争夺人心等意识形态领域的斗争更趋激烈复杂。面对复杂的形势和严峻的斗争，西藏外宣工作的使命光荣、任务艰巨。

我们主要有以下思考：一是中央宣传部、中央外宣办牵头建立的涉藏舆论斗争全国一盘棋的格局，在涉藏重大宣传战役中发挥了强有力的作用。继续坚持和完善，使其成为涉藏舆论斗争赢得主动、形成进攻态势的重要举措。二是西藏的外宣工作既有与全国相同的共同任务，又肩负着反分裂斗争的特殊使命，这就需要在共性和个性相结合的基础上，进一步研究和探索"后达赖时期"和"达赖后时期"的涉藏舆论斗争规律和特点，切实增强涉藏舆论斗争的主动性、针对性和实效性。三是随着我国综合国力和国际形象的不断上升，西方对华舆论在"中国机遇论"和"中国威胁论"两个方面都达到了新的高度。以"3·14"事件为标志，西方反华舆论进一步加大了利用所谓"西藏问题"遏制中国发展的力度。所以，做好"请进来"工作具有特殊重要的意义。欧美等西方国家，是"请进来"工作的重点，但这些国家的媒体记者受意识形态偏见的影响根深蒂固，做工作的难度也较大。相比之下，做好对发展中国家、友好国家和印度、尼泊尔等周边国家的工作，比较容易取得正面效果。从长期战略上考虑，"请进来"工作既要重视欧美等西方重点国家，也要重视发展中国家、友好国家和周边国家，积极影响和改变这些国家的媒体和记者在涉藏问题上跟随西方媒体的状况，借助他们的力量逐步打破西方媒体在涉藏舆论上"一边倒"的格局。从短期策略上考虑，在特殊敏感时期，可以适当侧重对发展中国家、友好国家和周边国家的"请进来"工作。随着西藏社会局势的日益稳定，我们可从侧重一方到双管齐下，不断增强国际涉藏舆论中于我国有利的声音。

　　各位专家学者，做好西藏的外宣工作，不仅需要西藏地区外宣战线全体同志的共同努力，也需要你们的关心、帮助和支持。在过去的日子里，你们关心西藏，关注西藏外宣工作，并做了大量的工作，我们对此表示十分感谢，同时也希望你们能一如既往地关心、支持我们的工作，给我们提出更多有益的宝贵意见和建议。

在 2010 年全区对外宣传工作会议上的讲话

（2010 年 2 月 1 日）

　　经自治区党委批准同意，今天召开全区对外宣传工作会议。这是在全区上下认真学习贯彻中央第五次西藏工作座谈会精神，全面推进西藏跨越式发展和长治久安的新形势下召开的一次重要会议。会议的主要任务是：高举中国特色社会主义伟大旗帜，以邓小平理论和"三个代表"重要思想为指导，深入贯彻落实科学发展观，深入贯彻党的十七届四中全会精神，深入贯彻中央第五次西藏工作座谈会精神，深入贯彻区党委七届六次全委会和自治区党员领导干部大会精神，学习贯彻全国宣传部长会议和全国外宣工作会议、第十九次对外宣传西藏工作座谈会精神，深入贯彻中央和区党委关于涉藏外宣工作的方针政策和部署要求，总结 2009 年外宣工作，分析形势，明确任务，部署 2010 年外宣工作。

　　今天上午，自治区党委常委、宣传部部长崔玉英同志代表区党委作了重要讲话。讲话全面总结和充分肯定了去年的宣传思想文化工作，深刻分析了新的形势和新的任务，就做好今年宣传思想文化工作作出了重要部署，提出了明确要求。讲话高屋建瓴、内涵丰富、意义深刻，思想性、指导性、针对性、操作性都很强，对做好今年的宣传思想文化工作和对外宣传工作具有重要指导作用。我们一定要认真学习、深刻领会、切实贯彻落实。

　　刚才，我们集中传达学习了全国对外宣传工作会议和中央外宣办召开的第十九次对外宣传西藏工作座谈会精神。这两次重要会议，明确了今年涉藏外宣工作的指导思想、主要任务和具体要求，我们要学习好、领会好、贯彻好。

　　下面，我讲两点意见。

一　围绕中心，服务大局，外宣工作在过去一年里取得了新进展、积累了新经验

2009 年是进入 21 世纪以来西藏地区经济社会发展较为困难的一年，也是维护国家安全和西藏稳定任务极为繁重的一年。自治区党委科学分析、准确判断、果断决策、从容应对，团结带领全区各族人民坚定信心、迎难而上、砥砺奋进，有效化解国际金融危机和"3·14"事件的后续影响，奋力打赢维稳斗争硬仗，全力战胜各种困难和挑战，确保社会局势持续稳定、经济平稳较快发展、人民生活不断改善。在区党委和区党委外宣工作领导小组的坚强领导下，根据区党委宣传部的统一部署，全区外宣战线按照"抢占话语权、占领制高点、下好先手棋、打好主动仗"的总要求，深入贯彻落实中央和区党委关于涉藏外宣工作的方针政策和指示精神，立足国际国内两个大局，紧紧围绕经济建设中心，坚定服务西藏发展稳定大局，以庆祝新中国成立 60 周年、西藏民主改革 50 周年、"西藏百万农奴解放纪念日"等为重要契机，准确把握形势，抓住有利战机，主动出击，攻坚克难，乘势而上，开拓创新，正面宣传西藏和深入揭批十四世达赖并举，对外舆论斗争和对内舆论引导并进，传统媒体和新兴媒体并重，精心组织系列外宣战役，为挫败十四世达赖集团利用所谓"西藏起义 50 年"掀起新的反华浪潮图谋，夺取涉藏舆论斗争新胜利做出了重要贡献，在服务国家外交外宣大局和全区发展稳定大局中发挥了不可替代的特殊作用。

一年来，中央和自治区领导先后多次对涉藏外宣工作作出重要指示批示，给予高度评价，提出明确要求。借此机会，我向大家传达其中部分重要指示批示。围绕西藏民主改革 50 周年舆论宣传总体战，胡锦涛总书记早在 2008 年 10 月初就指示，"要结合西藏平叛 50 周年，有计划、有针对性地部署一些外宣活动，宣传真实、发展变化的西藏"；李长春同志在有关报告上批示指出："涉藏宣传是我今年外宣工作重要一役，打了一场漂亮仗，几个时间节点组织的也很好，望不断总结，提高涉藏外宣水平。"自治区党委书记张庆黎批示指出："我们一定认真贯彻落实中央领导的重要指示精神，把对外宣传工作进一步做好。"围绕对尼泊尔、印度周边国家外宣工作，李长春同志批示指出："西藏自治区党委加强对尼泊尔、印

度的外宣工作很重要，做法很好，要继续支持他们，持之以恒，并建立长效机制。"张庆黎书记批示指出："这个阶段在尼、印开展的纪念西藏民主改革 50 周年系列外宣活动组织得好，效果好。要进一步加大力度，下好先手棋，打好主动仗，努力实现新突破。"围绕"请进来"工作，李长春同志批示："西藏自治区党委此次接访工作很成功，很多策略上的运用设计周密，取得了好的效果。"张庆黎书记在《印度访藏记者围绕雪顿节积极报道西藏发展变化》上批示："取得的效果令人满意，实践证明只要我们重视了，工作做到家了，就会取得事半功倍的效果"；在德国《焦点》杂志记者在藏采访的情况报告上批示："实践证明，只要我们认真做工作，晓之以理、动之以情，用事实说话、理直气壮地说话，就会收到好的效果"；在《2009 年西藏外宣"请进来"工作总结会情况报告》上批示："这项工作做得好，干什么工作都要有部署，有检查，有总结，这样才能更好地前进。"围绕"走出去"工作，张庆黎书记在《关于中国西藏代表团出访澳大利亚和新西兰的情况报告》上批示："尼玛次仁同志率领的中国西藏代表团出访澳大利亚和新西兰，由于中央领导同志和中央外宣办、自治区党委高度重视，准备充分，代表团成员素质好，工作认真负责，积极主动做好工作，收到了很好的效果。"在多托副主席率团参加第二届"中国西藏发展论坛"的情况报告上批示："多托同志率团出席在意大利举办的第二届'中国西藏发展论坛'，准备充分，工作扎实，影响广泛，效果很好，真正起到了以正视听的作用。实践再一次证明，凡事只要认真就能取得好的成效。"这些重要指示批示精神，为我们做好外宣工作指明了方向，提供了根本指导和基本遵循。

回顾一年来的工作，我们有五个方面的深刻体会。

（一）面对光荣使命和重大责任，必须坚定不移地贯彻执行中央和区党委关于涉藏外宣工作的一系列方针政策，围绕中心、服务大局，确保外宣工作的正确方向

西藏外宣工作，是全国涉藏外宣工作和西藏宣传思想文化工作的重要组成部分，也是西藏地区与十四世达赖集团和西方反华势力斗争的重要战线，关系国家核心利益和国际形象，关系西藏发展和稳定大局，使命光荣，责任重大。做好西藏外宣工作，最根本的就是必须始终坚持党的领导，坚持正确方向，坚定不移地贯彻执行中央和区党委关于涉藏外宣工作的一系列方针政策，在围绕中心、服务大局中明势定位、谋篇布局、推动工作。

　　中央历来高度重视涉藏外宣工作，针对不同时期的形势特点和重点任务，作出了一系列重要决策部署。特别是拉萨"3·14"事件以来，胡锦涛总书记和贾庆林、李长春、刘云山等中央领导同志就做好新形势下涉藏外宣工作作出了一系列重要指示。近两年来，胡锦涛总书记多次在不同场合指出，"要使我国在政治上更有影响力，在经济上更有竞争力，在形象上更有亲和力，在道义上更有感召力"；要在涉藏斗争中"抢占话语权、占领制高点、下好先手棋、打好主动仗"，"谋长久之策、行固本之举"。胡锦涛总书记提出的这些思想，站在党和国家战略全局和时代发展的高度，深刻揭示了新形势下涉藏外宣工作的规律性认识，为我们做好涉藏外宣工作，积极应对反分裂斗争高度敏感期，打赢涉藏舆论斗争攻坚战总体战，指明了方向，提供了根本保证。

　　自治区党委认真贯彻落实中央精神，始终把外宣工作摆在西藏发展稳定的大局中来谋划部署，不断加强和改进对外宣工作的领导。特别是围绕纪念西藏民主改革 50 周年，自治区党委认真贯彻中央关于主动进攻的战略意图，多次研究部署外宣工作。在历次重要会议、重大任务部署中，区党委都对外宣工作作出专门安排、提出明确要求。去年一年，张庆黎书记等自治区领导先后 30 多次对外宣工作作出重要指示批示。张庆黎书记和列确、向巴平措、白玛赤林、张裔炯、郝鹏等自治区主要领导还亲自指导重大外宣战役，带头做外宣工作。自治区党委外宣工作领导小组和区党委宣传部直接指挥、组织和协调对外宣传工作，特别是在组织重大外宣战役、接访境外记者团等重大外宣活动中，自治区党委常委、外宣工作领导小组组长、宣传部部长崔玉英同志都亲自坐镇指挥、协调部署，最大限度地整合各方资源、调动各方力量，确保高质高效完成任务。区党委的坚强领导和决策部署，为我们做好外宣工作提供了强有力的政治保障。

　　全自治区外宣战线认真学习、深刻领会、坚决贯彻中央和区党委关于涉藏外宣工作的一系列方针政策，紧紧围绕区党委政府的中心工作和西藏发展稳定大局，始终把外宣工作放在大局中谋划、置于大局下行动。我们把维护祖国统一和国家形象、维护民族团结和西藏发展稳定作为出发点和落脚点，把树立和提升社会主义新西藏的良好形象作为工作目标，把正面宣传西藏和深入揭批十四世达赖集团作为主要任务，抓住庆祝新中国成立60 周年、纪念西藏民主改革 50 周年等重要契机，提早谋划、精心组织，积极推进各项工作，外宣工作在全区发展稳定大局中的特殊地位和作用进一步凸显。

实践证明，中央和自治区党委关于涉藏外宣工作的一系列方针政策，是科学发展观在涉藏外宣工作中的具体体现，是中央新时期西藏工作指导思想的重要组成部分，完全符合西藏实际和涉藏舆论斗争实际，是我们做好外宣工作的基本遵循。面对新形势新任务，只有坚定不移地贯彻执行中央和区党委关于涉藏外宣工作的一系列方针政策，始终坚持围绕中心、服务大局，才能做到方向明确、定位准确、有力有效、有为有位。

（二）面对"西强我弱"的国际涉藏舆论格局和复杂的舆论斗争形势，必须坚持下好先手棋、打好主动仗，牢牢掌握涉藏舆论斗争的话语权和主导权

在"3·14"事件以来的舆论斗争中，十四世达赖集团和支持他们的西方敌对势力严重受挫，国际涉藏舆论中于我国有利的客观正面声音越来越多，我们赢得了更大的话语权和主导权。但是，"西强我弱"的国际涉藏舆论格局没有发生根本改变，以美国为首的西方敌对势力利用"西藏问题"对我国进行西化分化、遏制我国发展的战略始终没有改变，达赖集团的分裂本质没有改变。去年初以来，十四世达赖集团和西方反华势力企图利用所谓"起义50周年"掀起新一轮反华浪潮，变本加厉地对我国实施舆论攻击和渗透破坏。面对复杂严峻的舆论斗争形势，只有坚决贯彻中央的方针政策和区党委的决策部署，坚持下好先手棋、打好主动仗，才能赢得涉藏舆论斗争的话语权和主导权，才能做到针锋相对、迎头痛击十四世达赖集团的反动宣传和分裂图谋。

在首个"西藏百万农奴解放纪念日"的对外宣传中，我们提早策划，及时抢占舆论先机，2009年1月19日设立"西藏百万农奴解放纪念日"当天，就召开新闻发布会，向全世界发布这一西藏各族人民政治生活中的大事喜事，并组织区内各类媒体开辟专栏专版专题，集中报道设立"西藏百万农奴解放纪念日"的重大意义，展示西藏各族人民的喜悦心情和共同意志。由于我们及时主动地开展舆论宣传，十四世达赖集团污蔑我国设立"西藏百万农奴解放纪念日"的种种谎言不攻自破。在纪念西藏民主改革50周年的舆论宣传中，我们全面策划、制订方案、确定项目、提早下手，精心组织开展了舆论宣传总体战、主动战。配合国务院新闻办撰写并发表《西藏民主改革50年》白皮书。配合中央和自治区有关部门，在京举办"西藏民主改革50周年大型展览"和"内蒙古、新疆、广西、宁夏、西藏自治区成就展"，全方位展示西藏民主改革 50 年来的发展成就。配合中央媒体、组织区内媒体，推出系列反映 50 年成就的新闻报道。组织撰写发表系列揭批文章，形成了全方位、多层次、影响大的宣传声势。我们主动进攻、先声夺人的战略态势，彻底打乱了十四世达赖集团所谓"起义 50 周年"反动宣传纲领和行动计划。针对十四世达赖集团散布的所谓"黑色之年""藏人不过藏历新年"等谎言谣言和在网上发布所谓"中国军警殴打藏人"录像视频，我们第一时间主动应对，及时组织对外报道，澄清事实、批驳谣言。针对十四世达赖集团在美国麻省理工学院成立达赖喇嘛伦理与转型价值中心和十四世达赖本人参加成立大会，我们积极与我国驻纽约总领馆和麻省理工学院中国学生联合会联系，进行有理有节的斗争，举办"中国周"，开设中国西藏论坛，举办系列讲座，削弱了其影响，打击了其气焰。美国《侨报周刊》和《世界日报》等多家媒体进行了跟踪报道，这是借助我国海外留学生民间力量下好先手棋、打好主动仗的成功范例。这些针锋相对的舆论斗争，有理有据有力，有效打压了十四世达赖集团的舆论炒作空间，使我们始终处于战略主动。实践证明，越是在形势复杂、斗争严峻的时候，越要勇于迎难而上，敢于"亮剑"，下好先手棋、打好主动仗，才能掌握话语权、占领道义制高点、赢得舆论主导权。

（三）扩大我国外宣影响力，有效挤压十四世达赖集团在涉藏问题重点国家的舆论活动空间，必须坚持"走出去"战略，开拓创新，争夺舆论阵地，争取国外受众，不断增进国际社会对西藏的了解和认同

尼泊尔、印度是国外藏胞聚居区，也是十四世达赖集团搞"藏独"活动十分严重的国家。有效挤压十四世达赖集团在周边国家和西方重点国家的舆论活动空间，必须坚持"走出去"战略，开辟新阵地、掌握主动权，让国外主流社会和民众听到我们的声音，了解真实的西藏，认同社会主义新西藏。在针对十四世达赖集团大本营印度和尼泊尔的外宣工作中，我们紧紧抓住庆祝新中国成立 60 周年和纪念西藏民主改革 50 周年这个有利战机，在尼泊尔主流媒体推出了"中国西藏今昔"18 个整版的纪念专版和介绍西藏的固定专栏。我国纪念专栏和专版的刊发，在尼、印引起强烈反响。在尼开设外宣书店，举办"中国西藏摄影艺术展"（两次）和"中国西藏妇女摄影展"，吸引了近 2 万名观众。通过一系列有计划有步骤的外宣活动，我国对周边国家外宣工作实现了战略突破。在十四世达赖

集团影响较深的西方重点国家，我们选择恰当时机，预先设置主题，主动安排出访团。去年共组织 10 批 66 人（次）翻身农奴后代、藏学家、宗教界人士等赴澳大利亚、新西兰、法国、英国、意大利等国开展学术交流和友好访问。以自治区人大副主任尼玛次仁为团长的西藏翻身农奴后代代表团，以西藏民主改革 50 年历史发展参与者、实践者和受益者的身份，通过举办专题演讲、接受记者采访、举行座谈交流等形式，与澳、新两国各界人士广泛交流，阐明西藏地区在涉藏问题上的原则立场，揭露旧西藏的黑暗残酷，介绍西藏民主改革 50 年来取得的辉煌成就。自治区副主席多托率西藏地区代表团参加在意大利举办的第二届"中国西藏发展论坛"期间，以"西藏发展的前景、合作的机遇"为主题，从不同角度介绍西藏民主改革 50 年来的发展成就，增进了意大利社会各界对中国西藏的了解。实践证明，只有坚持主动出去解疑释惑，理直气壮阐明立场，坦诚相见广交朋友，才能不断增进国际社会对真实发展变化西藏的了解，有效挤压达赖集团的国际舆论活动空间。

（四）发挥事实优势、真理优势，展示西藏地区良好形象，必须坚持有序开放、有效管理、因势利导、为我所用的原则，积极引导境外媒体记者全面客观真实地报道西藏

由于西方媒体固有的偏见和意识形态差异，涉藏报道严重失实和被歪曲。加强涉藏外宣工作很重要的一个方面，就是要坚持有序开放、有效管理、因势利导、为我所用的原则，发挥西藏地区事实在手、真理在握的优势，按照信息传播和媒体运作的规律，做境外媒体特别是西方媒体记者的工作，积极引导记者全面客观真实地报道西藏。去年，面对严峻复杂的国际涉藏舆论形势和艰巨繁重的区内维稳任务，在靠近全国两会、藏历新年、"3·10""3·14"等敏感时期和首个"西藏百万农奴解放纪念日"，我们顶住压力、迎难而上，先后成功接待了 8 家外国驻京媒体记者团和 5 家境内外媒体记者团。接访工作中，我们整合内宣外宣，协调各地各部门，精心组织，周密安排，突出服务和管理。一方面，主动供料，为记者提供各种中英文介绍材料、采访背景资料，强化采访主题，积极引导记者客观报道西藏；另一方面，协调自治区相关部门，加强对境外记者的有效管控，确保万无一失。在开放宽松、平和自然的采访环境中，增进记者对西藏的了解，引导记者客观报道、平衡报道，接访工作圆满成功，达到了预期目的，有力配合了国家外交外宣大局，展示了西藏地区自信开放、和谐稳定的良好形象。

在西藏地区维稳工作逐步转入常态后，我们认真总结经验，强化服务、规范管理，全力做好常态下的接访工作。全年共接待 18 批近 200 人次境内外记者、专家、学者赴藏采访考察。由于准备充分，接访工作取得了积极成效。多数外国记者回国后发表了大量比较客观的报道文章，在国际上产生了积极反响。法国《阿尔萨斯报》新闻部主任帕提克·弗吕基盖回国后在《阿尔萨斯报》上连续发表了《令中国人梦想的省份》《从传统到现代》等系列文章，称赞青藏铁路为"人类与科技的骄傲"；印度亚洲通讯社刊发了有关西藏主权归属内容的正面报道和大量反映西藏文化宗教的图片，被印度多家报刊和网络媒体转发；世界知名未来学作家约翰·奈斯比特先生在西藏参观访问后说："中央政府在西藏实行的民主改革是一场解放西藏劳苦大众的变革，这让广大农奴从黑暗的枷锁中解脱出来，无疑是一个圆满的结果。"实践证明，外宣接访工作只有坚持有序开放、有效管理、因势利导、为我所用的原则，充分发挥事实优势、真理优势，才能有效引导境外媒体记者客观准确报道西藏，有力维护国家外交外宣大局，维护西藏发展稳定大局。

（五）谋长久之策、行固本之举，推动外宣事业科学发展，必须加强外宣基础体系建设，构建大外宣工作格局，不断提升外宣整体实力

我们始终把外宣基础建设作为外宣工作谋长久之策、行固本之举的重大举措，不断强化外宣基础体系建设。去年，在"采访线工程"建设方面，我们对外宣采访点进行全面调整和完善，调整后的外宣采访点布局合理、类型齐全、功能完备，更具代表性。在实施外宣品"精品"工程和"灯下亮"工程方面，我们拍摄制作《天上人间——大美西藏》外宣形象片和《翻身农奴的后代们》《故事里的西藏》《帕拉庄园》等系列外宣专题片，定制具有藏汉英三种文字查询功能的"西藏视窗"触屏一体机，将陆续投放重点涉外场所，供进藏的国内外人士查阅西藏信息。在外宣队伍建设方面，通过邀请专家授课、以会代训、岗位交流、出国培训等形式，对西藏地区新闻发言人和外宣业务干部进行系统培训，不断提高西藏地区外宣干部的综合素质和业务能力。同时，我们按照构建大外宣工作格局的要求，更加注重统筹协调，打破部门、行业界限，统筹协调各级各有关部门，逐步建立了高效的领导体制，形成了中央和地方上下联动、内宣和外宣整合力量、各部门协同作战的工作机制，在应对重大挑战、实施重大战役、完成重大任务中发挥了特殊作用。

对于去年的外宣工作，张庆黎书记给予了高度评价，专门作出重要批示，指出："2009 年西藏地区的外宣工作做的扎扎实实、有声有色，为全区的发展稳定做出了特殊的贡献。希望在新的一年里深入贯彻胡锦涛总书记'抢占话语权、占领制高点、下好先手棋、打好主动仗'的重要指示，在深、细、实上下功夫。"这再一次体现了区党委对外宣工作的高度重视和亲切关怀，是对全区外宣战线的极大鼓舞。我们一定要铭记区党委的深切关怀和殷切期望，并以此为鞭策和动力，不断开创西藏外宣工作新的局面。

二　乘势而进，突出重点，全面推进
今年的各项对外宣传工作

2010 年是学习贯彻落实中央第五次西藏工作座谈会精神的开局之年，也是西藏地区全面完成"十一五"任务、谋划"十二五"发展的关键之年。按照中央第五次西藏工作座谈会关于涉藏外宣工作的要求，按照全国外宣工作会议和第十九次对外宣传西藏工作座谈会的部署和崔玉英常委重要讲话精神，今年西藏地区外宣工作的总体要求是，高举中国特色社会主义伟大旗帜，以邓小平理论和"三个代表"重要思想为指导，深入贯彻落实科学发展观，认真学习贯彻落实中央第五次西藏工作座谈会精神，按照"抢占话语权、占领制高点、下好先手棋、打好主动仗"的总要求，充分利用国家实施西部大开发战略 10 周年、举办上海世博会、庆祝西藏自治区成立 45 周年和昌都解放 60 周年等有利契机，立足国际国内两个大局，抓住发展稳定两件大事，统一思想、振奋精神、开拓进取、改革创新，以宣传介绍真实发展变化的西藏为主线，更加注重对外舆论引导和涉藏舆论斗争，更加注重文化交流和文化外宣，更加注重周边国家和边境外宣工作，更加注重外宣基础和队伍建设，更加注重统筹协调和大外宣格局建设，着力在深、细、实上下功夫，进一步增强外宣工作的针对性和有效性，牢牢掌握国际涉藏舆论斗争的话语权和主导权，不断提升社会主义新西藏在国际社会上的良好形象，为走有中国特色、西藏特点发展路子营造客观友善的国际舆论环境。

具体地说，要重点抓好以下五个方面的工作：

（一）积极开展正面宣传西藏和深入揭批十四世达赖集团的工作，抢占政治和道义制高点、掌握话语权和主导权

正面宣传西藏和深入揭批十四世达赖集团，始终是西藏外宣工作的两项主要任务，我们要牢牢把握，切实落实到外宣工作的各个方面。要围绕学习贯彻中央第五次西藏工作座谈会精神，大力宣传中央关于新时期西藏工作的指导思想和采取的特殊优惠政策、扶持措施；大力宣传中央关心、全国支援、西藏各族人民团结奋斗的丰功伟绩；大力宣传党的民族政策和民族区域自治制度在西藏的伟大实践；大力宣传区党委政府团结带领西藏各族人民走有中国特色、西藏特点发展路子的宝贵经验；大力宣传区党委政府坚定不移抓发展、千方百计惠民生、旗帜鲜明反分裂，经济社会跨越式发展、人民群众安居乐业、社会局势持续稳定的大好局面，进一步营造有利于西藏发展稳定的外部舆论环境。

有效开展国际涉藏舆论斗争，及时批驳澄清十四世达赖集团和西方敌对势力的造谣攻击，对维护国家安全和西藏稳定具有重要意义。要研究如何在涉藏舆论斗争中抢占道义制高点、掌握话语权和主导权。要善于把民主、自由、人权、主权、和平、发展、文化保护、环境保护等带有普遍性和感召力的理念、口号、旗帜牢牢掌握在我们手中。要着眼于解构西方人的"香格里拉迷思"及其维持西藏"世外桃源"原始状态的心结，着眼于破除西方社会的"达赖神话"，抓住国外受众对西藏信息的需求和思维习惯，主动设置议题，以充分有力的论据，着重阐明西藏自古就是中国的一部分，十四世达赖统治下的旧西藏是政教合一的封建农奴制社会，现代化是西藏社会发展的必由之路和西藏人民的根本要求；着重阐明所谓"西藏问题"的由来、实质及西方敌对势力借以西化、分化中国的险恶图谋；着重阐明达赖集团所谓"中间道路""大藏区""高度自治"的反动实质，揭露达赖集团假和平真暴力、假自治真分裂、假对话真对抗的真实面目；着重阐明我国与达赖集团和西方反华势力斗争的实质是统一与分裂、进步与倒退的斗争。要跟踪揭批十四世达赖集团和西方敌对势力散布的种种谎言谬论，特别是鼓吹的有关十四世达赖转世的种种谬论。把揭批十四世达赖集团的工作贯穿到外宣工作的各个方面，把我国在涉藏问题上的事实优势、真理优势转化为道义优势和话语优势，牢牢把握涉藏舆论斗争的话语权和主导权，维护国家安全和西藏稳定。

（二）加强新闻发布和对外新闻报道的传播力，积极引导国际涉藏舆论

积极影响和有效引导国际涉藏舆论，是做好对外宣传的重要工作。要进一步明确新闻发布职责分工，建立和完善自治区党委、政府及各部门和各地（市）新闻发布体制。健全西藏自治区新闻发布工作制度，推动新闻发布向规范化、制度化和专业化方向发展。建立和完善自治区各部门和各地（市）新闻发言人联络机制、舆情信息通报机制，规范重要政策信息发布和重大突发事件新闻发布工作。各地各部门要充分利用新闻发布会平台，精心策划，认真组织，及时发布自治区推进经济社会发展的重大决策部署和强民惠民富民政策措施，及时解答群众关心的热点难点问题和国际舆论关注的焦点问题，并采取多种形式和渠道，扩大新闻发布的覆盖面和影响力，有效引导社会舆论。要办好新闻发言人培训班，并将新闻发言人培训与"采访线工程"建设有机结合起来，提高各级领导干部和工作人员与媒体打交道的意识和能力。要进一步完善突发事件的新闻发布和境外舆论引导机制，提高突发事件新闻发布和对外报道的时效性，及时准确地在第一时间发布权威信息，不给西方媒体利用时间差进行歪曲报道和反华舆论炒作的空间。

积极影响和有效引导国际涉藏舆论，关键要靠我们自己媒体的新闻报道传播力。要着眼于加强西藏地区对外宣传舆论力量的需要，充分发挥自治区主要媒体和重点新闻网站各自优势，进一步提高对外舆论宣传能力，提升和设立对外宣传频道、节目和栏目，在坚持正确立场和原则的基础上，注意突出民间性和新闻性，增强舆论宣传公信力和影响力。要服务和发挥好中央对外新闻媒体和重点网络媒体的主渠道作用，围绕重大主题、重大活动，在重要时间节点集中推出专版专栏，大力宣传新西藏新发展新变化新生活。要充分利用对口援藏机制，加强与内地发达省市重点媒体的交流合作，扩大对外宣传西藏的阵地和渠道。要积极开展同周边国家媒体和政府新闻机构的交流与合作，继续在印度、尼泊尔主流媒体上推出西藏专版专栏，扩大影响面。积极推动与境外华文媒体的交流合作，有计划、有重点地在美国、法国和澳大利亚华文媒体上开辟宣传西藏的常态性专版。

积极影响和有效引导国际涉藏舆论，还要善于做境外媒体和记者的工作，借用外力，增强正面信息的影响力和渗透力。按照有序开放、有效管理、因势利导、为我所用的原则，配合中央有关部门，做好西方重点国家、周边国家、友好国家及港澳台媒体记者赴藏采访的接访工作。要会同外事等部门，加强境外媒体记者在藏的管理工作，以坦诚开放自信的姿态，主动为境外记者提供信息服务，做到以服务推进管理，以管理强化引导，积极主动地引导境外记者客观报道西藏。要做好对我国友好的外国媒体记者、政要、专家学者的联系工作，主动供料，广交朋友，争取人心，延伸宣传效应。

（三）做好周边国家和边境外宣工作，有效挤压十四世达赖集团在周边国家的舆论活动空间

周边是我必争、必稳、必保之地。要认真贯彻落实中央和自治区领导关于对周边国家外宣工作的重要指示和要求，紧紧依靠我国驻印度、尼泊尔使馆，进一步加强对周边国家的外宣工作。要围绕国家实施西部大开发战略 10 周年、西藏自治区成立 45 周年、"西藏百万农奴解放纪念日" 1 周年等重要时间节点，抓住我国与尼泊尔建交 55 周年、中印文化年等有利契机，精心策划，认真组织开展系列外宣活动和文化交流活动，进一步增强我国对周边国家的亲和力、感召力和影响力。要巩固加德满都"中国西藏书店"，扩大供书渠道，丰富宣传内容，增强对外影响。要继续邀请尼、印记者进藏采访，向尼、印主流社会、民众及藏胞介绍西藏的发展变化。继续组织区内专家学者、文艺团体赴周边国家，开展包括图书展、摄影展、学术交流、文艺演出等多种形式的文化外宣活动，寓宣于文、潜移默化。

要抓住推进南亚陆路贸易大通道建设和加快发展边境贸易的历史机遇，进一步加强边境外宣工作。我们将制定下发《关于进一步加强西藏边境外宣工作的意见》，建立健全边境外宣工作领导体制和工作机制，强化对全区边境外宣工作的指导组织协调。在充分发挥已有边境外宣点作用的基础上，要依托重点边境口岸、边检站、边贸市场、旅游朝佛线路等，新建一批边境外宣点，形成布局合理、功能齐全的边境外宣阵地。各地各部门要结合各自工作实际，不断拓宽渠道，积极开展边境外宣工作。要进一步加强对边民的宣传教育，提高外宣意识和能力，推动形成边境地区处处都是外宣点、人人都做外宣工作的良好局面。

（四）组织对外文化交流和文化外宣活动，树立和展示西藏良好形象

西藏优秀传统文化的深厚内涵和独特魅力是开展对外宣传的丰富资源，对于促进国际社会用历史和文化的眼光观察西藏、理解西藏有很好的推动作用。经过近几年的精心打造，拉萨雪顿节已经成为国家级非物质文化遗产，也是中国十大节庆之一。今年，我们将在雪顿节期间，会同中央外宣办等有关部委，邀请国外专家学者、艺术家、媒体记者赴藏访问，举办文化论坛，逐步打造"感知西藏——中国西藏文化之旅"文化外宣品牌，进一步提高拉萨雪顿节在国际上的知名度和影响力。各地也要依托当地丰富的文化节庆，组织开展文化交流和文化外宣活动，打造富有地域特色和民族底蕴的文化外宣品牌。

要配合中央外宣办完成好"中国西藏文化周"活动的各项筹备工作和出访任务，推出《天上西藏》精品节目。要积极参与上海世博会，配合开展西藏馆的各项活动，做好对外宣传工作和文化交流活动，展示新西藏的良好形象。要继续组织选派藏学家、农牧民、艺术家、宗教界人士等参团出国访问。要充分利用国家有关部委在国外举办"中国文化年""中国节"等契机，积极开展涉藏文化外宣工作。

（五）推进"四大工程"建设，不断完善大外宣工作格局

要进一步加强"采访线工程"建设，建立布局合理、功能齐全的外宣采访点，提升采访点的主题性、采访性和趣味性。要加强对采访点受访人员的培训工作，提高受访人员与媒体打交道的意识和能力。要继续实施外宣品"精品"工程和"灯下亮"工程，做好西藏形象片《天上人间——大美西藏》的制作与推广工作，编写出版《中国西藏》中英文小册子，更新和完善媒体包，制作一批体现西藏地区政治、经济、文化、百姓生活、自然环境等内容，适合不同国家、不同阶层受众的外宣精品。在重点口岸、机场、宾馆等安放"西藏视窗"触屏一体机，设置展台柜台，及时发放外宣图书、音像制品，切实扩大外宣品覆盖面和效果。要继续实施外宣人才库建设和培训工程，通过赴内地发达省市、其他涉藏省考察学习、参加培训、岗位交流等形式，加大对全区外宣业务干部的培训力度，提高外宣干部的综合素质。要配合自治区有关部门，加强对涉外人员的外宣培训，增强外宣意识和外宣能力。

要整合各类外宣资源，进一步完善对外宣传的领导体制和工作机制，形成全方位、多层次、宽领域的大外宣工作格局。自治区统战、外事、商务、旅游、环保、文化、教育、新闻出版、民宗、社科等部门和社会团体、民间组织都要树立大外宣意识，自觉将外宣工作融入自身工作之中，各尽其责、各展所长、相互支持、密切配合，发挥整体效能，共同做好对

外宣传工作。

2010 年，外宣工作任务繁重，责任重大。做好今年的外宣工作，必须认清形势、统一思想，增强国家安全意识、责任意识和忧患意识。当前，涉藏国际斗争形势正在发生冷战结束以来最为深刻的变化，"形势的发展已经把涉藏外宣工作推到一个新的历史起点上"，"当前和今后一个时期是我在涉藏对外宣传和舆论斗争中由被动应战转为主动出击的一个战略机遇期"。同时，也要看到十四世达赖集团图谋"西藏独立"的反动本质不会改变，西方敌对势力利用达赖集团牵制遏制和西化、分化我国的战略图谋不会改变。我们一定要保持清醒头脑，始终绷紧政治这根弦，做好长期作战和进行复杂斗争的准备，绝不能抱任何幻想，绝不能有任何麻痹，把思想和行动统一到中央关于涉藏外宣工作的一系列方针政策上来，统一到区党委的重要部署和要求上来，抓住机遇、迎接挑战，勇敢地肩负起历史和时代赋予我们的神圣使命和光荣职责。

做好今年的外宣工作，必须解放思想、改革创新，推进外宣工作科学发展。面对新形势新任务，我们要大力倡导解放思想、观念创新，善于总结新实践、提炼新经验。要认真总结近年来特别是"3·14"事件以来的工作实践经验，将零散的突破系统化、感性的认识理性化、成熟的做法制度化，在实践中检验和提升。要不断创新工作方式方法、拓宽工作领域渠道。现在，外宣工作越来越融入官方交往、民间交流、经贸合作、观光旅游等各个领域，在这种情况下，需要我们不断创新，通过这些领域的工作平台和渠道，不断延伸外宣触角，扩大外宣影响。

做好今年的外宣工作，必须求真务实、真抓实干，确保各项工作取得实效。今年外宣工作思路已经明确，目标任务已经确定，关键是抓好落实、见到实效。我们要从实际出发，虚功实做、持之以恒，扎扎实实地推进、一丝不苟地落实。要把工作任务具体化项目化，落实到具体部门、具体人员，确保工作有人抓、有人管。要对工作分类排队，分清轻重缓急，学会弹钢琴，集中力量抓重点、办大事，以抓好重点工作来破解工作难点、打造工作亮点，带动全年各项工作。

同志们，我们一定要更加紧密地团结在以胡锦涛同志为总书记的党中央周围，在自治区党委和区党委对外宣传工作领导小组的坚强领导下，坚定信心、振奋精神，齐心协力、扎实工作，为建设团结、民主、富裕、文明、和谐的社会主义新西藏做出新的更大贡献。

抓住机遇　乘势而上
努力开创新闻出版工作新局面

——在 2011 年全区新闻出版（版权）
工作会议上的报告
（2011 年 2 月 18 日）

这次全自治区新闻出版工作会议，是在圆满完成"十一五"各项目标任务，开启"十二五"发展新征程，以优异成绩迎接中国共产党成立 90 周年及西藏和平解放 60 周年的重要历史背景下召开的。我们这次会议的主要任务是：深入贯彻落实党的十七届五中全会和中央第五次西藏工作座谈会精神，深入贯彻落实全国宣传部长会议和全国新闻出版工作会议精神，深入贯彻落实区党委七届七次全委会和全区文化发展大会以及全区宣传部长会议精神，总结"十一五"全区新闻出版工作，明确"十二五"发展思路，部署 2011 年工作任务，确保"十二五"开好局、起好步，为推进跨越式发展和长治久安提供强大的精神动力、智力支持和文化条件。

一　顽强拼搏、奋发有为，"十一五"时期新闻出版工作在服务跨越式发展和长治久安中取得历史性成就

"十一五"时期的五年，是西藏地区发展进程中极不寻常、砥砺奋进的五年。在国家新闻出版总署的有力指导和自治区党委、政府的坚强领导下，西藏地区新闻出版工作按照"高举旗帜、围绕大局、服务人民、改革创新"的总要求，抓住重大机遇，用好有利契机，求真务实，攻坚克难，开拓进取，一手抓繁荣发展，一手抓科学管理，着力推进事业发展，

精心组织重点出版，认真实施惠民工程，大力加强依法行政，扎实开展扫黄打非，有力打击侵权盗版，积极推动出版物"走出去"，新闻出版工作呈现出积极健康发展的良好态势。

（一）围绕中心，重点出版物主题鲜明、效果显著。突出学习宣传和贯彻落实中国特色社会主义理论体系特别是科学发展观，精心组织出版了《党的先进性在西藏的实践》《党的执政能力建设》等1000多种重点图书、音像、电子出版物。突出学习宣传党的十七大等中央重要会议精神，认真抓好会议文件和辅导读物出版发行工作，圆满完成了党的十七大文献30万册出版、印刷和发行任务，创造了质量、数量和效益的新纪录。突出发展第一要务，着力推出《西藏区域经济发展战略研究》《西藏自然与生态》《小康西藏》等500多种研究探讨和完善西藏社会主义市场经济体制、转变经济发展方式、增强自主创新能力、提高经济整体实力及综合竞争力的优秀出版物。围绕新中国成立60周年、改革开放30周年和西藏民主改革50周年，重点推出《献给母亲的赞歌》《改革发展中的西藏》《西藏辉煌50年》《西藏今昔》《跨越》等300多种献礼出版物。精心策划推出的这些重点出版物唱响了"六个好"的时代主旋律，壮大了主流思想舆论，产生了积极广泛影响。

（二）突出惠民，新闻出版公共服务体系建设广受欢迎、初具规模。加强新闻出版公共服务基础设施建设，积极做好重点项目衔接落实，作为西藏和平解放60周年大庆的重点项目，总投资预算3440万元的新闻出版公共服务综合楼正在加紧建设中，这是新闻出版领域的亮点工程。深入扎实推进农家书屋建设，已建农家书屋达2000家，圆满完成了"十一五"时期的目标任务。先后自筹资金30万元在哲蚌寺、色拉寺、热振寺、楚布寺、聂塘寺进行了寺庙书屋试点建设，受到广大僧众的热烈欢迎。广泛开展优秀出版物"进社区、进校园、进军营、进企业"和图书"三下乡"等一系列丰富多彩的全民阅读活动，先后建立了18个社区书屋和7个职工书屋，向社区群众、学校师生、部队官兵、企业职工免费赠送图书1.5万种30万册，价值达600万码洋，区新闻出版局被中央宣传部和国家新闻出版总署评为"全民阅读活动先进单位"，建立的社区书屋被评为"全民阅读活动优秀项目"。

（三）服务稳定，"扫黄打非·珠峰"工程深入推进、成果显著。始终坚持"标本兼治、综合治理、重在治本"的工作方针，把封堵查缴

"藏独"反动出版物及宣传品作为首要任务，深入推进"扫黄打非·珠峰"工程，在入境封堵、源头治理、市场查缴、查处大案、网上监管等方面取得了显著成效。先后封堵查缴境外"藏独"反动出版物及宣传品 4 万余件，清缴各类淫秽色情、盗版图书和音像制品 170 余万件、违禁出版物 20 余万件，清查和惩治 12 家违规承印非法出版物单位。删除或屏蔽网络淫秽色情电影 11000 多部、图片 2 万余张、网络违禁出版物、文章和有害信息 18 万多条，查处网下非法下载和传播违禁歌曲、违禁内容的不法商贩 14 人。与此同时，为更好地教育引导广大群众认清十四世达赖政治上的反动性、宗教上的虚伪性和手法上的欺骗性，先后编写和出版发行了《拉萨"3·14"事件真相》《阳光下的罪恶》《透视达赖》《真实与谎言》等一大批出版物，深入揭露十四世达赖集团的反动本质，让各族干部群众进一步认清十四世达赖集团的真实面目，夯实反分裂斗争的思想基础和群众基础。

（四）加快发展，新闻出版业迈上新台阶、取得新成效。服务西藏发展稳定，图书出版着力打造精品力作，出版各类藏汉文图书 4200 种 1.2 亿册，分别增长了 15% 和 20%。《西藏百科全书》等 20 多种图书荣获中国出版政府奖、"五个一工程"奖、中华优秀出版物奖等全国性、区域性图书奖。报纸从 18 种增加到 23 种，增长 28%，每年出版报纸 5300 万份，产量 9.6 万千印张，平均增长 18% 和 25%；期刊从 21 种发展到 35 种，增长 76%，每年出版期刊 130 万册，产量 1.2 万千印张，平均增长 16% 和 18%；每年出版音像电子出版物 120 多种，实现销售数量 36 万盘，《今日西藏》《西藏放歌》《朗玛堆谐》等一系列优秀音像电子出版物深受群众喜爱。国有、集体、民营发行网点发展到 245 家，每年发行图书 30 多万种 600 万册，实现图书销售码洋 1 亿大关；音像批发、零售、出租点发展到 990 家，每年销售音像制品 100 万盘，增长 17%，实现销售额 6000 万元，投资 1800 万元新建的出版物物流配送中心，很好地发挥了主渠道作用。印刷、包装、复制企业达到 406 家，工业总产值突破 3 亿元。先后投资 9800 多万元进行了大规模的技术改造，重点企业基本实现了印前数字化、印中高效化、印后自动化的目标。

（五）改革创新，新闻出版依法行政管理显著增强、能力明显提高。在新一轮机构改革中，自治区新闻出版局升格为正厅级政府直属机构，相应扩大职能职责，将音像制品批发、零售、出租、放映职责和音像制品进口的管理职责，以及广播电视机构记者证监督管理职责划入新闻出版局。各地（市）、县也都成立了新闻出版机构，使新闻出版的职责职能延伸到基层、覆盖到基层。积极推进政事分开、政企分开、政资分开和管办分离，认真抓好以法人准入、市场准入、职业准入、岗位准入为基础的行业管理体系的构建工作，建立公开、公正、平等、规范的出版"四大准入"制度。全面加强出版单位书号实名申领数据、条码、CIP 数据和出版物元数据等出版信息资源平台建设，提供快捷服务。实现报刊、通讯社、广电新闻记者证统一换发、统一上网查询的工作目标。加大把关审读力度，每年审读各类出版物 500 多种，确保了新闻出版的正确导向，查处了一批违法违规行为，出版物的导向、内容、质量有了显著提升。积极稳妥实施出版发行体制机制改革，推进西藏人民出版社、西藏藏文古籍出版社内部"三项制度"改革和党报党刊宣传、经营"两分开"改革，基本完成了西藏音像出版社、雪域音像电子出版社、拉萨市新华书店转企改制任务，提高了改制企业的活力、增强了改制企业的效益。

（六）抓好宣教，版权保护与管理意识显著增强、工作迈出新步伐。充分利用"3·15"消费者权益保护日、"4·26"世界知识产权宣传日以及"12·4"法制宣传日等重要契机，广泛开展"尊重知识，拒绝盗版，自觉维护版权""绿书签行动"等内容丰富、形式多样的主题宣传活动，先后组织 250 余人（次）发放宣传材料 94000 多册。加强版权执法人员培训工作，开展版权法制教育培训活动达 20 场（次），培训版权执法人员 1500 余人。查处苯教大藏经《甘珠尔》盗版案件、"9·27"批销盗版教辅案等 10 起侵权盗版案件。围绕北京奥运会、上海世博会、广州亚运会的举办，开展各类打击侵权盗版专项行动，着力营造良好的版权保护环境。五年来，完成作品登记 22 件，提供著作权法律法规咨询 800 余条，累计出动执法人员 600 余人（次），检查各类出版物销售场所 1600 余家，互联网站 3500 个，打击各类侵权盗版行为，切实维护著作权人的合法权益。

（七）拓宽渠道，新闻出版产品"走出去"战略步步推进、影响广泛。充分发挥政府推动、市场运作在"走出去"中的优势，鼓励和支持在境外建社建站、办报办刊、开厂开店。每年组团参加境外各类国际性图书展销会，积极开展涉藏出版物展览展销活动，特别是在美国图书博览会、德国法兰克福图书博览会、印度新德里国际书展、尼泊尔中国图书展销会等国际书展中西藏地区展台广受欢迎，涉藏出版物持续热销，充分展示了社会主义新西藏的新发展新变化新生活新风貌，有力驳斥了十四世达赖集团散布的所谓"西藏文化毁灭论"，让世界了解真实、发展变化的新西藏，得到了自治区党委、政府和新闻出版总署的充分肯定和高度评价。

（八）增强素质，新闻出版人才队伍建设不断加强、能力水平不断提高。按照自治区党委、政府的部署要求，新闻出版战线深入开展学习实践科学发展观、领导干部作风建设年、效能建设年、创先争优活动和"反对分裂、维护稳定、促进发展"的主题学习教育活动，广大干部职工的思想政治素质和业务工作能力都得到加强，精神面貌发生了深刻变化。经过五年的不懈努力，全行业的人才结构呈现出年轻化、专业化的良好态势，研究生学历占总数的3.6%，大学本科学历占总数的58%，大学专科学历占总数的19.4%，大专以下占总数的19%。五年来，先后从北京大学、清华大学等重点高等院校，引进110名研究生或大学本科的高素质人才，公开考录了公务员及工作人员100多名。完成全区出版专业技术人员职业资格登记注册111人，占申报人数的68%。成功举办13期岗位培训班，培训2600多名从业人员。深入开展反腐败斗争和治理商业贿赂专项工作，切实加强监督检查，纠正行业不正之风，为新闻出版创造了良好环境。

2010年是"十一五"时期的收官之年，全区新闻出版系统坚决贯彻中央和自治区党委、政府的决策部署，牢牢把握正确新闻出版导向，积极推动精品战略、特色战略、人才战略和"走出去"战略，认真抓好农家书屋、牧家书屋、社区书屋、寺庙书屋和职工书屋建设，大力实施重点出版工程、物流配送工程、基层书店工程、印刷技改工程、全民阅读工程和"扫黄打非·珠峰"工程，继续保持和呈现出良好发展态势和强大活力。2010年全区新闻出版业总产值达到6.2亿元，占全区GDP的1.2%，连续五年保持了12%以上的发展速度，从业人员达到8900人，全系统固定资产增长了3亿多元。自治区党委书记张庆黎同志在新闻出版局上报的工作情况报告上，作出重要批示："自治区新闻出版局按照区党委的要求，四项重点工作抓得细、实、卓有成效，下一步要坚持抓好两项工作：一是抓好管理、利用和巩固提高的工作；二是抓好扩大战果的工作。"张庆黎书记的重要批示，对新闻出版工作给予了充分肯定，对做好下一步工作提出了殷切希望，这是对全区新闻出版战线的高度重视、亲切关怀，更是巨大鼓舞和有力鞭策，我们一定要认真学习领会，深入贯彻落实，以更加高昂的斗志和求真务实的作风，扎实推进各项工作。

回顾"十一五"发展历程，总结"十一五"发展成就，我们深深体会到：必须牢牢把握社会主义先进文化前进方向，切实用马克思主义中国化的最新理论成果指导新闻出版工作，不断壮大主流思想舆论，这是新闻出版沿着正确的政治方向前进的灵魂和导向；必须牢牢把握推进科学发展、跨越式发展和长治久安的主题，在服务区党委、政府工作大局中发展新闻出版事业，提供强大精神动力、智力支持和文化条件，这是新闻出版工作的重要职责和使命；必须坚持以人为本，突出为民惠民，贴近实际、贴近生活、贴近群众，不断满足人民群众日益增长的精神文化需求，保障人民群众基本文化权益，这是新闻出版工作的出发点和落脚点；必须坚持改革创新，适应形势发展变化不断解放思想、与时俱进，改革体制、创新机制，激发活力、提高效益，这是新闻出版发展的不竭动力和源泉；必须坚持统筹兼顾，一手抓公益性事业、一手抓经营性产业，一手抓繁荣发展、一手抓科学管理，这是新闻出版发展的根本方法和手段；必须坚持党的领导，切实加强各级党组织、各级领导班子建设，确保党对新闻出版工作的领导权和主导权，这是新闻出版发展的根本保障。上述"六个必须"，既是过去工作的深切体会，也是做好今后工作必须遵循的基本要求，我们要进一步总结好运用好这些成功经验，并在实践中不断丰富和发展这些成功经验。

二　抓住机遇、明确目标，努力开创"十二五"时期新闻出版工作新局面

"十二五"时期是西藏地区实现全面建设小康社会宏伟目标具有决定性意义的关键时期，也是新闻出版工作贯彻落实自治区党委、政府《关于推动文化大发展大繁荣的决定》和全区文化发展大会精神，推动新闻出版工作开创新局面的关键时期。谋划好"十二五"发展，编制好"十二五"规划，对于实现新闻出版繁荣发展具有十分重要的意义。为此，我们专门成立领导小组及办事机构，认真学习领会中央第五次西藏工作座谈会精神，认真学习领会自治区党委七届七次全委会精神和区党委、政府

关于推动文化大发展大繁荣的决策部署，根据国家新闻出版总署制定"十二五"发展规划的要求，结合西藏地区新闻出版发展实际，在广泛调研、深入研究讨论的基础上形成了《西藏新闻出版业"十二五"时期发展规划》初稿，之后我们认真征求各方面的意见建议，多次召开专题会议进行深入讨论，对发展指标体系、重点建设项目等方面进行了充分论证，并派专人到国家有关部门进行项目沟通协调。国家新闻出版总署也专门组成赴藏调研组深入基层开展调研，与自治区发改委、财政厅等相关部门进行座谈，研究讨论规划项目，并将西藏地区新闻出版业"十二五"规划的重点项目列入国家少数民族新闻出版"东风工程"。经过 12 易其稿，形成了今天提交大会的《规划》讨论稿。请各位代表认真讨论并提出修改意见，努力使《规划》体现国家和自治区党委政府的有关精神、符合西藏地区新闻出版实际、反映新闻出版发展新要求，具有科学性、全面性、前瞻性、可操作性。下面，我就《规划》内容作如下简要说明。

（一）关于规划的指导思想和基本要求。规划认真贯彻落实中央关于文化建设的一系列重大决策和中央第五次西藏工作座谈会精神，认真贯彻落实区党委七届七次全委会和关于文化建设的部署要求，明确提出制定"十二五"规划的指导思想，这就是：高举中国特色社会主义伟大旗帜，以邓小平理论和"三个代表"重要思想为指导，深入贯彻落实科学发展观，全面贯彻落实自治区党委、政府《关于推动文化大发展大繁荣的决定》和全区文化发展大会精神，按照"高举旗帜、围绕大局、服务人民、改革创新"的总要求，坚持社会主义先进文化前进方向，坚持正确的新闻出版导向，牢牢把握推进科学发展、跨越式发展和长治久安的主题，以满足人民群众日益增长的精神文化需求为出发点和落脚点，以推进改革创新为不竭动力，更加注重公益性新闻出版事业发展，更加注重藏语言类精神产品的创作生产，更加注重激发市场主体活力，更加注重调整产业结构，更加注重提高行业技术水平，走有中国特色、西藏特点的新闻出版发展路子，切实提升新闻出版在西藏跨越式发展和长治久安中的推动力，努力为把西藏建设成重要的中华民族特色文化保护地作出积极贡献。

这个指导思想和规划提出的高举旗帜、加快发展、以人为本、全面协调、统筹兼顾、科技创新基本要求，以科学发展观为统领，结合西藏地区新闻出版发展实际，充分体现中央和自治区党委、政府的有关精神，强调政治方向，把握西藏工作主题，以"五个更加注重"突出新闻出版事业、产业和技术升级方面的重要任务，明确提出走有中国特色、西藏特点的新闻出版发展路子。

（二）关于规划的主要目标。综合分析西藏地区新闻出版"十一五"发展情况及"十二五"面临的形势和任务，规划提出的"十二五"期间要全力推动新闻出版科学发展、跨越式发展，确保新闻出版增加值与全区国民经济保持相同的12%以上发展速度，发展的主要目标是：到2015年末新闻出版业总产值占全区国民生产总值的比重达到2%，人均年消费图书4册、期刊3册、音像制品4盘（张），每千人每日消费报纸75份，手机报基本普及，整体保持更好更快更大的发展态势。其中，藏文图书年出版品种增长2倍以上、总印数增长3倍以上；藏语言音像制品年出版品种增长1倍以上、总数量增长2倍以上；报刊年出版总印数翻一番，手机报覆盖全区80%的手机用户；出版物年发行（含赠阅）码洋翻两番，出版物发行网络建设覆盖全区所有县和重点口岸；印刷复制业年生产总值翻一番，生产技术装备条件达到国内中等以上水平。

围绕这一主要目标，规划明确了图书出版业、报纸期刊业、出版物发行业、印刷复制业、音像电子出版业和行政管理工作、扫黄打非工作、版权管理工作、体制改革工作、人才队伍建设等各个方面的具体目标任务。

这一主要目标，既是西藏跨越式发展和全面建设小康社会对新闻出版发展的迫切要求，是推动文化大发展大繁荣、实现新闻出版科学发展和跨越式发展所必需的，也是通过艰苦努力能够实现的。

（三）关于规划的重点任务和保障措施。规划着眼于破解发展瓶颈，突破重点难点带动整个行业发展，明确了"十二五"期间的重点任务。一是传播社会主义先进文化，推进社会主义核心价值建设；二是大力发展公益性新闻出版事业，保障人民群众的基本文化权益；三是做大做强经营性新闻出版产业，着力提高新闻出版业整体实力和竞争力；四是传承优秀传统文化，努力建设重要的中华民族特色文化保护地；五是加强出版物市场体系建设，建立健全良好的市场秩序。

为使以上五个方面的重点任务得到很好的实施，规划还具体提出了26个重点项目，以及推进改革创新、加快结构调整、转变发展方式、促进科技进步、实施优惠政策、加强依法管理、加强队伍建设和组织领导8个方面的保障措施。

三 突出重点、扎实工作，确保"十二五"新闻出版工作开好局

2011 年新闻出版工作的总体要求是：深入贯彻党的十七届五中全会、中央第五次西藏工作座谈会和全国新闻出版工作会议精神，深入贯彻自治区党委七届七次全委会、全区文化发展大会和宣传部长会议精神，高举中国特色社会主义伟大旗帜，以邓小平理论和"三个代表"重要思想为指导，深入贯彻落实科学发展观，按照高举旗帜、围绕大局、服务人民、改革创新的总要求，坚持贴近实际、贴近生活、贴近群众，紧紧围绕科学发展、跨越式发展和长治久安的主题，一手抓繁荣发展，一手抓科学管理，着力抓好主题出版，着力抓好藏文出版，着力抓好公共服务，着力抓好市场监管，着力抓好改革创新，确保"十二五"新闻出版工作开好局、起好步。

围绕这一总体要求，今年要重点抓好以下工作。

（一）把握主题主线，推动新闻出版又好又快发展。自治区党委七届七次全委会在规划"十二五"发展蓝图中，明确提出要坚持以科学发展、跨越式发展和长治久安为主题，以"一产上水平、二产抓重点、三产大发展"的经济发展战略、加快转变经济发展方式为主线，这是立足西藏基本区情和发展阶段性特征作出的战略部署。这个主题主线，是经济社会发展的主题主线，也是新闻出版发展的主题主线，我们要牢牢把握好这个主题主线，更加自觉地用科学发展观统领新闻出版工作，坚定不移地走科学发展道路，推动新闻出版又好又快发展。要积极挖掘书报刊等纸介质传统出版产业的发展潜力，采取技术革新和现代生产方式改造传统出版产业，大力推进图书、报纸、期刊等纸介质传统产业的发展，着力从依赖传统纸媒介向多种媒介共存的现代出版产业转变。要加速发展印刷、发行产业，切实推动传统印刷、复制企业采用数字和网络技术改造生产流程和现有设备，实现从单纯加工服务型向以提高信息增加值为主要内容的现代服务型转变，整合出版物发行渠道，加强连锁经营、信息化管理和现代物流为特征的流通企业建设，推动出版物市场流通方式转变。要积极探索数字出版、网络出版、手机出版等以数字化内容、数字化生产和数字化传输为

主要特征的新兴业态，以图文、音频、视频等为主要形式，大力推动出版内容资源全方位、深层次的开发利用，积极探索电子书、阅读器等新产品、新载体的技术开发和应用，初步构建覆盖广泛、技术先进、传输快捷的新闻出版内容传播新体系。要积极衔接"十二五"规划列入国家少数民族新闻出版"东风工程"的重点项目，确保项目资金落实到位，推动新闻出版跨越式发展。

（二）抓好重大契机，精心组织推出优秀出版物。以中国共产党成立90周年和西藏和平解放60周年、召开自治区第八次党代会、大力实施"十二五"规划等为重大契机，紧紧围绕自治区党委、政府中心工作，精心组织推出一批弘扬社会主义核心价值体系为主要内容，全面准确反映西藏60年走过的光辉历程和辉煌成就，讴歌中国共产党的英明领导和社会主义制度、民族区域自治制度无比优越的优秀出版物，唱响共产党好、社会主义好、改革开放好、伟大祖国好、人民军队好、各族人民好的主旋律。组织推出一批解读中国特色社会主义理论体系、阐释马克思主义"四观、两论"、研究重大理论问题的优秀出版物，主动服务建设学习型党组织和学习型社会，推动中国特色社会主义理论体系的深入学习和广泛普及。组织推出一批研究探讨转变经济发展方式、发展特色优势产业、建设社会主义新农村、加强生态环境保护与建设、推进跨越式发展以及解读中央和自治区党委、政府一系列惠民富民政策的优秀出版物，着力营造实施"十二五"规划、推进科学发展、跨越式发展和长治久安的良好氛围。

（三）突出为民惠民，着力推进新闻出版公共服务体系建设。要全面提速农家书屋工程建设，今年要完成3331个农家书屋建设任务，切实解决农牧民群众"借书难、看书难、用书难"的问题。要按照中央和自治区逐步解决寺庙书屋的要求，精心组织，积极推进寺庙书屋建设，今年要新建480个寺庙书屋。要积极争取财政资金、援藏项目和社会捐助等方式，抓紧抓好社区书屋、职工书屋、警营书屋等各类书屋建设，着力为社区群众、企业职工、部队官兵提供丰富的精神文化产品。要认真贯彻落实区党委《关于加强全区县新华书店建设和经营机制改革的通知》精神，进一步加大县级新华书店和基层发行网点建设力度，努力为在"十二五"期间实现"县县有新华书店"目标打好基础。要按照中央和自治区关于扶持发展优秀藏语文图书、音像制品出版的部署要求，切实抓好藏语言文字出版产品生产基础建设，全力推动藏语言文字出版产品的生产和供给。

要深入开展全民阅读活动，进一步创新全民阅读活动的组织方式和运行模式，扩大藏文党报和优秀图书、期刊免费赠送范围，在全社会积极营造多读书、读好书的浓厚氛围。

（四）创新方式手段，不断提升新闻出版依法管理能力。要推进基层新闻出版行政管理机构规范化建设，形成党委领导、政府管理、行业自律、企事业单位依法运营的管理体制，更好地履行政府宏观调控、依法行政、公共服务和市场监管职能，建立完善区、地、县三级新闻出版监管体系。要加大新闻出版行业法规和制度建设力度，建立完善法人准入、市场准入、职业准入和岗位准入制度，加紧修订《西藏自治区出版管理办法》。要严格执行出版物重大选题备案制度，认真抓好书报刊、音像电子出版物审读工作，完善审读机制、信息交流机制和舆情分析研判机制，加大对涉及重大主题以及社会热点、敏感题材出版物的审读力度，确保新闻出版导向正确。要巩固和扩大书号管理改革成果，完善图书书号网上实名申领机制，全面启动音像制品版号、电子出版物专用书号网上实名申领工作，实现出版物信息资源有效管理，更好地服务基层出版单位。要加强版权执法力度，认真做好政府机关使用正版软件工作，突出抓好软件、网络、教材教辅等重点领域的版权执法工作，严厉打击非法预装计算机软件、销售计算机盗版软件行为，促进版权相关产业发展。

（五）保持高压态势，坚持不懈地开展"扫黄打非"斗争。要认真贯彻落实第 24 次全国"扫黄打非"工作电视电话会议精神和《2011 年"扫黄打非"行动方案》，坚持把封堵查缴"藏独"反动出版物及宣传品作为首要任务，严厉打击政治性非法出版物，切实做到严禁境外流入、严禁地下印制、严禁市场销售、严禁网上传播、严禁媒体炒作。要充分发挥西藏和其他涉藏省区联防联控的协调机制，大力推进"扫黄打非·珠峰"工程，定期做好信息交流、情况通报，形势分析、对策研究，进一步提高查处非法出版物大案要案力度。要大力开展打击侵犯知识产权和制售假冒伪劣商品、查堵政治性非法出版物、查缴藏语言类非法出版、打击互联网手机媒体传播淫秽色情信息、整治非法报刊等各项专项行动，切实维护意识形态安全，维护社会和谐稳定。

（六）坚持解放思想，积极稳妥推动出版发行体制机制改革。认真贯彻落实区党委、政府《关于推动文化大发展大繁荣的决定》和全区文化发展大会精神，坚持解放思想、与时俱进、改革创新，进一步巩固、扩大经营性新闻出版单位转企改制，深入推进公益性新闻出版单位内部人事制度、收入分配和社会保障制度改革。要深化西藏新华印刷厂股份制改革，组建西藏新华印务有限公司，积极探索西藏印刷集团化发展，稳妥推进自治区新华书店和各地市新华书店转企改制，加快产权制度改革，完善法人治理结构，建立现代企业制度。要继续深化党报党刊、图书出版社内部机制改革，增强公益性新闻出版单位发展活力和服务能力。要加大对集体、民营资金组建的非公有制企业以内容提供、项目合作等多种方式与国有企业进行深度合作的支持力度，为非公有制企业发展开辟广阔空间，推动形成新闻出版业以公有制为主体、多种所有制经济共同发展的新局面。要紧紧抓住国家推进实施中国出版"走出去"的战略机遇，拓展渠道领域，采取交流合作、参加大型书展、举办让利展销等多种方式，积极推进涉藏出版物"走出去"，扩大我国涉藏出版物的传播力和影响力。

同志们，新闻出版"十一五"成果圆满丰硕，"十二五"前景催人奋进。作为开局之年的 2011 年，新闻出版工作任务重、要求高、责任大，让我们在自治区党委、政府的坚强领导下，深入学习实践科学发展观，解放思想、更新观念，强化责任、明确任务，转变作风、狠抓落实，以优异成绩迎接中国共产党成立 90 周年和西藏和平解放 60 周年！

奋发有为 开拓创新
推动新闻出版业繁荣发展

—— 在 2012 年全自治区新闻出版工作
电视电话会议上的报告
（2012 年 2 月 14 日）

这次全自治区新闻出版工作电视电话会议主要任务是，进一步深入贯彻落实党的十七届六中全会精神，贯彻落实全国新闻出版工作会议精神，贯彻落实自治区第八次党代会、全自治区经济工作会议和全区宣传部长会议精神，回顾总结 2011 年新闻出版工作，安排部署今年各项任务，以高度的文化自觉和坚定的文化自信，推动新闻出版繁荣发展，以优异成绩迎接党的十八大胜利召开。

下面，我讲两个方面的意见。

一 抓住机遇、砥砺奋进，新闻出版工作在服务发展稳定大局中实现"十二五"良好开局

2011 年，大事多喜事多，新闻出版业也迎来了文化建设新高潮和新一轮全国对口援藏的难得机遇。在新闻出版总署的亲切关怀和有力指导下，在自治区党委政府的高度重视和坚强领导下，全区新闻出版战线认真贯彻中央关于文化建设的方针政策和自治区党委政府的决策部署，按照高举旗帜、围绕大局、服务人民、改革创新的总要求，以高度的政治责任和文化自觉，紧紧围绕发展稳定大局，牢牢把握正确导向，以庆祝中国共产党成立 90 周年和西藏和平解放 60 周年为主线，以建设社会主义核心价值体系为根本，以传播社会主义先进文化为己任，从精心组织主题出版到推

出重点献礼图书，从制定"十二五"发展规划到成功召开全国新闻出版系统对口援藏工作会议，从加快推进公共服务体系建设到启动实施少数民族新闻出版"东风工程"，从谋划布局体制机制改革到推进事业产业发展，从深入推进"扫黄打非·珠峰工程"到加强改进依法行政，各项工作特色突出、亮点纷呈、成效显著，形成了跨越式发展的良好态势，全区新闻出版业总产出预计达到6.94亿元，实现增加值预计达到1.39亿元，同比增长12%，实现了"十二五"良好开局。

（一）创造精品力作，新闻出版产品生产供给跃上新台阶。以建设社会主义核心价值体系为根本，围绕中国共产党成立90周年和西藏和平解放60周年，倾力打造的《新中国的西藏60年》《西藏的昨天、今天和明天》等22种献礼丛书，《新西藏》《西藏文艺》等10种重点期刊精心策划的大庆专刊以及各类报纸期刊隆重推出的专栏专版，多方位、多角度、全景式展现了在中国共产党的领导下西藏和平解放60年来走过的光辉历程和取得的辉煌成就，热情讴歌了社会主义新西藏的新发展新变化新生活新风貌，大力唱响了"六个好"的时代主旋律。围绕宣传普及中国特色社会主义理论体系，组织推出了《马克思主义理论在西藏的研究成果》《中国共产党在西藏的执政基础研究》等一批优秀理论读物。围绕推进跨越式发展和长治久安，组织推出了《安居乐业在高原》《西藏特色农牧业发展与科技支撑体系研究》等一批重点出版物。贴近农牧民群众需求，组织推出了宣传强农惠民政策、普及文化科技卫生法律等知识、加强精神文明和思想道德建设等的通俗读物。全年共出版各类藏汉文图书1010种1600万册，同比增长15.8%、21.5%；出版报纸6700万份、出版期刊170万册，同比增长2%、5.6%；出版音像电子产品120种90万盘。推出的出版物在质量品种数量等方面都迈上了新台阶，其中藏文类占76%，更好地丰富了精神文化产品，为推进跨越式发展和长治久安作出了积极贡献。

（二）坚持服务人民，公共服务体系建设实现新突破。立足保障人民群众基本文化权益，加大力度、加快进度，全面提速农家书屋工程建设，启动实施寺庙书屋建设，新建农家书屋3331个、寺庙书屋480个，每个农家书屋配备844种2462册（盘）出版物，总价值达3.1万多元，每个寺庙书屋平均配备354种1052册（盘）出版物和10个书架，总价值达2.9余万元，农家书屋覆盖全区92.7%的行政建制村。同时，积极推进社区书屋、职工书屋、警营书屋建设，加快构建覆盖城乡的新闻出版公共服务体系。成功召开全国新闻出版系统对口援藏工作会议，衔接落实对口援藏项目资金 3080 万元，着力推动基层公益性新闻出版事业发展。全面启动少数民族新闻出版"东风工程"，积极推动藏文出版基地、县级新华书店等基础设施建设的前期工作。深入实施全民阅读工程，组织开展图书下乡、世界读书日、"六一"优秀少儿图书赠送暨让利展销等活动，先后向基层群众、学校师生、部队官兵免费赠送图书 6000 多种 3 万多册，价值 60 余万元，努力营造全社会多读书、读好书的良好氛围。

（三）突出科学发展，新闻出版产业发展迈出新步伐。着眼繁荣发展，科学编制《西藏新闻出版业"十二五"时期发展规划》，绘就"十二五"发展蓝图，确定总投资 2.1 亿元的 6 大类 13 个重点基础设施建设项目。去年，本版图书销售额达到 1300 万码洋，同比增长 8%；发行图书 25 万种 6000 万册，实现图书销售码洋 1.4 亿元，同比增长 4%、5% 和 12%；印刷复制业总产出达到 3.3 亿元，同比增长 10%；报纸期刊分别完成 15.4 万千印张和 1.13 万千印张，同比增长 41% 和 12.6%。贯彻落实中央和自治区关于文化体制改革的决策部署，巩固扩大已有改革成果，研究谋划西藏人民出版社机制改革、自治区新华书店转企改制和非时政类报刊体制改革，明确"路线图""时间表"和"任务书"。加大印刷发行骨干企业培育力度，着力推动技术改造，促进传统产业技术升级。谋划实施"西藏出版文化产业园"建设，落实自治区非公有制经济跨越式发展大会精神，按照"五放""六支持"的要求，大力扶持和发展非公有制企业，推动形成以公有制为主体、多种所有制共同发展的新闻出版产业格局。积极推进新闻出版"走出去"，组团参加埃及开罗国际书展、印度新德里国际书展，组织行业系统参加的第 21 届全国图书交易博览会取得丰硕成果。

（四）强化依法行政，新闻出版行业管理取得新成效。着力创造推进文化繁荣发展的良好环境，进一步加强地市、县级新闻出版行政管理部门的组建工作，七地市和绝大多数县都挂牌成立新闻出版局，推进区、地、县三级新闻出版行政管理部门职责职能和依法行政规范化建设。严格落实重大选题备案制度，全面实施书号网上实名申领，强化报纸期刊管理和记者站治理，加大出版物质量管理和互联网出版监管，全力开展涉藏出版物审读鉴定工作，努力推动政府机关软件正版化。成功召开 2011 年"扫黄打非·珠峰工程"座谈会，制定下发《"扫黄打非"行动方案》，围绕庆祝建党 90 周年和西藏和平解放 60 周年以及重要敏感时间节点，以反"藏独"、反分裂、反渗透为主题，以封堵查缴"藏独"反动出版物及宣传品为首要任务，强化集中整治、专项行动和日常监管，强化联合联动和案件协查，严厉打击各类反动出版物和网络有害信息及各种宣传品，清除淫秽色情文化垃圾，查缴非法报刊、音像制品和侵权盗版出版物，确保意识形态和文化领域安全。全年共收缴各类非法出版物 48 万件，其中政治性非法出版物 6636 件、"藏独"反动出版物 4253 件、淫秽色情出版物 2.2 万件，删除有害信息 4200 条，查办案件 65 起，成功审结中央 5 部门挂牌督办的"9·27"批销盗版教辅案。

（五）注重思想政治，干部人才队伍建设取得新进展。围绕新闻出版战线的重大职责职能，以思想政治建设为重点，抓班子、带队伍、重管理、强素质，大力营造风清气正、奋发向上、甘于奉献的良好氛围。深入开展加强基层建设年活动、创先争优强基础惠民生活动，选派优秀年轻干部到基层锻炼，组织干部职工到各级党校、新闻出版总署和内地有关省市培训学习，举办两期新闻出版、"扫黄打非"和农家书屋管理培训班，邀请新闻出版总署等中央有关部门领导和高校专家赴藏授课，共培训 170人。加强专业人才业务培训、选拔推荐和职称评审工作，与北京印刷学院联合在西藏新华印刷厂成立面向全区的印刷技能人才培训基地，邀请专家开展面对面的技术培训。深入开展党风廉政建设，积极推进行业精神文明建设和"走基层、转作风、改文风"活动，充分调动干部人才队伍的积极性、主动性和创造性。

在充分肯定成绩的同时，我们也清醒地看到存在的问题和不足，主要表现在：新闻出版业发展与实现文化大发展大繁荣的要求还不相适应，精品力作创作生产的引导机制不够健全，贴近农牧民群众的藏文类出版物不够丰富，高新技术在新闻出版领域的运用不够，体制机制改革步子迈得不大，新闻出版产业整体实力不强，高层次领军人才十分缺乏。这些问题，将在今后的工作中需要着力解决。

二　明确任务、抓住关键，全面推动今年新闻出版各项工作

做好 2011 年新闻出版工作，要深入贯彻党的十七届六中全会和全国

新闻出版工作会议精神，深入贯彻自治区第八次党代会精神和区党委政府关于推动文化大发展大繁荣的重大决策部署，认真落实全区经济工作会议和全区宣传部长会议精神，以邓小平理论和"三个代表"重要思想为指导，深入贯彻落实科学发展观，按照高举旗帜、围绕大局、服务人民、改革创新的总要求，坚持社会主义先进文化前进方向，紧紧围绕西藏发展稳定大局，紧紧围绕迎接学习宣传贯彻党的十八大主线，以科学发展为主题，以改革创新为动力，以重大项目为载体，以科技进步为支撑，一手抓繁荣发展、一手抓科学管理，一手抓公益性事业、一手抓经营性产业，着力推进社会主义核心价值体系建设，着力提高以藏语文类为重点的出版产品生产供给能力，着力推进出版发行体制机制改革，着力推进新闻出版惠民工程建设，着力推进新闻出版产业发展，着力维护意识形态和文化安全，为西藏跨越式发展和长治久安提供强大精神动力、智力支持和文化条件，以优异成绩迎接党的十八大胜利召开。

这个总体思路，强调了指导思想、方针原则，明确了基本要求、目标任务和工作着力点，是我们做好今年工作的基本遵循。贯彻这个总体思路，关键是思想上要积极进取、行动上要有所作为、工作上要实现新突破，重点抓好以下六个方面的工作。

（一）服务发展稳定，推进社会主义核心价值体系建设。服务西藏发展稳定大局，是新闻出版工作的基本职责，只有在大局下思考、在大局下谋划、在大局下推进，新闻出版才能有位有为。要牢牢把握"科学发展、成就辉煌"的宣传主题，周密谋划，精心组织迎接党的十八大、学习宣传党的十八大的优秀出版物和舆论宣传，全面展示党的十六大以来在以胡锦涛同志为总书记的党中央的亲切关怀和全国各族人民的无私援助下，自治区党委政府深入贯彻落实科学发展观，团结带领西藏各族人民推进科学发展、跨越式发展和长治久安的巨大成就，展示中国共产党在西藏执政和西藏各级党组织建设走过的光辉历程和取得的辉煌成就，反映西藏科学发展、和谐稳定、民生改善、民族团结的生动局面，大力唱响"六个好"的时代主旋律。特别是要做好党的十八大文献和辅导读物的租型出版和印制发行工作，组织报纸期刊推出专题专栏，推动兴起学习宣传贯彻的热潮。要牢牢把握根本任务，把社会主义核心价值体系融入、贯穿、体现到新闻出版全过程和各领域，重点组织出版发行宣传普及中国特色社会主义理论体系、宣传普及马克思主义"四观、两论"的优秀出版物，组织出版发行弘扬民族精神、时代精神和"老西藏"精神，倡导高尚思想品德、普及社会主义荣辱观的优秀出版物，巩固壮大主流思想舆论。要牢牢把握"稳中求快"的总基调，充分发挥新闻出版思想文化主阵地作用，组织报纸期刊大力宣传区党委政府保稳定、促增长、控物价、抓改革、扩开放、惠民生所作出的重大决策和所采取的重大举措；组织推出宣传区党委政府推动科学发展、转变发展方式、"提升一产、壮大二产、做强三产"新举措的图书、音像电子等优秀出版物；组织推出深入揭批达赖集团反动本质，戳穿西方敌对势力和达赖集团打着"人权、民主、宗教、文化、民族、环保"等旗号实施遏制、西化、分化中国，图谋"西藏独立"的出版物，营造聚精会神搞建设、一心一意谋发展、旗帜鲜明反分裂的浓厚氛围。

（二）打造精品力作，切实加强以藏语文类为重点的新闻出版产品生产供给传播。坚持以满足各族人民精神文化需求为出发点和落脚点，把人民群众满意作为最高标准，推出更多更好更加丰富的新闻出版产品。要以国家出版基金、民族文字出版专项资金等为依托，加强选题策划，实施重大题材创作，扶持原创精品，充分利用中国出版政府奖、"五个一工程"奖等奖项，建立和完善鼓励精品力作创作生产的激励机制和评价体系，着力推出弘扬先进文化、体现西藏特色的精品力作。要贴近群众新需求，适应群众新期待，策划组织推出丰富群众精神文化生活，服务群众生产生活，引导群众崇尚科学文明、破除陈规陋俗、提高文化素质的优秀出版物，不断满足各族群众多方面多层次多样化的精神文化需求。要加快推进国家藏文出版基地建设，尽快成立西藏人民出版总社，做大做强出版发行事业，切实提高新闻出版产品的生产供给和传播能力。要按照取其精华、去其糟粕、古为今用、推陈出新的要求，精心组织文物古籍保护和非物质文化遗产的出版选题，加大抢救濒临失传的古籍整理出版力度，大力扶持人口较少民族文化遗产的整理出版，为把西藏建设成为重要的中华民族特色文化保护地作出积极贡献。

（三）增强活力动力，积极稳妥推进出版发行体制机制改革。推动新闻出版繁荣发展，动力在改革创新，关键在推进体制机制改革。要全面贯彻中央和自治区关于文化体制改革的决策部署，认真落实《关于推进新闻出版体制改革工作方案》和《关于非时政类报刊出版单位体制改革实施方案》，抓紧研究制订实施改革的具体细化方案，进一步明确时间进度、方法步骤、措施任务、目标要求，成立改革领导小组和办事机构，深入开展思想动员，教育引导广大干部职工解放思想、转变观念，切实增强改革意识，充分调动改革的自觉性、主动性和积极性。要继续深化新闻出版行政管理体制改革，进一步推动由以行政手段管理为主向以综合运用法律、经济、行政等手段管理转变，把主要精力转移到管宏观、定政策、做规划、抓监管上来，切实提高依法行政效能。要围绕增强活力、改善服务，积极推进出版事业单位内部机制改革，努力打造公益服务主体。要围绕创新体制、转换机制，巩固扩大印刷发行领域改革成果，稳妥推进自治区新华书店转企改制，推进非时政类报刊体制改革，努力打造经营市场主体，确保改革迈出实质性步伐。

（四）突出为民惠民，加快构建覆盖城乡的新闻出版公共服务体系。坚持一切为了人民的价值取向，认真践行全心全意为人民服务的根本宗旨，按照公益性、基本性、均等性、便利性要求，加快构建覆盖城乡的新闻出版公共服务体系，确保人民群众共享新闻出版发展成果。要全面完成农家书屋工程建设，实现农家书屋 100% 覆盖所有行政建制村，推动农家书屋建设重心逐步向管好用好转移，着力完善农家书屋建、管、用长效机制，研究制定信息通报、定期督察、考核评比、责任追究等制度，开展示范书屋和星级书屋评比活动，适时召开农家书屋工程建设总结表彰大会。要按照先进文化进寺庙和寺庙"九有"的要求，全力推进寺庙书屋建设，新建 1300 个寺庙书屋，力争 3 月底前实现每个寺庙有寺庙书屋的目标，加强对书屋用房、图书配送、配套设施、规章制度、管理人员等方面的督察验收，确保"建设一个、合格一个、管好一个、用好一个"。推动党报党刊向寺庙免费赠阅全覆盖，做到每个寺庙都能看到党报党刊，及时将党的路线方针政策和区党委政府的重大决策部署有效地传播到每个寺庙。要进一步落实全国新闻出版系统对口援藏工作会议精神，按照新闻出版总署《关于进一步加强和完善新闻出版系统对口援藏工作的意见》，积极主动与援藏省市进行沟通衔接，开展深层次交流，加强全方位协作，拓宽援藏渠道，扩大援藏成果，夯实基层新闻出版公共服务基础设施。要大力实施全民阅读工程，搭建各类读书平台，建立全民阅读长效机制，广泛开展图书下乡、公益捐赠、让利展销等活动，在全社会营造多读书、读好书的浓厚氛围。

（五）壮大整体实力，推动新闻出版产业科学发展。按照全面协调可持续发展的要求，进一步发展和壮大新闻出版产业整体实力。要全面实施西藏新闻出版业"十二五"发展规划和少数民族新闻出版"东风工程"，着重抓好65个县及边境口岸新华书店发行网点建设项目、72辆流动售书车购置项目，阿里、那曲、昌都地区报纸印刷业务建设项目等重点项目建设。要用足用活用好中央和自治区推进文化产业发展的各项优惠政策和扶持措施，积极争取自治区文化产业发展专项资金和各级财政的支持，做大做强国有骨干企业，推动企业运用高新技术和先进设备改造传统基础设施，提高出版产业的科技含量和现代化水平。积极探索推动传统印刷、复制企业采用高效节能环保技术和产品，走绿色低碳可持续发展路子。整合出版物发行渠道，着力构建以自治区新华书店物流配送中心为主体，以地市新华书店为中心，以县级新华书店为网点，覆盖全区的出版物物流配送连锁经营体系，推动出版物市场流通方式转变。要加快建设"西藏出版文化产业园"，引导和鼓励非公资本有序进入政策许可的新闻出版领域，扶持和发展印刷发行领域非公有制企业走专、精、特、新的发展路子。要大力实施新闻出版产品"走出去"，办好2012年尼泊尔中国西藏书展，提高西藏文化的传播力和影响力。

（六）提高管理水平，维护意识形态和文化领域的绝对安全。推动新闻出版繁荣发展，一要靠干，二要靠管。要履行好新闻出版行政部门的管理职责，严格执行《著作权法》《出版管理条例》等法律法规和规章制度，推动行政审批制度改革，精简审批事项，简化审批程序。依法强化出版物内容管理，严格重大选题备案和书号实名申领，进一步规范中小学教辅材料出版发行管理。依法加强报刊和记者站管理，切实维护良好的新闻采编秩序。依法开展印刷复制发行专项检查，规范印刷发行市场行为。依法加强出版物质量监管，保障出版物制作质量。建立健全出版物审读机制，加大出版物审读鉴定工作力度。落实自治区文化产业统计方案，做好新闻出版统计工作，健全事业产业统计制度和统计资料数据库。要加强版权行政执法与监管，全面推进软件正版化工作，确保6月底前完成自治区政府机关软件正版化，12月底前完成地市级政府机关软件正版化。强化版权行政管理机关指导监管责任，建立版权公共服务体系，开展面向文化产业发展的版权登记、保护和管理。开展打击网络侵权盗版专项治理"剑网行动"，加大对各类侵权盗版行为的打击力度。要深入开展"扫黄打非"斗争，按照第25次全国"扫黄打非"电视电话会议和"扫黄打非·珠峰工程"座谈会的部署要求,把打击"藏独"反动出版物及宣传品作为首要任务,突出封堵查缴境外政治性非法出版物和有害信息,针对十四世达赖集团反动出版物及宣传品渗透的新动向和新特点,采取突击检查、暗访检查和日常监管相结合的方式,加大出版物市场的清查力度,追源头、打团伙、破网络,持续保持高压态势,切实维护意识形态和文化领域的绝对安全。

同志们,今年新闻出版战线承担的任务十分艰巨,肩负的责任十分重大。适应新形势,完成新任务,必须进一步加强党组织建设,切实抓好建班子、带队伍这个关键。一是抓好党组织建设。要深化创先争优活动,围绕保持党的先进性和纯洁性,把思想建设摆在突出位置,坚定理想信念,在政治上、思想上、行动上同以胡锦涛同志为总书记的党中央保持高度一致,与区党委保持高度一致,旗帜鲜明地反对分裂,自觉维护祖国统一、民族团结和各族人民根本利益。强化组织建设、作风建设和党风廉政建设,健全系统行业的组织体系和工作机制,充分发挥党组织和广大党员在推进新闻出版繁荣发展中的战斗堡垒和先锋队作用。二是抓好领导班子建设。领导班子的建设直接关系凝聚力战斗力,要以思想政治建设为根本,善于从政治上观察处理问题,在大局中思考推动工作。要按照德才兼备、以德为先的原则,配齐配好配强各级领导班子,把新闻出版战线各级领导班子建设成为党和政府靠得住、干部群众信得过的坚强战斗集体,确保新闻出版工作领导权牢牢掌握在忠于党和人民的人手里。三是抓好干部人才队伍建设。要把干部人才队伍建设作为管根本、管长远的大事来抓,不仅要给任务压担子,更要注重提高思想政治素质,努力造就一支政治坚定、业务精通、作风优良、纪律严明、恪尽职守的干部队伍。要加大人才培养力度,努力培养造就一批拔尖人才和领军人物,培养造就一批懂经营善管理的复合型人才。四是抓好作风建设。要深入开展群众路线教育活动,深化"走基层、转作风、改文风"活动,切实开展好"创先争优强基础惠民生活动",扎实推进行业文明建设。要大力倡导求真务实、真抓实干的优良作风,切实以高度负责的精神、雷厉风行的作风和一抓到底的韧劲,确保各项任务落到实处,不断开创新闻出版工作新局面,以优异成绩迎接党的十八大胜利召开!

在西藏农家书屋、寺庙书屋实现全覆盖现场总结大会上的讲话

（2012 年 4 月 25 日）

在全自治区上下深入贯彻落实党的十七届六中全会和胡锦涛总书记参加十一届全国人大五次会议西藏代表团审议时的重要讲话精神，贯彻落实自治区第八次党代会精神和自治区党委政府关于推动文化大发展大繁荣的重大决策部署，奋力推进西藏跨越式发展和长治久安，以优异成绩迎接党的十八大胜利召开的重要时刻，我们在此隆重举行农家书屋和寺庙书屋实现全覆盖现场总结大会暨实现全覆盖标志性书屋揭牌仪式，具有特殊重要的意义。为开好这次现场总结会，区党委常委、宣传部部长董云虎专门听取了汇报并提出了明确要求。自治区副主席、自治区农家书屋（寺庙书屋）工程建设领导小组组长多托亲自部署，具体指导，并在百忙中莅临现场会议，还将发表重要讲话。国家新闻出版总署印刷发行管理司、全国农家书屋工程建设领导小组办公室曹宏遂副司长专程来藏检查验收书屋建设项目，并出席今天的现场会，代表全国农家书屋工程建设领导小组办公室作重要讲话。我们一定要认真学习、深刻领会、切实贯彻好多托副主席和曹副司长的讲话精神。下面，我简要介绍农家书屋和寺庙书屋建设情况及下一步工作打算。

在国家新闻出版总署的精心指导和区党委政府的坚强领导下，在各级各有关部门的通力协作和全区书屋建设者的共同努力下，西藏地区书屋建设按照"因地制宜、突出特色、整合资源、规范管理、发挥作用"的原则要求，坚持走建管用相结合的路子，科学规划，周密部署，精心组织，扎实推进。以 2008 年 20 个农家书屋试点建设为标志，全面启动了农家书屋工程建设，并在实践中探索建设寺庙书屋，于 2011 年正式启动 480 个寺庙书屋试点建设项目。截至目前，全区共建立了 5451 个农家书屋，

1700 多个寺庙书屋。今天，对那曲地区孝登寺寺庙书屋和那曲镇一村农家书屋揭牌仪式，标志着全区农家书屋、寺庙书屋建设任务全完成，提前实现了所有行政村有农家书屋、寺寺有寺庙书屋的目标，为党的十八大胜利召开献上了一份厚礼。

农家书屋和寺庙书屋作为重要的民生工程、德政工程，自治区专门成立了工程建设领导小组，自治区副主席多托任领导小组组长，成员单位由区党委宣传部、统战部、财政厅等 15 个单位组成，各地（市）、县也相应成立了领导小组，为书屋建设提供了坚强的组织保障。按照书屋建设工作"有标准、有目标、有计划、有监督、有验收、有考核"的要求，我们专门制定下发了《西藏自治区农家书屋工程建设实施方案》《西藏寺庙书屋建设实施方案》，并与各地（市）工程建设领导小组负责人签订了责任书，明确目标任务、建设标准和工作责任，确保书屋建设规范有序推进。

在推进书屋工程建设工作中，我们把资金使用和出版物配送作为关键环节来抓。我们合理安排专项经费，切实用好每一分钱，努力使其发挥最大效益，让群众得到最大实惠。截至目前，中央和地方财政累计下达了 5453 个农家书屋工程建设资金 1.0906 亿元，其中，中央专款 8724.8 万元，地方配套资金 2181.2 万元；下达了 1780 个寺庙书屋工程建设资金 3752 万元，其中，中央专款 3560 万元，地方配套资金 192 万元。我们坚持"以群众需求为主，以藏文读物为主，以普及通俗读物为主，以实用效益为主"的原则，统一采购、精心配备优秀出版物，最大限度满足农牧民群众和寺庙僧尼的需求。到目前为止，每个农家书屋配备了 844 种 2462 册（盘）出版物，总价值达到 31333.6 元；每个寺庙书屋配备了 472 种 1052 册（盘）出版物和 10 个书架，总价值达到 21956.6 元。

按照"统筹规划、因地制宜、先易后难、稳步推进"的原则，我们认真做好农家书屋和寺庙书屋规划选址工作，坚持书屋建设与社会主义新农村建设、与党的基层政权组织建设、与乡村文化活动室建设、与文化资源信息共享工程建设、与寺庙法制宣传教育相结合，不搞重复建设，不增加农牧民和寺庙僧尼的负担，做到科学规划、有效衔接、相互补充、同步推进，实现了资源的有效整合，切实把书屋建在群众最需要、最方便、最受欢迎的地方。

在书屋管理方面，我们注重规范化，制定了统一的藏、汉文《农家书屋管理制度》《农家书屋借阅制度》《农家书屋管理员岗位职责》《寺庙书屋管理制度》等制度，制作了统一的藏汉文书屋名称和标识牌匾，编印了统一的藏汉文阅览制度、出版物目录、借阅登记本、配送登记本，确保每个书屋"管理有人负责，借阅有章可循，书目有据可查"。我们把提高管理人员的管理水平和服务能力作为重点，从 2009 年开始连续三年在拉萨召开全区农家书屋和寺庙书屋建设工作暨培训会议，培训了七地（市）和 74 个县的 300 余名书屋建设工作者和管理人员。我们克服各种困难，积极创造条件，扎实推进农家书屋信息管理系统建设，切实提高书屋信息化管理水平。

在督促检查方面，按照"书屋建到哪里，财政资金落实到哪里，检查验收工作就要跟到哪里"的原则，我们每年组织检查验收组，以明察暗访、现场办公等形式，奔赴七地（市）对书屋建设的选址是否科学、硬件设施是否齐全、出版物是否到位、三项制度是否上墙、借阅情况是否登记、书屋开放时间是否保证、信息系统是否及时核报等方面进行督察验收，及时发现并责令改正管理不到位、措施不得力、作用发挥不好等问题，确保了书屋建设的质量。

在书屋使用方面，我们重视发挥最大效益，制定下发了《西藏自治区农家书屋阅读演讲活动方案》和《西藏自治区全民阅读活动方案》，开展丰富多彩的阅读演讲和读书学习活动，调动农牧民群众参与的积极性，使农牧民群众在活动中感受读书乐趣、享受文化生活。我们还不断加大书屋的宣传力度，通过中央新闻媒体和自治区主要新闻媒体宣传书屋建设成就和成功做法，宣传书屋在农牧区和寺庙发挥的作用，宣传农牧民群众和寺庙僧尼对书屋的积极反响，提高了书屋的吸引力和影响力，使更多的人关注书屋、支持书屋建设。

经过书屋工程建设者和管理者的不懈努力，西藏地区农家书屋和寺庙书屋工程建设取得了阶段性成果，赢得了各级领导的充分肯定和社会各界的广泛赞誉。全国农家书屋工程建设领导小组办公室高度评价西藏地区书屋建设，指出"西藏农家书屋工程建设工作，领导高度重视，明确工作责任，有效整合资源，采取有力措施，创新建设形式，使农家书屋真正成为广大农牧民群众的精神家园"。2010 年，堆龙德庆县桑木村农家书屋被中宣部、中央文明办、国家新闻出版总署、文化部评为全国农家书屋先进集体。

　　农家书屋和寺庙书屋建设已经实现了全覆盖，下一步我们将在国家新闻出版总署的有力指导和区党委政府的坚强领导下，进一步深入贯彻落实党的十七届六中全会和胡锦涛总书记参加十一届全国人大五次会议西藏代表团审议时的重要讲话精神，贯彻落实自治区第八次党代会精神和区党委政府关于推动文化大发展大繁荣的重大决策部署，贯彻落实陈全国书记关于推进寺庙"九有"工程的重要指示精神，着重在建立健全书屋运行长效机制上狠下功夫，切实管好用好书屋，使其发挥应有的作用，保障农牧民群众和寺庙僧尼的基本文化权益，丰富农牧民群众和寺庙僧尼的精神文化生活。一是完善机制，不断提升书屋管理水平。进一步建立和完善各项制度，明确责任主体、责任目标、责任内容、责任追究，确保制度落到实处，完善书屋管理机制，提高书屋的管理水平和服务能力。坚持在实践中总结、在实践中探索、在实践中创新，建立起因地制宜、讲究实效的多元化管理格局。二是注重更新，确保书屋良性持续发展。深入实际，深入群众，采取走访基层、征求意见、调查研究等多种形式，了解群众需求，倾听群众意见，掌握群众期盼，按照群众的意愿和要求，论证更新补充出版物的目录，增强出版物配送的科学性、针对性和实效性，不断优化书屋的出版物结构，丰富出版物品种，满足多层次多方面多样化的需求。三是强化使用，充分发挥书屋的惠民作用。采取开展读书征文、演讲比赛、专家讲座、书法比赛等形式多样、丰富多彩的活动，激发群众读书用书的热情和积极性，开展示范书屋和星级书屋评比活动，增强书屋的吸引力和影响力，发挥好书屋的学习场所功能、信息窗口功能、基层阵地功能和培训基地功能。

深入学习贯彻党的十八大精神
推动新闻出版发展繁荣

——在 2013 年全区新闻出版工作
电视电话会议上的报告
（2013 年 2 月 19 日）

这次全区新闻出版工作电视电话会议的主要任务是，深入学习贯彻党的十八大和区党委八届三次全委会精神，认真学习贯彻全国新闻出版工作会议和全区经济工作会议精神，认真学习贯彻陈全国书记在区党委常委会上就贯彻落实全国宣传部长会议精神发表的重要讲话和全区宣传部长会议精神，回顾总结 2012 年新闻出版工作，安排部署 2013 年工作，以高度的历史使命和坚定的文化自信，推动新闻出版发展繁荣。

下面，我讲三个方面的意见。

一　突出重点、务实进取，新闻出版工作
在服务发展稳定中取得新成绩

2012 年是推动文化大发展大繁荣的重要之年。在这一年里，全自治区新闻出版战线在新闻出版总署的有力指导和自治区党委政府的坚强领导下，围绕迎接学习宣传贯彻党的十八大，认真学习贯彻党的十七届六中全会和自治区党委八届二次全委会精神，按照高举旗帜、围绕大局、服务人民、改革创新的总要求，紧紧围绕发展稳定大局，把方向、谋改革、促发展、抓服务、强管理，各项工作扎实推进、成效显著。全区新闻出版业总产出预计达到 7.77 亿元，同比增长 12%，实现增加值预计达到 2.75 亿元，同比增长 5%。

（一）突出主题出版宣传，新闻出版产品生产供给能力进一步提升。

围绕迎接学习宣传党的十八大，精心组织推出《中华民族大团结》等12种主题献礼出版物，其中《人民的新西藏》列入新闻出版总署迎接党的十八大百种重点出版物在全国展示展销。各级各类报刊开辟专题专栏专版多方位多角度开展舆论宣传，唱响"六个好"的时代主旋律。出版发行党的十八大文件及学习辅导读物40余万册，创历届党代会之最。围绕以"爱国、团结、和谐、发展、文明"为主题的核心价值观宣传教育，推出《雪域军魂》《驻村英雄谱》等一批主题出版物。围绕发展稳定，推出《中国特色西藏特点发展路子研究》《正义的声音》《民族宗教理论与政策》等一批主题出版物。《藏族传统手工宝典》等国家出版基金资助的一批精品佳作结项出版，整理出版《萨迦世袭史》等70多种藏文典籍。全年出版各类藏汉文图书931种1583万册、报纸7082万份、期刊170万册、音像电子产品50种9.9万盘，藏文类出版物占全年出版的70%以上。

（二）突出发展改革，新闻出版整体实力进一步增强。经自治区人民政府批准，全面实施《西藏自治区"十二五"时期新闻出版业发展规划》。政府直接投资3769.6万元实施西藏新华印刷厂绿色环保设备改造，争取民文出版专项资金290万元对西藏福利印刷厂等3家单位实施设备更新和技术改造，西藏新华印刷厂、西藏福利印刷厂成为西藏地区首批国家绿色印刷认证企业。西藏人民出版总社组建工作正式展开，启动实施自治区新华书店转企改制。推进西藏出版文化产业园建设，入驻园区企业已达11家，注册资金4560万元。全年本版图书销售额预计达到2375万码洋，同比增长83%；预计发行图书2748万册，实现图书销售码洋1.9亿元，同比增长36%；印刷复制业总产出预计达到3.63亿元，同比增长10%；报纸预计完成18.5万千印张，同比增长20%；期刊预计完成1.09万千印张。组织行业系统参加第22届全国图书交易博览会，实现销售和看样订货总交易金额达100多万元。成功举办首届尼泊尔中国书展，产生良好反响。

（三）突出出版惠民，新闻出版公共服务体系建设取得重大突破。全面完成5451个农家书屋、1787个寺庙书屋建设任务，农家书屋建设走在西部地区前列、寺庙书屋建设走在全国前列，新闻出版公共服务覆盖全区。推动书屋建设工作重心向管好用好转移，制定《关于加强农家书屋、寺庙书屋管理维护使用工作实施方案》，开展示范书屋和星级书屋评比活动，积极营造农牧民群众和寺庙僧尼爱读书、读好书的良好氛围，拉萨市城关区夺底乡洛欧村农家书屋等 15 个农家书屋被授予"全国示范农家书屋"，次旦等 15 名同志被授予"全国农家书屋优秀管理员"。大力实施全民阅读工程，举行图书下乡、让利销售、青少年优秀图书推荐、全民阅读报刊行等活动，向社会大众免费赠送 260 万码洋的优秀出版物。各地市结合实际，以重大节庆为契机，开展全民阅读和图书让利展销活动，昌都地区把每年世界读书日所在周确定为读书周，开展丰富多彩的读书活动，还利用农家书屋开展冬季读书活动；拉萨市堆龙德庆县以农家书屋为平台组织阅读体会演讲、在全县范围开展迎接党的十八大献礼图书阅读活动；山南地区乃东县在全县范围内开展"莫等闲读书会"和"雍布拉康读书节"活动，积极营造爱书、读书、乐学、笃学的浓厚氛围。

（四）突出抓好项目，新闻出版发展基础不断夯实。加紧实施新闻出版"东风工程"，2.1488 亿元中央预算内投资全部下达，县级及边境口岸新华书店发行网点建设项目陆续开工，流动售书车购置项目已由国家统一招标采购，目前正在加紧生产。西藏藏文出版基地等项目前期工作进展顺利。大力推进重大出版工程，落实《西藏藏药材标准》等国家出版基金项目资助资金 126 万元，《格萨尔王说唱全传》等 25 个民文出版专项资金项目资助资金 249 万元。加快落实对口援藏项目，衔接落实项目资金 1558 万元，占"十二五"援藏规划项目资金总额的 51%。

（五）突出专项行动，新闻出版行政管理切实加强。把好出版物导向关、内容质量关。开展打击"新闻敲诈"治理有偿新闻专项行动，组织新闻单位负责人和新闻记者学习相关法律法规，观看警示教育片。开展打击侵犯知识产权和制售假冒伪劣商品专项行动、打击网络侵权盗版专项治理"剑网"行动，全力推进软件正版化，按期完成自治区级机关软件正版化检查整改工作，更换操作系统 7126 套、办公软件 8745 套。拉萨市率先完成市直机关软件正版化检查整改工作，林芝、山南地区正在组织开展地直机关正版软件采购工作。自治区及拉萨、林芝、山南、日喀则等地市专门举办培训班，推动软件正版化工作。围绕重要时间节点和敏感时段，组织开展整治"藏独"反动出版物及宣传品等 5 个专项行动，深入推进"扫黄打非·珠峰工程"，全年共收缴各类非法出版物 79 万余件，其中政治性非法出版物 7.3 万件、"藏独"反动出版物 3.75 万件、淫秽色情出版物 8196 件、盗版出版物 67 万余件，删除有害信息 4.3 万条，查办制售违禁音像制品《雪域儿子》案等 103 起案件。开展"3·15"质量检测活动，加强出版物质量检测工作。认真做好各类非法违禁出版物审读鉴定工作，出具鉴定书 116 期、审读意见 27 期，为有效打击违法犯罪活动提供有力依据。

（六）突出能力素质，新闻出版干部人才队伍建设得到加强。进一步规范和加强各级党组（党委）中心组理论学习和党支部学习，推进学习型党组织建设，认真学习党的十八大精神，迅速兴起学习宣传贯彻热潮。调整充实局直属单位领导班子和机关处级干部，健全局系统各级党组织，党组织数量增加到 20 个，健全完善各项制度 68 项，有力带动行业系统党组织建设。深入开展基层组织建设年，选派优秀干部驻村开展创先争优强基础惠民生活动，局系统第一批驻村工作队投入资金 370 余万元，实施村级道路改扩建、藏鸡养殖、水利设施维修等一批工程项目，完成第一、二批驻村工作队交接工作，召开 2012 年创先争优强基础惠民生活动总结表彰大会，总结驻村工作，隆重表彰先进，安排今年任务。组织干部职工到党校和内地有关省市培训学习，举办第六批新闻采编人员资格培训班，完成出版系列高级职称评审工作。深入开展行业党风廉政建设，加强对遵守政治纪律、项目资金使用、干部人事任免等的监督检查，积极推进行业精神文明建设和"走基层、转作风、改文风"活动，充分调动干部人才队伍积极性、主动性和创造性。

当前，西藏地区新闻出版繁荣发展迎来了难得的历史机遇。党的十八大对建设社会主义文化强国作出了新的部署，把发展新闻出版事业、开展全民阅读活动、开展"扫黄打非"、加强知识产权保护写入大会报告。新闻出版总署贯彻党的十八大精神，实施建设新闻出版强国战略，进一步加大对少数民族地区新闻出版事业扶持力度。区党委政府高度重视新闻出版工作，自治区第八次党代会和八届二次、三次全委会，以及政府工作报告都对新闻出版改革发展作出了部署、提出了要求。这些为西藏地区新闻出版发展繁荣提供了新机遇、提出了新要求、增添了新动力。经过这些年西藏地区新闻出版业的发展，为进一步发展繁荣奠定了坚实基础。同时，也要清醒地看到，西藏地区新闻出版业发展仍面临不少困难和挑战，主要是具有影响力的精品力作还不多，新闻出版产品的生产供给传播能力还有待加强，公共服务体系建设还有待完善提高，体制改革还不能真正破题，机制活力还不足，产业规模小、实力弱、竞争力不强，出版物市场监管任务依然繁重，作风漂浮、学风不正、文风不实等现象仍不同程度地存在。我们一定要抓好用好机遇，有效应对挑战问题，牢牢把握工作主动权，推动新闻出版工作实现新跨越。

二　明确任务、开拓创新，在新闻出版发展改革上取得新突破

2013 年是全面贯彻落实党的十八大精神的开局之年，是"十二五"规划承前启后关键之年，也是贯彻落实区党委八届三次全委会精神，全面推进"六个西藏"建设的重要之年。做好今年新闻出版工作，要坚持以邓小平理论、"三个代表"重要思想、科学发展观为指导，贯彻落实全国新闻出版工作会议和全区经济工作会议精神，贯彻落实陈全国书记在自治区党委常委会上就贯彻落实全国宣传部长会议精神发表的重要讲话和全区宣传部长会议精神，高举旗帜、围绕大局、服务人民、改革创新，以学习宣传贯彻党的十八大精神为主线，牢牢把握建设新闻出版强国的战略任务，加快落实新闻出版"十二五"发展规划，以社会主义核心价值体系建设为根本任务，着力提高新闻出版产品生产供给传播能力，积极稳妥推进体制机制改革，扎实推进产业发展，不断完善公共服务体系，全力维护意识形态和文化领域绝对安全，切实发挥新闻出版业在文化繁荣发展中的重要作用，为建设富裕和谐幸福法治文明美丽西藏提供强大精神动力、智力支持和文化条件。

（一）以深入学习宣传贯彻党的十八大精神为首要政治任务，推出更多弘扬传播先进文化的精品力作。要按照中央和区党委部署要求，把学习宣传贯彻党的十八大精神作为当前和今后一个时期的首要政治任务，在深入研读、吃透精神、把握精髓上下功夫，在深入阐释、宣传引导、凝心聚力上下功夫，在联系实际、厘清思路、推动工作上下功夫，不断把学习宣传贯彻党的十八大精神引向深入。结合新闻出版工作实际，学习宣传贯彻好党的十八大精神，关键是要坚持正确的出版方向和舆论导向，积极传播先进文化，多出弘扬主旋律的精品力作，不断巩固壮大主流思想舆论，更好地服务发展稳定大局。一是要抓好主题出版宣传。经验表明，主题出版宣传是产生精品力作的有力抓手。要围绕学习宣传贯彻党的十八大精神、开展中国特色社会主义宣传教育、开展以"爱国、团结、和谐、发展、

文明"为主题的核心价值观宣传教育、开展新旧西藏对比宣传教育、实施"西藏爱国革命历史文化发掘工程"等重要宣传教育活动和工程，精心策划、认真组织，着力推出一批主题出版物，组织报纸、期刊、网络等媒体开辟专题专版专栏加强舆论宣传，营造增强道路自信、理论自信、制度自信的浓厚氛围。二是要打造精品力作。依托国家出版基金、少数民族文字出版专项资金，积极争取财政资金和各类文化扶持资金，建立选题策划机制，精心策划出版选题，以西藏地区为主打造一批弘扬先进文化、体现西藏特色和民族特点、无愧于历史、时代和人民的精品力作。启动实施藏文类重点主题出版工程，策划推出一批藏文精品力作，加大优秀出版物翻译出版发行力度，增强对伟大祖国、中华民族、中华文化和中国特色社会主义道路的认同。精心组织保护文物古籍和非物质文化遗产的出版选题，加大抢救濒临失传的古籍整理出版力度，大力扶持人口较少民族文化遗产的整理出版，为把西藏建设成为重要的中华民族特色文化保护地作出积极贡献。三是要丰富出版产品。坚持"二为"方向和"三贴近"原则，围绕区党委政府的重大决策部署，开展好舆论宣传，组织好宣传引导、解疑释惑出版物的出版发行，着力营造发展稳定的良好氛围。围绕各族群众多方面多层次多样化的精神文化需求，调整出版结构、强化内容创造、丰富出版产品，推出更多群众喜闻乐见的新闻出版产品。

（二）抓住动力活力之源，积极稳妥推进新闻出版体制机制改革。从全国来讲，新闻出版是文化体制机制改革的"排头兵"，率先推动经营性、公益性新闻出版单位改革，使我国成为出版大国，并从今年开始已进入第二轮改革的重要时期。与此相比，西藏地区新闻出版改革还没有真正破题，制约着新闻出版业的发展繁荣。推进新闻出版强国建设，实现西藏地区新闻出版发展繁荣，我们必须以时不我待的精神推进体制机制改革。一是体制机制改革要见效。按照中央到自治区的批复精神和已有的路线图，抓紧组建西藏人民出版总社暨西藏藏文出版基地，并与事业单位改革相衔接推进内部人事、收入分配、社会保障制度和管理机制改革，为国家藏文出版基地建设奠定良好基础。自治区新华书店要完成转企改制任务，西藏新华印刷厂要在总结已有改革成果的基础上，下大气力转变经营方式，谋划探索完善法人治理结构，向建立现代企业制度迈进。探索启动非法人报刊编辑部体制改革和学术期刊改革，理顺体制机制，增强发展活力。二是非公经济要扶持。要按照放心放开放宽放胆放手的要求，支持和引导民间资本有序参与出版经营活动，落实好扶持民营经济发展的财税、金融、土地、人才等各项优惠政策，助推非公有制企业发展，努力形成公有制为主体、多有所有制共同发展的新闻出版产业格局。三是行政管理体制要转变。按照行政管理体制改革的要求，以简化审批事项、提供优质服务为重点，认真梳理图书出版发行管理、新闻报刊管理、音像电子网络监管、版权管理等领域的行政审批项目，能下放的尽快下放、能取消的尽快取消、能精简合并的尽快精简合并，确保实现全区经济工作会议明确的行政审批权取消、下放一半的目标，以此推动新闻出版行政管理体制转变，切实优化发展环境。

（三）着眼提升整体实力和竞争力，扎实推进新闻出版业科学发展。坚持发展第一要务，提高发展效益质量，确保新闻出版业总产值继续保持12%以上的发展速度。一是抓紧落实项目建设。切实做好《西藏自治区"十二五"文化改革发展规划纲要》和《西藏自治区"十二五"时期新闻出版业发展规划》中的项目落实工作，实施好新闻出版"东风工程"，确保县级及边境口岸新华书店发行网点项目等在建项目全部竣工，藏文出版基地建设项目等规划项目要全部开工。精心组织新闻出版业"十二五"规划中期评估，调整完善项目规划，梳理准备一批涉及西藏地区新闻出版基础设施、公共服务、产业发展、行业管理的急需项目，积极申报纳入国家和自治区中期调整规划的盘子。加大援藏项目衔接力度，力争落实援藏资金1214万元，确保"十二五"援藏议定项目完成率达到90%以上。二是推进转变发展方式。要加快西藏出版文化产业园建设进度，完善基础设施，优化投资环境，发挥好产业孵化器作用。积极争取财政资金、文化产业发展专项资金等的扶持，巩固发展绿色印刷、数字印刷业，加快推进新闻出版业与科技融合，采用先进技术和设备改造提升传统产业，探索发展网络出版、手机出版、云出版等出版新业态。以实施党报党刊采编信息化建设、出版社编辑信息化建设为重点，加快新闻出版信息化建设步伐。三是积极培育消费市场。落实自治区扩内需部署要求，巩固和发展城乡出版物发行网点，以县级新华书店和边境口岸发行网点建设为契机，培育发展物流配送、连锁经营的市场体系，打通城乡市场、开拓农村市场。积极引导各类市场主体在出版发行、音像产品制造、网络服务等领域开发新市场。组织行业系统参加第23届全国书博会等国内外大型图书展销会，举办尼泊尔中国书展，探索建立"走出去"机制和平台，推动更多新闻出版产品进入周边国家，扩大新闻出版业对周边国家的辐射力和影响力。

（四）着力保障基本文化权益，提升新闻出版公共服务水平。让各族人民享有健康丰富的精神文化生活，是全面建成小康社会的主要内容，也是新闻出版工作的出发点和落脚点。一是推进书屋持续发展。用好中央书屋出版物补充更新资金，落实自治区财政补助资金，积极争取地市县财政支持，着眼于建立长效机制，在管好用好发挥作用上下功夫，以书屋为平台举办科技、法律、阅读欣赏等专题讲座，辅导农牧民通过读书来解决生产生活中遇到的问题，举办农牧民读书节、阅读主题活动、中小学生利用寒暑假与农牧民共同阅读等活动，营造"多读书、读好书"的良好氛围和文明风尚。继续开展示范书屋和星级书屋评比活动，推动农家书屋、寺庙书屋可持续发展。启动实施卫星数字农家书屋试点工作。积极引导社会各界帮扶支援书屋建设，进一步推进社区书屋、职工书屋、警营书屋建设，探索文明家庭书柜建设，扩大书屋覆盖面。二是认真开展全民阅读工程。党的十八大把"开展全民阅读活动"历史性地写入报告，要着眼于提升各族群众的思想道德素质和科学文化素质，制订好全民阅读活动计划方案，抓住重要时间节点，找准结合点和切入点，确定主题内容、组织方式和保障措施，开展全民阅读活动，使浓浓书香飘溢西藏高原。完善全民阅读活动基础设施，争取实施城乡阅报栏（屏）工程建设，组织主流媒体开设读书栏目活动，抓好载体，建立长效机制。三是精心组织民生出版。贴近群众新需求、适应群众新期待，策划推出解读党的为民富民惠民政策，以及服务群众生产生活、引导群众崇尚科学文明、推动群众发家致富的优秀出版物，重点推出百本惠民系列图画书。举办面向农牧民、工人、社区市民等读者的出版发行活动，开展出版物下乡、免费赠阅等活动。

（五）加强依法行政，确保意识形态和文化领域绝对安全。牢记维护稳定第一责任，加强新闻出版行业管理，创新方式手段，规范市场秩序，营造良好社会文化环境。一是加强导向管理。认真执行党的宣传纪律和新闻出版纪律，落实谁主管谁负责、谁主办谁负责和属地管理原则，推动出版单位建立健全自我约束、自我审查机制，严格实行责任追究。强化管理措施，落实重大选题备案制度，建立出版物审读鉴定机制，加强出版物审读鉴定工作，完善新闻报刊舆情监测、信息沟通机制。二是强化行业监管。做好出版单位选题审定工作，严格实施书号网上实名申领。加强报刊管理，抓好新闻采编队伍建设，继续开展打击"新闻敲诈"、有偿新闻、虚假违法广告专项治理，着力规范内部资料性出版物出版印制管理。加强出版物质量检测工作，抓好网络出版日常监管，及时封堵删除网上有害信息，净化网络环境。三是狠抓版权保护。认真贯彻落实国家版权局《2013年版权工作要点》，加强版权行政执法和社会监管，深入开展打击假冒伪劣和侵犯知识产权专项行动、打击网络侵权盗版专项治理"剑网"行动等集中行动。完成地市、县级机关软件正版化检查整改工作，逐步扩大企业正版软件使用范围。探索建立版权服务和版权交易市场。四是深化"扫黄打非"。认真贯彻第26次全国"扫黄打非"工作电视电话会议精神，以封堵查缴"藏独"反动出版物及宣传品为首要任务，深入实施"扫黄打非·珠峰工程"，加大日常监管力度，部署开展针对政治性、宗教类非法出版物、淫秽色情信息的打击整治系列专项行动，始终保持高压态势。突出抓好网上"扫黄打非"，深入推进"扫黄打非"进基层，强化群防群治，延伸监管触角，做到无缝隙全覆盖。

三　转变作风、真抓实干，着力提高新闻出版工作科学化水平

重视作风建设是我们党的传统。以习近平同志为总书记的党中央以加强作风建设开局起步，推动党的十八大精神的深入贯彻落实。我们一定要认真学习领会贯彻中央政治局"八项规定"，学习领会贯彻自治区党委"约法十章"和"九条要求"，把改进作风作为党的建设的重点，作为提高新闻出版工作科学化水平的突破口，以作风建设的新成效，凝聚起推动新闻出版业发展的强大力量。

一是要进一步增强政治意识，大力加强作风建设。要不折不扣贯彻落实中央和自治区党委的规定要求，认真执行《自治区新闻出版局关于改进工作作风、密切联系群众的规定》，把坚持和发扬艰苦奋斗精神作为加强作风建设的根本，积极倡导和推进新闻出版行业加强和改进作风建设，密切联系群众，大兴求真务实之风，弘扬勤俭节约美德。

二是要进一步增强职能意识，着力正学风改文风。从新闻出版的职责职能出发，以作风建设推动端正学风、改进文风。坚持理论联系实际的马

克思主义学风，把武装头脑、指导实践、推动工作有机地统一起来，坚定政治理想，提高能力水平。认真总结并充分运用近年来新闻出版系统"走基层、转作风、改文风"活动成功经验，推动报刊宣传、图书出版等在文风上有大的转变，使内容、形式、语言、风格更加贴近群众，富有吸引力和感染力。

三是要进一步增强落实意识，确保工作取得实效。作风好坏不在于说，而在于做。要牢固树立求真务实、真抓实干、少说多干、实干干实的意识，对安排部署的工作任务，特别是关系新闻出版繁荣发展的重大事项，要逐项梳理、逐项分解，切实把工作任务变成可实施的工作项目，把原则要求变为可操作的工作措施，明确时间表、路线图，确保各项工作有抓手、有落点、不空转。要狠抓督促检查，建立健全定期检查机制、跟踪督办机制、限时办结制度，对重点安排部署和重要目标任务，实行全程督办，全力督促落实。要健全激励机制，树好工作导向，对埋头苦干、扎实工作、业绩突出的，要大力表彰，及时提拔重用，充分调动新闻出版系统干部职工干事创业的积极性、主动性和创造性。

同志们，新形势给我们提出了新要求，新任务为我们赋予了新使命。我们一定要在自治区党委、政府的坚强领导下，鼓足干劲、齐心协力、开拓创新、积极进取，扎实做好今年各项工作，奋力推动新闻出版发展繁荣，为建设富裕西藏、和谐西藏、幸福西藏、法治西藏、文明西藏、美丽西藏作出新的更大贡献！

西藏自治区推进机关
软件正版化工作的情况汇报

（2013 年 11 月 17 日）

在西藏地区地市、县级机关软件正版化检查整改工作全面完成之际，我们非常高兴地迎来了李宝荣副局长莅临西藏检查指导工作。这充分体现了国家推进使用正版软件工作部际联席会议和李宝荣副局长对西藏地区机关软件正版化工作的高度重视，必将有力推动西藏地区机关软件正版化工作。下面，我就西藏推进机关软件正版化工作情况，作简要汇报。

一　工作开展情况

在国家推进使用正版软件工作部际联席会议的有力指导和支持帮助下，按照自治区政府的部署要求，西藏地区从深入贯彻落实党的十八大精神、实施创新驱动发展战略、加强知识产权保护、建设创新型国家的高度，加强组织领导，健全工作机构，细化工作措施，扎实有序推进，软件正版化检查整改工作取得实质性成效。截至目前，自治区级机关按期完成检查整改任务，所有地市级机关和多数县级机关完成检查整改任务，本月底前地市、县级机关软件正版化检查整改工作将全面完成。

（一）加强组织领导，形成强大工作合力

按照国家关于推进使用正版软件工作的部署要求，自治区政府把机关软件正版化检查整改工作摆在重要议事日程，由政府分管副主席负总责、各相关部门共同参与，切实为软件正版化工作顺利推进提供有力保障。一是自治区政府高度重视。2010 年下半年以来，自治区领导白玛赤林、洛桑江村、郝鹏、邓小刚、多托、孟德利等多次作出重要指示批示，要求自治区版权、财政、工信等相关部门密切配合，齐抓共管，扎实做好机关软件正版化检查整改工作。自治区政府分管副主席多托、孟德利同志还多次过问和听取工作开展情况汇报，具体部署和指导机关软件正版化工作。二是健全工作机构。经自治区政府批准，成立由自治区政府分管副秘书长、自治区版权局主要领导任召集人，自治区政府办公厅、工业和信息化厅、财政厅、法制办等10多个部门为成员单位的自治区推进使用正版软件工作厅际联席会议，办公室设在自治区版权局，负责推进全区机关软件正版化工作。各地市、县也均成立推进使用正版软件工作局际联席会议和办公室，明确分管专员（市长）、分管县长为第一责任人，明确联席会议及其办公室的职责，做到事事有人抓、有人管、不落空。三是各成员单位履职尽责。在自治区联席会议的统一协调下，各成员单位主要领导亲自过问软件正版化工作，指定分管领导具体抓、相关业务部门负责工作落实，保质保量完成职能范围内的工作。财政部门负责正版软件的资金保障和政府采购，加强对软件资产管理的指导；工信、工商部门督促软件企业做好售后服务，加强对计算机预装操作系统软件的市场监管，维护软件市场秩序；版权部门发挥好厅际联席会议办公室职责，做好指导全区机关的专项检查、整改与更换软件、抽查验收等工作，及时掌握和督促全区机关软件正版化推进情况和工作落实。

（二）精心安排部署，确保有序开展各项工作

紧密结合西藏地区各级机关使用软件的实际情况，厘清工作思路，精心谋划部署，保障机关软件正版化检查整改工作有计划、按步骤实施。一是自治区政府把机关软件正版化检查整改工作作为重要工作，明确主要目标、重点任务和具体措施，着眼于一步到位、全面推进，把各级党委、人大、政协、法院、检察院和人民团体纳入检查整改范围，以自治区政府办公厅名义先后下发《关于进一步做好政府机关使用正版软件工作的通知》《关于做好政府机关使用正版软件整改工作的紧急通知》《关于进一步推进地（市）县级机关办公软件正版化工作的通知》等近20份文件，具体部署和全面推进检查整改工作。二是自治区厅际联席会议及办公室在对全区机关软件正版化检查整改工作作出整体规划的基础上，每年年初都制订推进使用正版软件实施计划，先后下发《关于进一步推进机关软件正版工作的通知》《关于做好自治区级机关软件国有资产管理的通知》等10多份文件，推动检查整改工作有序展开。各地市、县联席会议及办公室也均对各自检查整改工作作出全面部署。三是根据机关软件正版化检查整改各个阶段各个环节工作进展情况，自治区政府和自治区厅际联席会议定期召开专题会议、联席会议及办公室会议，总结工作情况，分析研究存在问题，安排部署重点任务，形成《政府专题会议纪要》等会议文件，下发各地市、各单位贯彻执行，保证了检查整改工作按计划有序向前推进。

（三）抓住关键环节，扎实推进检查整改

按照坚持标准、严格程序、分步实施的原则，推进自治区级及地市、县级机关软件正版化检查整改工作，取得实质性成效。

一是深入细致开展摸查统计。下发关于开展各级机关软件使用情况统计工作的通知，要求自治区及地市、县级机关以机关国有资产管理归类为标准，如实统计计算机软件使用情况。各级机关认真检查、逐一统计各自计算机软件的许可与非许可数量，如实填写上报《机关计算机软件信息登记表》。各级联席会议及办公室专门组织人员，深入机关进行逐一核查，掌握了各级机关需要整改更换软件的准确数据。经统计，全区共检查463个机关、41310台计算机，需更换非许可操作系统和办公软件共59886套。其中：自治区级64个机关共检查计算机11565台，需更换非许可操作系统的为7126套、非许可办公软件为8745套；7个地市325个县级机关共检查计算机11611台，需更换非许可操作系统的为8400套、非许可办公软件为9217套；74个县共检查计算机18134台，需更换非许可操作系统的为12692套、非许可办公软件为13706套。

二是认真做好采购安装工作。按照国家推进使用正版软件工作部际联席会议的部署要求，结合西藏实际，我们采取先试点、后推开、分步走的方式，选择10个区直单位先行试点，并在总结经验的基础上，由区财政厅提前做好财政预算，区政府采购办以特事特办的方式优先安排正版软件采购工作，厅际联席会议办公室组织自治区各机关办公室主任会议，动员部署软件整改工作，协调软件公司率先在自治区各机关开展工作，保证在2012年6月底前完成检查整改工作，共更换非许可操作系统和办公软件15871套，投入资金1323.42万元，很好地发挥了自治区党政及各机关的带头示范作用。在此基础上，我们按照整体推进、全面覆盖的工作思路，推进地市、县级机关正版软件采购安装工作。各地市、县努力克服自身财力不足的实际困难，挤出专门资金，按要求开展正版软件采购工作，并迅速组织安装到位，截至目前，各地市、县共投入资金2400余万元，采购安装操作系统和办公软件 17000 余套。其间，在国家版权局的支持协调下，由北京金山办公软件公司为西藏地区 38 个偏远贫困和边境县免费赠送了价值 700 余万元的 7000 余套办公软件，有效解决了采购经费不足的问题，为提高软件正版化工作进度发挥了积极的促进和推动作用。

三是严格督察验收。把开展督察验收作为保证机关软件正版化检查整改工作成效的重要手段，逐级对软件采购数量、安装情况进行督促，对完成软件更换工作的机关进行认真检查验收，确保软件安装符合规定要求，对软件更换不到位的，一律责令尽快整改。自治区政府办公厅、自治区厅际联席会议专门下发关于开展政府机关软件正版化督导检查工作的通知，多次组织由联席会议成员单位组成的督察组深入自治区和各地市、县级机关，采取听取汇报、实地察看等形式，对开展软件正版化工作进行现场督察指导，研究分析存在的问题，提出工作对策，推动工作落实。针对督察中发现的情况，及时上报自治区领导和相关部门，并在全区进行通报。自治区政府办公厅先后下发了《关于对全区软件正版化督查工作的通报》《关于全区地（市）县级机关软件正版化推进工作的情况通报》，推动软件正版化工作按时保质保量完成。

四是加强组织培训。着眼于更好地使用正版软件，向广大干部普及正版软件知识，自治区厅际联席会议有针对性地把基本知识培训作为基础性工作来抓，专门下发《关于开展正版办公软件基本知识培训的通知》，对软件知识培训作出安排部署，采取举办培训班、专题报告会、边安装边讲解等方式，加大对机关人员使用正版软件知识的培训力度。两年多来，先后邀请微软、金山等软件专业人员来西藏地区组织培训 10 多次，其他软件代理商在西藏地区开展正版软件知识讲座 5 次，7 个地（市）均组织过培训，全区共有 2 万多名干部参加过正版软件知识培训，发放培训材料 5 万多份。

（四）建立长效机制，巩固检查整改成果

以保障机关使用正版软件工作持续发展为目标，我们大力推进长效机制建设，初步建立了软件经费预算、软件采购、软件资产管理、年度检查、审计监督等制度，确保机关软件正版化检查整改工作成果切实巩固、不反弹。区财政厅及时调整、重点突出软件购置更新的内容，保障软件经费预算纳入正常财政预算；区政府采购中心把正版软件纳入采购范围，特别是在机关所需计算机采购中，严格掌握预装正版操作系统这一技术要求，确保新采购的计算机均已预装正版操作系统；自治区厅际联席会议下发《关于做好自治区级机关软件国有资产管理的通知》，明确规定各级机关把正版软件纳入国有资产管理范围，逐一登记，定期核查，严格进行审计监督，严禁私自卸载正版软件，严防国有资产流失；工信、工商部门加大对计算机销售市场的监管，严厉整顿和治理计算机预装非许可操作系统的问题，从源头上保证正版软件使用率；建立健全机关使用正版软件督促检查制度，制订年度督察工作方案，定期检查各单位使用正版软件情况。

（五）加大宣传力度，营造良好工作氛围

丰富载体，创新形式，加强对各级机关推进正版软件检查整改工作的宣传，扩大社会影响，争取各方支持，推动形成有利于推进正版软件检查整改工作、科学合理使用正版软件的浓厚氛围。协调《西藏日报》、西藏人民广播电台、西藏电视台、西藏新闻网等主要媒体发布西藏地区软件正版化工作的重大部署、重要活动和工作措施、工作成效，宣传机关使用正版软件的积极反响。充分利用"3·15""4·26""9·23""12·9""12·21"等主题宣传日，走上街头，开展以推进使用正版软件为主要内容的主题宣传活动。自治区厅际联席会议办公室还及时总结经验，编发工作简报20多期。

回顾两年多来的工作情况，我们深深体会到：领导高度重视是做好机关软件正版化检查整改工作的根本。自治区领导对软件正版化工作给予高度重视，亲自协调解决推进工作中遇到的困难和问题，及时指导工作推进；国家推进使用正版软件工作部际联席会议始终给予西藏地区软件正版化工作大力指导，在优秀企业和产品推荐、技术培训、捐赠软件等方面给予有力支持，这些都为西藏地区软件正版化检查整改工作顺利开展提供了坚强组织保证。协力推进是做好机关软件正版化检查整改工作的基础。各级联席会议成员单位充分发挥自身职能优势，各司其职，各负其责，扎实有序开展工作，特别是各成员单位之间相互配合，通力合作，加强沟通，确保了工作的有序推进。财政支持是做好机关软件正版化检查整改工作的保障。机关软件正版化投入大，对财政收入不高的各级政府来说，有着不小的压力。各级财政不等不靠，严格按照国家和自治区的要求，编制经费预算，落实采购资金，有力保障了保质保量完成正版软件采购安装工作。全力督察是做好机关软件正版化检查整改工作的关键。各级联席会议切实加强对机关实施软件正版化工作的督促检查，加大督察力度、增加督察频次，全程跟踪各级机关工作开展情况，做到有安排、有落实、有检查，确保取得实效。抓好安全是做好机关软件正版化检查整改工作的重点。西藏地处反分裂斗争前沿，各级机关计算机文件中涉密内容较多，做好正版软件更换中的保密工作十分重要。自治区厅际联席会议专门召开会议研究维护信息安全工作，提出明确要求，各级机关在安装正版软件时都安排计算机使用者现场监督，至今没有发生一起计算机信息安全问题。

二　存在问题和困难

在充分肯定成绩的同时，我们也清醒地认识到西藏地区软件正版化检查整改工作还存在着一些问题和困难。一是地市、县级软件正版化工作进度仍需加快。少数县级机关检查整改工作进展不够理想，从整体上影响到了全区软件正版化进程。二是资金缺乏是制约软件正版化的重要因素。受特殊的历史、自然、社会等因素影响，西藏地区仍处于欠发达状态，地方财政收入少，在更好地管理维护使用正版软件上，资金保障较为困难。三是正版软件知识培训亟待加强。由于交通、经费等原因，西藏地区广大机关干部职工到内地发达地区学习交流的机会较少，对计算机基本知识尤其是软件方面的知识掌握不多，在一定程度上影响到了正版软件使用效率和软件正版化工作成果。

三　下一步打算

下一步，我们将按照国家推进使用正版软件工作部际联席会议的部署要求和李宝荣副局长在此次督察工作的重要指示精神，落实责任，明确任务，细化措施，全力以赴推动软件正版化工作取得扎扎实实的成效。

一是尽快完成剩余县级机关软件正版化检查整改工作。充分发挥地方政府的主导作用，加强协调指导，督促落实软件采购、整改更换、安装验收等各项工作，确保本月底实现剩余县级机关软件正版化，圆满完成地市、县级机关软件正版化检查整改任务。

二是推进机关软件正版化长效机制建设。巩固区、地、县三级机关软件正版化工作成果，认真贯彻落实国务院办公厅《关于印发〈政府机关使用正版软件管理办法〉的通知》精神，研究制定西藏地区机关使用正版软件管理办法，推动软件资产管理、经费预算、审计监督等制度落到实处，切实管理好使用好正版软件，发挥其最大作用。

三是探索推进企业使用正版软件工作。总结机关软件正版化工作经验，谋划部署企业使用正版软件工作，先期在新闻出版、文化企业试点安装正版软件，逐步扩展到其他行业重点企业，不断提高西藏地区使用正版软件整体水平。

四是加强软件正版化宣传和培训。综合运用报纸、期刊、广播、电视、网络、户外广告等宣传资源，大力开展软件正版化宣传，提高全社会认识水平，提升各行各业自觉使用正版软件意识。加强对机关干部职工正版软件基础知识培训，教育引导干部职工按要求管理使用正版软件，提高正版软件使用效率。

围绕大局　改革创新
推动新闻出版大发展大繁荣

——在 2014 年全自治区新闻出版工作
电视电话会议上的报告
（2014 年 1 月 21 日）

　　我们这次会议是经自治区党委、政府批准召开的年度工作会议。会议的主要任务是，深入学习贯彻党的十八大和十八届二中、三中全会精神，学习贯彻全国宣传思想工作会议和全国新闻出版广播影视工作会议精神，学习贯彻区党委八届五次全委会和全区经济工作会议精神，学习贯彻全区宣传思想工作会议和全区宣传部长会议精神，总结 2013 年工作情况，部署 2014 年工作任务。

　　2013 年，在自治区党委政府的坚强领导和国家新闻出版广电总局的有力指导下，全区新闻出版战线以学习宣传贯彻党的十八大精神为主线，全面贯彻落实自治区党委政府决策部署，紧紧围绕发展稳定大局，加快实施新闻出版"十二五"发展规划，着力提升新闻出版产品生产供给传播能力，积极稳妥推进体制机制改革，扎实推进新闻出版产业转型升级，巩固提升新闻出版公共服务，切实维护新闻出版领域绝对安全，各项工作取得了新成绩、迈出了新步伐。全区新闻出版业总产出预计达到 8.95 亿元，同比增长 12%，实现增加值预计达到 2.87 亿元，同比增长 5.1%。

　　一是围绕宣传中国梦和新旧对比教育，组织推出的系列主题出版亮点多。以宣传中国梦为主题，精心组织推出了《梦想人物——西藏访谈》《2013 年西藏理论热点问题》《老西藏精神解读》等系列学习宣传贯彻党的十八大精神、体现社会主义核心价值观和中国梦宣传教育的主题出版物，其中《我所认识的共产党》列入国家出版基金资助的深入学习宣传贯彻党的十八大精神主题出版项目。围绕新旧西藏对比宣传教育推出的《藏族老人口述西藏史》等 38 种主题出版物，反响大、效果好。组织各级各类报刊推出"中国梦·我的梦"和新旧西藏对比宣传教育系列专题专栏专版，大力营造凝心聚力的良好舆论氛围。

二是精心打造百种藏汉文对照惠民图画书和《藏汉史集》等精品力作，新闻出版产品创作生产能力不断提高。着眼提升农牧民思想政治和科学文化素质，丰富农牧民精神文化生活，精心组织实施百种藏汉文对照惠民图画书出版项目，推出的图书得到自治区领导的充分肯定和农牧民群众的广泛欢迎。组织推出的《藏汉史集》等 13 种藏文精品力作，翻译出版发行的《祖国大家庭的 56 个民族》等 13 种优秀出版物，丰富了藏语文出版产品，增进了各民族间文化交流交融。《影印藏医药珍本古籍》等 10 种出版项目获 2013 年国家出版基金资助，《西藏历史文化一百问》等 81 种出版项目获 2013 年国家民文出版专项资金资助，国家资助项目创历年来新高，资助总额达 2470.19 万元。《雪域军魂》等 20 种优秀出版物荣获全国及区域性奖项，特别是西藏人民出版社出版的《藏传佛教坛城度量彩绘图集》和《如意藤诠注（藏文）》分别获得第三届中国出版政府奖装帧设计奖、图书提名奖，西藏日报荣获 2013 年全国"百强报刊"。全年出版各类藏汉文图书 1077 种 1820 万册，同比增长 15.7%、14.9%；出版报纸 7594 万份、出版期刊 208 万册，同比增长 7.2%、22.4%；出版音像电子产品 95 种 20 万盘，同比增长 90%、102%，藏文类出版物占出版总量的 70% 以上。

三是突出实施"东风工程"和推动转型升级，新闻出版业发展取得新成效。新闻出版"东风工程"完成 80% 的项目建设任务，西藏日报社、《新西藏》杂志、地市级党报采编信息化建设以及西藏人民出版社、西藏藏文古籍出版社编辑信息化建设项目的完成，进一步加快了新闻出版与科技的融合，有力推动党报党刊和出版社的转型升级。73 辆县级新华书店流动售书车的配送到位和 65 个县级及边境口岸新华书店发行网点的建设，使覆盖区、地、县三级的发行网络基本形成。地级党报印刷业务用房建设及设备购置项目的实施，将彻底改变地级党报印刷瓶颈，解决《西藏日报》在地区没有分印点的问题。西藏军区印刷厂去年顺利通过国家绿色印刷认证，全区绿色印刷认证企业达到 3 家，部分中小学教科书实现绿色印刷，印刷业转型升级迈出实质性步伐，为建设重要的国家生态安全屏障作出了积极贡献。稳妥有序推进西藏人民出版总社组建工作和自治区新华书店转企改制，积极探索西藏新华印刷厂建立现代企业制度。西藏人民出版社、《西藏研究》编辑部获第三届中国出版政府奖先进出版单位奖。积极推进西藏出版文化产业园建设，入园企业达到17家，注册资金1.2亿元。组织行业单位参加第23届书博会、首届中国（武汉）刊博会等展会，拉萨市作为主宾城市参加第11届北京国际图书节。全年本版图书销售额预计达到2637万码洋，同比增长11%；预计发行图书3075万册，实现图书销售码洋1.98亿元，同比增长11.9%、4.2%；印刷复制业总产出预计达到4.02亿元，同比增长10.7%；报纸预计完成23.77万千印张、同比增长28.5%；期刊预计完成1.36万千印张，同比增长24.8%。

四是突出免费赠阅下基层和全民阅读活动，新闻出版公共服务体系建设取得新进展。以百种藏汉文对照惠民图画书和新旧西藏对比宣传教育系列主题出版物首发为契机，组织开展免费赠阅下基层活动，真心实意为基层和农牧民群众办实事，使农牧民群众享受到丰富的精神文化生活。结合"五下乡"组织开展图书下乡、公益捐赠、让利展销等活动，向社会大众捐赠价值193.7万码洋的优秀出版物。为农牧区义务教育阶段学生免费赠送《新华字典》42.3万册，做到人手一册。协调江苏可一文化产业集团向西藏地区各大寺院及佛学院等相关单位捐赠《频伽精舍校刊大藏经》100部，码洋1000万元。大力实施全民阅读工程，以学生放寒暑假为契机，组织开展"小手拉大手"阅读活动，让农牧区学生带领家长在假期阅读一本好书。以农家书屋寺庙书屋为平台，组织开展"驻村干部带群众阅读"和"驻寺干部与僧尼同学习"活动，推动全民阅读活动深入开展。拉萨市多吉次仁家等12个家庭入选首届全国"书香之家"。昌都地区还结合实际举办读书报告会、优秀图书推荐等丰富多彩的读书活动。制定下发《关于加强农家书屋、寺庙书屋管理运行的意见》，推动书屋管理使用长效机制建设，更新补充书屋出版物。山南地区乃东县克松村农家书屋荣获第五届全国服务农民服务基层文化建设先进集体。拉萨市还通过与北京市新闻出版局、央广文艺之声联合举办"一人一本爱心图书"大型公益活动，筹集120万码洋的图书配送至农家书屋。

五是突出简政放权和整治报刊散滥，新闻出版行政管理得到切实加强。积极推进行政审批制度改革，自治区新闻出版局精简调整行政审批项目29项，精简调整率达到63%，承接国家新闻出版广电总局下放行政审批项目4项，做到了简政放权和加强宏观管理的有效统一。认真落实自治区党委政府《关于在党的群众路线教育实践活动中边学边查边改着力解决十个方面突出问题的通知》精神，认真开展党政机关报刊散滥现象整治工作，重点清理整顿连续性内部资料出版物，取缔 16 种、停办 18 种、限期整改 15 种。组建出版选题审定专家委员会、出版物审读专家组。积极争取国家新闻出版广电总局在西藏地区设立国家出版产品质量监督检测中心藏语文分中心。开展"3·15"质检活动，西藏地区 2 家单位 2 个人获国家新闻出版广电总局表彰。完成地市、县级机关软件正版化检查整改任务，更换操作系统和办公软件 34027 套，软件正版化工作得到国家推进使用正版软件工作部际联席会议督导组和领导的充分肯定和表扬。

六是突出打击"藏独"反动出版物和网上"扫黄打非"，意识形态和文化领域安全得到有效维护。成功举办全国"扫黄打非·珠峰工程"座谈会，根据全国统一部署组织开展"净网""清源""秋风"行动和少儿出版物专项整治行动，突出敏感时段和重要时间节点，创造性地开展以打击"藏独"反动出版物及宣传品为重点的一系列专项行动，深化联防协作，强化日常监管，始终保持高压态势。针对十四世达赖集团利用互联网等新兴媒体进行反动思想渗透和传播所谓西藏的"国旗""国歌"、西藏"历史"等的新动向新形势，组织开展网上"扫黄打非"工作，以户外 LED 显示屏、网站网吧、手机铃声下载点等为重点，采取网上网下相结合的方式，认真清查整治十四世达赖集团反动宣传品，切实净化网络环境。做好各类非法违禁出版物审读鉴定工作，为有关部门出具鉴定书 73 期。举办局系统涉藏非法违禁出版物和反动宣传品识别鉴定培训班，提高识别非法违禁出版物和行政执法能力。全年共收缴非法违禁出版物及宣传品 73 万余件，其中"藏独"反动出版物及宣传品 36130 件、淫秽色情出版物 8746 件、侵权盗版出版物 68 万余件，删除网络有害信息 13 万余条，取缔关闭非法店档摊点 217 家，查办日喀则"10·11"制售非法光盘案等 85 起案件。

七是突出转变作风和群众路线教育实践活动，队伍建设迈上新台阶。认真贯彻执行中央八项规定、自治区党委"约法十章"和"九项要求"，制定出台《自治区新闻出版局关于改进工作作风、密切联系群众的规定》，大力弘扬"老西藏精神"，艰苦奋斗，开拓创新，以转变作风的实际成效推动事业发展。扎实开展党的群众路线教育实践活动，在做好各项"规定动作"的同时，结合新闻出版行业实际，创造性地开展"制作轻松学藏语 mp4、服务驻村驻寺活动"等 5 项"自选动作"，着力解决"四风""两问题"，制定整改措施112条，整改问题96个，建立健全制度34项，局系统党员干部的群众观念、宗旨意识得到进一步增强，党群干群关系进一步密切。扎实开展强基惠民活动，自治区新闻出版局系统筹集资金1048.7万元，实施山羊养殖、蔬菜大棚建设、饮水工程建设等38个民生项目。组织全系统开展新闻出版大调研活动，"扫黄打非"工作专题调研报告荣获全区宣传文化系统优秀调研成果奖。先后举办两批全区新闻采编人员资格培训班、全区"扫黄打非"业务骨干培训班、全区印刷技能人才培训班和业务培训班、全区农家书屋寺庙书屋管理维护使用培训班等6期培训班，参训人员500余人次。多数地市、县及有关报刊社也结合实际相应举办了各类培训班。我们还争取北京印刷学院支持，协调北京交通大学开办面向西藏地区的软件工程在职研究生学位班。

过去一年取得的成绩来之不易，是自治区党委政府坚强领导的结果，是国家新闻出版广电总局有力指导的结果，是全区新闻出版战线团结拼搏、共同奋斗的结果。在这里，向同志们、向全区新闻出版系统的干部职工表示诚挚的谢意！

2014年是深入贯彻落实党的十八届三中全会和自治区党委八届五次全委会精神、全面深化改革的开局之年，是完成"十二五"规划目标任务的攻坚之年。做好今年工作的总体要求是，高举中国特色社会主义伟大旗帜，全面贯彻落实党的十八大和十八届二中、三中全会精神，贯彻落实习近平总书记系列重要讲话和关于西藏工作的一系列重要指示精神，贯彻落实全国宣传思想工作会议和全区宣传思想工作会议精神，贯彻落实区党委八届五次全委会和全区经济工作会议精神，坚持以邓小平理论、"三个代表"重要思想、科学发展观为指导，按照全国新闻出版广播影视工作会议和全区宣传部长会议的部署要求，牢牢把握社会主义先进文化前进方向，坚持以人民为中心的工作导向，围绕中心、服务大局，以"两个巩固"为根本任务，着力抓好主题出版宣传，着力加强新闻出版产品生产供给，着力促进改革发展，着力完善公共服务体系，全力保障新闻出版领域绝对安全，在推进西藏跨越式发展和长治久安中更好地发挥坚定道路、弘扬精神、凝聚力量的作用。

一、深入学习宣传习近平总书记系列重要讲话精神，扎实做好主题出版宣传。认真贯彻全区宣传思想工作会议和宣传部长会议精神，把学习宣传贯彻习近平总书记系列重要讲话精神作为重要政治任务，采取领导干部带头学、党组（党委）理论学习中心组集中学、广大党员干部集体学等多种形式，原原本本、深入持久地学习习近平总书记系列重要讲话精神，把握科学内涵，领会精神实质，坚定政治方向，切实用讲话精神武装头脑、指导实践、推动工作。一要围绕中国梦的宣传教育，策划组织推出主题出版宣传。推出一批宣传阐释中国特色社会主义理论体系的通俗读物，一批解读阐释中国梦的出版物，一批"中国梦·西藏故事"系列出版物，组织报刊推出中国梦宣传教育专题专版专栏，深化中国特色社会主义和中国梦宣传教育，坚定各族干部群众道路自信、理论自信、制度自信。二要围绕社会主义核心价值观宣传教育，策划组织推出主题出版宣传。认真贯彻中央印发的《关于培育和践行社会主义核心价值观的意见》，以"爱国、团结、和谐、发展、文明"为主题，推出一批"三个倡导"的出版物和报刊专栏，一批弘扬"老西藏精神"并赋予其新时代内涵的出版物和报刊专栏。围绕中华人民共和国成立65周年和江孜抗英斗争110周年，以及实施"爱国革命历史文化发掘工程"，组织推出一批爱国主义和民族团结宣传教育的出版物和报刊专栏，增强中华民族的凝聚力和向心力。三要围绕新旧西藏对比教育，策划组织推出主题出版宣传。组织推出一批民主改革前百万农奴的悲惨经历与现在的幸福生活进行鲜明对比的重点出版物和报刊专栏，以生动的事例、真实的故事、鲜明的对比，教育引导各族群众感党恩、听党话、跟党走。四要围绕发展稳定大局，策划组织推出主题出版宣传。综合运用图书、报纸、期刊、音像电子、网络等一切新闻出版资源，大力宣传区党委政府坚持稳中求进工作总基调、促进经济持续健康发展的重大举措，大力宣传区党委政府办好利民惠民"十件实事"的重大政策，大力宣传自治区党委政府十个方面的维稳措施，巩固壮大主流思想舆论。

　　二、加强精品创作生产，提高新闻出版产品生产供给传播能力。完善精品力作创作生产引导机制，提高选题策划和内容创新能力，生产更好更多新闻出版产品。一要建立出版选题策划机制。成立选题策划专家委员会，各出版单位要组建出版策划团队，着眼打造精品力作，围绕主题出版、服务发展稳定、满足群众需求、传播先进文化、传承民族优秀文化加强选题策划。建立健全重点出版物出版规划体系，积极与国家"十二五"出版规划、古籍整理出版规划和民文出版规划对接，力争更多项目调整纳入国家重点出版规划。二要大力实施精品工程。制定藏文类重点主题出版规划，全面实施藏文类重点主题出版工程。充分利用国家出版基金、少数民族文字出版专项资金、自治区文艺创作扶持与奖励专项资金等的引导作用，认真做好出版项目申报和落实工作。三要传承优秀传统文化。大力推进古籍整理出版工作，组织推出一批保护传承文物古籍、非物质文化遗产、民间文艺、藏医藏药、天文历算、唐卡绘画、民族手工业等民族优秀传统文化的重点出版物。四要建立评价考核激励机制。谋划推进图书、音像、电子出版单位评估工作，建立健全报刊出版综合质量分类评估制度和退出机制，建立健全精品力作创作生产的产品评价体系，着力培育推出优秀出版物和名报名刊，遴选优秀出版物参加业界开展的各类评选活动，加大表彰奖励力度，做好宣传推介工作，营造支持创作的良好环境。

三、以科技创新为先导，推动新闻出版业跨越式发展。着眼加快转变发展方式，促进新闻出版与科技、传统生产经营方式与现代生产经营方式深度融合，提高发展质量和效益。一要改造提升传统产业。推动图书、报纸、期刊等新闻出版单位运用高新技术和先进设备改造传统基础设施，改造传统创作、生产和传播模式，实现数字化转型。制定出台《西藏自治区关于在全区大力推进绿色印刷的规定》，加快发展绿色印刷、数字印刷业，实现全区中小学教科书绿色印刷。以参加全国印刷技能大赛为契机，开展全区印刷技能比赛活动，提高印刷行业专业技能。二要积极培育新兴产业。巩固党报党刊和出版社信息化建设成果，推动发展以数字化内容、数字化生产和数字化传输为主要特征的出版新业态。积极推进西藏出版文化产业园建设，制定西藏出版文化产业园建设和发展规划，落实和完善各项优惠政策，重点吸引各类创新型企业入园兴业，探索发展混合所有制经济。三要发展出版发行市场体系。发展现代流通组织和流通形式，制定出台《西藏自治区关于推进全区新华书店连锁经营的指导意见》，启动新华书店连锁经营。支持和鼓励县级新华书店依托农家书屋、寺庙书屋建立各种形式的出版物发行网点或代销点。进一步完善市场准入退出机制，鼓励各类市场主体公平竞争、优胜劣汰。四要扶持发展非公有制经济。进一步落实自治区关于非公有制经济"五放""六支持"政策，放宽领域，降低门槛，引导非公经济在国家许可范围内，以多种形式投资新闻出版领域，在项目支持、资金落实等方面予以国有资本同等待遇，支持发展专、精、特、新的小微新闻出版企业。

四、着眼增强发展活力，进一步推进新闻出版改革开放。认真落实党的十八届三中全会和自治区党委八届五次全委会精神，积极稳妥推进新闻出版体制机制改革。一要有序推进机构改革和职能转变。按照区党委政府的部署，准确把握机构改革和职能转变的各项任务，合理确定机构设置、职能配置、工作流程，切实做到思想不乱、工作不断、队伍不散。在职能转变方面，该放的权坚决放到位，该管的事切实管好，特别是要创新行政管理方式。二要继续推进新闻出版单位改革。进一步完善西藏人民出版总社组建工作方案，积极推进西藏人民出版总社组建工作和建设藏文出版基地工作，按照事业单位改革的部署要求，推进劳动人事、收入分配、社会保障等内部制度改革，完善绩效考核机制。进一步完善细化自治区新华书店改革方案，积极推进转企改制。继续推进西藏新华印刷厂改革，完善法人治理结构，加快公司制、股份制改造，建立现代企业制度。适时稳妥推进非时政类报刊出版单位改革。三要扩大对内对外开放。加强与内地省市的交流合作，筹备召开全国新闻出版系统对口援藏工作会议，进一步推进经济援藏、项目援藏、人才援藏和技术援藏，探索产业合作新路子。积极参加全国性书博会和刊博会，推动西藏地区出版物走向内地市场。积极参与实施新闻出版边疆"走出去"计划，在尼泊尔建立"走出去"平台，举办尼泊尔中国书展，推进出版合作、版权输出、本土化发展。

五、坚持为民惠民，提质增效不断完善新闻出版公共服务体系。以国家实施新闻出版公共服务升级工程为契机，制定出台《西藏自治区关于加强新闻出版公共服务体系建设的意见》，促进新闻出版公共服务标准化、均等化。一要推进新闻出版惠民工程。以交通要道、人口稠密和群众阅读积极性较高地区为重点，实施农家书屋、寺庙书屋提升工程，打造示范书屋。进一步推进农家书屋、寺庙书屋管理使用长效机制建设，认真开展农家书屋出版物更新补充工作，积极争取寺庙书屋更新补充资金。引导农家书屋、寺庙书屋开展政策宣讲、法制教育、科学普及、技术培训活动，提高书屋使用效率。启动社区书屋、职工书屋、警营书屋"三个两百"惠民书屋建设，试点建设城乡公共阅报栏（屏）。二要深入开展全民阅读活动。制定出台《西藏自治区全民阅读活动中长期规划》，设立全区性读书节，深入开展全民阅读报刊行、读书日、书香之家（村、县）创建和读书示范单位评选活动，继续开展好向全区青少年推荐百种优秀图书、向干部群众推荐大众喜爱的 50 种图书等活动，推动形成全民阅读良好风尚。三要丰富公共服务提供方式。深入调研各族群众实际需求，研究制订有针对性的工作方案和详细计划，大力实施重点主题出版物免费赠阅工程。开展图书下乡、免费赠送优秀青少年读物暨优秀出版物让利展销、向进城务工人员、青藏铁路沿线护路队、城镇便民警务站免费赠送图书等活动，丰富各族群众精神文化生活。

　　六、狠抓项目带动，夯实新闻出版发展基础。牢固树立抓项目就是抓发展、促繁荣的意识，精心谋划、积极争取、加快落实重点项目，为推动新闻出版繁荣发展提供有力支撑。一要扎实推进"东风工程"项目建设。尽早开工建设西藏新闻出版公共服务综合楼和西藏民族文字出版基地，下大力气推动县级及边境口岸新华书店发行网点等在建项目尽快完工并投入使用，确保"十二五"时期新闻出版"东风工程"项目规划提前一年完成。进一步完善西藏新闻出版云平台建设等5个未进入中期调整盘子项目的方案，积极通过各种渠道申报，力争获得审批。二要启动"十三五"规划前期调研工作。积极争取国家新闻出版广电总局指导支持，围绕精品力作生产、数字出版、市场体系建设、公共服务、改革开放、依法行政等领域，组织开展专项调研，研究提出一批打基础、利长远的工程项目，为科学编制"十三五"规划提供参考依据和项目支持。三要加强项目建设管理。根据国家和自治区项目投资政策和方向，认真策划重点项目，充实新闻出版项目库，扎实做好项目建议书、可研报告、方案设计、环境评价、节能评估等前期工作，积极主动与国家和自治区有关部门协调落实，千方百计加快项目建设进度。严格按照项目建设程序加强全过程监管，打造优质项目，杜绝项目建设过程中出现违法违纪行为，确保建设阳光项目。

　　七、加强版权保护管理，推动版权工作全面发展。高举保护知识产权旗帜，做好版权创造、运用、保护和管理工作，有效发挥版权对经济发展和文化繁荣的促进作用。一要开展版权公共服务。启动作品登记工作，培育版权交易市场，围绕特色文化产业、文化创意、影视动漫制作、演艺娱乐、出版发行、民族工艺品制作领域，提供版权登记、评估、质押、交易服务。积极参与全国版权示范城市、示范单位、示范园区（基地）创建工作，探索开展西藏地区示范创建活动。二要巩固软件正版化成果。巩固区、地、县三级机关软件正版化工作成果，认真贯彻落实国务院办公厅《关于印发〈政府机关使用正版软件管理办法〉的通知》精神，研究制定西藏地区机关使用正版软件管理实施细则，推动软件资产管理、经费预算、审计监督等制度落到实处。总结机关软件正版化工作经验，探索推进企业和金融机构使用正版软件工作，不断提高西藏地区使用正版软件整体水平。三要加强版权行政管理。以"4·26知识产权宣传周"等宣传时点为契机，以开展"绿书签行动2014"等宣传活动为平台，加强版权宣传教育。加大对计算机软件、互联网、教材教辅和音像制品等重点领域的日常执法监管力度，深入开展打击侵犯知识产权和制售假冒伪劣商品专项行动、打击网络侵权盗版专项治理"剑网行动"，严厉打击侵权盗版行为。

八、加强依法行政，切实维护意识形态领域绝对安全。从维护全区社会和谐稳定大局出发，严格行政管理，提高执法水平，净化社会文化环境。一要着力抓好导向管理。坚持政治家办报、办刊、办社，切实落实"把关人"责任，建立完善导向管理机制和出版、印刷、发行环节预警制度。严格落实选题论证、重大选题备案制度，把好涉及重大主题以及社会热点、敏感题材出版物的选题关。配合相关部门建立新闻报道阅评制度，严格审读评议、监督通报。二要全面加强行业监管。坚持谁主管谁负责、谁主办谁负责和属地管理原则，强化新闻出版单位、重大惠民工程等阵地管理。严格落实采编人员资格准入制度，完善《西藏自治区新闻采编人员从业管理的实施办法》，加强行业自律，规范采编人员行为。积极探索把互联网信息服务从业人员纳入编辑记者管理体系。建立健全采编、印制校管理制度和责任追究制度，严厉打击假记者和新闻敲诈等违法违规行为。组织全区新闻采编人员资格考试，开展新版记者证换发工作。加强出版物内容和质量管理，规范内部资料出版秩序，做好出版物审读和质检工作。三要深入开展"扫黄打非"工作。以封堵查缴"藏独"反动出版物及宣传品为首要任务，以网上"扫黄打非"为主战场，认真谋划制定《2014年"扫黄打非"行动方案》，大力实施"扫黄打非·珠峰工程"，健全完善快速反应和联合封堵机制，继续突出全国"两会"、春节和藏历新年、三月敏感期、萨嘎达瓦宗教活动等重要时间节点和敏感时段，全力开展打击"藏独"反动出版物及宣传品专项行动。要坚决把住入藏入境关、印刷复制关、运输渠道关、网络传播关，强化日常监管，加强明察暗访，加大对重点对象、重点部位、重点地区的监控打击力度。积极主动开展网上"扫黄打非"工作，抓好网上封堵删除，抓住网下清理查缴，强化网上舆情监测，使网络空间晴朗起来。要着力研究网络有害信息传播的活动规律和传播特点，探索网络"扫黄打非"长效工作机制和方式方法。

制定出台《西藏自治区涉藏出版物审读鉴定规范》，完善非法违禁出版物审读鉴定机制。

　　同志们，做好今年新闻出版工作意义重大、任务艰巨。能否完成好今年的工作任务，关键在队伍。我们要切实巩固和深化党的群众路线教育实践活动成果，自觉践行"为民、务实、清廉"，大兴务实之风，敢担当、重实干、求实效，以优良的作风、昂扬的斗志，全力做好新闻出版各项工作，为推进西藏跨越式发展和长治久安作出新的更大贡献！

西藏自治区哲学社会科学界
联合会工作基本思路

　　根据《章程》做好社科联工作的总体要求是，高举中国特色社会主义伟大旗帜，全面贯彻落实党的十八大和十八届三、四中全会精神，贯彻落实习近平总书记系列重要讲话和关于西藏工作的一系列重要指示精神，贯彻落实全国宣传思想工作会议和全区宣传思想工作会议精神，贯彻落实自治区第八次党代会和八届五、六次全委会精神，坚持以马克思列宁主义、毛泽东思想、邓小平理论、"三个代表"重要思想和科学发展观为指导，按照中央和自治区党委政府关于推进哲学社会科学繁荣发展的部署要求，牢牢把握"哲学社会科学界学术性社会团体联合组织"的定位，以"做好桥梁纽带、繁荣社会科学和藏学研究"为立足点，坚持"二为"方向和"双百"方针，围绕中心、服务大局，突出"联"的特点和优势，增强组织协调能力，抓好载体、建好机制、搭好平台，着力繁荣学术研究和丰富学术活动，着力促进成果转化应用和加强宣传普及，着力密切学者联系和推进队伍壮大，使哲学社会科学和藏学研究界更好地发挥出党和政府"思想库""服务部"的作用，使社科联真正成为哲学社会科学和藏学研究工作者之家，在推进哲学社会科学和藏学研究繁荣发展中切实发挥桥梁纽带、组织协调、咨询服务、宣传普及的职能作用。

　　这个总体要求在指导思想上，强调始终坚持马克思主义一元化的指导思想不动摇，旗帜鲜明地坚持正确的政治方向和学术导向。认真学习领会中国特色社会主义理论体系和习近平总书记系列重要讲话精神，认真学习领会党的路线方针政策和自治区党委政府的决策部署，并切实地贯彻到学术研究、学术活动和宣传普及等各个领域，体现在哲学社会科学和藏学研究工作者的政治立场、责任意识、思想感情和工作作风上，确保哲学社会科学和藏学研究领域绝对安全。在工作原则上，强调坚持为人民服务、为社会主义服务的方向和百花齐放、百家争鸣的方针，尊重哲学社会科学和藏学研究发展规律，努力营造生动活泼、求真务实的学术环境，提倡鼓励大胆探索，为哲学社会科学和藏学研究工作者营造施展才华的广阔空间。注意区分学术问题和政治问题的界限，不把学术探讨中出现的问题当作政治问题，也不把政治倾向性问题当作一般的学术问题，特别是在事关政治方向和根本原则，事关维护祖国统一、维护民族团结、反对分裂倒退等大是大非问题上，立场十分坚定，旗帜十分鲜明。在谋划布局上，找准定位、明确立足点、发挥特点优势，围绕自治区党委政府中心工作，从总体上把握，在大局下谋划，紧跟实践和时代步伐，解放思想、实事求是、与时俱进，厘清基本思路，以我们正在做的事情为中心，着眼于马克思主义理论的运用，着眼于对实际问题的理论思考，着眼于新的实践和新的发展，切实服务好西藏跨越式发展和长治久安。在工作着力点上，以学术研究为引领、以学术活动为主导、以激发会员单位活力为基础、以服务中心工作为根本、以繁荣发展哲学社会科学和藏学研究为目标，增强组织协调能力，抓载体、建机制、搭平台，着力繁荣学术研究和丰富学术活动，着力促进成果转化应用和加强宣传普及，着力密切学者联系和推进队伍壮大。在工作要求上，确保使哲学社会科学和藏学研究界更好地发挥出党和政府"思想库""服务部"的作用，使社科联真正成为哲学社会科学和藏学研究工作者之家，在推进哲学社会科学和藏学研究繁荣发展中切实发挥好桥梁纽带、组织协调、咨询服务、宣传普及的职能作用。

贯彻这个总体要求，关键是思想上要积极进取、行动上要有所作为、工作上要实现新突破，重点抓好以下六个方面的工作。

一　坚持宗旨，组织召开好委员会全体和常务委员会的会议

按照社科联的宗旨要求和《章程》规定，为确保各项工作有序开展，一是要每年举行一次委员会全体会议，听取和审议常委会的工作报告，研究部署年度工作任务，增补和调整委员，决定重大事项。二是要根据形势任务和常委会工作需要，贯彻民主集中制原则，每年定期召开两至三次常委会会议，行使委员会全体会议职权，履行常委会职责，研究和决定会议

主题确定的相关事项。三是要积极参加每年全国地方社科联召开的《全国地方社科联协作会议》《全国地方社科联科普宣传会议》以及《西部社科联主席联席会议》《西部社科联科普工作会议》等全国性、区域性会议，结合实际贯彻会议精神，学习经验改进常委会工作。四是要每年举行一次社科联谊会，增进会员单位间的互动联络，促进会员业务主管及社团管理部门间的沟通联系，强化社科联的桥梁纽带，增强社科和藏学研究界的归属感和凝聚力。

二　健全机制，切实发挥"桥梁纽带"作用

社科联职能作用的发挥和会员单位学术功能的彰显，是要通过"联"的方式来实现，故要树立"大社科"的联合理念，着眼于既能有效整合学术资源，又能充分激发会员单位活力来建立健全工作机制，形成繁荣发展哲学社会科学和藏学研究的合力。

（一）建立学会管理机制

学习兄弟省区市社科联会员管理经验，结合西藏地区实际起草制定《西藏自治区社会科学界联合会会员单位管理办法》，理顺工作关系和工作机制，明确工作程序及会员单位义务责任，推进社科联各项工作有序开展，构建"大社科"联合协作机制。

（二）建立重大课题协同研究机制

依托国家哲学社会科学基金和自治区哲学社会科学专项资金，认真贯彻落实《西藏自治区哲学社会科学研究规划》，制定《西藏自治区哲学社会科学规划课题管理办法》和年度课题研究指南，着眼于更好地发挥哲学社会科学界"思想库""服务部"的作用，紧紧围绕区党委政府中心工作，努力站在学术发展前沿，结合当前西藏地区学术实际，以重大理论和现实问题为主攻方向，着重把课题研究的关注点聚集于稳定发展实践上，统筹引领学术研究、主动谋划研究课题，以组织课题立项和协同研究攻关为纽带，推动学术资源的有机组合和优化配置，打破壁垒界限，促进各学科和会员单位的联合协作，进一步推动学术研究出精品、出力作、出专家，服务大局、服务决策、创新繁荣学术研究。

（三）建立优秀科研成果转化机制

一是把握绝大多数社科类研究成果具有的意识形态属性和公共精神产

品属性，学习兄弟省区市成功经验，积极争取设立"自治区哲学社会科学学术著作出版资金"，按照"坚持学术标准、扶持学术精品、推进学术创新、打造学术品牌、服务中心工作、繁荣学术研究"的原则，评审遴选优秀社科和藏学研究学术著作并给予出版资助，统一推出《当代西藏学术文库》，着力打造社科和藏学研究学术品牌。二是把推动社科和藏学研究界当好区党委政府"思想库""服务部"作为社科联工作重点难点，着力构建决策咨询体系，按照整合运用"学术研讨+课题研究+决策建议"相结合等模式，从研讨主题、研究重点入手，明确研究方向，围绕区党委政府中心工作，积极建言献策，把社科和藏学研究工作者的个体智慧凝聚上升为有组织的集体智慧，为科学决策提供有效服务。三是以区社科院主办的《要情》为基础，以重大理论性、前瞻性及应用性、可操作性的课题研究成果为重点选项，编辑推出高质量的《科研成果要报》，以学术研讨交流的重要观点、重要思路和重要举措建议为重点选项，整理汇编《决策参考》，并将这两个集锦上报决策机关，确保研究成果快速进入决策机制，推动科研成果的有效转化。四是建立《科研成果项目库》，服务各级职能部门的科研咨询，推动成果应用和社科理论普及，为社科研究更好地发挥"思想库"作用提供有力支撑，切实保护知识产权。五是贯彻党的群众路线，组织社科和藏学研究专家转变作风、深入实际、深入生活、深入群众，与地县乡工作对接，关注服务基层发展稳定需要，推出有价值有影响的研究成果，从基层的生动实践和群众的火热生活中总结凝练真知灼见，加强应用对策研究，有针对性地为区党委政府提供决策咨询服务。

（四）建立科研信息通报机制

创办《西藏社会理论动态》（内部季刊），依托区社科院网站，指导各会员单位学术研究和学术活动，交流各学会、协会、研究会的科研信息和学术动态，通报重大课题研究进展和评介课题研究成果，介绍国内外学术发展前沿，为各级机关提供决策参考。

（五）建立社科工作者联系机制

一是制定与社科和藏学研究工作者联系制度，建立服务机制。围绕把社科联建设成为哲学社会科学和藏学研究工作者之家，加强与社科和藏学研究工作者的沟通联系，真心与他们广交朋友、深交朋友，主动征求充分吸纳他们对社科联和会员单位建设的意见建议，及时了解并向区党委政府和相关部门积极反映他们的需求呼声，多为他们办实事、办好事，涉及利益诉求等重要问题的要积极协调相关部门给予解决或满意反馈，发挥好桥梁作用。二是建立《哲学社会科学人才库》，依据学历层次、研究方向、学术特长、研究成果等基本信息，强化联系沟通的针对性和实效性，跟踪研究动态，了解拔尖人才并给予重点选拔和特殊扶持，为决策咨询、课题攻关、学术交流、对外宣传、社科普及、人才培养搭建有效平台。三是助推队伍建设和人才成长。认真贯彻落实党的知识分子政策和人才工作方针，坚持尊重劳动、尊重知识、尊重人才、尊重创造，配合相关部门抓好人才队伍建设。以坚定政治立场和政治方向为首要任务，采取组织课题研究、学术交流、培训学习、调查研究等多种方式，助推拔尖人才快速成长、会员队伍不断壮大。

三　搭建平台，努力开展丰富多彩的学术活动

作为学术性社会团体的联合组织，开展学术活动，加强学术建设，是社科联的重要职责和生存发展的重要方式。这就要求立足西藏社科和藏学研究工作实际，着眼于服务大局，搭建好平台，积极开展各类形式的学术活动。

一是搭建学术年会平台。围绕自治区党委政府年度重要工作部署，聚焦重大理论和现实问题，整合学术资源，以"聚焦重大问题、展示科研成果、促进学术交流、服务发展稳定"为宗旨，每年举办一次全区社科界学术年会，提升学术研究水平，提高智力服务能力，展现知识创造、理论创新、学术发展的独特价值，努力打造西藏地区社科和藏学研究界多学科、高层次、权威性的学术品牌。二是搭建会员单位学术协作平台。以社科联为纽带，按照经济社会、历史文化、民族宗教、法学法规等大致分类，整合相近学科学会优势资源，聚集难点热点问题，明确主题方向，组织开展跨会员单位跨学科的学术交流和学术协作会议，展现观点碰撞和思想交锋魅力，引导会员单位关注现实问题和应用研究，促进学科发展和交流协作，提升会员单位学术水平和学术影响力，推动会员单位由单纯学术型向服务决策型转变，由低水平向高水平转变。三是搭建学习交流平台。以把握学术前沿为着眼点，积极组织社科和藏学研究专家学者参加全国

性、区域性学术研讨和学术交流会议，瞄准学术发展前沿，掌握学术发展动态，开阔学术研究视野，扩大专家学者的学术威望，推动西藏地区学术水平不断上层次；以助推学术研究为着眼点，采取主动争取指导、课题合作攻关、联合协作办会、沟通信息情报等方式，加强与国家社科系统和兄弟省区市社科机构的联合协作，强化互动，兼容并蓄，妥善利用区外优势资源，提升西藏地区整体科研水平，拓展学术研究领域，促进学科建设和发展；以促进会员学术发展为着眼点，定期组织会员单位和学者到内地参观考察，学习先进经验，交流成功做法，厘清工作思路，创新工作方式方法，推动工作不断上水平。四是搭建学术"走出去、请进来"平台。围绕国家外交外宣大局，充分发挥社科和藏学研究专家学者和学会协会研究会的独特优势，组织专家学者和会员单位积极参加国际性学术会议，把握形势任务主动走出国门开展学术交流、学术访问和舆论斗争，设置主题议题邀请外国专家来西藏地区开展学术活动，提升我在国际学术领域的话语权主动权，讲清"西藏问题"的事实真相，戳穿十四世达赖集团的反动谬论，展示真实发展变化的社会主义新西藏良好形象。

四 引领谋划，着力促进社科理论知识宣传普及

社科理论知识的宣传普及是社科联的一项重要职责和任务。准确把握社科理论的意识形态属性，正确处理学术研究无禁区和理论宣传有纪律的关系，突出"两个巩固"的根本任务，按照坚持贴近实际、贴近生活、贴近群众的原则要求，主动谋划、积极引导，紧紧围绕思想理论建设，深入研究宣传阐释中国特色社会主义理论体系和习近平总书记系列重要讲话精神，深入研究宣传阐释社会主义核心价值观和中国梦，深入研究宣传阐释中央关于西藏工作方针政策和决策部署，为增强全社会道路自信、理论自信、制度自信和践行核心价值观提供有力的学理支撑；紧紧围绕区党委政府重大决策部署，充分调动和发挥会员单位的学科专长、专家学者的学术特长，以课题研究成果为基础，积极开展人文社会科学知识普及工作，为广大干部群众解疑释惑，提升全社会人文社科素养。一是组织开展"社会科学普及周"活动。与国家和自治区实施科普规划相衔接，每年集中一周时间与相关部门联合，组织会员单位结合自身实际，与社会公众面

对面地开展各领域的咨询和解答工作，组织社科知识讲座、政策咨询、图片展览、知识竞赛等丰富多彩的活动，采取发放相关社科普及资料及媒体宣传等多种形式，向社会大众展示和传播社会科学成果、宣传和普及社会科学知识。二是举办"社科理论讲坛"。紧紧围绕区党委政府中心工作和理论武装任务，以广大党员干部为主要对象，制订年度计划方案，明确主题内容，有针对性地邀请区内外专家学者每季度举办一场讲坛，努力把社科理论讲坛办成服务大局、贴近党员干部思想实际和社科知识需求的重要阵地。三是开办"社科专家电视论坛"。学习参照内地省级电视台的讲坛论坛类节目，联合西藏电视台策划开办电视专题节目，按照设置的主题议题，贴近受众关心的话题，以课题研究成果为基础，邀请承担课题研究任务的专家学者进行讲解阐释。专题节目要以受众普遍接受和喜闻乐见的形式定期每周播出一次，每次半小时，推动课题成果转化、宣传普及社科知识，使社科普及的影响力和辐射力最大限度地推向社会公众。四是组织"社科专家下基层"活动。以"走基层、转作风、改文风"为载体抓手，引导支持会员单位组织专家学者走出学术象牙塔，深入农牧区、城镇社区、企事业单位及学校、部队，举办讲座、咨询、展览等形式多样、群众喜闻乐见的科普活动，向基层干部群众、学校师生、部队官兵宣传普及人文社会科学知识。

五　打造精品，组织开展社科优秀成果评选表彰活动

根据《章程》社会科学优秀成果评选表彰是社科联的一项重要工作。按照自然科学和社会科学同等重要的思想，参照自治区自然科学成果奖，积极争取设立自治区社会科学和藏学研究优秀成果奖项，每两年对优秀科研成果和优秀理论文章进行表彰奖励，以此激励带动全区社科和藏学研究战线多出成果、多出人才，进一步推进西藏社会科学和藏学研究事业繁荣发展，弥补西藏地区社科和藏学研究领域无自治区级奖项的空白。着眼于建立公开、公平、公正的评奖机制，制定出台《西藏自治区社会科学和藏学研究优秀成果评选奖励办法》和《西藏自治区社会科学和藏学研究优秀成果奖评选工作实施细则》，成立自治区社会科学和藏学研究优秀成果奖评选委员会，提高奖项的权威性和公信度，使奖项成为衡量学术研究

水平的重要尺度及社科和藏学研究领域的最高荣誉。充分利用各种媒体和宣传平台，向社会推介获奖的优秀成果，促进优秀成果的应用转化。

六　加强服务，积极推进会员单位管理工作

社科联作为党管意识形态的主要阵地，推进会员单位管理是基础性工作。一是要以服务会员单位为宗旨，寓管理于服务中，深入会员单位走访调研，摸清情况，传递信息，增进了解，互通理念，认真听取并积极采纳会员单位的意见、建议和呼声，想方设法为会员单位构建各种平台、创造发展条件，架设会员单位与各级党委政府的桥梁纽带，增强社科联的凝聚力。二是要加强对会员单位工作的指导把关，特别是要在学术研究、学术活动（如研讨会、报告会、讲座、论坛等）以及社科知识宣传普及等方面切实履职尽责。三是要积极学习探索会员单位工作管理规律，制定符合实际、具有可操作性的会员单位工作管理制度，推动会员单位管理工作常态化、制度化，使之成为各级党委政府的"思想库""服务部"。